Sammlung Weltliteratur

BLAISE PASCAL

Über die Religion

und über einige andere Gegenstände

(Pensées)

LAMBERT SCHNEIDER

Übertragen und herausgegeben von

EWALD WASMUTH

Die Deutsche Bibliothek – CIP-Einheitsaufnahme
Pascal, Blaise:
Über die Religion und über einige andere Gegenstände =
(Pensées) / Blaise Pascal. [Übertr. und hrsg. von Ewald Wasmuth].
– 9. Aufl., (Unveränd. Nachdr. der 5. Aufl.). –
Gerlingen : Schneider, 1994
(Sammlung Weltliteratur)
Einheitssacht.: Pensées sur la religion et sur quelques autres sujets
<dt.>
ISBN 3-7953-0927-1
NE: Wasmuth, Ewald [Hrsg.]

© 1937 bei Verlag Lambert Schneider GmbH, Gerlingen
9. Auflage 1994
(Unveränderter Nachdruck der 5. Auflage 1954)
Alle Rechte vorbehalten
Gesamtherstellung: MZ-Verlagsdruckerei GmbH, Memmingen
Umschlag: Jutta Schneider, Frankfurt a. M.
ISBN 3-7953-0927-1

INHALT

Vorwort 9

I. Fragment 1–59
Geist und Stil 19

II. Fragment 60–183
Elend des Menschen ohne Gott 38

III. Fragment 184–241
Gegen die Ungläubigen 97

IV. Fragment 242–290
Die Mittel zum Glauben 130

V. Fragment 291–338
Die Gesetze 147

VI. Fragment 339–424
Die Philosophen 166

VII. Fragment 425–555
Sittlichkeit und Lehre 189
(Das Mysterium Jesu, Seite 242. Das Memorial, Seite 248)

VIII. Fragment 556–588 b
Die Fundamente der christlichen Religion 250

IX. Fragment 589–641
Die Religionen 267

X. Fragment 642–692
Das Sinnbildliche 294

XI. Fragment 693–736
Die Prophezeiungen 318

XII. Fragment 737–802
Beweise Jesu Christi 355

XIII. Fragment 803–856
Die Wunder 378

XIV. Fragment 857–955
Von dem Streit der Meinungen innerhalb der Kirche 405

Anhang

Anmerkungen 449

Nachwort: Leben und Lehre Pascals 509

Verzeichnis der Merksätze und Begriffe 557

VORWORT

—

Die hiermit vorgelegte 5. Auflage meiner Übertragung der Pensées von Pascal unterscheidet sich von den früheren Auflagen in vieler Beziehung, und zwar sowohl in Hinsicht der Übersetzung selbst als auch in Hinsicht des originalen Wortes, das mir diente. Der Text der bisherigen Auflagen wurde nicht nur durchgesehen und verbessert, sondern die Übersetzung von Grund auf neu bearbeitet, wobei sich gewiß weite Strecken fanden, die zu ändern kein Anlaß bestand. Es lag mir daran, alles das, was mir im Laufe meiner mehr als zwanzigjährigen Beschäftigung mit Pascal und gerade mit den Pensées deutlich geworden war und hier vor allem die Einsicht in die Zusammenhänge, die mitunter zwischen scheinbar unabhängigen Aussagen bestehen, meiner Übertragung zugute kommen zu lassen, und das heißt, daß ich bemüht war, ihre Wörtlichkeit, Genauigkeit und die Einheitlichkeit in der Wortwahl, in der sich eben diese Zusammenhänge am deutlichsten ausdrükken, zu steigern. Mein Ziel und Wunsch war, eine Übersetzung vorzulegen, die allen Anforderungen, die man an die Eindeutschung eines fremden Textes stellen kann, entsprechen sollte. Wobei ich gewiß immer wieder erfuhr, daß jede Übersetzung das Original nur durch ein trübendes Glas sichtbar machen kann, den Glanz, der ihm von Natur eignet, mindert und damit auch den Reichtum der geheimnisvollen Verbindungen, die wie ein Netz des Mitgesagten, doch nicht Ausgesagten gerade ein Werk wie die Pensées durchziehen, wo die Aufzeichnungen fragmentarisch und ihr eigentlicher Zusammenhang sowie ihre Stellung in dem Plan des Ganzen häufig fraglich ist. Doch erfuhr ich nichts anderes, als ein jeder erfahren wird, der sich als Übersetzer an einem der großen Bücher der Weltliteratur versucht, nämlich daß jeder Übersetzung Grenzen gezogen sind, ihr und auch dem Vermögen eines jeden, der sie unternimmt.

Der Text meiner Übersetzung wurde insofern erweitert, als ich einen großen Teil der Varianten, die in den meisten französischen Ausgaben mitgeteilt werden, neu übersetzt und zu den betreffenden Stellen als Anmerkung gegeben habe. Unter ihnen gibt es nicht wenige wichtige Abwandlungen der endgültigen Formulierungen Pascals, die in einer vollständigen Ausgabe der Pensées nicht fehlen sollten. Daß dabei aus der Fülle der Varianten, wo es oftmals zwei und drei, ja mehr Ansätze zu der endgültigen Formulierung und vor allem der Wortwahl gibt, nur eine Auswahl gegeben werden konnte, wird sich von selbst verstehen, war doch außerdem überall dort eine Übersetzung ausgeschlossen, wo das, was Pascal vielleicht sagen wollte, nur ahnbar, nicht aber formuliert worden ist. Die Übersetzung auch auf diese Stellen auszudehnen, war weder möglich noch zu vertreten, da sie ohne Ergänzung unverständlich bleiben müssen und jede solche Ergänzung Willkür sein wird. In alledem leitete mich ein Vorsatz: dem Worte Pascals und ihm allein zu dienen.

Und deshalb lag mir vor allem auch daran, die Ergebnisse jener Arbeiten zu berücksichtigen und für meine Übertragung nutzbar zu machen, die man in Frankreich in den letzten Jahrzehnten am Text der Pensées geleistet hat. Und hier ist vor allem auf einen, auf Zacharias Tourneur, hinzuweisen. Tourneur hat ein Leben mit dem Manuskript der Pensées verbracht, ein Leben mit Pascal, wie er sein Buch über Pascal nannte, dessen Denken ihm dabei ebenso verschlossen geblieben ist, wie sich ihm die Hieroglyphen der Pascalschen Handschrift öffneten, die er, wie von Brunschvicg, Jacques Chevalier und andern unumwunden zugegeben worden ist, bisher am erfolgreichsten zu entziffern vermocht hat. Die Ergebnisse dieser Arbeit sind in seiner Ausgabe der Pensées (Paris 1938) enthalten, die, abgesehen von der Textgestaltung, nicht zu den geglückten Penséesausgaben gerechnet werden kann. Sie enthält aber nahezu tausend bisher nicht gedruckte Worte und eine sehr große Zahl neuer Lesarten und Konjekturen, wodurch häufig der Sinn der Sätze erheblich geändert wird und eine Anzahl bisher fast unverständlicher Fragmente sich nunmehr verstehen oder wenigstens besser verstehen läßt, wobei es oft nur eine Kleinigkeit, etwa ein Accent aigu ist, worin die Änderung besteht. Diese Arbeit am originalen Wort der Pensées scheint mir wichtiger zu sein als die in der Öffentlichkeit meist sehr viel mehr beachteten Arbeiten an einer geänderten Ordnung der Fragmente, die immer wieder versucht werden wird und von denen doch keine jemals das authentische Werk herstellen kann, während die weniger dankbare Mühe Tourneurs dem authentischen Wort galt. Ich habe deshalb den Text der Ausgabe Brunschvicgs mit dem Text

*von Tourneur und auch von andern verglichen und den größten Teil seiner Lesarten berücksichtigt. Ich habe das nicht in allen Fällen getan, und darin stimmte ich mitunter, doch nicht immer, mit Louis Lafuma überein, dessen Ausgabe der Pensées (Paris 1952) als letzte wichtige Ausgabe dieses Werkes in Frankreich erwähnt werden muß. Lafuma selbst gibt einige weitere neue Lesarten; auch sie habe ich soweit berücksichtigt, als sie mich überzeugen konnten. Die Gründe, die mich hier und dort zur Annahme oder Ablehnung bestimmten, konnte ich im einzelnen nicht angeben, da dies den Anmerkungsteil über das zulässige Maß ausgedehnt haben würde. Bleibt doch im übrigen zu sagen, daß keine der Ausgaben der Pensées, die ich kenne, ohne Mängel ist. In philologischer Beziehung ist keine vollkommen, und das mag die Schwierigkeit erläutern, die dieser Text jedem Herausgeber bereitet. Die Lesart, der ich folge, habe ich jeweils in einer Anmerkung angegeben, womit im allgemeinen die Abweichung gegenüber dem Text der großen Ausgabe von Léon Brunschvicg gemeint ist, denn die Taschenausgabe, die Léon Brunschvicg im Anschluß an seine große Ausgabe herausgegeben hat, zeigt dieser gegenüber je nach der Auflage manche Abweichung; nicht nur, weil hier die Texte oftmals gekürzt sind, sondern auch, weil Brunschvicg in den späteren Auflagen einige neue Lesarten berücksichtigt hat, die inzwischen — und meist durch Veröffentlichungen Tourneurs — bekannt geworden waren. Da die Auflagen dieser Taschenausgabe nicht äußerlich gekennzeichnet sind, konnte sie nicht zum Verweis auf die Lesarten benutzt werden.
Die Anordnung der Fragmente wurde nicht geändert. Hier folgte ich wie bisher der großen Aus-*

gabe der Pensées von Léon Brunschvicg, die er in der Reihe »Les grands écrivains de la France« unter dem Titel »Oeuvres de Blaise Pascal, suivant l'ordre chronologique« als Band XII bis XIV veröffentlicht hat. Ich sah keinen Grund, von dieser Anordnung abzugehen; denn nur zwei Ausgaben unter den vielen, die von den Pensées veranstaltet worden sind, haben sich im Laufe der letzten Jahrzehnte wirklich ausgesondert. Das ist einmal die, die wir Jacques Chevalier verdanken, dem es wohl am besten gelungen ist, die Pensées so zu ordnen, wie man sich die Ordnung der Pensées wünschen möchte; das ist gewiß ein anderes Buch als das, was Pascal zu schreiben vorhatte, es ist aber am meisten das Buch, das wir als die Pensées lieben und das Pascal nicht kannte. Denn das Buch, das in Pascals Geist bestand, das ist aus keiner Andeutung, aus keinem Hinweis dieser oder jener Art, auch nicht aus der Ordnung irgendeiner zeitgenössischen Kopie, wie Lafuma neuerdings behauptet, und die er für seine Ausgabe benutzte, herzustellen. Es gibt keine und es wird keine authentische Ordnung der Fragmente der Pensées geben, denn die Fragmente der Pensées und ihre Einfügung in das Buch, das Pascal geschrieben haben würde, gehören verschiedenen Ordnungen an. Wer dies nicht wahrhaben will, dem wird eben dies deutlich werden, wenn er bedenkt, daß Lafuma zum Beispiel das Mysterium Jesu in der angeblich authentischen Ordnung der Fragmente nicht unterbringen konnte, was vielleicht von Pascal her richtig, aber nicht richtig in Hinblick auf Pascals Vermächtnis ist, das wir als die Pensées besitzen. Diese sind das Werk, das wir von Pascal haben; nur um dieses Werk, und mag es auch ein Torso sein, haben wir uns zu be-

mühen. In dieser Bemühung um die Pensées nimmt nun die Ausgabe von Léon Brunschvicg fraglos einen besonderen Platz ein. Daß sie Mängel hat, wird niemand bestreiten wollen, doch das teilt sie mit allen Ausgaben, die es von diesem Buch gibt. Ihr Vorteil liegt darin, daß es Brunschvicgs Anordnung möglich machte, das ganze Material, das Pascal hinterlassen hatte, übersichtlich zu ordnen, ohne dabei den Anspruch zu erheben, das Werk, das Pascal plante, wiederherzustellen. Was mich aber vor allem bestimmte, die Anordnung der Fragmente, wie sie Brunschvicg gegeben hat, beizubehalten, war ein äußerlicher Grund. Nämlich der, daß diese Ausgabe in Frankreich die weitest verbreitete ist, daß sie so sehr als die maßgebende Ausgabe gilt, daß man fast allgemein die Fragmente Pascals nach der Ordnungszahl der Ausgabe Brunschvicgs zitiert und daß fast alle andern Ausgaben — leider nicht die Ausgabe Tourneurs — die Beziehung zu ihr durch eine Konkordanztafel herstellen. Das ist ein Vorzug, den keine der andern Ausgaben[1] besitzt, gleichgültig, welche Verdienste man ihnen sonst immer zusprechen möchte. Dieser Vorzug bestimmte mich, Brunschvicg treu zu bleiben, da danach die größte Wahrscheinlichkeit besteht, daß der, der sich eine französische Ausgabe zur Ergänzung der Lektüre anschaffen will, entweder die Ausgabe Brunschvicgs erhalten wird oder aber in der, die er sich beschafft, ohne Schwierigkeit die Beziehung zu der Ordnung Brunschvicgs wird herstellen können. Also

---

[1] *In Deutschland wurde noch die sogenannte Édition définitive von Fortunat Strowski bekannt. Diese Ausgabe hat philologisch so große Mängel, daß man sie kaum zu den geglückten Editionen der Pensées rechnen kann.*

beschränkte ich mich auf die Textrevision und ließ die Anordnung unberührt.

Da die Aufnahme der Textvarianten die Anmerkungen erheblich erweiterte, wurden diese nicht wie in den früheren Auflagen unter dem Text, sondern im Anschluß an den Text gebracht. Und zwar sind hier die Varianten des Textes in Antiqua, die Anmerkungen und Übersetzungen des Herausgebers in Kursivschrift gedruckt. Diese Unterscheidung zwischen Antiqua und Kursivschrift gilt aber nur für die Anmerkungen. Im eigentlichen Text der Pensées wurden die von Pascal stammenden Titel einiger Fragmente durch Kursivschrift kenntlich gemacht, während Ergänzungen des Textes in eckige Klammern gesetzt worden sind. Der größte Teil der Anmerkungen blieb unverändert, so daß für sie gilt, was ich im Vorwort zur 2. Auflage sagte. Einige der erläuternden Anmerkungen wurden neu gefaßt, so vor allem die zu Fragment 233, dem Argument der Wette. Dort verzichtete ich auf die Wiedergabe der mathematischen Darstellung von Louis Couturat, die, wie ich heute meine, das eigentlich von Pascal Gemeinte nicht betrifft.

Das Nachwort habe ich im wesentlichen, von einigen Kürzungen abgesehen, unverändert übernommen. Es hat nach allem, was ich erfuhr, manchem den Zugang zu den Pensées und also zum Denken Pascals erschlossen und deshalb, so meinte ich, sollte es in ebender Bemühung seinen Ort behalten, zu der ich mich im Vorwort zur 2. Auflage bekannte, und wo ich am Schluß sagte: »Ich war der Ansicht, daß das Handwerk niemals wichtiger werden darf als der Sinn, und nur dem Sinn des Autors, der Wahrheit, der er diente, zu dienen, kann unsere Aufgabe sein, an der jede Bemühung und jede Entscheidung ihren unbestechlichen Richter besitzt.«

Tübingen, im Mai 1954

Ewald Wasmuth

DIE PENSÉES

I. GEIST UND STIL

Fragment 1-59

—

Unterschied zwischen dem Geist der Geometrie und dem Geist des Feinsinns.[1] Die Prinzipien des einen sind handgreiflich, aber abseits alltäglicher Anwendung, deshalb macht es Mühe, sich ihnen zuzuwenden, da die Gewohnheit fehlt; sobald man sich aber ihnen zuwendet, übersieht man die Prinzipien vollständig, und man müßte einen völlig verkehrten Verstand haben, wenn man auf Grund von Prinzipien, die so faßbar sind, daß es fast unmöglich ist, daß sie uns entschlüpfen, falsch schließen sollte.

Die Prinzipien des Feinsinns aber sind im allgemeinen Gebrauch und jedem vor Augen. Man braucht sich weder nach ihnen umzuwenden noch sich Gewalt anzutun, man braucht nur ein gutes Auge, das aber muß gut sein, denn die Prinzipien sind so verstreut, und es gibt ihrer so viele, daß es fast unmöglich ist, keins zu übersehen. Nun, läßt man eins der Prinzipien fort, so führt das zum Irrtum, also muß man einen sehr sichern Blick haben, um alle Prinzipien zu sehen, und alsdann den rechten Verstand, um nicht Falsches an Hand bekannter Prinzipien zu folgern.

Alle Mathematiker würden demnach, hätten sie gute Augen, feinsinnig sein, denn an Hand der Prinzipien, die sie kennen, urteilen sie nicht falsch;

und die Feinsinnigen würden Mathematiker sein, könnten sie sich an den Anblick der ungewohnten Grundsätze der Mathematik gewöhnen.

Der Grund, daß gewisse feinsinnige Menschen keine Mathematiker sind, ist, daß sie völlig unfähig sind, sich den Prinzipien der Geometrie zuzuwenden; der Grund aber, daß Mathematiker nicht feinsinnig sind, ist, daß sie nicht sehen, was vor ihnen liegt und daß sie, gewöhnt an die deutlichen und groberen Prinzipien der Geometrie, nur urteilen, nachdem sie die Prinzipien sich deutlich gemacht und angewandt haben, so daß sie sich im Gebiete des Feinsinns verirren, wo sich die Prinzipien nicht derart anwenden lassen. Diese sieht man kaum, eher fühlt man sie, als daß man sie sieht, und man hat unsägliche Mühe, diejenigen das Gefühl dafür zu lehren, die sie nicht selbst fühlen: derart feine und zahlreiche Dinge gibt es hier, daß ein äußerst empfindliches und genaues Empfindungsvermögen nötig ist, um sie zu empfinden und um richtig und recht von dem Gefühl geleitet zu urteilen, ohne daß man in den meisten Fällen fähig ist, sie wie in der Geometrie schrittweise abzuleiten, weil man hier die Prinzipien nicht derart besitzt und weil das zu unternehmen eine Aufgabe ohne Ende sein würde. Man muß sofort mit einem Blick das Ganze übersehen und nicht, zum mindesten bis zu einem gewissen Grade, im Fortschritt der Überlegung. Und also ist es selten, daß Mathematiker feinsinnig und die feinsinnigen Köpfe Mathematiker sind, weil die Mathematiker die Fragen des Feinsinns geometrisch abhandeln wollen und sich lächerlich machen, wenn sie mit Definitionen beginnen und an Hand der Prinzipien fortfahren wollen, was nicht die Art ist, wie man solcherart Überlegungen anstellt.

Nicht, daß der Verstand sie nicht anstellte, aber er tut dies stillschweigend, natürlich und kunstlos,[1] denn der Ausdruck hierfür übersteigt alle Menschen, und das Gefühl hierfür eignet nur[2] wenigen.

Im Gegensatz hierzu verschlägt es den Feinsinnigen, die so daran gewöhnt sind, spontan zu urteilen, den Atem, wenn man ihnen Lehrsätze vorlegt, von denen sie nichts verstehen, und wo man, um einzudringen, erst die so unfruchtbaren Definitionen und Prinzipien durchschreiten muß, die sie so im einzelnen zu sehen nicht gewohnt sind, so daß sie den Mut verlieren und Widerwillen empfinden.

Aber die Wirrköpfe sind niemals, weder feinsinnig noch Mathematiker.

Die Mathematiker, die nichts als Mathematiker sind, haben demnach einen klaren Verstand, vorausgesetzt, daß man ihnen alles durch Definitionen und Prinzipien erklärt, sonst sind sie wirr und unerträglich, denn sie denken nur richtig an Hand deutlich gemachter Prinzipien.

Und die Feinsinnigen, die nichts als feinsinnig sind, sind unfähig, die Geduld aufzubringen, bis zu den ersten Prinzipien der Spekulation und Abstraktion vorzudringen,[3] denen sie in der Welt niemals begegnet sind und die man dort nie braucht.

1

Verschiedene Arten richtigen Denkens: in einer bestimmten Ordnung der Dinge denken die einen und nicht in den andern Ordnungen, dort faseln sie.

Die einen erschließen die Folgerungen aus wenig Prinzipien, und das ist eine Art gradlinigen Denkens.

Die andern erschließen die Folgerungen aus Dingen, wo es viele Prinzipien gibt.
Zum Beispiel, die einen verstehen sehr gut die Wirkungen des Wassers, wo es wenig Prinzipien gibt, aber die Folgerungen daraus sind so schwer faßbar, daß nur eine äußerste Genauigkeit des Denkens bis dorthin gelangen kann.
Und deshalb werden jene vielleicht keine großen Mathematiker sein, weil die Geometrie eine große Anzahl von Prinzipien umfaßt und weil eine Spielart des Geistes derart sein kann, daß er wohl fähig ist, einige Prinzipien bis zum Grund zu durchdringen, doch nicht das geringste dort zu begreifen vermag, wo es viele Prinzipien gibt.
Folglich gibt es zwei Arten des Geistes: lebhaft und gründlich die Folgerungen aus den Prinzipien zu erschließen, ist die eine, und das ist der Geist der Folgerichtigkeit; eine große Anzahl von Prinzipien zu verstehen, ohne sie zu vermengen, ist die andere, und das ist der Geist der Geometrie. Die eine ist Stärke und Genauigkeit des Geistes, die andere ist Weite des Geistes. Nun, das eine kann ohne das andere bestehen, da der Geist sowohl stark und eng als auch weit und schwach sein kann. (2)

Die, die gewohnt sind, gefühlsmäßig zu urteilen, verstehen nichts von den Dingen der Urteilskraft, denn sie wollen zuerst das Ganze mit einem Blick durchschauen, und sie sind gar nicht gewohnt, die Grundsätze zu suchen. Und im Gegensatz hierzu verstehen die andern, die gewohnt sind, auf Grund von Prinzipien zu schließen, nichts von den Dingen des gefühlsmäßigen Urteils, da sie dort Prinzipien suchen und unfähig sind, das Ganze mit einem Blick zu überschauen.

Geometrie, Feinsinn. Echte Beredsamkeit spottet der Beredsamkeit, wahre Sittlichkeit spottet der Sittenlehre, das heißt, die Sittlichkeit des Entscheidens spottet der Sittenlehre der Vernunft, die ohne Richtschnur ist.[1]
Denn die Entscheidung ist: was zum Gefühl gehört, wie die Wissenschaften zum Verstand gehören. Der Feinsinn hat Anteil an der Entscheidung, die Geometrie an der Vernunft.
Der Philosophie spotten, das ist wahrhaft philosophieren. 4

Die, die über ein Werk ohne Richtschnur urteilen, verhalten sich zu den andern wie die, die eine Uhr haben, sich zu den andern verhalten. Einer sagt: seit zwei Stunden, der andere sagt: erst seit dreiviertel Stunden. Ich sehe auf meine Uhr und sage dem einen: Sie langweilen sich, und dem andern: die Zeit wird ihnen nicht lang; denn es waren anderthalb Stunden — und ich spotte jener, die meinen, die Zeit würde mir lang, und ich urteilte darüber nach Laune: sie wissen nicht, daß ich mit Hilfe meiner Uhr urteile. 5

Wie man sich den Geist verdirbt, verdirbt man sich auch das Gefühl.
Geist und Gefühl bildet man durch Gespräche, Geist und Gefühl verdirbt man sich durch Gespräche. Also bilden oder verderben sie gute oder schlechte. Deshalb ist es vor allem wichtig, daß man zu wählen versteht, um sie zu bilden und nicht zu verderben, und diese Wahl kann man nur treffen, wenn man sie schon gebildet und nicht verdorben hat. So ist hier ein Kreis, wo die glücklich sind, die ihm entkommen. 6

Je mehr man Geist hat, findet man, daß es mehr eigenartige Menschen gibt. Der große Haufe findet keinen Unterschied unter den Menschen. 7

Es gibt viele Menschen, die hören die Predigt ebenso an, wie sie die Vesper anhören. (8)

Wenn man mit Erfolg entgegnen und einem andern aufzeigen will, daß er sich irrt, muß man darauf achten, von welcher Seite er die Sache ansieht. Denn von hier aus gesehen, ist sie meist wahr; und diese Wahrheit muß man ihm zugeben, ihm dann aber die Seite aufzeigen, von wo aus sie falsch ist. Damit wird er zufrieden sein, denn er sieht, daß er sich nicht täuschte, und daß er nur versäumte, sie von allen Seiten zu sehen. Nun, man ärgert sich nicht darüber, nicht alles gesehen zu haben, aber man will sich nicht getäuscht haben. Und das kommt vielleicht daher, weil der Mensch natürlich nicht alle Seiten sehen und weil er sich natürlich nicht in der irren kann, die er gerade betrachtet, wie z. B. die Sinneseindrücke immer wahr sind. 9

Man überzeugt sich im allgemeinen besser durch Gründe, die man selber gefunden hat, als durch die, die andern eingefallen sind. 10

Alle großen Zerstreuungen sind gefährlich für das christliche Leben; aber keine ist unter denen, die die Welt erfunden hat, mehr zu fürchten als das Schauspiel. Dies stellt die Leidenschaften so natürlich und zartsinnig dar, daß es sie erregt und in unserm Herzen besonders die der Liebe erwachen läßt, vor allem, wenn man sie derart keusch und ehrenhaft darstellt. Denn je

unschuldiger sie unschuldigen Seelen erscheint, je mehr sind sie fähig, davon gerührt zu werden; ihre Heftigkeit gefällt unserer Eigenliebe, die sofort den Wunsch weckt, diese selben Wirkungen, die man so schön dargestellt sieht, zu verursachen, und gleichzeitig beruhigt man sein Gewissen durch die Ehrenhaftigkeit der Empfindungen, die man dort sieht, die die Furcht der reinen Seelen schweigen läßt, so daß sie sich einbilden, daß das nicht die Reinheit verletze, eine Liebe zu lieben, die so sittsam zu sein scheint.
So verläßt man das Schauspiel, das Herz von allen Schönheiten und aller Süße der Liebe erfüllt, Seele und Geist von ihrer Unschuld so überzeugt, daß man völlig vorbereitet ist, ihre ersten Eindrücke zu empfangen, oder mehr noch die Gelegenheit zu suchen, sie in dem Herzen irgendeines andern zu wecken, um die gleichen Freuden und die gleichen Opfer zu erfahren, die man im Schauspiel so schön geschildert sah. 11

Scaramouche,[1] der nur an eines denkt.
Der Doktor, der noch eine Viertelstunde redet, nachdem er alles gesagt hat, so sehr ist er voll der Lust, zu sprechen. 12

Man liebt es, den Irrtum, die Leidenschaft Cléobulines anzusehen, weil sie nichts davon weiß. Täuschte sie sich nicht über sich selbst, würde sie mißfallen. 13

Wenn eine ungekünstelte Rede eine Leidenschaft oder ihre Wirkung schildert, findet man in sich selbst die Wahrheit dessen, was man hört, von der man nicht wußte, daß man sie besaß, und deshalb ist man bereit, den zu lieben, der sie uns empfinden läßt, denn er hat uns gezeigt, was wir besitzen, nicht, was er besitzt. Und das macht ihn uns liebenswert, abgesehen davon, daß die Übereinstimmung des Denkens unser Herz notwendig zur Liebe geneigt macht.[1]   14

Beredsamkeit, die durch Süße der Worte, nicht durch legale Herrschaft überzeugt, [überzeugt] als Tyrann, nicht als König.   15

Die Beredsamkeit ist die Kunst, Dinge so zu sagen, daß erstens die, zu denen man redet, sie ohne Mühe und mit Vergnügen verstehen können, und daß sie zweitens dadurch gefesselt werden, so daß ihre Eigenliebe sie bereiter macht, darüber nachzudenken.
Also besteht sie in einer Entsprechung, die man zwischen dem Geist und dem Herzen derjenigen, zu denen man redet, und den Gedanken und Sätzen, deren man sich bedient, herzustellen versucht; was voraussetzt, daß man in dem Herzen des Menschen gut Bescheid wissen muß, um alle Winkel zu kennen und um alsdann die richtigen Maße der Rede zu finden, die man dem anpassen will. Man muß sich an die Stelle der Menschen denken, die uns zuhören sollen, und an seinem eignen Herzen erproben, wie man die Rede anlegen will, um zu erspüren, ob das eine dem andern entspricht und ob man annehmen darf, daß der Hörer beinahe gezwungen sein wird zuzustimmen. Soweit es geht, soll man sich an die einfachste Natürlichkeit halten, nichts groß machen, was klein ist, nichts klein, was groß ist. Es genügt nicht, daß eine Rede schön ist, sie muß auch dem Gegenstand entsprechen, nichts darf zu viel sein, und nichts darf fehlen.   16[2]

Die Flüsse sind wandernde Wege, die dorthin tragen, wohin man gehen will. 17

Wenn man nicht weiß, wie es um etwas in Wahrheit bestellt ist, dann ist es gut, wenn es einen allgemein geglaubten Irrtum gibt, der das Denken der Menschen festlegt, etwa zum Beispiel: der Mond, dem man den Wechsel der Jahreszeiten und den Fortschritt der Krankheiten usw. zuschreibt. Denn die wichtigste Krankheit des Menschen ist die durch die Dinge, die er nicht wissen kann, beunruhigte Neugierde; und es ist für ihn nicht so schädlich, in dem Irrtum befangen zu sein, wie in solch nutzloser Neugierde.
Die Art, in der Epiktet, Montaigne und Salomon de Tultie[1] schreiben, ist die brauchbarste, die am besten eingeht und die sich am besten dem Gedächtnis einprägt und sich am häufigsten zitieren läßt, weil sie völlig aus Gedanken besteht, die in den gewöhnlichen Unterhaltungen des Lebens entstanden sind; etwa, wenn man über den verbreiteten Irrtum sprechen wird, was der Mond alles verursachen soll, wird man niemals verfehlen anzumerken, daß Salomon de Tultie sagt, daß es gut wäre, daß es, wenn man die Wahrheit einer Sache nicht kennt, einen allgemein geglaubten Irrtum gäbe usw., was vorne gesagt wurde. (18)

Das letzte, was man findet, wenn man ein Werk schreibt, ist, daß man weiß, womit man beginnen soll. 19

Anordnung. Warum sollte ich es vorziehen, meine Moral in vier statt in sechs Teile zu gliedern? Warum es vorziehen, die Tugend in vier, in zwei oder eine [Abteilung] zu gliedern? Warum nach abstine et sustine[1] und nicht nach den Sätzen: »Folge deiner Natur« oder »erfülle, was von dir verlangt wird, ohne Unrecht zu tun«, wie Platon oder auch anders? – Aber alsdann läge, werden sie sagen, alles in einem Wort beschlossen. – Ja, aber das ist zwecklos, wenn man dies nicht erklärt; beginnt man es aber zu erklären, schließt man die Voraussetzung, die alle andern enthält, auf, so steigt daraus die Verwirrung des Anfangs, die sie vermeiden wollten. Also, wenn sie alle in einem beschlossen sind, sind sie wie in einer Lade verborgen und nutzlos, und sie erscheinen niemals in dem ihnen natürlichen Durcheinander. Die Natur hat sie alle gegeben, ohne die eine im andern zu verschließen. 20

Jede ihrer Wahrheiten hat die Natur für sich gesetzt; unsere Kunst schließt die eine in der andern ein, das aber ist nicht natürlich. Jede steht an ihrem Ort. 21

Man sage nicht, ich hätte nichts Neues gesagt: die Anordnung des Stoffes ist neu. Jeder spielt, wenn man Ball spielt, mit dem gleichen Ball, aber einer setzt ihn besser.
Ich werde ebenso zufrieden sein, wenn man mir sagt, ich hätte alte Worte benutzt.[2] Als ob die gleichen Gedanken in verschiedener Anordnung nicht einen andern Satzkörper bildeten, wie die gleichen Worte durch verschiedene Anordnung andere Gedanken. 22

Verschiedene Folge der Worte gibt verschiedenen Inhalt, und verschiedene Folge der Inhalte gibt verschiedene Wirkung. 23

Sprache. Man darf den Geist nicht abschweifen lassen, es sei denn, um ihn zu entspannen, aber nur dann, wenn es richtig ist, ihn zu entspannen, nur wenn es nötig ist und nicht sonst; denn wer zur Unzeit sich entspannt, wird müde, und wer zur Unzeit müde wird, wird abgespannt, und dann verläßt man alles; so sehr gefällt sich die Bosheit der Konkupiszenz darin, das Gegenteil von dem zu bewirken, was man von uns erlangen will, ohne uns Freude zu schenken, die die Münze ist, für die wir alles geben, was man will.

24

Beredsamkeit. Gefallendes und Wirkliches sind nötig; aber das Gefallende muß selbst der Wahrheit entnommen sein.

25

Die Beredsamkeit ist ein Gemälde des Gedankens und derart, daß jene, die, nachdem sie es malten, noch hinzufügen, ein Phantasiebild statt eines Portraits machen.

26

Vermischtes, Sprache. Die, die gewaltsam die Worte fügend, Antithesen machen, gleichen denen, die der Symmetrie zuliebe blinde Fenster anbringen: Ihre Regel ist nicht, Rechtes zu sprechen, sondern richtige Sätze zu bilden.

27

Symmetrie. Besteht in dem, was man mit einem Blick überschaut, sie gründet darauf, daß es keinen Grund gibt etwas zu ändern. Und sie gründet auch auf der Figur des Menschen, weshalb man Symmetrie nur in der Breite, nicht in der Höhe und Tiefe fordert.

28

Begegnet man einem natürlichen Stil, ist man völlig überrascht und entzückt, denn man erwartete einem Autor zu begegnen, und man trifft einen Menschen. Während die, die guten Geschmack haben und die bei der Begegnung mit einem Buch erwarten, einen Menschen zu treffen, ganz erstaunt sind, einem Autor zu begegnen: Plus poetice quam humane locutus es.[1] Die machen der Natur Ehre, die sie lehren, daß sie von allem, selbst von der Theologie sprechen kann.

Man sehe die Ausführungen des Jansenisten[2] im 2., 4. und 5. Brief an; sie sind hoch und ernst.
(Ich hasse ebenso den Spaßmacher wie den Aufgeblasenen.) Man würde weder diesen noch jenen zu seinem Freunde wählen.
Man befragt nur das Ohr,[3] weil es am Herzen fehlt: Seine Regel ist die Aufrichtigkeit. Dichter und nicht gebildeter rechtlicher Mensch (honnête homme).
(Nach meinem achten [Brief] glaube ich genug geantwortet zu haben.)
Schönheiten[4] im Auslassen, im Urteil.

Alle falschen Schönheiten, die wir an Cicero tadeln, haben Bewunderer gefunden, und viele.

Es gibt ein bestimmtes Vorbild des Gefallens und der Schönheit. Es besteht in einer gewissen Beziehung zwischen unserer Natur so wie sie ist, sei sie nun stark oder schwach, mit der Sache, die uns gefällt.
Alles, was nach diesem Vorbild gebildet ist, gefällt uns: sei es ein Haus, ein Lied, eine Rede; seien es Verse, Prosa, Frauen, Vögel, Flüsse, Bäume, Zimmer, Kleider usw.

Alles, was nicht nach diesem Vorbild gemacht ist, mißfällt denen, die guten Geschmack haben.

Und wie es zwischen einem Lied und einem Haus, die nach dem guten Vorbild gemacht sind, eine vollkommene Entsprechung gibt, weil jedes auf seine Art diesem einzigen Vorbild ähnlich ist, so gibt es auch eine vollkommene Entsprechung zwischen Dingen, die nach dem schlechten Vorbild gemacht sind. Zwar ist es nicht so, daß es nur ein einziges schlechtes Vorbild gäbe, denn deren gibt es unendlich viele. Aber jedes schlechte Sonett z. B., nach welchem falschen Vorbild es immer gemacht sei, gleicht völlig einer Frau, die sich nach dem gleichen Vorbild kleidet.

Nichts macht deutlicher, wie lächerlich ein schlechtes Sonett ist, als sich die Natur und das Vorbild, die dazu gehören, vorzustellen und sich dann eine Frau oder ein Haus zu denken, die nach diesem Vorbild gemacht sind.

(32)

Dichterische Schönheit. Wie man von dichterischer Schönheit spricht, würde man auch von geometrischer Schönheit oder von medizinischer Schönheit sprechen können; aber das tut man nicht. Und der Grund liegt darin, daß man wohl weiß, was der Gegenstand der Geometrie und daß er im Beweisen besteht und weil man weiß, was der Gegenstand der Medizin ist und daß er in der Heilung besteht; aber man weiß nicht, worin das Gefallen besteht, das der Gegenstand der Dichtung ist. Man weiß nicht, was das für ein natürliches Vorbild ist, das sie nachzuahmen hat; und weil man darüber nichts weiß, hat man gewisse großspurige Ausdrücke erfunden: »goldenes Zeitalter«, »Glanz unserer Tage«, »schicksalhaft« usw.,

und diesen Jargon nennt man »dichterische Schönheit«.
Aber wer sich eine diesem Vorbild entsprechende Frau vorstellen würde, das darin besteht, Nichtiges mit großen Worten zu sagen, der würde ein hübsches Mädchen finden, das über und über mit Flitterkram und Ketten behängt ist, über das er lachen wird, denn man weiß besser, weshalb uns eine Frau, als weshalb uns Verse gefallen. Aber die, die sich nicht auskennen, würden sie in diesem Aufzug bewundern, und es gibt genug Dörfer, wo man sie für die Königin halten würde. Und deshalb nennen wir Sonette, die nach diesem Vorbild gemacht sind, Dorfköniginnen. (33)

In der Welt gilt man als unfähig, Verse zu beurteilen, wenn man sich nicht das Firmenschild des Dichters oder entsprechend des Mathematikers usw. angeheftet hat. Die umfassend gebildeten Menschen aber wollen kein Firmenschild, und sie machen kaum einen Unterschied zwischen dem Beruf des Dichters und dem eines Stickers.
Die umfassend gebildeten Menschen sind weder Dichter noch Mathematiker zu nennen; aber sie sind das alles und sie haben über alles ein Urteil. Man weiß nie vorher, wovon sie sprechen werden, sie reden über das, von dem man sprach, als sie hinzukamen. Keine Fähigkeit scheint bei ihnen auffallender als eine andere, es sei denn, daß sie grade gezwungen sind, sie anzuwenden. Dann aber erinnert man sich daran; denn es ist gleichgültig, ob man von diesen Menschen nicht sagt, sie verstünden gut zu reden, wenn von der Sprache gar nicht die Rede war oder daß man sagt, sie sprächen gut, weil sie zur Rede stand.
Es ist also ein schlechtes Lob eines Menschen,

wenn man von ihm, sobald er in die Gesellschaft kommt, sagt, er sei in der Dichtkunst sehr beschlagen; und es ist eine schlechte Kennzeichnung eines Menschen, wenn man sich nicht an ihn wenden kann, wenn es sich darum handelt, einige Verse zu beurteilen. 34

Man darf weder sagen können: er ist »Mathematiker«, noch »Prediger«, noch »beredt«, sondern er ist ein rechtschaffner Mensch (honnête homme),[1] nur diese umfassende Eigenschaft gefällt mir. Erinnert man sich, wenn man einen Menschen trifft, an sein Buch, so ist das ein schlechtes Zeichen; ich wünschte, man bemerke keine Fähigkeit als die, die der Zufall und die Umstände anzuwenden erfordern. — Ne quid nimis[2] — damit nicht eine Fähigkeit den Ausschlag gibt und uns abstempelt und man nicht meint, er spricht gut, es sei denn, daß es sich darum handelt, gut zu sprechen und man es dann aber meint. (35)

Vielerlei Bedürfnisse hat der Mensch: er schätzt nur die, die allen entsprechen können. »Der ist ein guter Mathematiker«, wird man sagen können — aber treibe ich nur Mathematik, so wird man mich wie einen Lehrsatz ansehen — »Der ist ein guter Soldat«, man wird mich für eine belagerte Festung halten. Kurz und gut, ein wahrhaft gebildeter Mensch ist nötig, der sich all meinen Forderungen anzupassen vermag. 36

Wenig von allem. Da man nicht umfassend sein und nicht alles von allem wissen kann, muß man von allem etwas wissen. Denn es ist viel schöner von allem etwas zu wissen, als alles von einem zu wissen; diese umfassende Bildung ist die schönste. Könnte man beide haben, noch besser. Wenn man aber wählen muß, muß man jene wählen, und die Welt spürt das und handelt danach, und die Welt ist oft ein guter Richter.

37

Dichter und nicht rundum gebildeter Mensch (honnête homme).

38

Schlüge der Blitz in die niedrigen Stellen usw., dann hätten die Dichter und jene, die nur über Dinge dieser Art zu urteilen verstehen, Mangel an Beweisen.

39

Um etwas zu beweisen, nimmt man Beispiele; würde man die Beispiele beweisen wollen, würde man anderes wählen, um als Beispiel zu dienen; denn da man immer glaubt, die Schwierigkeit läge in dem, was man beweisen will, hält man die Beispiele für klarer und zum Beweis beitragend.
Will man also ein Allgemeines beweisen, muß man die Regel eines besonderen Falles geben, will man aber einen besonderen Fall beweisen, muß man mit der allgemeinen Regel beginnen. Denn immer findet man das, was man beweisen will, dunkel, und das, was zum Beweis dient, klar. Denn zuerst, wenn man vorhat, etwas zu beweisen, ist man von der Vorstellung erfüllt, daß es dunkel wäre und daß im Gegensatz hierzu das, was es beweisen soll, klar ist und so, daß man es leicht versteht.

40

Epigramme Martials. Der Mensch liebt die Bosheit; damit aber sind nicht die Einäugigen oder die Unglücklichen gemeint, sondern die hochmütig Glücklichen. Sonst täuscht man sich.

Denn die Konkupiszenz ist der Quellgrund all unserer Regungen, und die Menschlichkeit usw.
Jenen muß man gefallen, die menschlich empfinden und sanften Herzens sind.
Das von den zwei Einäugigen taugt nichts, weil es nicht tröstet und nichts gibt als eine Pointe zum Ruhm des Autors. Alles, was nur dem Autor dient, taugt nichts. Ambitiosa recidet ornamenta.[1]

41

»Fürst« von einem König ausgesagt, gefällt, weil es dessen Wesenheit mindert. (42)

Manche Autoren sagen, wenn sie von ihren Werken sprechen: mein Buch, mein Kommentar, meine Geschichte usw. Sie tun sich wie ein Bürger, der ein Haus an der Gasse und immer ein »bei mir zu Haus« im Munde hat. Sie sollten lieber »unser Buch, unser Kommentar, unsere Geschichte usw.« sagen, da meist mehr des Guten anderer als von ihnen darin steht.

43

Wollt ihr, daß man gut von euch denke, sprecht nicht davon.

44

Die Sprachen sind Chiffren, wo nicht Buchstaben Buchstaben entsprechen, wohl aber Worte Worten, so daß eine unbekannte Sprache entzifferbar ist.

45

»Pointenredner«, schlechtes Kennzeichen. 46

Es gibt Menschen, die gut reden, aber nicht gut schreiben können; die Umgebung, die Anwesenden sind es, die sie erhitzen und ihrem Geist mehr entlocken als sie ohne diese Glut dort finden. 47

Wenn sich in einem Aufsatz Wortwiederholungen befinden und man bei dem Versuch, sie zu korrigieren, bemerkt, daß sie so angemessen sind und daß dies den Aufsatz verderben würde, so ist das ein Kennzeichen dafür, daß man sie stehen lassen muß; und es ist Sache der Mißgunst, die blind ist, nicht zu bemerken, daß solche Wiederholung an dieser Stelle nicht falsch ist; denn es gibt keine allgemein gültige Regel. 48

Die Natur maskieren und verkleiden. Nicht mehr König, Papst, Bischof, sondern »erhabener Monarch« usf.; nicht Paris, sondern »Hauptstadt des Reiches«. Es gibt Gelegenheiten, wo man Paris Paris nennen, und andere, wo man es Hauptstadt des Reiches nennen muß. 49

Ein und der gleiche Sinn wandelt sich mit den Worten, die ihn ausdrücken. Aus den Worten empfängt der Sinn seine Würde, anstatt daß er sie ihnen gibt. Man muß Beispiele hierfür suchen. 50

»Skeptiker« für »Starrkopf«. 51

Niemand sagt Höfling als die, die es nicht sind; Pedant kein Pedant; Provinzler kein Provinzler, und ich möchte wetten, daß es der Drucker war, der ihn auf den Titel der Briefe an einen Provinzler[1] setzte. 52

Ein Wagen »umgeworfen« oder »umgestürzt«, je nach der Absicht.
»Verschütten« oder »ausgießen« je nach der Absicht. — Rede von Le Maitre[2] über den Franziskaner aus Zwang. 53

Vermischtes. — Redensart: Ich wollte mich dessen befleißigen. 54

Anregende Kraft eines Schlüssels, anziehende eines Hakens. 55

Vorherwissen: Ich versichere Sie meiner Anteilnahme an Ihrem Kummer. — Der Kardinal wollte durchaus nicht, daß man vorher wußte, was er sagen würde. »Mein Geist ist voller Unruhe.« — Ich bin voller Unruhe, ist besser. 56

Ich mag diese höflichen Redensarten nicht: »Ich habe Ihnen Mühe gemacht«, »ich fürchte, Sie zu langweilen«; »ich fürchte, daß das zu lang ist«. — Entweder man zieht an, oder man stößt ab. 57

Es steht Ihnen schlecht zu sagen, entschuldigen Sie mich bitte. — Ohne diese Entschuldigung würde ich nicht bemerkt haben, daß es eine Beleidigung war. »Mit Verlaub«, es gibt nichts Minderes, als Ihre Entschuldigung. 58

Die Fackel des Aufruhrs ersticken, — zu prächtig. Der Aufruhr seines Genies — zu viel, zwei kühne Worte. (59)

II. ELEND DES MENSCHEN OHNE GOTT

Fragment 60-183

Erster Teil: Elend des Menschen ohne Gott.
Zweiter Teil: Glückseligkeit des Menschen mit Gott.
Anders:
Erster Teil: Daß unsere Natur verderbt ist, an Hand der Natur selbst.
Zweiter Teil: Daß es einen Heiland gibt, an Hand der Schrift. 60

Anordnung. Gern hätte ich für diese Arbeit eine Anordnung wie die folgende gewählt: um die Eitelkeit in jeder Lebenslage zu zeigen, sollte die Eitelkeit in den alltäglichen Lebensläufen gezeigt werden und dann die Eitelkeit des philosophischen Lebens, der Skeptiker, Stoiker; die Anordnung aber würde nicht eingehalten werden. Ich weiß etwas davon, und wie wenig Menschen es verstehen. Keine menschliche Wissenschaft kann sie einhalten: der heilige Thomas hat sie nicht eingehalten. Die Mathematik hält sie ein, aber sie ist nutzlos in ihrer Tiefe. 61

Vorrede zum ersten Teil. Von denen handeln, die die Selbsterkenntnis behandelt haben; von den Einteilungen Charrons,[1] die trübsinnig machen und langweilen; von dem Durcheinander bei Montaigne, der den Fehler einer gradlinigen Methode wohl gespürt hat, und den er dadurch vermied, daß er von Thema zu Thema sprang, daß er den weltmännischen Ton suchte.

Sein törichter Plan, sich selbst darzustellen, und das nicht beiläufig und gegen seine Absicht, wie es jedem unterläuft, daß er sich irrt, sondern absichtlich und nach einem ursprünglichen und maßgebenden Plan. Denn Torheiten aus Schwäche und zufällig zu sagen, das ist ein gewöhnliches Übel; sie aber nach einem Plan zu sagen, das ist unerträglich, und davon zu sagen, daß sie ...

62

Montaigne.[1] Die Fehler Montaignes sind groß. Unzüchtige Worte; trotz Mademoiselle de Gournay[2] taugt das nichts. Leichtgläubigkeit, »Menschen ohne Augen«. Unwissenheit, »Quadratur des Kreises, größere Welt«. Seine Meinungen über den Selbstmord, über den Tod. Er verführt zu einer Mißachtung des Heils, »ohne Furcht und Reue«. Da sein Buch nicht die Aufgabe hatte, zur Frömmigkeit zu leiten, war er nicht dazu verpflichtet, aber man ist immer dazu verpflichtet, nicht von ihr abzulenken. Seine etwas freien und sinnlichen Meinungen über manches Geschehen im Leben kann man verzeihen; seine völlig heidnischen Meinungen über den Tod aber kann man nicht verzeihen; denn man muß auf jegliche Frömmigkeit verzichten, wenn man nicht wenigstens christlich sterben will. Nun, in seinem ganzen Buch gedenkt er nur, feig und bequem zu sterben.

63

Nicht bei Montaigne, sondern in mir selbst finde ich alles, was ich dort sehe.

64

Montaignes Vorzüge sind nur schwer zu erwerben. Was bei ihm schlecht ist, ich meine abgesehen vom Lebenswandel, könnte sofort verbessert werden, wenn man ihm klargemacht hätte, daß er zu viele Geschichten erzähle und zu viel von sich selbst spräche. (65)

Man muß sich selbst kennen: dient das nicht dazu, die Wahrheit zu finden, so dient es zum mindesten dazu, unser Leben zu leiten, und Richtigeres gibt es nicht. 66

Eitelkeit der Wissenschaften. In Zeiten der Trübsal wird mich die Kenntnis aller Dinge der äußern Welt nicht über die Unkenntnis in der Sittenlehre trösten; aber das Wissen um die Sittlichkeit wird mich immer über die Unkenntnis der Dinge der äußern Welt trösten. 67

Wirklich rechtschaffene und wohlerzogene Menschen zu sein, lehrt man die Menschen nicht, alles übrige lehrt man sie; und auf nichts, was sie sonst wissen, bilden sie sich so viel ein wie darauf, rechtschaffene und wohlerzogene Menschen zu sein. Nur das einzige, was sie nicht lernen, brüsten sie sich zu kennen. 68

Die beiden Unendlichen, Mitte. — Wenn man zu schnell oder zu langsam liest, versteht man nichts.
69

Die Natur kann nicht (in den Extremen bestehen).[1] (So genau fügte uns die Natur in die Mitte, daß, wenn wir eine Seite der Waage ändern, wir auch die andere ändern: »Je fesons, zoa trékei«.[2] Deshalb glaube ich, daß wir im Kopf ein Federwerk

haben, das derart gestimmt ist, daß, wer an eine Feder rührt, auch die entgegengesetzte berührt.)
70

Zu viel und zu wenig Wein: gebt ihm keinen, kann er die Wahrheit nicht finden; gebt ihm zu viel, gleichfalls nicht.
71

Mißverhältnis[1] *des Menschen.* (Dorthin führen uns also unsere Einsichten in die Natur. Wenn sie der Wahrheit gemäß sind, gibt es keine Wahrheit im Menschen, und wenn sie es sind, so findet er darin einen großen Anlaß zur Demütigung; so oder so ist er gezwungen, sich zu beugen. Und da er, ohne an sie zu glauben, nicht leben kann, wünsche ich, daß er, bevor er die umfassendere Untersuchung der Natur beginnt, ernsthaft und ausgiebig darüber nachdenkt und daß er zugleich sich selbst schaut,[2] und wissend, welches Verhältnis ihm zu ihr eignet ...)
Also bedenke der Mensch die ganze Welt in ihrer hohen und weiten Herrlichkeit, er banne aus seinem Blick das Niedrige, das ihn umgibt.[3] Er schaue das blendende Licht, das, um das All zu erhellen, wie eine ewige Leuchte[4] gegeben ist, und die Erde werde ihm im Vergleich zu der weiten Bahn, die dieses Gestirn beschreibt, wie ein Punkt, und er erschaudere, daß diese weite Bahn selbst nur ein unmerklicher Punkt ist jenen Bahnen gegenüber, die die Sterne durch das Firmament ziehen,[5] das sie alle umhüllt. Aber[6] wenn unser Schauen dort stockt, die Einbildungskraft gehe weiter: sie wird eher im Erfassen als die Natur im Zeigen ermatten. Die ganze sichtbare Welt ist nur ein unmerklicher Zug in der weiten Höhlung des Alls. Keinerlei Begreifen kommt ihr nahe. Wir können

unsere Vorstellungen von ihr aufblähen über die letzt denkbaren[1] Räume hinaus, was wir zeugen, sind, verglichen mit der Wirklichkeit[2] der Dinge, Winzigkeiten. Es ist eine unendliche Kugel, deren Mittelpunkt überall und deren Oberfläche nirgends ist. Das ist am Ende die mächtigste, den Sinnen noch faßbare Eigenschaft der Allmacht Gottes. Unsere Einbildungskraft verliere sich in diesem (unfaßbaren) Gedanken.[3]

Zurückgekehrt zu sich selbst, bedenke der Mensch, was er ist, demgegenüber, was ist, er betrachte sich als verirrt[4] in diesem versprengten Winkel der Welt und von diesem engen Verließ aus, wo er sich befindet — ich meine damit das Universum — lerne er die Erde,[5] die Königreiche, die Städte und sich selbst nach seinem wahren Wert einzuschätzen.

Was ist ein Mensch in der Unendlichkeit?

Aber um ihm ein anderes, ebenso erstaunliches Wunder zu zeigen, sollte er unter dem, was er kennt, das Winzigste (Ungreifbarste) suchen. In der Winzigkeit ihres Körpers weise ihm eine Milbe die unvergleichlich viel kleineren Teile, Gliedmaßen mit Gelenken, Adern (Nerven) in den Gliedmaßen, Blut in den Adern, Säfte im Blut, Tropfen in diesen Säften, Gase in diesen Tropfen; so erschöpfe er seinen Geist, in seiner Vorstellung diese letzten Dinge teilend und teilend, und das letzte, an was er so gelangen kann, sei nunmehr Gegenstand unserer Untersuchung; denn vielleicht wird man meinen, hier wäre das äußerst Kleine der Welt. Ich will ihm darin die unendliche Größe zeigen.[6]

Einen neuen Abgrund will ich ihn darin schauen lassen. Nicht nur das sichtbare Weltall will ich zeichnen, sondern auch die Unermeßlichkeit, die man im Bereich des immer verkürzten Atoms von der Natur erfassen kann. Hierin schaue er eine Unermeßlichkeit von Welten, jegliche habe ihren Weltraum, ihre Planeten, ihre Erde und alles im gleichen Verhältnis der sichtbaren Welt; auf dieser Erde Tiere und endlich Milben,[1] wo er wieder finden wird, was die ersten zeigten; und in ihnen das Gleiche ohne Ende und Abschluß findend,[2] verliere er sich in diesen Wundern, die in ihrer Winzigkeit gleich erstaunlich sind wie die andern in ihrer Weite. Denn wer wird nicht staunen, daß unser Körper, der eben unmerkbar in der Welt war, die selbst unfaßbar in der Höhlung des Alls ist, jetzt ein Koloß, eine Welt oder vielmehr ein All ist, gegenüber dem Nichts, wo wir nie hingelangen können.[3]

Wer sich derart sehen wird, wird vor sich selbst erschaudern und wenn er sich so sich selbst vorstellt, geprägt in den Stoff, den die Natur ihm zuteilte, zwischen den beiden Abgründen des Unendlichen und des Nichts, wird er erbeben vor der Schau dieser Wunder, und ich glaube, daß, wenn sich seine Neugierde in Bewunderung verwandelt hat, er eher bereit sein wird, in Stille darüber nachzusinnen als sie anmaßend erforschen zu wollen.

Denn, was ist zum Schluß der Mensch in der Natur? Ein Nichts vor dem Unendlichen, ein All gegenüber dem Nichts, eine Mitte zwischen Nichts und All. Unendlich entfernt von dem Begreifen der äußersten Grenzen, sind ihm das Ende aller Dinge und ihre Gründe undurchdringlich verborgen, unlösbares Geheimnis;[4] er ist gleich unfähig, das Nichts zu fassen, aus dem er gehoben, wie das Unendliche, das ihn verschlingt.

Was also wird er tun, wenn er nichts anderes erkennt als in etwas den Anschein von der Mitte der Dinge, weil er weder ihren Grund noch ihr Ende erkennt? Alle Dinge entwachsen dem Nichts und ragen bis in das Unendliche. Wer kann diese erschreckenden Schritte mitgehen? Der Schöpfer dieser Wunder begreift sie; niemand anderes vermag es.[1] Weil die Menschen versäumten über diese Unendlichkeiten nachzudenken, unterfingen sie sich, die Natur zu erforschen, so als hätten sie irgendein gemeinsames Maß mit ihr. Rätselhaftes Ding, daß sie in einer Anmaßung, die so unendlich wie ihr Gegenstand ist, die Gründe der Dinge verstehen und dahin gelangen wollten, alles zu wissen. Denn es ist außer Zweifel, daß man diesen Plan nicht fassen kann ohne eine Anmaßung oder eine Fähigkeit so unendlich wie die Natur..

Ist man belehrt, so versteht man: weil die Natur ihr Bild und das ihres Schöpfers allen Dingen aufgeprägt hat, haben sie fast alle an ihrer doppelten Unendlichkeit teil. So etwa bemerken wir, daß alle Wissenschaften unendlich in der Ausdehnung ihrer Probleme sind; denn wer zweifelt z. B., daß die Geometrie eine unendliche Unendlichkeit von Lehrsätzen vorzulegen hat? Sie sind sowohl unendlich[2] in der Anzahl wie der Schwierigkeit ihrer Prinzipien; denn, wem ist nicht deutlich, daß die, die man für die letzten ausgibt, nicht in sich selbst bestehen, sondern daß sie sich auf andere stützen, die wieder andere als Grundlage haben, kein Ende duldend.[3] Wir aber machen mit den letzten, die der Vernunft faßbar sind, was man mit den stofflichen Dingen tut, wo wir einen Punkt unteilbar nennen, jenseits dessen wir sinnlich nichts mehr wahrnehmen können, obgleich er und auf Grund seiner Natur unendlich teilbar bleibt.

Von diesen beiden Unendlichen in der Wissenschaft ist die der Größe sehr viel deutlicher, und deshalb ist es nur wenigen unterlaufen, daß sie vorgaben, alles behandeln[1] zu wollen. »Von allem will ich sprechen«, sagte Demokrit.[2]

Die Unendlichkeit im Kleinen aber ist viel weniger deutlich und viel häufiger haben die Philosophen vorgegeben, sie wären dorthin gelangt, und dort ist es, wo alle gescheitert sind. Das ist der Anlaß jener geläufigen Titel: Von den Prinzipien der Dinge, von den Prinzipien der Philosophie[3] und ähnlicher, die, wenn auch äußerlich bescheidener, nicht weniger protzend sind als jener, der die Augen verbrennt: »De omni scibili«.[4]

Es ist natürlich, daß man sich für fähiger hält,[5] an den Mittelpunkt der Dinge zu gelangen, als[6] ihren Umfang zu umfassen, denn die sichtbare Ausdehnung der Welt übertrifft uns augenscheinlich; da wir es aber sind, die die winzigen Dinge übertreffen, halten wir uns für fähiger, sie zu besitzen, und doch[7] ist die geforderte Fähigkeit, um das Nichts zu erreichen, um nichts geringer als die, die nötig ist, um bis zum All zu gelangen; in diesem und jenem Fall muß sie unendlich sein, und ich glaube, wer die letzten Gründe der Dinge verstanden hätte, der würde auch dahin gelangen können, das Unendliche zu begreifen; das eine hängt vom andern ab, und das eine führt zum andern. Diese äußersten Enden berühren sich und vereinigen sich allein durch ihr Getrenntsein, und sie finden sich wieder in Gott, und in Gott allein.

Machen wir uns also unsere Fähigkeit klar;[8] wir sind etwas, aber wir sind nicht alles, was wir vom Sein haben,[9] beraubt uns der Erkenntnis der ersten Gründe, die[10] das Nichts gebiert, und das Wenige, das wir vom Sein haben, verdeckt uns die Schau des Unendlichen.

Unter den Intelligiblen nimmt unsere Vernunft die gleiche Stellung ein, die[1] unser Körper unter den Größen der Natur hat. — In jeder Hinsicht beschränkt; diese Lage, die die Mitte zwischen zwei Extremen hält, gilt für jedes unserer Vermögen. Kein Übermaß ist sinnlich wahrnehmbar, zu viel Lärm macht taub, zu viel Licht blendet, was zu weit ist und was zu nah ist, hindert das Sehen; übertriebene Länge und zu große Knappheit der Rede verdunkeln den Sinn, zu viel Wahrheit betäubt uns: ich kenne welche, die nicht begreifen können, daß Null weniger vier Null ist,[2] die ersten Grundsätze sind zu einleuchtend für uns; zu viel Freude wird unbequem, zu viel Konsonanzen mißfallen in der Musik, zu viel Wohltat irritiert,[3] wir wollen die Möglichkeit haben, die Schuld zu überzahlen;[4] »Beneficia eo usque laeta sunt dum videntur exsolvi posse; ubi multum antevenere, pro gratia odium redditur.«[5] Weder empfinden wir die höchsten Grade der Hitze noch die der Kälte. Das Übermäßige ist uns feindlich und sinnlich unerkennbar, wir empfinden es nicht mehr, wir erleiden es. Zu große Jugend und zu hohes Alter hemmen den Geist, ebenso zu viele und zu wenig Kenntnisse. Kurz und gut, alle Extreme sind, als wären sie für uns[6] nicht vorhanden und wir nicht für sie; sie entschlüpfen uns oder wir ihnen.

Das ist unsere wirkliche Lage. Sie ist es, die uns unfähig macht, etwas gewiß zu wissen und restlos ohne Wissen zu sein. Auf einer unermeßlichen Mitte treiben wir dahin, immer im Ungewissen und treibend und von einem Ende gegen das andere gestoßen.[7] An welchen Grenzpfahl immer wir uns binden und halten möchten, jeder schwankt[1] und entschwindet, und wenn wir ihm folgen, entschlüpft er unserm Griff und entgleitet uns und flieht in einer Flucht ohne Ende. Nichts hält uns zuliebe an. Das ist die Lage, die uns natürlich ist und in jedem Fall die gegensätzlichste zu unsern Wünschen; wir brennen vor Gier einen festen Grund zu finden und eine letzte beständige Basis,[2] um darauf einen Turm zu bauen, der bis in das Unendliche ragt; aber all unsere Fundamente zerbrechen, und die Erde öffnet sich bis zu den Abgründen.

Also suche man keine Sicherheit und Beständigkeit. Immer täuscht die Vergänglichkeit der Erscheinungen unsere Vernunft,[3] nichts kann das Endliche zwischen den beiden Unendlichen bannen, die es einschließen und es fliehen. Hat man das recht begriffen, so wird man sich, glaube ich, ruhig verhalten und jeder in der Lage, wohin ihn die Natur gestellt hat.

Was zählt es, da diese Mitte, die uns zuteil geworden ist, immer gleich weit von den Extremen entfernt ist, ob ein anderer[4] etwas mehr von den Dingen weiß? Tut er das, so sieht er sie aus etwas größerer Höhe, aber ist er nicht immer unendlich entfernt von der Grenze, und ist die Dauer unseres Lebens, wenn wir zehn Jahre länger leben, nicht gleichfalls unendlich entfernt von der Ewigkeit? Im Angesicht dieser Unendlichen sind alle Endlichen gleich, und ich sehe keinen Grund, weshalb unsere Einbildung sich lieber diesem als jenem verbinden sollte. Nur der Vergleich zwischen uns und Endlichem macht uns Kummer.

Würde der Mensch damit beginnen, sich selbst zu erforschen, würde er erfahren,[5] wie unfähig er ist, über sich hinauszugelangen.[1] Wie sollte es möglich sein, daß ein Teil das Ganze kenne? Aber vielleicht wird er beanspruchen, wenigstens die Teile zu kennen, die ein gemeinsames Maß mit ihm haben? Aber die Teile der Welt stehen alle derart in Zusammenhang, sind so miteinander verflochten, daß ich es für unmöglich halte, einen ohne den andern und ohne das Ganze zu verstehen.

Der Mensch zum Beispiel steht in Beziehung zu allem, was er kennt. Er braucht[2] Raum, den er ausfüllt, Zeit, um zu dauern, Bewegung, um zu leben, Elemente, die ihn aufbauen, Wärme und Nahrung, um sich zu ernähren, Luft, um zu atmen; er sieht das Licht, er fühlt die Körper; kurz: alles[3] ist ihm verbunden. Also muß man, um zu verstehen, was der Mensch ist, wissen, weshalb er, um leben zu können, Luft braucht, und um zu verstehen, was die Luft ist, müßte man wissen, wodurch sie in dieser Beziehung zum Leben steht usw. Die Flamme brennt nicht ohne die Luft; also, um eins[4] zu kennen, muß man das andere[5] kennen. Da also alle Dinge verursacht und verursachend sind, bedingt und bedingend, mittelbar und unmittelbar, und da alle durch ein natürliches und unfaßbares Band verbunden sind, das das[6] Entfernteste und Verschiedenste umschlingt, halte ich es weder für möglich die Teile[7] zu kennen, ohne daß man das Ganze kenne, noch für möglich, daß man das Ganze kenne, ohne im Einzelnen die Teile zu kennen.

(Die Ewigkeit der Dinge, bestehe sie an sich oder in Gott, soll uns weiter ob der kurzen Dauer unseres Lebens mit Staunen erfüllen. Und die gleiche Wirkung soll die feste und beständige Unbeweglichkeit der Natur im Vergleich mit uns und der ständigen Wandlung, die in uns geschieht, üben.)

Das aber, was unsere Unmacht, die Dinge zu begreifen, vollendet,[1] ist, daß sie selbst einfach und daß wir aus zwei wesensverschiedenen und gegensätzlichen Naturen zusammengesetzt sind: aus Seele und Körper. Denn es ist unmöglich, daß der Teil, der in uns denkt, anders als geistig sei, und wenn man behaupten wollte, wir wären schlechthin körperlich, so würde uns dies noch mehr vom Verstehen der Dinge entfernen, denn nichts ist unverständlicher als die Aussage, daß die Materie sich selbst erkenne, es ist uns nicht möglich zu begreifen, wie sie sich selbst erkennen könnte.

Wären wir also rein stofflich, könnten wir gar nichts erkennen, sind wir aber aus Geist und Stoff zusammengesetzt, so können wir die reinen Dinge, seien sie geistig oder körperlich, nicht wahrhaft verstehen.[2]

Das ist der Grund, daß fast alle Philosophen die Begriffe der Dinge durcheinanderwerfen und entweder von den körperlichen Dingen wie von geistigen oder von geistigen wie von körperlichen Dingen sprechen. Denn unbekümmert sagen sie, daß die Körper nach unten streben, daß sie an den Mittelpunkt zu gelangen wünschen, daß sie ihre Zerstörung fliehen, daß sie die Leere fürchten, daß sie Neigungen, Sympathien, Antipathien haben, was alles Eigenschaften sind, die nur dem Geiste zukommen. Handeln sie aber vom Geist,[3] so betrachten sie ihn als an einem Ort befindlich, und sie schreiben ihm Bewegung von einem Ort zum andern zu, was wieder nur den Körpern eigentümlich ist.

Statt die Begriffe den reinen Dingen zu entnehmen, färben wir sie mit unsern Eigenschaften, und wir prägen allen einfachen Dingen, über die wir nachdenken, unsere zusammengesetzte Wesenheit auf.[1]

Sollte man dann nicht glauben, wenn man bemerkt, daß wir alles aus Körper und Geist zusammensetzen, diese Mischung sei für uns leicht verständlich? Indessen ist sie das, was wir am wenigsten verstehen. Der Mensch ist sich selbst das rätselhafteste Ding der Natur, denn er kann nicht begreifen, was Körper und noch weniger, was Geist ist und am wenigsten von allem, wie ein Körper mit einem Geist vereint sein könne. Das ist der Gipfel aller Schwierigkeiten und indessen ist es unser eigenes Wesen: Modus quo corporibus adhaerent spiritus comprehendi ab hominibus non potest, et hoc tamen homo est.[2]

Und um nun den Beweis unserer Schwäche zu vollenden, werde ich mit den folgenden zwei Überlegungen schließen.[3]

Es kann aber sein, daß dieser Gegenstand das Fassungsvermögen der Vernunft übersteigt. Prüfen wir also ihre Einsichten an Dingen, die ihrem Vermögen angemessen sind. Wenn es irgend etwas gibt, mit dem sie sich in ihrem eigensten Interesse auf das ernsthafteste beschäftigen sollte, so ist das die Erforschung des höchsten Gutes. Sehen wir also zu, wohin es diese starken und klarsichtigen Seelen verlegt haben und ob sie darüber einig sind.

Der eine sagt, das höchste Gut sei in der Tugend, der andere verlegt es in den Genuß; ein anderer in »das Folgen der Natur«; ein anderer in die Wahrheit: Felix qui potuit rerum cognoscere causas,[4] der andere in restloses Nichtwissen; der andere in die Teilnahmslosigkeit; andere in den Widerstand gegen den Trug der Erscheinungen, ein anderer in das »über nichts erstaunt zu sein«: Nihil mirari prope res una quae possit facere et servare beatum,[1] und die braven Skeptiker suchen es in ihrer Ataraxie,[2] ihrem Zweifel, und andauernder Unbewegtheit; und andere, weisere, meinen, daß man es selbst, wenn man es wünscht, nicht finden könne. Da sind wir gut bedient.

(Hinter die Gesetze, den darauffolgenden Titel bringen.)

Indessen muß man einsehen, daß diese schöne Philosophie in so langer und ausgedehnter Arbeit keine Gewißheit erworben hat. Vielleicht, daß wenigstens die Seele über sich selbst Bescheid weiß. Hören wir die Lehrer der Welt über diesen Gegenstand. Was haben sie über ihre Substanz gedacht? (395)[3] Waren sie glücklicher darin, ihren Ort zu bestimmen? (395) Was haben sie über ihr Herkommen, ihre Dauer, ihre Trennung erkannt? (399)

Sollte also die Seele noch ein zu nobler Gegenstand für ihre schwachen Einsichten sein? Steigen wir also zum Stoff herab, sehen wir nach, ob die Seele weiß, woraus der eigne Körper gemacht ist, den sie belebt und die andern, über die sie nachdenkt und nach Gefallen bewegt. Was wußten darüber diese großen Dogmatiker, die nichts nicht wissen? (393) Harum sentensiarum.[4]

Wäre die Vernunft vernünftig, würde das zweifellos genügen. Sie genügt, um zuzugeben, daß sie noch nichts Feststehendes finden konnte; aber sie verzweifelt noch nicht, das zu erreichen. Im Gegenteil, sie ist so eifrig wie je auf dieser Suche und redet sich ein, daß sie in sich die notwendigen Mittel hätte zu diesem Sieg. Ihn also muß man vollenden, und nachdem man ihre Vermögen an ihren Ergebnissen prüfte, werden wir sie an diesen selbst erkennen; sehen wir also zu, welche Vermögen und welche Mittel sie hat, die fähig sind, die Wahrheit zu ergreifen. 73

Ein Brief »Über die Torheit der menschlichen Wissenschaft und der Philosophie«.
Dieser Brief vor »Die Zerstreuung«.
Felix qui potuit... Nihil admirari.[1]
280 Arten des höchsten Gutes bei Montaigne.

74

Teil I, 1.2, c. 1, Abteilung 4.
Deutung. Es wird nicht schwer sein, noch eine Stufe weiter zu gehen und sie lächerlich zu machen. Denn, um bei ihnen selbst zu beginnen, was gibt es Ungereimteres, als zu behaupten, unbelebte Körper hätten Leidenschaften, empfänden Furcht, Schrecken? Und daß empfindungslose Körper, ohne Leben und selbst des Lebens unfähig, Leidenschaften haben sollten, die zum mindesten eine sensitive Seele voraussetzen, um sie zu empfinden? Und weiter, daß der Gegenstand dieser Furcht die Leere wäre? Was ist in der Leere, das ihnen Angst machen kann?[2] Was kann flacher und lächerlicher sein? Das ist noch nicht alles.[3] In sich selbst sollen sie einen Grund der Bewegung haben, um die Leere zu meiden: Haben sie Arme, Beine, Muskeln, Nerven?[4] 75

Gegen die Schreiben, die zu sehr die Wissenschaften ergründen: Descartes.[5] 76

Das kann ich Descartes nicht verzeihen. Er hätte am liebsten in seiner ganzen Philosophie Gott nicht bemüht; er aber kam doch nicht umhin, ihn der Welt, um sie in Bewegung zu setzen, einen Nasenstüber geben zu lassen; danach hat er nichts mehr mit Gott zu tun. 77

Descartes überflüssig und unschlüssig. 78

(*Descartes*. Man muß allgemein sagen: das kann man durch Figur und Bewegung darstellen —, denn das ist wahr. Das aber zu sagen und die Maschine zu bauen, das ist lächerlich. Denn es ist überflüssig, unschlüssig und peinlich. Und wäre das wahr, so würden wir meinen, die ganze Philosophie sei keine Stunde Mühe wert.) 79

Weshalb stört uns ein Hinkender nicht, wohl aber ein im Geist Hinkender? Weil ein Hinkender einsieht, daß wir nicht hinken und ein im Geist Hinkender behauptet, wir seien es, die hinkten; sonst würden wir Mitleid haben und keinen Zorn.
Epiktet fragt noch deutlicher: warum ärgern wir uns nicht, wenn man uns sagt, wir hätten Kopfschmerzen, und warum ärgern wir uns, wenn man sagt, wir hätten falsch überlegt oder falsche Wahl getroffen? — Der Grund ist, daß wir völlig sicher sind, keine Kopfschmerzen zu haben und daß wir nicht hinken; aber so sicher sind wir nicht, daß wir die Wahrheit wählten. Da wir nämlich keine andere Sicherheit haben als die, daß wir sie klar vor unsern Augen haben, so wirft uns das, wenn ein anderer ebenso klar das Gegenteil vor Augen hat, in die Leere und erschreckt uns und besonders, wenn tausend andere über unsere Entscheidung spotten; denn wir müssen unsere Einsicht der so vieler anderer vorziehen; und das erfordert Kühnheit und ist schwierig. Für die Sinne, die

einen Hinkenden bemerken, gibt es niemals diesen Widerspruch. 80

Dem Geist ist der Glaube und dem Willen die Liebe natürlich, deshalb müssen sie sich falschen verbinden, wenn ihnen die wahren Gegenstände fehlen. 81

Wahn.[1] Der Wahn ist der ihn beherrschende[2] Teil des Menschen, Herr des Irrtums und des Falschen, und um so arglistiger ist er, weil er es nicht immer ist; denn er wäre untrügliches Kennzeichen der Wahrheit, wenn er das untrügliche Kennzeichen der Lüge sein würde. Aber obgleich er meist falsch ist, gibt es kein Merkmal seines Wesens, da das Wahre und das Falsche gleiches Zeichen tragen.
Ich meine nicht die Narren, von den Klügsten rede ich; grade ihnen verleiht die Kraft des Wahnes die hohe Gabe, Menschen zu überzeugen. Mag sich die Vernunft darüber empören, sie kann nicht den Wert der Dinge bestimmen.[3]
Dieses stolze Vermögen, Feindin der Vernunft, die sich darin gefällt, diese zu leiten und zu beherrschen, hat, um zu beweisen, was sie kann, im Menschen eine zweite Natur aufgebaut. Sie hat ihre Glücklichen, ihre Unglücklichen, ihre Gesunden, ihre Kranken, ihre Reichen, ihre Armen, sie macht, daß man der Vernunft glaubt, sie bezweifelt, leugnet; sie schaltet die Sinne aus und weckt sie; sie hat ihre Narren und ihre Weisen; und nichts empört uns mehr, als zuzusehen, wie sie die, die bei ihr gasten, mit einer Befriedigung erfüllt, viel vollständiger und umfassender, als es die Vernunft vermag. Die Geschickten des Wahnes gefallen sich selbst viel besser, als sich die

Klugen vernünftigerweise gefallen können. Sie betrachten die Menschen herrisch, sie streiten kühn und zuversichtlich, die andern furchtsam und unsicher; und die Heiterkeit ihrer Miene verschafft ihnen oft genug den Vorteil im Urteil ihrer Zuhörer; so hoch stehen die sich weise Wähnenden in der Gunst gleichgearteter Richter. Der Wahn kann keine Narren zu Weisen machen; aber er macht sie glücklich, was die Vernunft neidet, die ihre Freunde nur elend zu machen vermag, er schenkt den Ruhm, sie die Verachtung.

Wer verfügt über den Ruf, wer verschafft den Menschen, den Werken, den Gesetzen, den Hochgestellten Achtung und Verehrung, wenn nicht diese Zunft der Freunde des Wahns?[1] Alle Reichtümer der Welt sind nichts ohne ihre Bestätigung![2]

Sollte man nicht glauben, daß ein Ratsherr, dessen ehrwürdiges Alter jeglichem Achtung abnötigt, sich durch klare und reine Vernunfturteile leiten lasse und daß er jegliches seiner Wesenheit gemäß beurteile, ohne sich bei zufälligen Nichtigkeiten aufzuhalten, die nur die Einbildung schwacher Menschen beeindrucken. Seht ihn, wie er zur Predigt geht, erfüllt von ergebener Bereitschaft, die Festigkeit seiner Vernunft durch die Glut der Frömmigkeit zu stärken und ganz bereit, mit vorbildlicher Sammlung zuzuhören. Ich wette, wenn dann der Prediger erscheint und gleichgültig, was für erhabene Wahrheiten er mitteilt, unser Ratsherr verliert seine ganze Würde, wenn jener von Natur eine krächzende Stimme und ein fratzenhaftes Gesicht hat, wenn der Barbier ihn schlecht rasiert hat und wenn er sich gar noch irgendwo beschmutzt haben sollte.

Auf einer Planke, die breiter als nötig ist,[3] wird,

wenn unter ihr ein Abgrund gähnt, die Einbildung den größten Philosophen der Welt überwältigen,— mag auch die Vernunft ihn von der Sicherheit überzeugen; sein Wahn wird obsiegen. Mancher wird die Vorstellung nicht ertragen können, ohne zu erbleichen und in Schweiß zu geraten.

Nicht alle Wirkungen will ich anführen. Wer weiß nicht, daß der Anblick von Katzen, Ratten, das Zerbrechen einer Kohle die Vernunft außer sich bringen können! Der Ton der Stimme beeindruckt die Klügsten, und er ändert eine Rede, ein Gedicht von Grund auf.

Zuneigung und Haß ändern das Aussehen des Rechtes. Wie viel gerechter findet ein Anwalt, den man reichlich im voraus bezahlt hat, die Sache, die er vertritt, wie viel gerechter läßt er sie den Richtern erscheinen, die durch diesen Anschein getäuscht werden. Spaßhafte Vernunft, die ein Wind biegt und nach jeder Richtung.

Fast jede Handlung der Menschen könnte ich beibringen, die fast alle unter seinem Atem beben. Denn die Vernunft hat abdanken müssen und die geläutertste bedient sich der Grundsätze, die die Einbildung der Menschen leichtfertig überall eingeführt hat.

(Wer nur der Vernunft folgen wollte, wird im Urteil des großen Haufens als töricht befunden werden.[1] Man muß, da es ihm so gefällt, den ganzen Tag arbeiten und sich abmühen um die Güter der Welt, die als Wahngebilde bekannt sind, und hat der Schlaf uns von den Müdigkeiten unserer Vernunft erfrischt, muß man sofort und eilig aufspringen, dem Dunst nachzujagen, um den Vorstellungen dieses Herrschers der Welt Genüge zu tun — Das ist eines der Mittel des

Irrtums, aber es ist nicht das einzige. Mit Recht hat der Mensch diese beiden Mächte verbündet,[1] obgleich in diesem Frieden der Wahn weitgehend im Vorteil ist; denn führten sie Krieg miteinander, wäre er es völlig: Niemals überwindet die Vernunft den Wahn, während das Gegenteil häufig ist.)[2]

Dies Geheimnis haben unsere Amtspersonen wohl begriffen, ihr Pelzwerk, in das sie sich wie ausgestopfte Katzen hüllen,[3] die Paläste, in denen sie urteilen, die Wappenlilien, kurz dieser ganze erhabene Schein ist durchaus notwendig, denn hätten die Ärzte nicht ihre langen vorn geknöpften Röcke und die absatzlosen Pantoffeln und hätten die Rechtsgelehrten nicht die viereckigen Hüte und zu weite vierteilige Gewänder, so würden sie niemals die Menschen, die dieser eindrucksvollen Schau nicht widerstehen können, dupiert haben. Besäßen sie die Wahrheit und die Gerechtigkeit, kennten die Ärzte die wahre Heilkunst, dann hätten sie viereckige Hüte nicht nötig, die Würde dieser Wissenschaften würde an sich selbst verehrungswürdig genug sein. Da sie aber nur wahngebildetes Wissen besitzen, sind sie zu diesen eitlen Hilfsmitteln gezwungen, um die Einbildung jener zu wecken, mit denen sie zu tun haben, und wirklich schaffen sie sich dadurch die Achtung. Nur die Krieger haben sich nicht derart verkleidet, weil ihr Anteil an der Wirklichkeit wesenhafter ist, sie gründen auf der Kraft, die andern auf der Fratze.

Deshalb haben unsere Könige diese Verkleidungen nicht gesucht. Sie haben sich nicht durch ungewöhnliche Kleidung maskiert, um so zu scheinen, wohl aber haben sie sich mit Schutzstaffeln und Hellebarden umgeben. Diese bewaffneten

Truppen,[1] die nur für sie Arme und Kraft haben, die Trompeter und Trommelschläger, die ihnen voraufmarschieren, diese Scharen, die sie umgeben, machen den Mutigsten zittern. Sie haben nicht nur das Kleid, sondern dazu noch die Kraft.[1] Eine völlig geklärte Vernunft ist nötig, um den großen Herrscher inmitten seines Serails von vierzigtausend Janitscharen wie einen beliebigen andern Menschen zu betrachten.

Wir können sogar nicht einmal einen Advokaten in Robe und Hut sehen, ohne zu seinen Gunsten voreingenommen zu sein.

Die Einbildung verfügt über alles; sie bestimmt die Schönheit, das Recht und das Glück, das das Höchste auf der Erde ist. Ich hätte gern ein italienisches Buch gesehen, das ich nur dem Titel nach kenne, der allein viele Bücher aufwiegt: »Dell' opinione regina del mondo«.[2] Ich unterschreibe es, ohne es zu kennen, das Falsche ausgenommen, soweit es darin ist.

Das etwa sind die Wirkungen dieses trügerischen Wesens in uns, das uns, wie es scheint, ausdrücklich gegeben wurde, um uns in einen notwendigen Irrtum zu leiten. Doch haben wir davon noch mehr in uns. Nicht nur, was uns von früher überkommen ist, ist geeignet, uns zu täuschen, der Reiz der Neuheit hat die gleiche Macht. Daraus erwachsen alle Meinungsverschiedenheiten unter den Menschen, die sich gegenseitig vorwerfen, daß sie entweder falschen Vorstellungen, die ihnen aus der Jugend überkommen, anhingen oder, daß sie leichtfertig neuen nachliefen. Wer hält hier die rechte Mitte? Der möge vortreten und den Beweis erbringen. Es gibt keinen Grundsatz, wie natürlich er uns immer, schon von Kindheit an, sein könne, den man nicht für einen falschen Eindruck, sei er im Unterricht oder sinnlich empfangen, aufgäbe.

Weil ihr, so sagt man etwa, seit der Kindheit geglaubt habt, eine Lade sei leer, wenn ihr nichts in ihr seht, habt ihr an die Möglichkeit der Leere geglaubt; das ist eine Sinnestäuschung, die die Gewohnheit verstärkte, die die Wissenschaft aufheben muß. Und die andern meinen: weil man euch in der Schule lehrte, es gäbe keine Leere, hat man eure gesunden Sinne verdorben, die sie vor dieser falschen Erfahrung genau kannten, die man dadurch aufheben muß, daß man auf eure erste Einsicht zurückgeht. Wer täuschte hier, die Sinne oder die Lehre?

Es gibt einen weiteren Grund des Irrtums, die Krankheiten: sie verderben die Urteilsfähigkeit und die Sinneswahrnehmung; und da die schweren sie merklich trüben, zweifle ich nicht, daß die leichteren im Verhältnis ähnlich wirken.

Unser eigener Vorteil ist ferner ein prächtiges Mittel, um uns die Augen angenehm zu blenden. Es ist dem gerechtesten Mann der Welt nicht erlaubt, in eigner Sache zu urteilen; ich weiß, daß manche, um nicht dieser Eigenliebe zu verfallen, umgekehrt die ungerechtesten Richter der Welt gewesen sind: das sicherste Mittel, um eine völlig gerechte Sache zu verlieren, war, sie durch ihre nächsten Verwandten empfehlen zu lassen.

Das Recht und die Wahrheit sind zwei feinste Spitzen, unsere Werkzeuge sind zu grob, um sie genau zu treffen. Wenn sie in ihre Nähe kommen, zerdrücken sie die Spitze und fassen den Umkreis, und mehr von dem Falschen als von der Wahrheit.

(So prächtig ist also der Mensch gemacht, daß er kein richtiges Prinzip der Wahrheit und mehrere vorzügliche des Irrtums hat. Sehen wir nun zu, wie viel... Die spaßhafteste Ursache dieser Irrtümer aber ist der Streit zwischen den Sinnen und der Vernunft.) 82

Damit muß man das Kapitel über die täuschenden Vermögen beginnen. Der Mensch ist nichts als ein Geschöpf, das von Hause aus ohne die Gnade unauslöschlich voller Irrtum ist. Nichts zeigt ihm die Wahrheit. Alles täuscht ihn; nicht nur, daß die beiden Mittel der Erkenntnis, Vernunft und Sinne, unzuverlässig sind, sie betrügen sich noch gegenseitig. Die Sinne täuschen die Vernunft durch Trugbilder, und den Schabernack, den diese der Vernunft spielen, spielt diese ihnen; sie rächt sich dafür. Die Leidenschaften der Seele trüben die Sinne und schaffen ihr Trugbilder. Sie lügen und betrügen sich gegenseitig nach Lust.
Aber außer diesen Irrtümern, die zufällig und durch den Mangel an Verstand zwischen diesen gegensätzlichen Fähigkeiten zustandekommen...
83

Der Wahn vergrößert das Kleine, bis es unsere Seele mit einer truggebildeten Wertung erfüllt; und mit einer tollen Anmaßung verkleinert er das Große auf sein Maß; so: wenn man von Gott spricht. 84

Meist ist es fast nichts, was uns übermäßig bannt — etwa, wenn man verbergen will, wie wenig man besitzt. Es ist eine Nichtigkeit, die unsere Einbildung zu einem Gebirge macht: eine andere Wendung der Vorstellung läßt uns das mühelos erkennen. 85

(Meine Phantasie bringt mich dazu, einen Quackler und einen, der beim Essen schlürft, zu verabscheuen; die Phantasie wiegt schwer; was kann sie uns nützen, daß wir ihr nachgeben, weil sie natürlich ist? Nein, sondern, daß wir ihr widerstehen werden...)   86

Quasi quidquam infelicius sit homine cui sua figmenta dominantur. (Plin.)[1]   87

Die Kinder, die vor der Fratze, die sie sich malten, erschrecken, sind Kinder; aber, was so harmlos in der Kindheit ist, wird gewaltig im Alter. Man wechselt nur die Richtung der Phantasie. Alles, was sich durch Entwicklung vervollkommnet, geht auch durch Entwicklung zugrunde, etwas, das schwach war, kann niemals wirklich stark sein. Man hat gut reden, er ist größer geworden, er hat sich geändert; er ist zugleich derselbe geblieben.   88

Die Gewohnheit ist unsere Natur: wer sich daran gewöhnt hat, zu glauben, glaubt, und er kann niemals mehr die Hölle nicht fürchten und anderes glauben. Wer sich an den Glauben gewöhnt, der König sei zu fürchten... usf.
Wer zweifelt dann, daß, da unsere Seele daran gewöhnt ist, Zahl, Raum, Bewegung zu sehen, sie das und nur das glaubt?[2]   89

Quod crebro videt non miratur, etiamsi cur fiat nescit; quod ante non viderit, id si evenerit, ostentum esse censet. (Cic.)[3]
Nae iste magno conatu magnas nugas dixerit.[4]
  90

Spongia solis.[1] Wenn wir eine Wirkung Tag für Tag eintreffen sehen, so schließen wir daraus auf eine natürliche Notwendigkeit, etwa daß morgen Tag sein wird usf. Oft aber hintergeht uns die Natur und unterwirft sich nicht ihren eigenen Regeln. 91

Was sind unsere natürlichen Prinzipien anderes als Prinzipien, an die wir uns gewöhnt haben? Die Kinder haben die Gewohnheiten von ihren Eltern erhalten wie die Tiere die zu jagen.
Andere Gewohnheit würde andere natürliche Prinzipien geben, das zeigt die Erfahrung; und wenn es welche gibt, die die Gewohnheit nicht aufheben kann, so gibt es auch Gewohnheiten, die gegen die Natur sind und die weder durch die Natur noch durch eine andere Gewohnheit aufgehoben werden können. Das hängt von der Veranlagung ab. 92

Die Väter fürchten, daß die natürliche Liebe der Kinder erlöschen könne; was ist das für eine Natur, die der Gefahr ausgesetzt ist, ausgelöscht zu werden? Die Gewohnheit ist eine zweite Natur, die die erste aufhebt. Was aber ist Natur? Weshalb soll die Gewohnheit nicht natürlich sein? Ich fürchte, diese Natur selbst ist nur eine erste Gewohnheit, wie die Gewohnheit eine zweite Natur ist. 93

Die Natur des Menschen ist gänzlich Natur, omne animal.[2]
Nichts gibt es, was man nicht natürlich bewirkt, es gibt nichts Natürliches, das man nicht auslöschen kann. 94

Der Mensch ist recht eigentlich omne animal. 94b

Das Gedächtnis, die Freude sind Gefühle; und selbst die geometrischen Lehrsätze werden Gefühle, denn die Vernunft macht die Gefühle natürlich, und die natürlichen Gefühle treten vor der Vernunft zurück. (95)

Ist man daran gewöhnt, sich, um die Wirkungen der Natur zu beweisen, schlechter Begründungen zu bedienen, so weigert man sich die guten anzunehmen, wenn sie entdeckt sind. Ein Beispiel hierfür war der Blutkreislauf, wo man sich Rechenschaft darüber zu geben hatte, weshalb die Vene unterhalb der Abbindung anschwillt.
(96)

Die wichtigste Entscheidung im Leben ist die Wahl des Berufes: der Zufall verfügt sie. Gewohnheit macht Maurer, Soldaten, Dachdecker. Man sagt, das ist ein vorzüglicher Dachdecker; und von den Soldaten redend, sagt man: die seien schön verrückt; und die andern meinen umgekehrt: es gäbe nichts, was größer wäre als der Krieg, alle übrigen seien Lumpen. Dadurch veranlaßt, daß man von Kindheit an diesen Beruf preisen und alle andern verachten hörte, wählt man; denn natürlich liebt man die Tugend[1] und haßt die Torheit; diese Worte bewegen uns: man fehlt nur in der Anwendung. So groß ist die Macht der Gewohnheit, daß sie aus denen, die von Natur nichts als Menschen sind, alle Stände der Menschen macht, denn es gibt Länder, wo alle Maurer, andere, wo alle Soldaten sind usw. Zweifellos ist die Natur nicht so einförmig. Die Gewohnheit ist es, die das macht, denn sie vergewaltigt die Natur; und manchmal überwindet die Natur jene und erhält dem Menschen sein instinktives Empfinden, sei es gut oder schlecht, entgegen aller Gewohnheit. 97

Das Vorurteil, das zum Irrtum verleitet. Jammervoll ist es, zu bemerken, wie alle Menschen nur die Mittel und kaum das Ziel bedenken. Jeder grübelt, wie er sich seiner Lage entziehen kann, die Wahl dieser Lage aber und des Vaterlandes bewirkt das Schicksal.
Traurig ist es, so viel Türken, Ketzer, Ungläubige zu sehen, die nur deshalb dem Weg ihrer Väter folgen, weil jeder voreingenommen glaubt, der sei der beste; und das ist es, was jeden zu jeder Lage bestimmt: Schlosser, Soldaten usw.
Daran scheiterten die Barbaren in der Provence. 98

Es gibt einen umfassenden und wesentlichen Unterschied zwischen den Handlungen des Willens und allen übrigen.
Der Wille ist einer der wichtigsten Mittler des Glaubens; nicht daß er den Glauben bilde, sondern weil die Dinge, je nach der Seite, von der man sie betrachtet, wahr oder falsch sind. Der Wille, der mehr Lust an der einen als an der andern Seite hat, hindert den Geist, das zu bedenken, was er nicht mag; und so verweilt der Geist, wenn er seine Straße mit dem Willen geht, beim Betrachten der Ansicht, die dieser liebt, und er urteilt nach dem, was er hier sieht. 99

Eigenliebe. Nur sich selbst zu lieben und nichts als sich selbst zu bedenken, ist die Art der Eigenliebe und dieses menschlichen Ichs. Aber wie wird es dies vollbringen? Das Ich kann nicht hindern, daß das, was es liebt, voll von Mängeln und Elend ist: es wünscht sich groß und findet sich gering; es wünscht sich glücklich und findet sich unglücklich; es wünscht sich vollkommen und findet sich voller Unvollkommenheiten; es wünscht sich von Menschen geliebt und geachtet und findet, daß seine Mängel nur ihre Abneigung und Verachtung verdienen. Diese Verlegenheit, in der es sich findet, zeugt in ihm die ungerechteste und verbrecherischste Leidenschaft, die man ersinnen kann, denn sie zeugt einen tödlichen Haß gegen die Wahrheit, die es bemäkelt und es von seinen Fehlern überzeugt. Es wird sie zu vernichten wünschen, und da es nicht fähig ist, sie selbst zu zerstören, zerstört es sie, soweit es dies vermag, in seinem Bewußtsein und in dem der andern; d. h. es richtet seine ganze Mühe darauf, vor den andern und vor sich selbst seine Fehler zu verbergen, es kann nicht dulden, daß man sie ihm zeige, noch daß man sie bemerke.

Es ist fraglos ein Übel, voller Fehler zu sein, aber es ist ein noch größeres Übel, es zu sein und sie nicht kennen zu wollen, weil das heißt, daß man ihnen willentlich noch den Betrug hinzufügt. Wir wollen von den andern nicht getäuscht werden, wir finden es unrecht, daß sie von uns mehr geschätzt werden wollen, als sie verdienen: Also ist auch unrecht, daß wir sie täuschen und daß wir von ihnen mehr geschätzt werden wollen, als wir verdienen.

Wenn sie also an uns nur Laster und Unvollkommenheiten bemerken, die uns wirklich eignen, so ist offensichtlich, daß sie uns darin kein Unrecht tun, da wir und nicht sie die Schuld daran haben, und daß sie uns Gutes tun, wenn sie uns helfen, uns von einem Übel zu befreien, nämlich von dem, diese Mängel nicht zu kennen. Wir dürfen nicht betroffen sein, daß sie sie kennen und uns deshalb mißachten, da es richtig ist, daß sie uns kennen, wie wir sind, und daß sie uns verachten, wenn wir verächtlich sind.

So etwa müßte ein Herz, das voll von Rechtlichkeit und Gerechtigkeit wäre, empfinden. Was aber können wir von unserm sagen, wenn wir in ihm völlig gegensätzliche Neigungen finden? Ist es etwa nicht wahr, daß wir die Wahrheit und die, die sie uns sagen, hassen und nur die schätzen, die sich zu unserm Vorteil täuschen, und daß wir von ihnen anders eingeschätzt werden wollen, als wir wirklich sind?

Und nun ein Beweis, der mir Schauder macht. Die katholische Religion verlangt nicht, daß man seine Sünden ohne Unterschied allen Menschen beichte: sie duldet, daß man sie allen andern Menschen verbirgt; nur einen einzigen nimmt sie aus, dem sie den Grund des Herzens zu enthüllen fordert, dem man sich zeigen soll, wie man ist. Nur diesem einzigen Menschen auf der Welt verpflichtet sie uns zu beichten, und ihn verpflichtet sie zu unverbrüchlichem Schweigen, so daß sein Wissen in ihm ist, als wäre es keines. Kann man etwas ersinnen, was wohlwollender und milder wäre? Und trotzdem ist die Verderbnis der Menschen derart, daß sie auch dieses Gesetz noch hart finden. Und das ist einer der Hauptgründe, die zur Empörung gegen die Kirche in einem großen Teil Europas geführt haben.

Wie ungerecht und unvernünftig ist doch das Herz des Menschen, schlecht zu finden, daß man es zwingt, vor einem Menschen zu tun, was nur gerecht wäre, irgendwie vor allen Menschen zu tun. Denn ist es vielleicht recht, daß wir sie täuschen?

Verschiedene Grade gibt es in dieser Abneigung gegen die Wahrheit, man kann aber sagen, daß sie jedem in etwas eignet, da sie unzertrennlich von der Eigenliebe ist. Dieses falsche Zartgefühl zwingt die, die andere zu tadeln haben, zu mancherlei Umweg und mancherlei Mäßigung, um zu vermeiden, daß sie sie kränken. Sie müssen unsere Mängel verkleinern, sie zu entschuldigen suchen, Lobsprüche und Beteuerungen ihrer Anhänglichkeit und Achtung hinzufügen. Trotz alledem schmeckt diese Medizin unserer Eigenliebe bitter. Sie nimmt so wenig wie möglich davon und stets mit Widerwillen und oftmals mit einer geheimen Verachtung gegen die, die sie uns reichen.

Deshalb hütet man sich, uns, wenn man irgendein Interesse an unserer Zuneigung hat, einen Dienst zu erweisen, der, wie man weiß, uns unangenehm ist; man behandelt uns so, wie wir behandelt werden wollen. Wir verabscheuen die Wahrheit, man verbirgt sie uns; wir wollen, daß man uns schmeichele, man schmeichelt uns; wir lieben es, getäuscht zu werden, man täuscht uns.

So geschieht es, daß jede Stufe, die das Glück uns erhöht, uns immer mehr von der Wahrheit entfernt; denn wachsend hütet man sich, die, deren Neigung nützlich und deren Abneigung gefährlich ist, zu verletzen. Ein Fürst kann im Gerede von ganz Europa sein und er der einzige sein, der nichts davon weiß. Das wundert mich nicht: Die Wahrheit ist dem von Nutzen, dem man sie sagt, aber schädlich für die, die sie sagen, weil sie sich verhaßt machen. Nun, wer im Gefolge der Fürsten lebt, schätzt seinen Vorteil höher als den des Fürsten, dem er dient, und also hütet er sich, ihm zu nützen und dadurch sich selbst zu schaden.

Bei den Wohlhabenden ist dieses Unglück fraglos häufiger und alltäglicher, aber die Geringsten bleiben von ihm nicht verschont, weil es immer irgendeinen Vorteil gibt, um sich bei Menschen beliebt zu machen. So ist das menschliche Leben ein fortwährender Trug, gegenseitig täuscht man sich, gegenseitig schmeichelt man sich. Niemand redet so, wenn wir zugegen sind, wie er in unserer Abwesenheit redet. Auf dieser gegenseitigen Täuschung ist die Einigkeit der Menschen begründet, und wenige Freundschaften würden beständig sein, wenn jedweder wüßte, was sein Freund sagt, wenn er nicht anwesend ist, obgleich er dann aufrichtig und leidenschaftslos spricht.

Also ist der Mensch nichts als Verstellung, Lüge und Scheinheiligkeit, und zwar sowohl vor sich selbst, als gegenüber den andern. Er will nicht, daß man ihm die Wahrheit sagt, und er vermeidet, sie den andern zu sagen. Und all diese Anlagen haben, so fern sie von der Gerechtigkeit und der Vernunft sind, ihren natürlichen Grund in seinem Herzen. 100

Ich behaupte, wenn alle Menschen wüßten, was die einen über die andern reden, so gäbe es keine vier Freunde auf Erden. Das beweisen die Streitigkeiten, die aus den Indiskretionen, die man mitunter begeht, erwachsen. (Ich behaupte noch mehr, alle Menschen würden ...) 101

Es gibt Laster, die uns nur zugleich mit andern zu eigen sind, und die wie die Zweige eines Baumes verwelken, wenn man den Stamm absägt.
102

Das Beispiel der Keuschheit Alexanders hat nicht so zur Nachahmung verlockt, wie das Beispiel seiner Trunkenheit Unmäßige gemacht hat. Es ist nicht schandbar, weniger tugendhaft, und es scheint entschuldbar, nicht lasterhafter zu sein als er. Man glaubt, man teile nicht völlig die Laster des großen Haufens, wenn man die Laster dieser großen Männer teilt; aber man beachtet dabei nicht, daß diese eben darin dem großen Haufen gleichen. Man hält sich an den Teil, mit dem sie zum Volk gehören, denn so hoch sie auch immer stehen mögen, in irgend etwas sind sie dem Geringsten der Menschen verbunden. Sie hängen nicht in der Luft, völlig außerhalb der Gesellschaft. Nein, nein, wenn sie größer sind als wir, so nur, weil sie uns mit dem Kopf überragen, ihre Füße stehen so niedrig wie unsere. Die stehen auf derselben Ebene und stützen sich auf den gleichen Boden; die stehen so niedrig wie wir, wie die Geringsten, wie die Kinder, wie die Tiere.

103

Wenn wir etwas leidenschaftlich tun, vergessen wir unsere Pflicht. Etwa: man liebt ein Buch, man liest es, während man anderes tun sollte. Will man sich aber an die Pflicht erinnern, muß man sich etwas zu tun vornehmen, das einem widerwärtig ist, dann entschuldigt man sich damit, daß man anderes zu tun hätte, und man entsinnt sich dadurch seiner Pflicht.

104

Wie schwierig ist es, eine Sache dem Urteil eines andern zu unterbreiten, ohne dadurch, wie man sie vorbringt, sein Urteil zu beeinflussen! Sagt man: ich finde das schön, ich finde das unklar, oder ähnliches, so lenkt man die Vorstellung auf dieses Urteil oder reizt zum Widerspruch. Besser ist es, nichts zu sagen, dann urteilt man danach, wie es ist, d. h. danach, wie sich die Sache darstellt, und den übrigen Umständen entsprechend, die nicht in unserer Macht stehen. Freilich, man hat zum mindesten nichts hinzugetan, machte nicht auch unser Schweigen einen Eindruck je nach der Art und Weise, wie man gelaunt sein wird, es zu deuten, oder nach den Vermutungen, die ihm, wenn er Physiognomiker ist, die Bewegungen, der Gesichtsausdruck oder der Ton der Stimme nahelegen. So schwierig ist es, ein Urteil nicht aus seiner natürlichen Richtung abzulenken, oder vielmehr, so wenig Sicherheit und Festigkeit gibt es hier. 105

Kennt man die wichtigste Leidenschaft eines Menschen, ist man sicher, ihm zu gefallen; und trotzdem hat jeder seine Wunschbilder, die im Gegensatz zu seinem eignen Wohl sind, selbst zu der Vorstellung, die er von diesem hat, und das ist eine Seltsamkeit, die die Spielregel umstößt. 106

Lustravit lampade terras.[1] Das Wetter und meine Stimmung haben wenig miteinander zu tun. Meine Nebel- und meine Schönwettertage sind in mir Glück und selbst Unglück in meinen Angelegenheiten machen wenig aus. Mitunter zwinge ich mich selbst gegen das Geschick; der Ruhm, es zu bezwingen, läßt es mich heiter bezwingen, während ich mitunter den Angewiderten im Glück spiele. 107

Selbst wenn die Menschen an dem, was sie sagen, nicht interessiert sind, darf man nicht mit Gewißheit annehmen, daß sie nicht lögen; denn es gibt Menschen, die lügen einfach, um zu lügen. 108

Ist man gesund, so begreift man nicht, was man tun würde, wenn man krank wäre; ist man es aber, so nimmt man gerne die Arznei: das Übel fordert es. Man hat keine Leidenschaften, keinen Wunsch nach Zerstreuung und Spaziergängen mehr, die die Gesundheit schenkte und die sich mit den Erfordernissen der Krankheit nicht vertragen; also schenkt uns die Natur Leidenschaften und Bedürfnisse, die dem augenblicklichen Zustand entsprechen. Nur die Sorgen, die wir uns selbst bereiten und nicht die Natur, beunruhigen uns, weil wir zu der Lage, in der wir sind, die Leidenschaften der Lage hinzufügen, in der wir nicht sind,
Da die Natur uns in jeder Lage unglücklich macht, erfinden uns unsere Wünsche eine glückliche Lage, weil sie zu der Lage, in der wir sind, die Annehmlichkeiten der Lage hinzufügen, in der wir nicht sind. Und wenn wir diese Annehmlichkeiten haben werden, werden wir damit nicht glücklich sein, weil wir andere Wünsche haben werden, die dieser neuen Lebenslage entsprechen.
Dieser allgemeine Gedanke sollte ausführlicher behandelt werden. (109)

Das Gefühl für das Ungenügen gegenwärtiger Freuden und die Unkenntnis der Eitelkeit der ungegenwärtigen, verursacht die Unbeständigkeit.

110

Unbeständigkeit. Man meint gewöhnliche Orgeln zu spielen, wenn man Menschen rührt. Nun, Orgeln sind sie schon, aber seltsame, veränderlich, wechselnd (deren Pfeifen nicht nach der Tonleiter angeordnet sind). (Wer nur gewöhnliche Orgeln zu spielen versteht, kann ihnen keine

Akkorde entlocken, denn man muß wissen, wo die Tasten sind.) 111

Unbeständigkeit. Die Dinge haben verschiedene Eigenschaften und die Seele hat verschiedene Neigungen; denn nichts ist einfach, was sich der Seele darbietet, und niemals ist die Seele allein für eine Seite offen. Deshalb weint man und lacht man über ein und dasselbe. 112

Unbeständigkeit und Wunderlichkeit. Nur von seiner Arbeit zu leben und zugleich den mächtigsten Staat zu regieren sind äußerste Gegensätze; in der Person des obersten Herrschers der Türken sind sie vereint.[1] 113

So weitgehend ist die Verschiedenheit, daß der Ton jeder Stimme, wie wir gehen, husten, schnauben, niesen.... Man unterscheidet unter den Früchten die Trauben und darunter wieder die Muskatellertrauben, ferner die von Condrieu und weiter die von Desargues[2] und weiter jene Pfropfreiser. Ist das alles? Gab es jemals zwei gleiche Trauben, und hat je eine Traube zwei gleiche Beeren gehabt? usw.
Ich habe niemals über ein und dasselbe gleich geurteilt. Ich kann ein[3] Werk nicht beurteilen, während ich an ihm arbeite. Ich muß es wie die Maler machen und Abstand von ihm nehmen. Aber nicht zu weit. Wie weit also? Schätzet!
114

Die Theologie ist eine Wissenschaft, aber wieviele Wissenschaften ist sie zugleich! Der Mensch ist substantielle Einheit. Zerlegt man ihn aber, ist dann diese Einheit der Kopf? das Herz? der

Magen? die Adern? jede Ader? jeder Teil, einer
Ader? das Blut? jedes Blutkörperchen? Von fern
gesehen, sind eine Stadt, eine Landschaft eine
Stadt und eine Landschaft; aber in dem Maße, in
dem man sich ihnen nähert, sind sie Häuser,
Bäume, Dächer, Blätter, Gräser, Ameisen, Beine
von Ameisen und bis ins Unendliche. Alles das ist
in dem Namen Landschaft enthalten.   115

Gedanken. Alles ist eins, alles ist verschieden.
Wie viele Naturen in der des Menschen! Wie
viele Beschäftigungen, und durch welchen Zufall! Jeder wählt im allgemeinen die, die er loben
hörte. Absatz des Schuhs.   116

Absatz des Schuhs. Oh, der ist gut gearbeitet, das
ist ein geschickter Arbeiter! Wie tapfer ist dieser
Soldat! — Dem entstammen unsere Neigungen
und die Wahl der Berufe. Wie prächtig der
trinkt! Wie mäßig jener ist! Das macht Nüchterne und Trinker, Soldaten, Feiglinge usw.   117

Maßgebende Begabung, die alle andern leitet.
   118

Die Natur ahmt sich nach: ein Korn in gute Erde
gesät, bringt Frucht; ein Grundsatz in rechten
Geist gesät, bringt Frucht. Die Zahlen ahmen
den Raum nach, von dem sie an sich so verschieden sind.
Alles ist von dem gleichen Meister geschaffen und
geleitet: die Wurzel, die Zweige, die Früchte; die
Grundsätze, die Folgerungen.[1]   119

(Die Natur wandelt sich und ahmt nach, die
Kunstfertigkeit ahmt nach und wandelt sich.)
   120

Die Natur beginnt immer wieder das gleiche: Jahre, Tage, Stunden; ebenso sind die Räume und die Zahlen Schritt für Schritt jedes eine Folge des andern. So entsteht eine Art Unendlichkeit und Ewigkeit. Es ist nicht so, daß es hier etwas gibt, das unendlich und ewig wäre, aber diese endlichen Wesen vervielfältigen sich unendlich. Also ist, wie mir scheint, nur die Zahl, die sie vervielfältigt, unendlich. 121

Die Zeit heilt die Schmerzen und die Streitigkeiten, weil man sich ändert: man ist nicht mehr der, der man war, weder der Beleidiger noch die Beleidigten sind die gleichen. Ebenso, wenn man einem Volk, mit dem man im Streit war, nach zwei Generationen wieder begegnet; es sind noch Franzosen, aber nicht die gleichen. 122

Er liebt die nicht mehr, die er vor zehn Jahren liebte. Das glaube ich gern, weder er noch sie sind die gleichen wie damals; er war jung, sie auch, sie ist völlig verändert. Vielleicht würde er sie noch so, wie sie damals war, lieben. 123

Wir betrachten nicht nur die Dinge von verschiedenen Seiten, sondern auch mit verschiedenen Augen: wir hüten uns, sie gleich zu finden. 124

Widersprüche. Von Natur ist der Mensch gläubig, ungläubig; furchtsam, tollkühn. 125

Beschreibung des Menschen: Abhängigkeit, Wunsch nach Unabhängigkeit, Bedürfnisse. 126

Seinslage des Menschen: Unbeständigkeit, Langeweile, Unruhe. 127

Von dem Ärger, den man empfindet, Beschäftigungen, an die man sich gewöhnt hat, aufzugeben. Jemand lebe zufrieden in seiner häuslichen Ordnung. Er begegne einer Frau, die ihm gefalle; er spiele fünf oder sechs Tage mit Lust; schon ist er unglücklich, wenn er zu seiner früheren Beschäftigung zurückkehrt. Nichts ist alltäglicher als das.

128

Unsere Natur ist in der Bewegung, völlige Ruhe ist der Tod. (129)

Beschäftigung. Beklagt sich ein Soldat oder ein Arbeiter usw. über die Mühen, die er hat, so lasse man sie gar nichts tun. (130)

Langeweile. Nichts ist dem Menschen unerträglicher als völlige Untätigkeit, als ohne Leidenschaften, ohne Geschäfte, ohne Zerstreuungen, ohne Aufgabe zu sein. Dann spürt er seine Nichtigkeit, seine Verlassenheit, sein Ungenügen, seine Abhängigkeit, seine Unmacht, seine Leere. Allsogleich wird dem Grunde seiner Seele die Langeweile entsteigen und die Düsternis, die Trauer, der Kummer, der Verdruß, die Verzweiflung.

131

Cäsar, so scheint mir, war zu alt, um sich zu seinem Vergnügen die Welt zu unterwerfen. Dies Vergnügen paßte für Augustus oder für Alexander. Das waren junge Leute, die schwer zu bändigen sind, Cäsar hätte gereifter sein sollen.

(132)

Zwei Gesichter, die ähnlich sind und von denen keins für sich allein lächerlich wirkt, erregen zusammen durch ihre Ähnlichkeit Gelächter. 133

Wie eitel ist die Malerei, wo man die Ähnlichkeit
mit Dingen bewundert, die man im Original keineswegs bewundert. 134

Nur der Kampf macht uns Vergnügen, nicht aber
der Sieg: gern sieht man dem Kampf der Tiere
zu, aber nicht dem Wüten des Siegers über den
Besiegten. Was wollte man denn sonst sehen,
wenn nicht dies Ende des Sieges? Und kaum ist
er entschieden, hat man es satt. Ebenso ist es beim
Spiel. Ebenso beim Erforschen der Wahrheit.
Man liebt den Kampf der Meinungen im Wortstreit, nicht aber die gefundene Wahrheit zu bedenken; will man, daß man sie mit Anteilnahme
beachtet, muß man sie im Wortstreit entstehn
lassen. Gleiches gilt für die Leidenschaften; man
hat Vergnügen daran, dem Kampf gegensätzlicher Leidenschaften zuzusehen, hat aber die
eine die Herrschaft gewonnen, so ist sie nur noch
Begierde.
Wir suchen niemals die Dinge, sondern das
Suchen nach ihnen. So taugen im Theater weder
die ruhigen Szenen ohne Spannung etwas, noch
das außerordentliche und hoffnungslose Elend,
noch die tierische Liebe, noch die erbarmungslose
Härte. 135

Eine Kleinigkeit tröstet uns, weil eine Kleinigkeit uns betrübt. 136

Ohne alle Beschäftigungen im einzelnen zu prüfen, genügt es, sie als Zerstreuungen zu verstehen. 137

Ganz natürlich ist der Mensch Dachdecker oder
was ihn beschäftigt, nur nicht im Zimmer, allein.
138

Zerstreuungen.[1] Wenn ich es mitunter unternommen habe, die mannigfaltige Unruhe der Menschen zu betrachten, sowohl die Gefahren wie die Mühsale, denen sie sich, sei es bei Hofe oder im Krieg, aussetzen, woraus so vielerlei Streit, Leidenschaften, kühne und oft böse Handlungen usw. entspringen, so habe ich oft gesagt,[2] daß alles Unglück der Menschen einem entstammt, nämlich daß sie unfähig sind, in Ruhe allein in ihrem Zimmer bleiben zu können. Kein Mensch, der genug zum Leben hat, würde sich, wenn er es nur verstünde, zufrieden zu Haus zu bleiben, aufmachen, um die Meere zu befahren oder eine Festung zu belagern. Die Charge im Heer würde man nicht so teuer bezahlen, wenn man es nicht unerträglich fände, nicht aus der Stadt herauszukommen, und die Unterhaltungen und Zerstreuungen des Spiels sucht man nur, weil man nicht mit Vergnügen zu Haus bleiben kann.[3]

Als ich dies des Näheren bedacht und den Grund all unserer Leiden erkannt hatte, wollte ich die Gründe hierfür finden. Ich fand, daß es einen überaus wirkungsvollen gibt; er liegt in dem natürlichen Unglück unserer schwachen, sterblichen und so elenden Seinslage, daß uns nichts zu trösten vermag, sobald wir nur genauer darüber nachdenken.

Welche Lage man sich auch immer denken wollte und sich alle Güter, die uns gehören könnten, vereinigt dächte, die königliche Würde ist die schönste Stellung der Welt, und indessen, wenn man sie sich vorstellt und mit allem versehen, was der König verlangt: wenn ihm Zerstreuungen fehlen und man zuläßt, daß er darüber nachdenkt und Betrachtungen darüber anstellt, was er ist, dies langweilige Glück könnte ihn nicht aufrechterhalten, mit Notwendigkeit würde er der Schau dessen verfallen, was ihn bedroht, der Revolten, die sich ereignen könnten, und endlich des Todes und der Krankheiten, die unvermeidbar sind. So daß er, wenn ihm fehlt, was man Zerstreuung nennt, unglücklich ist und unglücklicher als der geringste seiner Untertanen, der spielt und sich vergnügt.[1]

Deshalb sind das Spiel und die Unterhaltung mit Frauen, sind der Krieg und die hohen Ämter so begehrt. Sie sind es nicht deshalb, weil hier wirklich das Glück liegt, noch weil man sich einbildet, daß die wahre Glückseligkeit von dem Geld abhängt, das man im Spiel gewinnen kann, oder von dem Hasen, den man jagt; man würde sie nicht haben wollen, würden sie als Geschenke angeboten.[2] Dieser bequeme und friedliche Nutzen ist nicht, was man sucht und was uns weiter an unser Elend denken läßt, noch sind es die Gefahren des Krieges oder die Mühen der Ämter, sondern den Reiz sucht man, der uns hindert, daran zu denken und der uns ablenkt.

Gründe, weshalb man die Jagd der Beute vorzieht. Das ist der Grund, daß die Menschen so sehr den Lärm und den Umtrieb schätzen, der Grund, daß das Gefängnis eine so furchtbare Strafe ist, der Grund, daß das Vergnügen der Einsamkeit unvorstellbar ist.. Und so besteht am Ende das größte Glück der Könige darin, daß man bemüht ist, sie unaufhörlich zu zerstreuen und ihnen jede Art Vergnügungen zu verschaffen.

Der König ist von Leuten umgeben, die nur daran denken, ihn zu zerstreuen und ihn zu hindern, über sich selbst nachzudenken; denn er ist unglücklich, so sehr er König ist, wenn er daran denkt.

Das ist alles, was die Menschen erfinden konnten, um glücklich zu sein; und die, die darob die Philosophen spielen und meinen, die Menschen seien wenig vernünftig, den ganzen Tag damit zu verbringen, hinter einem Hasen herzusein, den sie nicht gekauft haben möchten, die kennen kaum das menschliche Herz. Dieser Hase könnte uns nicht davor schützen, den Tod und das Elend zu schauen; die Jagd aber, die uns davon ablenkt, schützt uns davor. Und so...[1]

Der Rat, den man Pyrrhus gab, in Ruhe und Frieden zu leben, was er durch so viele Mühsale zu erreichen strebte, bot manche Schwierigkeiten.

(Einem Menschen raten, er solle in Ruhe und Frieden leben, heißt, ihm den Rat erteilen, er solle eine völlig glückliche Seinslage haben, über die er nach Gefallen nachdenken könne, ohne in ihr den Schatten eines Mißbehagens zu finden. Das heißt die Natur des Menschen verkennen.

Deshalb vermeiden die Menschen, die natürlich ein Gefühl ihrer Seinslage haben, nichts so sehr als die Ruhe, und es gibt nichts, was sie nicht den Betrieb suchen ließe. Doch ist es nicht so, daß sie nicht einen Spürsinn hätten, der sie die wahre Glückseligkeit kennen ließe.... Eitelkeit, das Vernügen, es den andern zu zeigen.

Also fängt man die Sache falsch an, wenn man sie tadelt; ihr Irrtum liegt nicht darin, daß sie den Umtrieb suchen, solange sie ihn nur als Zerstreuung suchen, sondern der Fehler ist, daß sie ihn suchen, als könnte sie der Besitz der Dinge, die sie suchen, wirklich glücklich machen; und darin hat man recht, wenn man ihr Suchen eitel nennt; so daß alles in allem sowohl die, die tadeln, als die, die getadelt werden, die wahre Natur des Menschen verkennen.)

Würden sie also auf den Vorwurf, sie suchten mit so viel Eifer, was sie nie befriedigen könne, antworten, wie sie es tun müßten, wenn sie wirklich darüber nachdächten, daß sie nichts als eine fesselnde und mitreißende Beschäftigung suchen, die sie hindere, über sich selbst nachzudenken und daß sie sich deshalb eine gewählt, die sie anziehe, die ihnen gefalle und die sie leidenschaftlich binde, dann wüßten ihre Gegner darauf keine Antwort. Das aber antworten sie nicht, weil sie sich nicht selbst kennen; sie wissen nicht, daß es nur die Jagd und nicht die Beute ist, was sie suchen.

Tanzen: Dabei muß man daran denken, wohin man die Füße setzt. — Der Adlige meint ehrlich, die Jagd sei ein großes und königliches Vergnügen; sein Pikör aber hält sie nicht dafür.[1]

Sie bilden sich ein, nur diesen Rang müßten sie erreicht haben, um sich sofort mit Lust zur Ruhe setzen zu können, und sie ahnen nicht die Unersättlichkeit ihrer Begierde. Sie glauben ehrlich die Ruhe zu suchen, und sie suchen in Wirklichkeit nur die Unruhe. Sie haben einen geheimen Trieb, der sie treibt, außer Haus Zerstreuungen und Beschäftigungen zu suchen, was der Mahnung ihres währenden Elends entstammt; und sie haben einen andern geheimen Trieb, der von der Größe unserer ersten Natur verblieb, der sie ahnen läßt, daß das Glück in Wirklichkeit in der Ruhe und nicht im Lärm des Umtriebs liegt; und aus diesen beiden gegensätzlichen Trieben bilden sie einen verworrenen Plan, der sich im Unbewußten ihrer Seele verbirgt und der sie dazu bringt, die Ruhe durch die Unruhe zu suchen und sich dabei immer einzubilden, daß sie das Glück, das sie nicht haben, haben würden, sobald sie etliche Schwierigkeiten, die sie grade vor sich sehen, überwunden hätten, und daß sie dann die Tür zu geruhsamem Leben öffnen könnten.

So verrinnt das ganze Leben: man sucht die Ruhe, indem man einige Schwierigkeiten, die uns hindern, überwinden will; und hat man sie überwunden, dann wird die Ruhe unerträglich.[1] Denn entweder denkt man an die Sorgen, die man hat, oder an die, die uns drohen. Und hätte man sich wirklich in jeder Hinsicht gesichert, so wird die Langeweile auf Grund ihres eigenen Rechtes sich nicht hindern lassen, aus dem Grunde des Herzens, wo sie natürlich wohnt, aufzusteigen und den Geist mit ihrem Gift zu erfüllen.

Derart unglücklich ist also der Mensch, daß er sich bekümmert, ohne irgendeinen Grund dazu zu haben, und allein durch die Anlage seines Gemüts; und so billig ist er, daß, obgleich es tausend echte Gründe des Kummers gibt, das geringste, ein Billard oder ein Ball, den er schlägt, genügen, um ihn zu zerstreuen.

Was aber, werden Sie fragen, findet er darin? Das: daß er sich morgen vor seinen Freunden brüsten kann, besser gespielt zu haben als ein anderer. Und andere wieder schwitzen in ihren Kammern, um den Gelehrten zu beweisen, daß sie ein Problem der Algebra gelöst, das man bisher nicht lösen konnte; und viele andere begeben sich in höchste Gefahr, um sich nachher des Ortes zu rühmen, den sie eroberten, was nach meinem Geschmack ebenso töricht ist. Und schließlich andere bringen sich schier um, alles das anzumerken, nicht etwa um daraus zu lernen, sondern um zu zeigen, daß sie es wissen; diese sind die törichtsten der Sippschaft, denn sie sind es wissentlich, während man von den übrigen glauben könnte, sie würden sich ändern, wenn sie es wüßten.

Jemand verbringt sein Leben, ohne sich zu langweilen, weil er täglich ein wenig spielt. Gebt ihm jeden Morgen das Geld, das er am Tag gewinnen könnte, unter der Bedingung, nicht mehr zu spielen: so macht ihr ihn unglücklich. Vielleicht wird man meinen, er suche das Vergnügen des Spiels und nicht den Gewinn. Laßt ihn ohne Einsatz spielen, so wird er nicht warm dabei werden und sich langweilen. Also ist es nicht allein das Vergnügen, das er sucht: ein mattes Vergnügen ohne Leidenschaft langweilt ihn. Er muß sich aufregen und sich selbst betrügen, er muß glauben, es wäre ein Glück, etwas zu gewinnen, das er nicht haben wollte, gäbe man es ihm unter der Bedingung, nicht mehr zu spielen; er muß daraus eine Leidenschaft machen und aus ihr, die er sich machte, Wunsch, Zorn und Furcht gewinnen, Kindern gleich, die vor der Fratze erschrecken, die sie sich anmalten.

Was ist der Grund, daß jemand, der vor kurzem seinen einzigen Sohn verlor und der, von Geschäften und Prozessen überlastet, noch am Morgen so bekümmert war, jetzt nicht mehr daran denkt? Wundert euch nicht: er ist völlig in Anspruch genommen aufzupassen, wo der Keiler, den die Hunde seit sechs Stunden wütend verfolgen, ausbrechen wird. Mehr ist nicht nötig! Wie von Kummer gebeugt ein Mensch auch immer sein mag, kann man ihn dazu bringen, sich zu zerstreuen, so wird er diese Zeit über glücklich sein. Und wie glücklich ein Mensch auch immer wäre, er wird bald voll Sorgen und Kummer sein, wenn er nicht durch irgendein Vergnügen, irgendeine Leidenschaft abgelenkt und zerstreut ist, die die Langeweile hindern, sich auszubreiten. Ohne Zerstreuungen gibt es keine Freude, und wenn man

139-140 II. Elend des Menschen ohne Gott

sie hat, keinen Kummer. Und so liegt auch das Glück der Hochgestellten darin, daß sie von vielen Menschen umgeben sind, die für ihre Zerstreuung sorgen, und daß sie imstande sind, sich diesen Vorzug zu erhalten.
Bedenkt: Was ist der Vorzug, Finanzminister, Kanzler oder Parlamentspräsident zu sein, wenn nicht der, daß man einen Beruf hat, in dem man vom frühen Morgen an eine Menge Menschen empfängt, die kommen und gehen und die keine Stunde des Tages übriglassen, wo man über sich selbst nachdenken könnte? Und wenn sie in Ungnade gefallen sind, und man sie auf ihre Landsitze verbannt, wo es ihnen weder an Gütern noch an Bedienten fehlt, die für ihre Bedürfnisse sorgen, so hören sie doch nicht auf, sich elend und verlassen vorzukommen, da es niemanden gibt, der sie hindert, über sich selbst nachzudenken.
(Die Zerstreuung ist für die Leute von Welt so notwendig, daß sie ohne sie unglücklich sind. Trifft sie ein Unfall, so denken sie an die, die ihnen noch widerfahren könnten, oder auch, wenn sie nicht daran denken würden und keinen Grund zur Besorgnis hätten, so wird die Langeweile kraft ihres eignen Rechtes sich nicht hindern lassen, dem Grunde des Herzens, wo sie natürlich wohnt, zu entsteigen, um den Geist mit ihrem Gift zu erfüllen.) 139

Wie ist es möglich, daß jemand, der verzweifelt über den Tod seiner Frau und seines einzigen Sohnes ist, (oder) der in einen gefährlichen Streitfall verwickelt ist, der ihn ängstigt, jetzt nicht traurig ist und daß er frei von ihn peinigenden und beunruhigenden Gedanken zu sein scheint? Man wundere sich nicht darüber! — Man wirft ihm grade einen Ball zu, den er dem Partner zurückschlagen muß, er ist damit beschäftigt, ihn richtig auf den Schläger zu nehmen, um einen Punkt zu gewinnen. Wie könnt ihr meinen, daß er an seine Geschäfte denkt, da er anderes zu tun hat? Das ist eine Aufgabe, würdig, diese große Seele zu beschäftigen und jeden andern Gedanken auszulöschen. Jemand, der geschaffen ist, um die Welt zu kennen, alle Dinge zu beurteilen, einen Staat zu regieren, hier seht ihr ihn beschäftigt und gänzlich erfüllt von dem Wunsch, einen Hasen zu jagen. Und wenn er sich nicht dazu hergibt und immer Haltung bewahren will, wird er noch törichter sein, weil er sich über das Menschsein erheben möchte und am Ende doch nur ein Mensch ist, d. h. fähig zu wenig und zu viel, zu allem und zu nichts: er ist weder Engel, noch Tier, sondern Mensch. 140

Die Menschen beschäftigen sich damit, hinter einem Ball oder einem Hasen herzujagen; das ist sogar das Vergnügen der Könige. 141

Zerstreuung. Sollte die königliche Würde nicht an sich bedeutend genug sein, um den, der sie hat, allein durch die Schau ihres Wesens glücklich zu machen? Sollte es nötig sein, ihn davon abzulenken wie irgendeinen anderen Menschen? Ich verstehe durchaus, daß man einen Menschen glücklich macht, wenn man sein häusliches Elend seinem Blick entzieht und seine Gedanken völlig mit dem Wunsch erfüllt, gut zu tanzen. Aber sollte das auch für einen König gelten, und könnte er, während er sich solch billigen Vergnügungen hingibt, glücklicher sein als im Vergegenwärtigen seiner Würde? Denn was könnte ihn zufriedener machen? Heißt das nicht sein Glück trüben, wenn man ihn damit beschäftigt, seine Schritte nach dem Takt der Musik zu lenken oder einen Ball richtig zu setzen, anstatt daß man ihn in Ruhe die Schau seiner majestätischen Würde, die ihn umhüllt, genießen ließe? Man versuche dies, man lasse einen König mit sich allein und nach Verlangen über sich nachdenken, ohne sinnliche Ablenkung, ohne jede Beschäftigung des Geistes, ohne Gesellschaft, und man wird sehen, daß ein König ohne Zerstreuungen ein völlig unglücklicher Mensch ist. Deshalb vermeidet man das sorgfältig; niemals fehlt in der Umgebung der Könige eine Menge Menschen, die darauf achten, daß den Geschäften die Vergnügungen folgen, und deren ganze Beschäftigung ist, für Vergnügungen und Spiele zu sorgen, so daß es niemals eine Lücke gibt; d. h. sie sind von Leuten umgeben, die die merkwürdige Aufgabe haben aufzupassen, daß der König nie allein ist und in die Lage kommt, über sich nachzudenken, da sie wissen, daß er, der König, der er ist, elend sein würde, wenn er darüber nachdenkt.

Ich meine hiermit nicht die christlichen Könige als Christen, sondern nur ihre Eigenschaft als Könige. (142)

Man belastet die Menschen schon von Jugend an mit der Sorge um ihre Ehre, um ihren Besitz, ihre Freunde und weiter um den Besitz und die Ehre ihrer Freunde. Man überhäuft sie mit Beschäftigungen, mit dem Lernen von Sprachen und Wissenschaften, und man schärft ihnen ein, daß sie nicht glücklich sein können, wenn ihre Gesundheit, ihre Ehre, ihr Vermögen und die ihrer Freunde nicht in Ordnung sind, und daß ein ein-

ziges Versehen sie unglücklich mache. So schafft man ihnen Aufgaben und Geschäfte, die sie den geschlagenen Tag quälen. »Das, werden Sie meinen, sei eine befremdende Art, Menschen glücklich zu machen, man könne nichts Besseres erdenken, um sie unglücklich zu machen.« — Wie meinen Sie, was man dazu tun könne? Nun, nichts wäre nötig, als ihnen all diese Sorgen abzunehmen; denn alsdann werden sie sich selbst sehen, sie werden darüber nachdenken, was sie sind, woher sie kommen, wohin sie gehen, und also kann man sie nie zu viel beschäftigen und ablenken. Und deshalb rät man den Menschen, nachdem man sie so auf die Geschäfte eingeübt hat, wenn sie Zeit zur Muße haben, sie zu benutzen, um sich zu zerstreuen, zu spielen und immer — restlos — beschäftigt zu sein.
Wie hohl und voll Tand ist doch das Herz des Menschen. 143

Ich habe lange Zeit dem Studium der reinen Wissenschaften gewidmet, sie wurden mir aber verleidet, weil man zu wenig Austausch mit andern darüber haben kann. Nachdem ich das Studium der Menschen begonnen hatte, erkannte ich, daß die reinen Wissenschaften dem Menschen nicht angemessen sind und daß ich mich über meine Seinslage, während ich sie studierte, mehr irrte als die, die von ihnen nichts wissen. Ich habe den Menschen verziehen, daß sie so wenig davon wissen. Aber bei der Beschäftigung mit dem Studium des Menschen hoffte ich wenigstens, mehr Anteilnahme zu finden, und daß dieses dem Menschen wahrhaft angemessen sei. Ich habe mich getäuscht, noch weniger Menschen beschäftigen sich hiermit als mit der Geometrie. Nur weil man nicht weiß, daß man den Menschen studieren soll, beschäftigt man sich mit dem Übrigen. Aber ist es nicht so, daß auch das noch nicht die Wissenschaft ist, die der Mensch haben müßte, und daß es besser ist, wenn er in Unkenntnis über sich selbst bleibt, um glücklich zu sein? 144

(Immer beschäftigt uns ein einzelner Gedanke, wir sind nicht fähig, zweierlei zugleich zu denken; und so sind wir mehr mit der Welt als mit Gott beschäftigt.) 145

Der Mensch ist offenbar zum Denken geschaffen, das ist seine ganze Würde und sein ganzes Verdienst; und es ist seine ganze Pflicht, richtig zu denken. Nun, die Ordnung des Denkens fordert, daß man mit sich selbst beginne, und zwar mit seinem Schöpfer und mit seinem Ende.
Nun, woran denken die Menschen? Daran nie, sondern an Tanzen, Laute spielen, Singen, Dichten, Ringe stechen usw. und daran, sich zu schlagen, sich zum König zu machen, ohne nachzudenken, was es ist, König zu sein, und was es ist, Mensch zu sein. 146

Wir geben uns nicht mit dem Leben, das wir für uns und als unser eignes Dasein leben, zufrieden: wir wollen in der Vorstellung der andern ein Scheinleben führen, und deshalb bemühen wir uns zu scheinen. Unaufhörlich arbeiten wir daran, unser wahngebildetes Sein zu verschönern und zu erhalten, und wir vernachlässigen das wirkliche. Und wenn wir ruhigen Gemütes oder großzügig und treu sind, bemühen wir uns, es wissen zu lassen, damit man diese Tugenden unserm Schattendasein anhefte, und eher werden wir uns von ihnen selbst trennen, um sie dem andern zu verleihen. Leichten Herzens wären wir Feiglinge, nur um dadurch den Ruf, ein Held zu sein, zu erwerben. Gewaltiges Zeichen der Nichtigkeit unseres eignen Seins, daß wir nicht zufrieden sind mit dem einen ohne das andere und oft das eine für das andere eintauschen. Denn wer nicht sterben würde, um seine Ehre zu bewahren, der würde ehrlos sein. 147

So dünkelhaft sind wir, daß wir wünschen, die ganze Welt möge uns kennen, und selbst die, die leben werden, wenn wir nicht mehr sind; und so eitel sind wir, daß uns die Achtung von fünf oder sechs Menschen, die uns nahestehen, freut und zufriedenstellt. 148

Man sorgt sich nicht, ob man uns in den Städten, die man durchreist, achtet; bleibt man aber einige Zeit am Platz, dann kümmert man sich darum. Welche Dauer ist hierzu notwendig? Eine, die im Verhältnis zu unserm eitlen und kurzen Leben steht. 149

Derart ist die Eitelkeit im Herzen des Menschen verankert, daß ein Soldat, ein Troßknecht, ein Koch,[1] ein Tagedieb sich rühmen und Bewunderer haben wollen; und selbst die Philosophen wollen sie. Und die, die dagegen schreiben, wollen den Ruhm, gut geschrieben zu haben; und die, die sie lesen, wollen den Ruhm, sie gelesen zu haben; und ich, der ich das schreibe, habe vielleicht diesen Wunsch und vielleicht die, die es lesen werden... 150

Der Ruhm. Alles verdirbt die Bewunderung, schon von Kindheit an. Oh, wie schön er das gesagt hat,

oh, wie schön er das gemacht hat, wie klug er ist, usw.
Die Kinder von Port-Royal, die man an diesen Stachel des Ehrgeizes und des Ruhmes nicht gewöhnt, werden gleichgültig dagegen.[1] 151

Stolz. Neugierde ist nichts als Eitelkeit: meist will man etwas nur kennen, um davon reden zu können. Wenn man niemals davon reden könnte, keine Hoffnung hätte, jemandem je davon zu erzählen, nur aus Freude am Sehen, würde man nicht über das Meer reisen. 152

Vom Wunsch, von denen geachtet zu werden, mit denen man zusammen ist. So selbstverständlich besitzt uns der Stolz inmitten unseres Elends, unserer Irrtümer usw.; freudig geben wir sogar das Leben hin, wenn man nur davon spricht. Eitelkeit: Spiel, Jagd, Besuche, Schauspiel, falsche Dauer des Namens. (153)

Ich habe keine Freunde (zu jemandes Vorteil).
154

Selbst für die Höchstgestellten ist ein wirklicher Freund sehr nützlich, um Gutes von ihnen zu sprechen und um auch in ihrer Abwesenheit zu ihnen halten zu können, so daß sie alles tun sollten, wirkliche Freunde zu haben. Aber sie sollten sie richtig wählen; denn wenn sie sich um Toren bemühen, wird dies ihnen nichts nützen, was immer diese von ihnen Gutes sagen werden; denn sie werden sogar, wenn sie sich als die Schwächeren fühlen, nicht einmal Gutes reden, denn ihre Stimme hat kein Gewicht, und so werden sie mit den andern gemeinsam schmähen. 155

Ferox gens, nullam esse vitam sine armis rati.[1]
Sie zogen den Tod dem Frieden vor; andere ziehen den Tod dem Kriege vor.
Alles kann dem Leben vorgezogen werden, das wir so stark und so selbstverständlich zu lieben scheinen. 156

Widerspruch: Unser Sein verachten, für ein Nichts sterben, unser Sein hassen. 157

Berufe. So süß ist der Ruhm, daß, woran immer man ihn heftet und sei es selbst der Tod, man ihn liebt. 158

Die verborgenen Taten der Tugend sind die schönsten. Begegne ich solchen in der Geschichte, wie Seite 184,[2] so erfreuen sie mich sehr. Aber schließlich sind sie doch nicht völlig verborgen geblieben, da man von ihnen gewußt hat; und obgleich man alles getan hat, was man konnte, um sie zu verbergen, das wenige, was sie bekannt machte, verdirbt alles; denn das Schönste an ihnen ist, daß man sie verbergen wollte. (159)

Das Niesen beansprucht ebenso wie die Arbeit alle Kräfte der Seele, aber man folgert hieraus nicht das Gleiche gegen die Größe des Menschen, wie man es aus der Arbeit tut, weil es wider Willen geschieht. Und obgleich man es verursacht, ist es doch wider Willen, daß man es verursacht, man will es nicht selbst, sondern ein anderes will es; und deshalb ist es kein Zeichen der Niedrigkeit des Menschen und der Knechtung unter dieses Geschehen.
Dem Schmerz[3] zu erliegen, ist für den Menschen keine Schande, doch Schande ist es für ihn, der

Lust zu erliegen. Das ist nicht deshalb so, weil der Schmerz uns zugefügt wird und wir die Lust suchen; denn man kann den Schmerz suchen und ihm willentlich erliegen, ohne derart erniedrigt zu sein. Was ist nun der Grund, daß es die Vernunft ruhmvoll nennt, der Wirkung des Schmerzes zu erliegen, und Schande, der Wirkung der Lust zu erliegen? Der Grund ist, daß der Schmerz uns nicht versucht und nicht anzieht. Wir selbst wählen ihn freiwillig und lassen ihn über uns herrschen, derart, daß wir Herr darüber sind und es hierbei der Mensch ist, der sich selbst erliegt. Im Fall der Lust aber ist es der Mensch, der der Lust erliegt. Nun, nur die Herrschaft und das Beherrschen schaffen den Ruhm und nur die Knechtschaft die Schande. 160

Eitelkeit. Es ist erstaunlich, daß etwas, das so offenbar ist wie die Eitelkeit der Welt, so wenig bekannt ist, daß es befremdet und überrascht, wenn man sagt, es sei Torheit, ihre Auszeichnungen zu suchen. 161

Wer die Eitelkeit des Menschen vollkommen kennen will, braucht nur die Ursachen und die Wirkungen der Liebe zu betrachten. Ihre Ursache ist ein »Ich weiß nicht was« (Corneille), und ihre Wirkungen sind erschreckend. Dies Ich-weiß-nicht-was, das so wenig ist, daß man es kaum fassen kann, setzt die Erde, die Fürsten, die Heere, die ganze Welt in Bewegung.
Die Nase der Kleopatra: wäre sie kürzer gewesen, das Gesicht der ganzen Erde würde verändert sein.
162

Eitelkeit. Die Ursache und die Wirkungen der Liebe: Kleopatra. 163

Wer die Eitelkeit der Welt nicht sieht, ist selbst eitel. — Auch der, der sie erkennt, aber die jungen Leute ausnimmt, die völlig vom Geschehen, von Zerstreuungen und dem Denken an die Zukunft erfüllt sind? — Nehmt ihnen doch die Zerstreuungen, dann werdet ihr sehen, daß sie vor Langeweile verdorren, sie spüren dann ihre Nichtigkeit, ohne sie zu kennen: denn was ist Unglücklichsein sonst, als unerträglich traurig sein, sobald man gezwungen wird, über sich selbst nachzudenken, und sich nicht zerstreuen kann. 164

Gedanken. In omnibus requiem quaesivi.[1] Wäre unsere Lage wirklich glücklich, brauchten wir, um glücklich zu sein, uns nicht zu zerstreuen, um nicht an sie zu denken. 165

Wäre unsere Seinslage wirklich glücklich, brauchten wir uns nicht von dem Gedanken an sie abzulenken. 165b

Zerstreuung. Der Tod, an den man nicht denkt, ist leichter zu ertragen als der Gedanke an den Tod überhaupt. 166

Die Sorgen des menschlichen Lebens haben all das bewirkt; als man das erkannte, wählte man die Zerstreuung. 167

Zerstreuung. Da die Menschen unfähig waren, Tod, Elend, Unwissenheit zu überwinden, sind sie, um glücklich zu sein, übereingekommen, nicht daran zu denken. 168

Trotz dieses Elends will der Mensch glücklich sein und nichts als glücklich sein, und er ist nicht fähig, zu wollen, daß er es nicht sei; wie aber könnte er es sein? Er müßte, um es wirklich zu sein, sich unsterblich machen; da er dies aber nicht vermag, verfiel er darauf, nicht daran zu denken.

169

Zerstreuung. Wenn der Mensch glücklich wäre, würde er es um so mehr sein, je weniger ihn ablenkt, wie die Heiligen, wie Gott. — Ja; aber ist nicht der nur glücklich, der fähig ist, sich durch Zerstreuungen Freuden zu verschaffen? — Nein, denn das kommt ihm von draußen, von außen zu, und deshalb ist es abhängig und vergänglich, tausend Zufällen unterworfen, die unvermeidlich Kummer bereiten.

170

Elend. Das einzige, was uns in unserm Elend tröstet, ist die Zerstreuung, und dabei ist sie die Spitze unseres Elends; denn sie ist es, die uns grundsätzlich hindert, über uns selbst nachzudenken, die uns unmerklich verkommen läßt. Sonst würden wir uns langweilen, und diese Langeweile würde uns antreiben, ein besseres Mittel zu suchen, um sie zu überwinden. Die Zerstreuungen aber vergnügen uns und geleiten uns unmerklich bis zum Tode.

171

Niemals[1] halten wir uns an die Gegenwart. Wir nehmen die Zukunft vorweg, als käme sie zu langsam, als wollten wir ihren Gang beschleunigen; oder wir erinnern uns der Vergangenheit, um sie aufzuhalten, da sie zu rasch entschwindet: Torheit, in den Zeiten umherzuirren, die nicht unsere sind, und die einzige zu vergessen, die uns gehört, und Eitelkeit, denen nachzusinnen, die nichts sind, und die einzige zu verlieren, die besteht, nämlich weil es die Gegenwart ist, die uns gewöhnlich verletzt. Wir verbergen sie vor uns, weil sie uns bekümmert; und wenn sie uns freundlich ist, bedauern wir, sie entschwinden zu sehen. Wir versuchen, sie für die Zukunft zu erhalten, und sind gesonnen, über Dinge, die nicht in unserer Macht sind, an einem Zeitpunkt zu verfügen, von dem wir keine Gewähr haben, daß wir ihn erleben.

Wer seine Gedanken prüft, wird sie alle mit der Vergangenheit und der Zukunft beschäftigt finden. Kaum denken wir je an die Gegenwart, und denken wir an sie, so nur, um hier das Licht anzuzünden, über das wir in der Zukunft verfügen wollen. Niemals ist die Gegenwart Ziel, Vergangenheit und Gegenwart sind Mittel, die Zukunft allein ist unser Ziel. So leben wir nie, sondern hoffen zu leben, und so ist es unvermeidlich, daß wir in der Bereitschaft, glücklich zu sein, es niemals sind.   172

Sie behaupten, die Verfinsterungen kündeten Unglück, weil die Unglücksfälle so häufig sind, also geschieht häufig ein Unglück, das sie so oft voraussahen; würden sie sagen, sie kündeten Glück, so würden sie oftmals lügen. Das Glück verbinden sie nur den seltenen Ereignissen am Himmel, deshalb irren sie sich selten in seiner Vorhersage.

173

Elend. Salomon und Hiob kannten das Elend des Menschen am besten und schilderten es am besten: der eine war der glücklichste, der andere der unglücklichste der Menschen, der eine kannte die Eitelkeit der Freuden aus Erfahrung, der andere die Wirklichkeit der Leiden. (174)

So wenig kennen wir uns, daß viele glauben, daß sie nahe am Sterben seien, wenn sie sich wohl befinden; und viele glauben, daß sie sich wohl befinden, wenn sie nahe am Tode sind, sie fühlen das nahende Fieber nicht und nicht das Geschwür, das sich bilden will. 175

Cromwell war im Zuge, die Christenheit völlig zugrunde zu richten; die Familie des Königs war verloren, die seinige mächtig für immer, wäre nicht ein kleiner Splitter gewesen, der sich in seiner Harnröhre festsetzte. Selbst Rom zitterte schon vor ihm; da aber dieser winzige Splitter sich dort festgesetzt, starb er, wurde seine Familie erniedrigt und der König kampflos wieder eingesetzt.[1] 176

(Drei Gastfreunde.[2]) Hätte jemand, der die Freunschaft des Königs von England, des Königs von Polen und der Königin von Schweden besaß, glauben können, daß es ihm in der Welt je an Unterkunft und Zuflucht fehlen würde? 177

Makrobius: über die Unschuldigen, die Herodes tötete. 178

Als Augustus hörte, unter den Kindern, die Herodes bis zum Alter von zwei Jahren hätte töten lassen, wäre dessen eigner Sohn gewesen, sagte er, es wäre besser, ein Schwein des Herodes als sein Sohn zu sein. Makrobius, Buch II, Sat., Kap. 4.
179

Hohe und Niedrige haben die gleichen Unfälle, die gleichen Ärgernisse, die gleichen Leidenschaften; aber der eine ist näher am Radkranz, der

andere näher der Nabe des Rades und deshalb
von der gleichen Bewegung weniger berührt.
(180)

So unglücklich sind wir, daß wir nur unter der
Bedingung an einer Sache Freude haben, daß wir
uns betrüben, wenn sie uns mißlingt; dem genügen
tausenderlei Dinge und tun es stündlich.
Wer das Geheimnis finden würde, sich an dem
Gelingen zu freuen, ohne sich über das Mißlingen
zu betrüben, der hätte den Punkt gefunden; das
wäre die unaufhörliche Bewegung. 181

Die, die bei ärgerlichen Angelegenheiten immer
optimistisch sind und sich über alle günstigen
Zeichen freuen, muß man, wenn sie an den ungünstigen
nicht gleichen Anteil nehmen, beargwöhnen,
daß sie sich über das Scheitern der Angelegenheit
freuen werden; sie sind froh, diesen
Vorwand der Hoffnung zu haben, um zu zeigen,
daß sie Anteil nehmen, um durch die Freude, die
sie heucheln, die zu vertuschen, die sie empfinden
werden, wenn sie sehen, daß die Sache verloren
ist. (182)

Sorglos eilen wir in den Abgrund, nachdem wir
etwas vor uns aufgebaut, was uns hindert, ihn
zu sehen. 183

III. GEGEN DIE UNGLÄUBIGEN

Fragment 184-241

—

Brief, um anzuregen, daß man Gott suche.
Und Gott dabei von den Philosophen, Skeptikern und Dogmatikern suchen lassen, die den verfälschen, den sie suchen. 184

Gott, dessen Art es ist, über alle Dinge behutsam zu verfügen, begründet die Religion im Geiste durch Gründe und im Herzen durch die Gnade; sie aber im Geist und im Herzen durch Gewalt und durch Drohungen begründen zu wollen, heißt, dort nicht die Religion, sondern die Furcht begründen, terrorem potius quam religionem.[1]

185

Ne, si terrerentur et non docerentur, improba quasi dominatio videretur (Aug. Ep. 48 oder 49).[2]
IV. Bd.: Contra mendacium — ad Consentium.[3]
186

Anordnung. Die Menschen verachten die Religion, sie hassen sie und fürchten, daß sie wahr sei. Um sie davon zu heilen, muß man zunächst zeigen, daß die Religion der Vernunft nicht widerspricht; daß sie verehrungswürdig ist, um ihr Achtung zu verschaffen; sie alsdann liebenswert machen, damit die Guten wünschen, daß sie wahr sei, und dann zeigen, daß sie Wahrheit ist.

Verehrung verdient sie, weil sie den Menschen so gut gekannt hat; liebenswert ist sie, weil sie das wahre Gut verheißt. 187

Man muß in jedem Gespräch und jeder Unterhaltung denen, die dadurch gekränkt sind, sagen können: Worüber beklagt ihr euch? 188

Man beginne damit, die Ungläubigen zu beklagen; durch ihre Seinslage sind sie unglücklich genug; nur wenn es ihnen nützlich wäre, müßte man sie kränken, aber das schadet ihnen. 189

Die Atheisten, die Gott suchen, beklagen; sind sie nicht unglücklich genug? — Die aber, die sich damit brüsten, schmähen. 190

Und wird jener über den andern spotten? Wer darf spotten? Doch spottet dieser nicht über den andern, er hat Mitleid mit ihm. 191

Miton[1] vorwerfen, daß er unbewegt bleibt, wenn sich Gott ihm nähern wird.[2] 192

Quid fiet hominibus qui minima contemnunt, majora non credunt?[3] 193

... Daß sie wenigstens die Religion, die sie bekämpfen, kennten, bevor sie sie bekämpfen. Wenn diese Religion sich rühmte, sie schaue Gott in der Klarheit und besitze ihn deutlich und unverschleiert, dann würde man, um sie zu bekämpfen, nur zu sagen brauchen, daß man in der Welt nichts fände, was ihn in dieser Evidenz zeige. Da sie aber im Gegenteil lehrt, daß die Menschen in den Finsternissen und fern von Gott seien, daß er sich ihrer Erkenntnis verborgen habe und daß dies sogar der Name, Deus absconditus,[1] sei, den er sich in der Schrift gegeben; und wenn sie ferner nur darum bemüht ist, zwei Dinge klarzustellen, nämlich, daß Gott sich in der Kirche merklich versinnlicht hat, damit die, die ihn wahrhaft suchen, ihn erkennen können und daß er seine Zeichen trotzdem derart verschleiert hat, daß nur die ihn erkennen können, die ihn von ganzem Herzen suchen; was gewinnen sie dann daraus, wenn sie in der Nachlässigkeit, aus der sie ihr Geschäft als Wahrheitssucher machen, ausrufen, daß ihnen nichts die Wahrheit zeige? Denn diese Dunkelheit, in der sie sich befinden und die sie der Kirche unterstellen, beweist nur etwas, auf dem die Kirche gründet, ohne das andere anzurühren, beweist ihre Lehre, ohne sie im entferntesten zu vernichten.

Wollten sie sie bekämpfen, müßten sie sagen, sie hätten sich mit allen Mitteln bemüht, die Wahrheit zu suchen; überall, und auch dort, wo die Kirche sie hinwies, um sich zu unterrichten, hätten sie sie gesucht, aber alles wäre vergeblich gewesen. Sagten sie dies, dann würden sie die Wahrheit einer ihrer Behauptungen in Frage stellen. Aber ich hoffe hier zeigen zu können, daß es keinen vernünftigen Menschen gibt, der derart sprechen kann, und ich stehe nicht an zu behaupten, daß es keiner je tat. Man weiß schon, wie die vorgehen, die ihres Geistes sind. Weil sie einige Stunden der Lektüre einiger Bücher der Schrift gewidmet haben, weil sie gelegentlich einen Geistlichen über die Wahrheiten des Glaubens befragt haben, meinen sie, große Mühe aufgewandt zu haben, um sich zu unterrichten. Danach rühmen sie sich, erfolglos in Büchern und bei Menschen geforscht zu haben. Aber wahrhaftig, ich würde ihnen sagen, was ich ihnen oft gesagt habe: diese Oberflächlichkeit ist unerträglich. Hier handelt es sich nicht um eine Nebensache, die irgendeinen beliebigen fremden Menschen betrifft, so daß man sie derart behandeln könnte, es handelt sich um uns selbst, um alles.

Die Unsterblichkeit der Seele geht uns dermaßen an, berührt uns derart im tiefsten, daß, wer bei der Frage, was damit ist, gleichgültig bleibt, jegliches Gefühl eingebüßt haben muß. Je nachdem, ob ein ewiges Gut zu erhoffen oder nicht zu erhoffen ist, müssen all unsere Handlungen und Gedanken verschiedene Richtung einschlagen, so daß es unmöglich ist, irgendeine Entscheidung mit Vernunft und Überlegung zu treffen, die man nicht in Hinblick auf diesen Punkt, der unser letztes Ziel sein soll, leiten müßte.

Es ist also unser eigenster Nutzen und unsere höchste Pflicht, uns darüber, wovon unser ganzes Verhalten abhängt, aufzuklären. Und deshalb mache ich unter denen, die nicht daran glauben, einen gewaltigen Unterschied zwischen solchen, die sich mit aller Kraft bemühen, um sich zu unterrichten, und denen, die leben, ohne sich darum zu bemühen und ohne daran zu denken.

Mit denen, die ernsthaft in diesem Zweifel leiden, für die er das letzte Unglück ist und die nichts verabsäumen, um ihm zu entkommen, die hierin ihre wichtigste und ernsthafteste Aufgabe sehen, kann ich nur Mitleid haben.

Aber die beurteile ich völlig verschieden, die ihr Leben verbringen, ohne an dieses letzte Ziel des Lebens zu denken, und die aus dem einzigen Grund, weil sie nicht selbst die Einsicht finden, die sie überzeugt, verabsäumen, sie anderswo zu suchen und ernsthaft zu prüfen, ob diese Lehre zu denen gehört, die das Volk leichtgläubig annimmt, oder ob sie, obgleich sie an sich dunkel ist, trotzdem auf sehr festem und unerschütterlichem Grunde steht.

Diese Nachlässigkeit in einer Angelegenheit, wo es sich um sie selber handelt, um ihre Ewigkeit, um alles, erzürnt mich mehr, als daß sie mich betrübt; sie verblüfft mich und entsetzt mich, das ist ein Unwesen für mich. Das sage ich hier nicht etwa mit dem frommen Eifer geistlicher Frömmelei; ich meine im Gegenteil, man müßte das Empfinden hierfür aus menschlicher Selbstsucht und Eigenliebe haben; braucht man doch nur einzusehen, was die am wenigsten Einsichtigen einsehen.

Keine sonderlich erhabene Seele ist nötig, um zu begreifen, daß es auf Erden kein wahrhaftes und beständiges Glück gibt und daß all unsere Vergnügungen nur eitel sind, daß unsere Leiden unzählbar sind und daß zum Schluß der Tod, der uns ständig bedroht, uns unaufhebbar in wenig Jahren vor die entsetzliche Notwendigkeit stellen wird, daß wir entweder auf ewig vernichtet oder auf ewig elend sind.

Nichts Wirklicheres, nichts Furchtbareres als das gibt es. Man spiele, so viel man will, den Heldischen, das ist der Schluß, den das glänzendste Leben erwartet. Darüber denke man nach, und dann antworte man, ob es nicht unbezweifelbar ist, daß in diesem Leben das Gut nur in der Hoffnung auf ein anderes Leben besteht, daß man nur glücklich ist in dem Maße, in dem man sich ihm nähert, und daß, da es für die, die von der Ewigkeit völlig überzeugt sind, kein Unglück mehr geben wird, es auch für die kein Glück gibt, die davon nichts wissen.

Es ist also sicherlich ein großes Übel, in diesem Zweifel zu sein, aber er verpflichtet zum mindesten, wenn man derart zweifelt, zu suchen, so daß der, der zweifelt und nicht sucht, zugleich völlig unglücklich ist und Unrecht tut. Wenn er sich damit beruhigt und zufrieden gibt, wenn er daraus sein Bekenntnis macht und sich gar rühmt, daß diese Seinslage ihn freue und sein Stolz sei, so fehlen mir die Worte, um ein derart leichtfertiges Geschöpf zu benennen.

Wie kann man derart empfinden, wie kann uns freuen, nichts als Elend ohne Hilfe zu erwarten? Wie kann man sich rühmen, in undurchdringlicher Dunkelheit zu sein, und wie ist es möglich, daß solche Überlegungen ein vernünftiger Mensch anstellt?[1]

»Weder weiß ich, wer mich in die Welt setzte, noch was die Welt ist, noch was ich selbst bin. In einer furchtbaren Unwissenheit über alles und jedes bin ich. Ich weiß nicht, was mein Leib ist, noch was meine Sinne sind, noch was meine Seele ist, und der Teil meines Ichs sogar, der in mir das denkt, was ich sage, der über alles und über mich selbst nachdenkt, kennt sich nicht besser als das Übrige. Ich schaue diese grauenvollen Räume des Universums, die mich einschließen, und ich finde mich an eine Ecke dieses weiten Weltenraumes gefesselt, ohne daß ich wüßte, weshalb ich nun hier und nicht etwa dort bin, noch weshalb ich die wenige Zeit, die mir zum Leben gegeben ist, jetzt erhielt und an keinem andern Zeitpunkt der Ewigkeit, die vor mir war oder die nach mir sein wird. Ringsum sehe ich nichts als Unendlichkeiten, die mich wie ein Atom, wie einen Schatten umschließen, der nur einen Augenblick dauert ohne Wiederkehr. Alles, was ich weiß, ist, daß ich bald sterben werde, aber was der Tod selbst ist, den zu vermeiden ich nicht wissen werde, das weiß ich am wenigsten.«

»Wie ich nicht weiß, woher ich komme, weiß ich auch nicht, wohin ich gehe; und nur das weiß ich, daß, wenn ich diese Welt verlasse, ich entweder für ewig in das Nichts oder in die Hände eines erzürnten Gottes fallen werde, ohne daß ich wüßte, welche dieser beiden Lagen auf immer mein Teil sein soll. Das also ist meine Seinslage, voll von Schwäche und Ungewißheit. Und aus all dem folgere ich, daß ich die Tage meines Lebens zu verbringen habe, ohne darüber nachzudenken, was mit mir geschehen wird! Vielleicht könnte ich in meinen Zweifeln einen Lichtschein finden, aber ich habe keine Lust, mich darum zu bemühen, noch einen Schritt zu tun, um ihn zu suchen, und nachdem ich für die, die sich mit dieser Sorge quälen, nur Verachtung habe, bin ich bereit, ohne Voraussicht und furchtlos ein so mächtiges Erfahren zu erproben, bereit, mich leichtfertig zum Tode, völlig ungewiß über die Ewigkeit und mein zukünftiges Sein, treiben zu lassen.« (Welche Gewißheit sie auch immer haben könnten, sie ist eher ein Grund der Verzweiflung als des Rühmens.)

Wer möchte einen Menschen zum Freund haben, der derart schwätzt? Wer würde ihn, wenn er die Wahl hat, wählen, um ihm seine Geschäfte zu übertragen, wer würde bei ihm Trost für seinen Kummer suchen? Und endlich, wozu könnte man ihn im Leben gebrauchen?

Wirklich, es ist nur rühmlich für die Religion, daß sie so törichte Menschen zu Gegnern hat, und ihre Feindschaft ist ihr so wenig gefährlich, daß sie im Gegenteil zur Festigung ihrer Wahrheiten dient. Denn der christliche Glaube beruht fast ganz darauf, diese zwei Dinge klarzustellen: die Verderbnis der menschlichen Natur und die Erlösung durch Jesus Christus. Nun, ich behaupte, wenn sie nicht geeignet sind, durch die Reinheit ihrer Sitten für die Wahrheit der Erlösung zu zeugen, so dienen sie zum mindesten ausgezeichnet dazu, für die Verderbnis der menschlichen Natur durch so völlig entartete Empfindungen zu zeugen.

Nichts ist für den Menschen wichtiger als die Lage, in der er sich befindet, nichts ist mehr zu fürchten als die Ewigkeit, und deshalb ist es nicht natürlich, wenn man Menschen findet, die unberührt bleiben bei dem Gedanken an den Verlust des Daseins und an die Gefahr ewigen Elends. Sie verhalten sich sonst völlig anders, sie haben Furcht selbst vor dem Harmlosesten, sie sehen die Gefahr voraus, sie spüren sie. Und eben der gleiche Mensch, der Tag und Nacht in Kummer und Verzweiflung verbringt, weil er eine Stellung verloren oder weil man angeblich seine Ehre kränkte, ist eben der gleiche, der ohne sich zu beunruhigen oder sich aufzuregen, weiß, daß er alles durch den Tod verlieren wird. Es ist ungeheuerlich, daß man in ein und demselben Herzen gleichzeitig diese Empfindlichkeit für das Nichtigste und diese rätselhafte Unempfindlichkeit für das Höchste findet. Das ist eine unbegreifliche Verzauberung und eine übernatürliche Einschläferung, die eine allmächtige Gewalt offenbart, die sie verursacht.

Es muß eine befremdende Verkehrung im Wesen des Menschen stattgefunden haben, damit er sich dieser Seinslage rühme, von der es unglaubhaft scheint, daß auch nur ein Mensch darin bestehen könne. Indessen machte ich die Erfahrung, daß sich so viele darin befinden, daß es überraschend wäre, wenn wir nicht wüßten, daß die Mehrzahl derer, die dabei sind, sich verstellen und in Wirklichkeit nicht so sind. Das sind Menschen, die sagen hörten, es gehöre zum guten Ton, sich derart treiben zu lassen, sie nennen das »das Joch abgeschüttelt haben«, und das versuchen sie nachzuahmen. Es wird aber nicht schwierig sein, ihnen klarzumachen, wie weitgehend sie sich täuschen, wenn sie dadurch Achtung suchen. Das ist kein Mittel, um sie zu erwerben, ich meine sogar nicht einmal unter den weltlichen Menschen, soweit sie gesundes Urteil haben und wissen, daß der einzige Weg, um in der Welt Erfolg zu haben, der ist, rechtschaffen, treu und rechtlich zu scheinen und fähig, seinem Freunde nützlich zu sein, weil die Menschen naturgemäß nur schätzen, was ihnen nützlich sein kann. Nun, welche Empfehlung soll darin liegen, wenn wir einen Menschen sagen hören, er habe das Joch abgeschüttelt, er glaube nicht, daß es einen Gott gibt, der über seine Handlungen wache, er betrachte sich selbst als den alleinigen Herrn seiner Entscheidungen und er gedenke, nur sich selbst Rechenschaft abzulegen? Glaubt er, daß er uns dadurch dahin bringt, daß wir ihm unbesorgt vertrauen und Trost und Hilfe in allen Nöten des Lebens bei ihm suchen? Glauben sie, sie hätten uns Freude gemacht, als sie uns sagten, sie hielten dafür, unsere Seele sei nur ein wenig Wind und Dunst, und es außerdem in einem stolzen und selbstherrlichen Ton sagten? Kann man davon heiter sprechen, ist es nicht vielmehr ein Ding, von dem nur traurig zu sprechen wäre wie von dem traurigsten der Welt? Dächten sie ernsthaft darüber nach, so würden sie einsehen, wie minder das ist, was sie wählten, wie gegensätzlich zur Vernunft, wie widersprechend der Rechtschaffenheit und wie entfernt von jeder Art guter Sitte, die sie suchen, daß sie eher die, die Lust spüren, ihnen zu folgen, zurückhalten können als sie verführen. Und tatsächlich, bringt sie nur dazu, Rechenschaft abzulegen über ihre Empfindungen und die Gründe, weshalb sie an der Religion zweifeln, so werden sie so schwache und törichte Dinge reden, daß sie euch vom Gegenteil überzeugen werden. Zutreffend sagte ihnen das eines Tages jemand: »Wenn ihr fortfahrt, derart zu schwätzen, sagte er ihnen, bekehrt ihr mich wahrhaftig wieder zum Glauben«. — Und er hatte recht, denn wer sollte nicht erschreckt sein, wenn er erkennt, daß er Gesinnungen teilt, wo man derart verächtliche Menschen zu Genossen hat?

Also werden die, die diese Gesinnungen nur vortäuschen, sehr unglücklich sein, weil sie ihr Gemüt zwingen, sich den flegelhaftesten Menschen auszuliefern. Wenn sie im Grunde ihres Herzens betrübt wären, nicht mehr Einsicht zu haben, was sie sich nicht verhelen, so wäre diese Feststellung keine Schande; schandbar ist nur, nichts derartiges zu empfinden. Nichts zeugt mehr für eine außerordentliche Schwäche des Geistes, als nichts zu wissen von dem Elend eines Menschen ohne Gott; nichts zeigt mehr die Bosheit des Herzens, als nicht die Wahrheit der ewigen Versprechungen zu wünschen; nichts ist feiger, als Gott gegenüber den Heldischen zu spielen. Möchten sie doch solche Ruchlosigkeiten denen überlassen, die böse genug von Geburt sind, um dazu fähig zu sein; wären sie doch wenigstens rechtschaffene, wohlerzogene Menschen, wenn sie nicht Christen sein können, und erkennten sie endlich, daß es nur zwei Arten Menschen gibt, die man vernünftig nennen kann: die, die Gott von ganzem Herzen dienen, weil sie ihn kennen, und die, die ihn von ganzem Herzen suchen, weil sie ihn nicht kennen.

Die aber, die leben, ohne ihn zu kennen und ohne ihn zu suchen, finden sich selbst so wenig ihrer eignen Sorge wert, daß sie nicht wert der Sorge anderer sind, und man braucht die ganze Nächstenliebe der Religion, die sie verachten, damit man sie nicht verachtet und soweit, um sie ihrer Torheit zu überlassen. Weil uns aber diese Religion verpflichtet zu glauben, daß sie, solange sie leben, der Gnade der Erleuchtung fähig sind, und zu glauben, daß sie in Kürze erfüllter vom Glauben sein können, als wir es sind, und daß wir im Gegenteil der Verblendung verfallen können, in der sie sind, muß man für sie tun, was wir wünschen würden, daß man für uns täte, wenn wir an ihrer Stelle wären, und sie aufrufen, Mitleid mit sich selbst zu haben und wenigstens in etwas zu versuchen, ob sie kein Licht finden werden. Widmeten sie doch dem Lesen dieser Zeilen einige jener Stunden, die sie so unnütz anderweit vertun: wie groß auch ihr Widerwille sein mag, — vielleicht fänden sie irgendwas darin, und zum mindesten, viel würden sie dabei nicht verlieren. Was aber die anderen angeht, die vollkommen aufrichtig und wahrhaftig wünschen, die Wahrheit zu finden, die, hoffe ich, werden zufriedengestellt und überzeugt sein von einer derart göttlichen Religion, deren Beweise ich hier zusammengebracht habe, und wobei ich ungefähr folgende Anordnung beachtet habe....

1.[1] Man muß Mitleid für diese und jene haben, für diese aber ein Mitleid, das der Liebe entstammt und für jene ein Mitleid, das der Verachtung entstammt.

2. (Ich fasse das nicht aus Bigotterie[2] so an, sondern nach der Art wie das menschliche Herz beschaffen ist, nicht eifernd für Frömmigkeit und Entsagung, sondern nach rein menschlichen Gründen, den Regungen des eigenen Nutzens und der Eigenliebe und weil das etwas ist, das uns genug interessiert, um uns zu rühren: nämlich nach allen Leiden eines unvermeidlichen Todes sicher zu sein, der uns ständig bedroht, uns unfehlbar, in wenig Jahren in die furchtbare Notwendigkeit [setzen] wird. . . .)

3. (Es ist außer Zweifel, daß es kein Gut gibt, ohne die Kenntnis Gottes, so daß man in dem Maße, in dem man sich ihr nähert, glücklich ist, und das höchste Glück ist, mit Gewißheit von ihm zu wissen, und daß man in dem Maße, in dem man sich von diesem Wissen entfernt, unglücklich ist, und das höchste Unglück wäre, die gegenteilige Gewißheit zu haben.

Also ist es ein Unglück zu zweifeln, aber wenn man zweifelt, ist es eine unaufhebbare Pflicht, im Zweifel zu suchen, so daß der, der zweifelt und nicht sucht, zugleich unglücklich ist und unrecht tut; und wenn er dabei heiter und anmaßend ist, so habe ich kein Wort, um ein derart leichtfertiges Geschöpf zu benennen.)

4. (Was für ein Anlaß zur Freude, nur Elend ohne Hilfe zu erwarten! Was für ein Trost, in der Verlassenheit den Tröster zu finden![3])

5. Aber selbst die, die dem Ruhm der Religion am entgegengesetztesten zu sein scheinen, werden hierbei nicht ohne Nutzen für die andern sein.

Wir werden daraus unser erstes Argument machen: daß es etwas Übernatürliches gibt; denn eine solche Blindheit ist nicht natürlich. Und wenn ihre Torheit sie so in Gegensatz zu ihrem eignen Wohl bringt, so wird sie dazu dienen, die andern durch die Schrecken einer so jammervollen und des Mitleids würdigen Torheit davor zu behüten.

6. Sind sie so gefestigt, daß sie unempfindlich sind gegen alles, was sie angeht? Beweisen wir es doch beim Verlust von Gut und Ehre. Was! Das ist ein Vergnügen.

7. Indessen, sicher ist, daß der Mensch so entartet ist, daß in seinem Herzen ein Keim liegt, sich daran zu freuen.

8. (Die Menschen dieser Art sind Zweifler, Nachschwätzer, und das ist der bösartigste Charakter von Menschen, den ich kenne.)

9. Das gute Benehmen zielt darauf, keinen Anteil, das wahre Mitleid darauf, Anteil an den andern zu nehmen.

10. (Ein rechter Grund, sich zu freuen und dieserart großzusprechen: Freuen wir uns also, leben wir ohne Furcht und Unruhe und erwarten wir den Tod, da er ungewiß ist, dann werden wir sehen, was mit uns geschehen wird... Ich sehe darin keine Folgerichtigkeit.)

11. Kann man davon freudig sprechen? Das ist etwas, wovon man voll Trauer reden sollte.

12. Das ist kein gutes Benehmen.

13. Ihr werdet mich bekehren.

14. (Darüber nicht erzürnt zu sein und nicht zu lieben, weist ebensosehr auf eine Schwäche des Geistes als auf Bosheit des Willens.[1])

15. (Ist das Mut, einem Sterbenden gegenüber in der Schwäche und Agonie damit zu beginnen, einen allmächtigen und ewigen Gott zu schmähen?)

16. (Das zeigt, daß man ihnen nichts zu sagen hat, nicht aus Verachtung, sondern weil ihnen die gesunde Vernunft abgeht; Gott muß sie anrühren.)
17. (Der Religion, die sie verachten, muß man angehören, um sie nicht zu verachten.)
18. (Wie glücklich würde ich sein, wenn ich in dieser Lage wäre, wenn man Mitleid mit meiner Torheit hätte und wenn man so gut wäre, mich gegen meinen Willen daraus zu befreien!)
19. Genügt es nicht, daß Wunder an einem Ort geschehen und die Vorsehung über einem Volke scheint?

194b

1. Fragen würde ich sie, ob es nicht wahr wäre, daß sie selber diese Grundlage des Glaubens, den sie bekämpfen, erwahrheiten, nämlich, daß die Natur des Menschen verderbt ist.
2. Nichts ist so wichtig als das, und nur das vernachlässigt man.
3. Nur das könnte ein Mensch tun, der sich Sicherheit verschafft hätte, daß diese Nachricht falsch ist; nicht nur, daß er nicht fröhlich sein könnte, sondern er wäre verzweifelt.
4. Davon darf man nicht sagen, daß es ein Zeichen der Vernunft sei.
5. Die drei Seinslagen.

194c

Bevor ich diese Beweise der christlichen Religion behandeln will, halte ich es für notwendig, das Unrecht der Menschen darzustellen, die kein Verlangen spüren, die Wahrheit einer Sache, die für sie so wichtig ist und die sie so nahe angeht, zu ergründen.

Dies ist unter all ihren Irrtümern ohne Frage dasjenige, was sie am deutlichsten von der Torheit und Blindheit überzeugt und am leichtesten schon bei flüchtiger Betrachtung die gesunde Vernunft und das natürliche Gefühl erschüttert. Denn es ist unbestreitbar, daß unser Leben nur einen Augenblick währt und daß der Zustand des Todes, was immer er sein mag, ewig ist, so daß also all unsere Handlungen und Überlegungen völlig verschiedene Richtung einschlagen müssen, je nach der Art dieser Ewigkeit, und es unmöglich ist, irgendeine Entscheidung mit Sinn und Vernunft zu treffen, die man nicht auf die Wahrheit dieses Punktes bezogen, der unser letztes Ziel sein soll, ausrichten müßte.

Nichts kann klarer als das sein, und so ist, nach den Grundsätzen der Vernunft, die Handlung eines Menschen völlig unvernünftig, wenn er sich nicht besinnt. Von daher beurteile man die, die leben, ohne an dieses letzte Ende des Lebens zu denken, die sich von ihren Neigungen und ihren Vergnügungen, ohne nachzudenken und ohne beunruhigt zu sein, treiben lassen und die so, als könnten sie die Ewigkeit dadurch vernichten, daß sie sich hindern, an sie zu denken, und nur daran denken, jetzt und nur in diesem Augenblick glücklich zu sein.

Diese Ewigkeit hat indessen Bestand, und der Tod, der das Tor zu ihr öffnen soll und der sie stündlich bedroht, wird sie unweigerlich in Bälde vor die grauenvolle Notwendigkeit stellen, entweder ewig vernichtet oder ewig elend zu sein, ohne daß sie wüßten, welche dieser Ewigkeiten ihnen für immer zugeteilt ist.

Und nun ein Bedenken von erschreckender Folge: Ihnen droht das Verhängnis einer Ewigkeit an

Leiden, und trotzdem, als lohne das nicht die Mühe, verabsäumen sie zu prüfen, ob diese Lehre eine von jenen ist, die das Volk zu leichtgläubig annimmt oder ob sie zu denen gehört, die, obgleich sie dunkel sind, ein sehr festes, wenn auch verborgenes Fundament haben. So wissen sie nicht, ob hier Wahrheit oder Irrtum ist, noch ob die Beweise stark oder schwach sind, sie liegen ihnen vor Augen, aber sie weigern sich hinzuschauen, und derart unwissend entscheiden sie sich, alles das zu tun, was man tun muß, um, wenn es dies Unglück gibt, ihm zu verfallen, nämlich abzuwarten und es im Tod zu erproben und bis dahin mit ihrer Lage zufrieden zu sein, ja sie zum Inhalt ihres Bekenntnisses zu machen und schließlich zu dem ihres Stolzes. Kann man die Wichtigkeit dieser Frage ernsthaft bedenken, ohne erschreckt zu sein ob der Leichtfertigkeit dieses Verhaltens?

Diese Ruhe in dieser Unwissenheit ist ungeheuerlich, und die Leichtfertigkeit und Dummheit jener, die so ihr Leben verbringen, muß man sie dadurch empfinden lassen, daß man ihnen klarmacht, wie sie selbst sind, um sie durch den Anblick ihrer eigenen Torheit zu erschüttern. Denn so etwa überlegen Menschen, wenn sie sich entscheiden, in der Unwissenheit über das, was sie sind, zu leben und keine Einsicht zu suchen. »Ich weiß nicht«, sagen sie... 195

(Unsere Vorstellung vergrößert die Gegenwart so sehr, weil wir mit ihr fortwährend in Gedanken beschäftigt sind, und verkleinert dermaßen die Ewigkeit, weil wir nicht an sie denken, daß wir aus der Ewigkeit ein Nichts und aus dem Nichts eine Ewigkeit machen. Das alles hat seine leben-

digen Wurzeln in uns, so daß unsere ganze Vernunft nicht dagegen ankommen kann und daß...)
195b

Diesen Menschen fehlt es an Herz; keinen davon wird man zum Freunde wählen. 196

So unempfindlich sein, um Dinge, die uns angehen, zu verachten und dem gegenüber unempfindlich werden, was uns am meisten angeht.
197

Die Empfindlichkeit des Menschen für das Geringe und die Unempfindlichkeit für das Wichtige ist Zeichen einer befremdenden Verkehrung.
198

Man stelle sich eine Anzahl Menschen vor, in Ketten gelegt und alle zum Tode verurteilt, von denen immer einige Tag für Tag vor den Augen der andern erdrosselt werden; so daß die, die zurückbleiben, ihre eigne Lage in der ihresgleichen sehen und voller Schmerz und ohne Hoffnung aufeinanderschauen und warten, daß die Reihe an sie komme. Das ist ein Bild der Lage des Menschen. 199

Wenn ein Mensch in einem Gefängnis nicht weiß, ob sein Urteil gesprochen ist, wenn er nur eine Stunde hat, um es zu erfahren, und wenn diese Stunde genügt — wenn er weiß, daß es gesprochen ist —, um es widerrufen zu lassen, dann wäre es widernatürlich, wenn er diese Stunde nicht dazu benutzte, um sich zu unterrichten, ob das Urteil gesprochen wurde, sondern um Piquet zu spielen. Also, es ist widernatürlich, daß der

Mensch usw.; das ist ein Lasten von der Hand Gottes. So beweist nicht nur der Eifer derjenigen, die Gott suchen, Gott, sondern auch die Blindheit derjenigen, die ihn nicht suchen. 200

Alle Einwürfe von diesen und von jenen richten sich nur gegen sie selbst und nicht gegen die Religion. – Alles, was die Ungläubigen sagen...
201

(An denen, die bekümmert sind, weil sie erkannten, daß sie nicht glauben, erkennt man, daß Gott sie nicht erleuchtete; aber die andern zeigen, daß es einen Gott gibt, der sie blind macht.)
202

Fascinatio nugacitatis.[1] – Damit die Leidenschaften nicht schaden, handelt, als ob man nur acht Tage zu leben hätte. 203

Wenn man acht Tage des Lebens hingeben soll, soll man hundert Jahre hingeben. (204)

Wenn man acht Tage des Lebens hingeben soll, soll man das ganze Leben hingeben. 204b

Bedenke ich die kurze Dauer meines Lebens, aufgezehrt von der Ewigkeit vorher und nachher; bedenke ich das bißchen Raum, den ich einnehme, und selbst den, den ich sehe, verschlungen von der unendlichen Weite der Räume, von denen ich nichts weiß und die von mir nichts wissen, dann erschaudere ich und staune, daß ich hier und nicht dort bin; keinen Grund gibt es, weshalb ich grade hier und nicht dort bin, weshalb jetzt und nicht dann. Wer hat mich hier eingesetzt? Durch wessen Anordnung und Verfügung ist mir dieser Ort und diese Stunde bestimmt worden? Memoria hospitis unius diei praetereuntis.[1]   205

Das ewige Schweigen dieser unendlichen Räume macht mich schaudern.   (206)

Wie viele Königreiche wissen von uns nichts.
(207)

Weshalb ist meine Erkenntnis beschränkt, weshalb meine Gestalt, weshalb die Dauer meines Lebens auf hundert Jahre statt auf tausend? Welche Gründe hat die Natur gehabt, sie mir so zu geben und grade diese Zahl statt einer andern unter der Unendlichkeit auszuwählen, wo sie doch keinen Grund hat, die eine eher als eine andere zu wählen und nichts mehr für die eine als für die andere stimmt.   208

Bist du weniger Sklave, weil dein Herr dich liebt und verwöhnt? Wohl, du hast es gut, Sklave, dein Herr verwöhnt dich; bald wird er dich schlagen.   209

Im letzten Akt, wie schön auch immer das Schauspiel war, fließt Blut: am Ende wirft man die Erde auf den Schädel und damit für immer. 210

Wir sind Possenreißer, daß wir uns in der Gesellschaft von uns Gleichen erholen, die elend wie wir, unmächtig wie wir sind: sie werden uns nicht helfen; — allein wird man sterben. Also gilt es zu handeln, als ob man allein wäre; und würde man dann prächtige Häuser bauen usw.? Man würde, ohne zu zögern, die Wahrheit suchen;

und wenn man sich weigert, das zu tun, so beweist man, daß man die Achtung der Menschen höher schätzt als das Suchen der Wahrheit. 211

Entgleiten. — Das ist ein furchtbar Ding zu spüren, wie alles entgleitet, was man besitzt. 212

Zwischen uns und der Hölle einerseits und dem Himmel andererseits gibt es nur das Leben zwischen beiden, das das zerbrechlichste auf Erden ist. 213

Unrecht. — Wo der Eigendünkel dem Unrecht[1] verbunden ist, ist ein äußerstes Unrecht. 214

Der Tod ist außerhalb der Gefahr zu fürchten, nicht in der Gefahr, denn man muß ein Mann sein. 215

Nur der plötzliche Tod ist zu fürchten, und deshalb wohnen die Beichtväter bei den Großen der Welt. 216

Wird ein Erbe, der die Besitztitel seines Hauses findet, sagen, sie seien gefälscht — und wird er verabsäumen, sie zu prüfen? 217

Gefängnis. Ich finde es in Ordnung, daß man nicht die Lehre des Kopernikus[2] ergründet, sondern diese: Es ist von entscheidender Wichtigkeit für das ganze Leben zu wissen, ob die Seele sterblich oder unsterblich ist. 218

Es ist unbestreitbar, daß, falls die Seele sterblich oder unsterblich ist, das jeweils eine völlig verschiedene Moral begründen müßte. Die Philo-

sophen aber haben ihre Morallehren unabhängig davon entwickelt: sie lehren, wie man eine Stunde verbringen soll.
Platon, um auf das Christentum vorzubereiten. 219

Irrtum der Philosophen, die die Unsterblichkeit der Seele nicht behandelten; Irrtum ihrer Schwierigkeiten bei Montaigne. 220

Die Atheisten dürften nur Dinge sagen, die vollkommen klar sind: nun, es ist keineswegs vollkommen klar, daß die Seele stofflich ist. 221

Atheisten. — Mit welchem Recht sagen sie, daß man nicht auferstehen könne? Was ist schwieriger: daß etwas entsteht, was vorher nicht war, oder daß aufersteht, was vorher gewesen ist? Ist es schwieriger: in das Sein zu treten, als dorthin wiederzukehren? Die Gewohnheit macht, daß uns das eine leicht, und der Mangel an Gewohnheit, daß uns das andere unmöglich erscheint: das heißt aber, wie das Volk urteilen.
Weshalb könnte eine Jungfrau nicht gebären? Legt ein Huhn nicht auch Eier ohne Hahn? Wer unterscheidet sie äußerlich voneinander? Und wer beweist uns, daß ein Huhn den Keim nicht ebenso bilden kann wie ein Hahn? 222

Was haben sie gegen die Auferstehung und gegen das Gebären der Jungfrau zu sagen? Was ist schwieriger, einen Menschen oder ein Tier zu schaffen oder ihn wieder zu schaffen? Und würde man, wenn man niemals irgendein Tier gesehen hätte, ahnen können, daß sie sich ohne die Gesellschaft der andern nicht fortpflanzen?[1] 223

Wie hasse ich diese Dummheiten, nicht an die Eucharistie usw. zu glauben! Wenn das Evangelium wahr ist, wenn Jesus Christus Gott ist, was ist dann hier schwierig? 224

Atheismus ist Kennzeichen eines starken Geistes, aber nur bis zu einem gewissen Grade. 225

Die Ungläubigen, die stolz darauf sind, sich nur von der Vernunft leiten zu lassen, müßten außerordentlich starken Geistes sein. Was sagen sie aber? Sie sagen: sehen wir nicht Tiere wie Menschen leben und sterben und die Türken wie die Christen? Sie haben Zeremonien, Propheten, Gelehrte, Heilige, Mönche wie wir usw. — Steht das im Gegensatz zur Schrift, lehrt sie das nicht alles? Wenn ihr euch kaum darum sorgt, die Wahrheit zu kennen, so mag das genügen, um euch in Ruhe zu lassen; solltet ihr aber sie von ganzem Herzen zu kennen wünschen, so habt ihr sie nicht genau genug betrachtet.[1] Das würde ausreichen bei einer Streitfrage der Philosophie; hier aber, wo es um alles geht!... Indessen, nach einer derart oberflächlichen Überlegung will man sich vergnügen usw.
Man unterrichte sich bei dieser Religion selbst, ob sie nicht die Gründe dieser Dunkelheit kennt, vielleicht, daß sie uns diese lehren wird.

226

Ordnung durch Gespräch. Was soll ich tun? Ringsum sehe ich nur Dunkelheit.[1] Könnte ich glauben, daß ich nichts bin? Könnte ich glauben, daß ich Gott bin?
Alles wandelt sich und folgt aufeinander. — Sie irren sich, es gibt... 227

Einwurf der Atheisten: Aber wir sehen kein Licht.

228

Das also sehe ich, und das erregt mich.[1] Wohin ich auch schaue, ich finde ringsum nur Dunkelheit. Nichts zeigt mir die Natur, was nicht Anlaß des Zweifels und der Beunruhigung wäre; fände ich gar nichts, was eine Gottheit zeigt, würde ich mich zur Verneinung entscheiden; sähe ich überall die Zeichen eines Schöpfers, so würde ich gläubig im Frieden ruhen. Da ich zu viel sehe, um zu leugnen, und zu wenig, um gewiß zu sein, bin ich beklagenswert, und hundertmal wünschte ich, daß, wenn ein Gott die Natur erhält, sie es unzweideutig zeigen möge oder daß, wenn die Zeichen, die sie von ihm weist, Trug sind, sie diese völlig vernichten möge; daß sie alles oder nichts zeige, damit ich wisse, welcher Seite ich folgen soll, während ich in der Seinslage, in der ich bin, in der ich nicht weiß, was ich bin, noch was ich tun soll, weder meine Beschaffenheit noch meine Pflicht kenne. Mein Herz wünscht von ganzer Seele zu wissen, welches das wahre Gut ist, um ihm zu folgen, nichts würde mir zu teuer für die Ewigkeit sein.

Neid spüre ich auf die, die ich so lässig im Glauben leben sehe und so schlecht eine Gabe nützen, die ich völlig verschieden gebrauchen würde.

229

Unbegreifbar ist, daß Gott ist und unbegreifbar, daß er nicht ist; daß die Seele dem Körper vereint ist und daß wir keine Seele haben; daß die Welt geschaffen ist, daß sie es nicht ist; daß es die Erbsünde gibt und daß es sie nicht gibt.

230

Sie halten es für unmöglich, daß Gott unendlich und ohne Teile sei? — Ja. — Also werde ich Ihnen[1] ein unendliches und unteilbares Ding zeigen. Das ist ein Punkt, der sich überall mit einer unendlichen Geschwindigkeit bewegt; denn er ist einer an allen Orten und an jeder Stelle ein ganzer.[2]

Möge Ihnen dieser Effekt der Natur, den Sie vorhin für unmöglich hielten, begreifbar machen, daß es noch anderes geben kann, was Sie noch nicht wissen. Folgern Sie aus ihren Kenntnissen nicht, daß Ihnen nichts mehr zu wissen bliebe, sondern daß unendlich viel zu wissen bleibt.

231

Die unendliche Bewegung; der Punkt, der alles erfüllt, der Augenblick in Ruhe:[3] unendlich ohne Größe, unteilbar und unendlich.   232

Unendlich — Nichts. Unsere Seele ist in den Körper gestoßen, wo sie Zahl, Zeit, räumliche Ausdehnungen vorfindet; sie denkt darüber nach und nennt das Natur, Notwendigkeit, und sie[4] kann nichts anderes glauben.

Die Eins, dem Unendlichen hinzugefügt, vermehrt es um nichts, nicht mehr als ein Fuß einen unendlichen Maßstab; das Endliche vernichtet sich in Gegenwart des Unendlichen, es wird ein reines Nichts. So unser Geist vor Gott, so unsere Gerechtigkeit vor der göttlichen Gerechtigkeit. Zwischen unserer Gerechtigkeit und der Gottes ist das Mißverhältnis nicht so groß wie zwischen der Eins und dem Unendlichen. Die Gerechtigkeit Gottes muß über alle Maßen groß sein wie seine Barmherzigkeit; nun, die Gerechtigkeit, die den Verdammten wird, ist weniger über alle Maßen groß, und sie sollte uns weniger befremden als die Barmherzigkeit gegen die Erlösten.

Wir wissen, daß es ein Unendliches gibt, aber wir sind unwissend über sein Wesen; da wir etwa wissen, daß es falsch ist, daß die Zahlen endlich sind, ist es folglich wahr, daß es ein Unendliches der Zahl gibt, aber wir wissen nicht, was dies ist. Es ist falsch, daß sie gerade ist, es ist falsch, daß sie ungerade ist, denn sie ändert sich nicht, wenn wir die eins hinzufügen; trotzdem ist sie eine Zahl, und jede Zahl ist gerade oder ungerade. Was natürlich nur für endliche Zahlen gilt.

Also kann man sehr wohl begreifen, daß es einen Gott gibt, ohne zu wissen, was er ist.

Gibt es dann keinerlei wesenhafte Wahrheit, wenn wir so viele wahre Dinge sehen, die keineswegs Die Wahrheit selbst sind?

Nun, wir kennen das Dasein und das Wesen des Endlichen, weil wir wie dieses endlich und ausgedehnt sind. Wir kennen das Dasein des Unendlichen, aber wir wissen nicht, was es ist, weil es[1] ausgedehnt ist wie wir, aber keine Grenzen hat wie wir. Aber wir kennen weder das Dasein noch das Wesen Gottes, weil er weder Ausdehnung noch Grenzen hat.

Durch den Glauben aber wissen wir von seinem Dasein; und in der Seligkeit werden wir sein Wesen kennen. Nun, ich zeigte bereits, daß man sehr wohl das Dasein eines Dinges kennen könne, ohne sein Wesen zu kennen.

Sprechen wir nunmehr in der Art der Einsichten, die unserer Natur möglich sind.[2]

Wenn es einen Gott gibt, ist er unendlich unbegreifbar; da er weder Teile noch Grenzen hat, besteht zwischen ihm und uns keine Gemeinsamkeit. Also sind wir unfähig zu wissen, was er ist, noch ob er ist. Und wer würde, da das so ist, wagen, diese Frage lösen zu wollen? Wir, die wir keine Gemeinsamkeit mit ihm haben, jedenfalls nicht.

Wer also wird die Christen tadeln, wenn sie keinen Beweis ihres Glaubens erbringen können, sie, die einen Glauben bekennen, den sie nicht beweisen können? Sie erklären, wenn sie ihn der Welt darlegen, daß er ein Ärgernis der Vernunft sei, stultitiam;[1] und da beklagen Sie sich darüber, daß sie ihn nicht beweisen! Bewiesen sie ihn, so hielten sie nicht Wort: grade da ihnen Beweise fehlen, fehlt ihnen nicht der Sinn. — »Zugegeben, das mag die entschuldigen, die ihn derart lehren, und sie von dem Vorwurf entlasten, keine Gründe aufzuführen, es entschuldigt nicht die, die ihn ohne Beweise annehmen.« — Prüfen wir das also, nehmen wir an: Gott ist oder er ist nicht. Wofür werden wir uns entscheiden? Die Vernunft kann hier nichts bestimmen: ein unendliches Chaos trennt uns. Am äußersten Rande dieser unendlichen Entfernung spielt man ein Spiel, wo Kreuz oder Schrift fallen werden. Worauf wollen sie setzen. Aus Gründen der Vernunft können sie weder dies noch jenes tun, aus Gründen der Vernunft können sie weder dies noch jenes abtun.[2]

Zeihen Sie also nicht die des Irrtums, die eine Wahl getroffen, denn hier ist nichts zu wissen. — »Nein, aber ich werde sie tadeln gewählt zu haben, nicht diese Wahl, sondern eine Wahl, denn mögen auch beide, der, der Kreuz wählte und der andere den gleichen Fehler begehen, so sind doch beide im Irrtum, richtig ist überhaupt nicht auf eines zu setzen.«[3]

Ja, aber man muß auf eines setzen, darin ist man nicht frei, Sie sind mit im Boot. Was werden Sie also wählen? Sehen wir also zu, da man wählen muß, wobei Sie am wenigsten wagen? Zwei Dinge haben Sie zu verlieren: Die Wahrheit und das höchste Gut; und zwei Dinge haben Sie einzubringen: Ihre Vernunft und Ihren Willen, Ihr Wissen und Ihre Seligkeit, und zweierlei haben Sie von Natur zu meiden: den Irrtum und das Elend. Ihre Vernunft ist nicht mehr betroffen, wenn sie sich für das eine oder das andere entscheidet, da man sich mit Notwendigkeit entscheiden muß. Das ist ausgemacht, wie ist es dann mit Ihrer Seligkeit? Wägen wir Gewinn und Verlust für den Fall, daß wir auf Kreuz setzen, daß Gott ist. Schätzen wir diese beiden Möglichkeiten ab. Wenn Sie gewinnen, gewinnen Sie alles, wenn Sie verlieren, verlieren Sie nichts.[1] Setzen Sie also, ohne zu zögern, darauf, daß er ist. — »Das ist wunderbar. Gewiß, ich muß setzen, aber vielleicht setze ich zu viel.« — Nun, sehen wir zu. Da die Wahrscheinlichkeit für Gewinn und Verlust gleich groß ist, könnte man den Einsatz noch wagen, wenn es nur zwei für ein Leben zu gewinnen gibt. Gibt es aber drei zu gewinnen, dann muß man, denn Sie sind ja gezwungen zu setzen, das Spiel annehmen; Sie würden unklug handeln, wenn Sie, da Sie einmal spielen müssen, Ihr Leben nicht einsetzen wollten, um es dreifach in einem Spiel zu gewinnen, wo die Chance für Gewinn und Verlust gleich groß ist. Es gibt aber eine Ewigkeit an Leben und Glück zu gewinnen; und da das so ist, würden Sie, wenn unter einer Unendlichkeit von Fällen nur ein Gewinn für Sie im Spiel läge, noch recht haben, eins gegen zwei zu setzen, und Sie würden falsch handeln, wenn Sie sich, da Sie notwendig spielen müssen, weigern wollten, wenn es unendliche und unendlich glückliche Leben zu gewinnen gibt, ein Leben für drei in einem Spiel zu wagen, wo es für Sie unter einer Unendlichkeit von Fällen einen Gewinn gibt. Es gibt aber hier unendlich viele, unendlich glückliche Leben zu gewinnen, die Wahrscheinlichkeit des Gewinns steht einer endlichen Zahl der Wahrscheinlichkeit des Verlustes gegenüber, und was sie ins Spiel einbringen, ist endlich. Das hebt jede Teilung[1] auf: Überall, wo das Unendliche ist und keine unendlich große Wahrscheinlichkeit des Verlustes der des Gewinns gegenübersteht, gibt es nichts abzuwägen, muß man alles bringen. Und so, wenn man notwendig setzen muß, hieße es, auf die Vernunft verzichten, wollte man das Leben lieber bewahren, statt es so dicht vor dem Erfahren des Verlustes, des Nichts, für den unendlichen Gewinn zu wagen.

Denn es ist nutzlos zu sagen, es sei ungewiß, ob man gewinnen würde, und gewiß sei, daß man wage und daß die Unendlichkeit zwischen dem, dem man sich gewiß aussetzt, und dem, was man ungewiß gewinnen wird, das endliche Gut, das man sicher einbringt, dem Unendlichen, das ungewiß sei, angleiche. Das ist nicht richtig: jeder Spieler wagt mit Gewißheit, um ungewiß zu gewinnen, und trotzdem wagt er, ohne gegen die Vernunft zu verstoßen, sicher das Endliche, um unsicher Endliches zu gewinnen. Es besteht kein unendlicher Abstand zwischen der Gewißheit dessen, dem man sich aussetzt, und der Ungewißheit des Gewinns. Das ist falsch. Es gibt in Wirklichkeit Unendlichkeit zwischen der Gewißheit zu gewinnen und der Gewißheit zu verlieren.[2] Aber die Ungewißheit des Gewinns ist gemäß der Ziffer der Wahrscheinlichkeit für Gewinn und Verlust der Gewißheit dessen, was man wagt, angemessen; und das ist der Grund, daß, wenn die Wahrscheinlichkeit auf beiden Seiten gleich ist, das Spiel gleich gegen gleich steht; also die Gewißheit dessen, dem man sich aussetzt, ist gleich der Ungewißheit des Gewinns: weit entfernt davon, unendlich zu sein. Und so ist unsere Darlegung, bei gleicher Chance für Gewinn und Verlust, von unendlicher Überzeugungskraft, wenn Endliches in einem Spiel zu wagen und das Unendliche zu gewinnen ist. — Das ist einleuchtend; und falls Menschen irgendeine Wahrheit einsehen können, diese gehört dazu. — »Zugegeben, das räume ich ein. Aber gibt es weiter kein Mittel, hinter das Spiel zu schauen?« — Doch die Schrift und das Übrige, usw.

»Gewiß, aber meine Hände sind gefesselt, und der Mund ist stumm; man zwingt mich zu setzen, und ich bin nicht frei; man läßt mich nicht aus, und ich bin aus solchem Stoff, daß ich nicht glauben kann. Was soll ich tun?«

Das ist wahr (Sie können nicht glauben).[1] Aber lernen Sie wenigstens — da Ihre Vernunft Sie bis dahin bringt —, daß Ihre Unfähigkeit zu glauben, und der Fehler, daß Sie es, trotzdem Sie davon wissen, nicht vermögen (nicht dem Mangel der Beweise, sondern Ihren Leidenschaften entstammen).[2] Bemühen Sie sich also, sich nicht etwa durch eine Vermehrung der Gottesbeweise zu bekehren, sondern durch eine Verminderung der Leidenschaften. Sie möchten zum Glauben gelangen, und Sie kennen nicht den Weg dahin? Sie möchten vom Unglauben geheilt werden, und Sie bitten um die Arzenei? Lernen Sie von denen, die in Ihrer Lage waren und die jetzt ihr ganzes Gut eingesetzt haben; das sind Menschen, die diesen Weg kennen, den Sie gehen möchten, die von

dem Übel genesen sind, von dem Sie genesen möchten. Handeln Sie so, wie diese begonnen haben: nämlich alles zu tun, als ob Sie gläubig wären, Weihwasser zu benutzen und Messen lesen zu lassen usf. Ganz natürlich wird Sie das sogar glauben machen und verdummen. »Das aber fürchte ich ja grade.« — Und weshalb, was haben Sie zu verlieren?[1]
Um Ihnen aber zu beweisen, daß Sie dadurch dorthin gelangen, daß das die Leidenschaften mindern wird, die Ihre großen Hindernisse sind, usw. *Ende dieser Rede.* — Nun, was könnte Ihnen Schlimmes geschehen, wenn Sie diesen Entschluß fassen? Sie werden treu, rechtschaffen, demütig, dankbar, wohltätig, Freund, aufrichtig, wahrheitsliebend sein. Allerdings die verderblichen Vergnügungen, Ruhm, Genüsse werden Sie nicht haben, aber werden Sie nicht anderes dafür haben? Ich sage Ihnen, Sie werden dabei in diesem Leben gewinnen und mit jedem Schritt, den Sie auf diesem Wege tun, immer mehr die Gewißheit des Gewinnes und die Nichtigkeit des Einsatzes erkennen, so daß Sie endlich begreifen, daß Sie auf eine unendlich sichere Sache setzten und daß Sie nichts dafür gegeben haben.
— »Oh, diese Rede reißt mich fort, entzückt mich, usw. usw.«
Wenn Ihnen meine Worte gefallen, stark dünken, wisset, sie schrieb ein Mensch, der vorher und nachher auf den Knien lag, um zu dem Wesen, das unendlich und ohne Teile ist, dem er alles überantwortete, zu beten, daß er auch Sie zu Ihrem eignen Nutzen und ihm zum Ruhme unterwerfen möge und daß sich so die Macht dieser Niedrigkeit verbünde.

Wenn man sich nur um Sicheres bemühen dürfte, dürfte man sich nicht um die Religion bemühen; denn sie ist nicht sicher. Aber wieviel Dinge unternimmt man, die ungewiß sind, Reisen über See, Schlachten, die man kämpft. Deshalb meine ich, daß man gar nichts tun dürfte, denn nichts ist sicher; und daß es größere Sicherheit in der Religion gibt als darin, daß wir den morgigen Tag sehen werden: denn es ist nicht gewiß, daß wir den morgigen Tag sehen werden, aber es ist sicher möglich, daß wir ihn nicht sehen werden. So weit kann man bei der Religion nicht gehen. Es ist nicht sicher, daß sie Wahrheit ist; aber wer würde zu sagen wagen, es sei sicher möglich, daß sie es nicht ist? Nun, man handelt vernünftig, wenn man für den morgigen Tag und für das Ungewisse arbeitet; denn man handelt, wie an Hand der Regel der Teilung[1] nachgewiesen wurde, vernünftig, sich um das Ungewisse zu bemühen.

Augustinus erkannte, daß man auf Seefahrten und in Schlachten sich um Unsicheres bemüht, aber er hat nicht die Regel der Teilung gekannt, aus der folgt, daß man es tun muß. Montaigne bemerkte, daß uns ein Hinkender im Geiste ärgert und daß die Gewohnheit alles macht, aber er hat nicht die Ursache dieser Wirkungen erkannt.

Sie haben alle die Wirkungen bemerkt, aber nicht die Ursachen gesehen; sie verhalten sich zu denen, die die Ursachen entdeckt haben, wie sich Menschen, die nur erst Augen hätten, zu Menschen verhalten würden, die Geist besitzen; denn die Wirkungen sind gewissermaßen den Sinnen, die Ursachen allein dem Geiste erkennbar. Und obgleich diese Wirkungen sich nur mit dem Geiste einsehen lassen, ist dieser Geist doch im Vergleich zu dem, der die Ursachen erkennt, den körperlichen Sinnen entsprechend, wenn wir diese mit dem Geist vergleichen. 234

Rem viderunt, causam non viderunt.[1] 235

Auf Grund der Regel der Teilung müssen Sie sich bemühen, die Wahrheit zu suchen, denn Sie sind verloren, wenn Sie sterben werden, ohne den wahren Urgrund zu verehren. — Aber, meinen Sie, wenn er gewollt hätte, daß ich ihn verehre, würde er Zeichen seines Willens gelassen haben. — Das hat er getan, aber Sie achten nicht darauf. Suchen Sie sie also, es lohnt die Mühe. 236

Regel der Teilung. Man muß gemäß diesen verschiedenen Voraussetzungen in der Welt verschieden leben: 1. Wenn man hier immer sein könnte;[2] 5. Wenn man gewiß wäre, daß man nicht lange hier sein wird, und ungewiß, ob man in einer Stunde noch hier sein wird: diese letzte Voraussetzung trifft auf uns zu. 237

Was versprechen Sie mir schließlich anderes (denn zehn Jahre ist der Einsatz) als zehn Jahre Eigenliebe, als zu versuchen zu gefallen, ohne damit Erfolg zu haben, außer den Mühsalen, die gewiß sind?[3] (238)

Einwurf. Die, die ihr Heil erhoffen, sind darin glücklich, aber sie haben als Gegengewicht die Furcht vor der Hölle.
Antwort. Wer hat die Hölle mehr zu fürchten, der, der nicht weiß, daß es eine Hölle gibt, und gewiß ist, verdammt zu werden, wenn es sie gibt; oder der, welcher der festen Überzeugung ist, daß

es sie gibt, und der hofft, erlöst zu werden, wenn es sie gibt? 239

... Ich würde gern von den Vergnügungen lassen, sagen Sie, wenn ich glauben würde. — Und ich, ich antworte Ihnen, Sie werden sofort glauben, wenn Sie die Vergnügungen aufgegeben haben. — Nun, an Ihnen ist es zu beginnen. Könnte ich es, würde ich Ihnen den Glauben schaffen, ich kann es nicht, ebensowenig, wie ich die Wahrheit dessen, was Sie sagen, erproben kann. Sie aber können wohl die Vergnügungen aufgeben und erproben, ob das, was ich sagte, wahr ist. 240

Anordnung. Ich würde mich eher fürchten, mich getäuscht zu haben und zu erfahren, daß die christliche Religion Wahrheit ist, als mich nicht getäuscht zu haben, als ich sie für wahr glaubte.

241

IV. DIE MITTEL ZUM GLAUBEN

Fragment 242-290

—

Vorrede des zweiten Teils. Von denen handeln, die dieses behandelt haben.
Ich bewundere die Kühnheit, mit der diese Leute[1] es unternehmen, von Gott zu sprechen. Sie beginnen damit, wenn sie zu den Ungläubigen reden, die Gottheit durch die Werke der Natur zu beweisen. Ihr Unternehmen würde mich nicht erstaunen, wenn sie zu Gläubigen sprächen, denn sicher ist, daß die, die von Herzen gläubig sind, allsogleich erkennen, daß alles, was ist, nichts als Werk des Gottes ist, den sie verehren. Aber es jenen zu sagen, in denen diese Einsicht verdunkelt ist, die man in ihnen wieder erwecken will, diesen vom Glauben und der Gnade entblößten Menschen, die in allem, was sie in der Natur finden, was sie zu dieser Erkenntnis führen könnte, auch wenn sie sich mit all ihrer Einsicht bemühen, nichts als Dunkelheit und Finsternis finden, ihnen zu sagen, daß sie nur das Geringste, was sie umgibt, betrachten sollten, und dann würden sie Gott entschleiert schauen; und ihnen als Beweis dieser großen und wichtigen Sache nichts als den Lauf des Mondes und der Planeten vorzuführen und zu behaupten, man habe ihn mit solchen Redensarten bewiesen, das bedeutet, daß man ihnen ein Recht gibt zu glauben, die Be-

weise unserer Religion seien äußerst schwach, und ich weiß aus Überlegung und Erfahrung, daß nichts geeigneter ist, Verachtung zu wecken.
Die Schrift, die sie besser kennt, spricht nicht so von den Dingen Gottes. Im Gegenteil, sie sagt, daß Gott ein verborgener Gott ist; und daß er [die Menschen] seit der Verderbnis der Natur in einer Blindheit gelassen hat, von der sie nur durch Jesus Christus befreit werden können, ohne den jede Verbindung mit Gott aufgehoben ist: Nemo novit Patrem, nisi Filius, et cui voluerit Filius revelare.[1]
Das ist es, was die Schrift uns zeigt, wenn sie an so vielen Stellen sagt, daß jene, die Gott suchen, ihn finden werden. Von diesem Licht redet sie nicht, wie man vom Tag am hellen Mittag spricht. Es heißt keineswegs, daß die, die den Tag am hellen Mittag oder das Wasser im Meer suchen, finden würden; folglich kann die Faßbarkeit Gottes nicht derart in der Natur offenbar sein; auch heißt es an anderer Stelle: Vere, tu es Deus absconditus.[2]   242

Es ist bemerkenswert, daß keiner der Verfasser der heiligen Schriften sich je der Natur bediente, um Gott zu beweisen. Alle haben das Ziel, ihn glauben zu machen. David, Salomon usw., keiner sagte: es gibt keine Leere, also gibt es einen Gott. Sie hätten doch klüger sein müssen als die klügsten Leute, die nach ihnen kamen, die sich alle dazu der Natur bedienten? Das ist sehr beachtenswert.   243

Was, sagen Sie denn nicht selber, der Himmel und die Vögel bewiesen Gott? — Nein. — Und Ihre Religion behauptet das nicht? — Nein. Denn obgleich das in einem Sinne für einige Seelen, denen Gott diese Einsicht gibt, wahr ist, ist es trotzdem falsch für die meisten. 244

Es gibt drei Mittel zum Glauben: Vernunft, Gewohnheit, Eingebung. Die christliche Religion, die allein die Vernunft auf ihrer Seite hat, erkennt die, die ohne Eingebung glauben, nicht als ihre rechten Kinder an. Nicht, daß sie die Vernunft und die Gewohnheit ausschlösse, im Gegenteil; sondern seinen Geist muß man für die Beweise offen halten, sich durch die Gewohnheit darin bewähren und sich den Demütigungen der Eingebung darbieten, die allein die wahre und heilsame Wirkung vollbringen kann: Ne evacuetur crux Christi.[1] 245

Anordnung. Nach dem Brief, »daß man Gott suchen soll«, den Brief folgen lassen, der »vom Beseitigen der Hindernisse« handelt, d. h. die Abhandlung über die Maschine, über die Vorbereitung der Maschine und über das Suchen mit Hilfe der Vernunft. 246

Anordnung. Einen Brief zur Ermahnung eines Freundes, um ihn anzuregen, daß er Gott suche. — Und er wird antworten: was nützt es mir zu suchen, nichts zeigt sich mir. — Und ihm antworten: verzweifle nicht. — Und er wird antworten, daß er glücklich sein würde, nur einen Lichtschimmer zu sehen, daß es ihm aber nach den Lehren dieser Religion nichts nützen würde, wenn er so glaube, und daß er es deshalb für gleich erachte, ob er suche oder nicht suche. — Und darauf ihm antworten: die Maschine.[2] 247

Brief, der die Nützlichkeit der Beweise deutlich macht. — Durch die Maschine.[1] — Der Glaube ist verschieden vom Beweis: dieser ist menschlich, jener von Gott gegeben. Justus ex fide vivit:[2] Dieser Art ist der Glaube, den Gott selbst in das Herz senkt, und dazu ist der Beweis oft das Mittel, fides ex auditu;[3] dieser Glaube aber wohnt im Herzen, er sagt nicht scio, sondern credo.[4]

248

Abergläubisch ist es, seine Hoffnung in die äußeren Formen zu verlegen; aber hochmütig ist es, sich ihnen nicht unterwerfen zu wollen. 249

Notwendig muß sich das Äußerliche dem Innern vereinen, damit man Gott erlange, d. h. daß man sich hinknie, mit den Lippen bete usw., damit der stolze Mensch, der sich Gott nicht unterwerfen wollte, hier der Kreatur untertan sei. Aus diesem Äußerlichen Hilfe zu erwarten, ist Aberglauben; es nicht der innerlichen Hingabe vereinen zu wollen, ist Hochmut. 250

Die andern Religionen, wie die heidnischen, sind volkstümlicher, denn sie bestehen in Äußerlichkeit; aber sie sind nichts für die Gebildeten. Eine rein geistige Religion würde den Gebildeten besser entsprechen, aber dem Volke würde sie nichts nützen. Nur die christliche Religion ist allen angemessen, da in ihr Äußerlichkeit und Innerlichkeit verbunden sind. Sie richtet das Volk innerlich auf und erniedrigt die Hochmütigen äußerlich, und sie braucht beides zur Vollkommenheit, denn das Volk muß den Sinn des Wortes verstehen und die Gebildeten sollen ihren Geist dem Wort unterwerfen.

251

Denn man darf sich nicht täuschen: wir sind ebenso sehr Automat wie Geist, deshalb ist das Mittel zu überzeugen nicht allein der Beweis. Wie wenig bewiesene Dinge gibt es! Die Beweise überzeugen nur die Vernunft; die Gewohnheit macht unsere Beweise stärker und deutlicher, sie stimmt den Automaten, der den Geist, ohne daß er es merkt, mit sich zieht. Wer hat bewiesen, daß morgen Tag sein wird und daß wir sterben werden, und was wäre handgreiflicher? Folglich ist es die Gewohnheit, die davon überzeugt, sie macht so viele zu Christen, sie macht zu Türken, Heiden, die Berufe, Soldaten usw. (Es ist der Glaube, den sie in der Taufe empfangen, den die Christen den Heiden[1] voraushaben.) Also muß man, wenn der Geist einmal einsah, wo die Wahrheit ist, auf die Gewohnheit zurückgehen, um uns von dem Glauben, der uns ständig entschlüpft, färben und grundieren zu lassen, denn es ist zu schwierig, die Beweise immer gegenwärtig zu haben. Man muß einen leichteren Glauben haben, und das ist der, der in die Gewohnheit eingeht, der uns zwanglos, kunstlos, ohne Beweise glauben läßt und unsere ganze Vernunft unter diesen Glauben beugt, so daß unsere Seele ihm völlig natürlich zufällt. Es genügt nicht, wenn man nur gläubig durch die Kraft der Überzeugung ist, und wenn der Automat die Neigung hat, das Gegenteil zu glauben. Folglich muß man beide Teile glauben machen: den Geist durch die Gründe, die man nur einmal im Leben eingesehn zu haben braucht, und den Automaten durch die Gewohnheit und dadurch, daß man ihm nicht gestattet, sich dem Gegenteil zuzuwenden. Inclina cor meum, Deus.[2]

Die Vernunft handelt langsam, nach so vielen

Gesichtspunkten, so vielen Grundsätzen, die immer gegenwärtig sein müßten, so daß sie, da sie nicht immer alle Grundsätze gegenwärtig hat, müde wird und sich verirrt. Das Gefühl handelt anders: es handelt im Augenblick und ist immer bereit zu handeln. Folglich muß man den Glauben im Gefühl verankern, sonst wird er immer schwankend sein.   252

Zwei Übertreibungen: Ausschluß der Vernunft. – Nur die Vernunft gelten lassen.   253

Es ist nicht selten, daß man die Menschen wegen zu großer Leichtgläubigkeit tadeln muß; das ist ein natürliches Laster wie der Unglaube und ebenso schädlich. Aberglaube.   254

Die Frömmigkeit ist vom Aberglauben verschieden. Die Frömmigkeit bis zum Aberglauben verteidigen, heißt sie vernichten.
Die Ketzer werfen uns diese abergläubische Unterwürfigkeit vor; das heißt tun, was sie uns vorwerfen.
Unglauben: nicht an die Eucharistie, nicht an das, was man nicht sieht, zu glauben.
Aberglauben: von Lehrsätzen zu glauben usw.[1]
[Der] Glaube, usw.   255

Es gibt wenig wirkliche Christen, ich behaupte sogar, im Glauben; es gibt genug, die glauben, aber aus Aberglauben; es gibt genug, die nicht glauben, aber aus Lässigkeit; wenige sind dazwischen.
Ich rechne darunter nicht die, die in der wahren Frömmigkeit der Sitten leben, und nicht die, die von Herzen glauben.   256

Drei Arten von Menschen gibt es: die einen, die Gott dienen, weil sie ihn gefunden haben; die andern, die bemüht sind, ihn zu suchen, weil sie ihn nicht gefunden haben; die dritten, die leben, ohne ihn zu suchen und ohne ihn gefunden zu haben. Die ersten sind vernünftig und glücklich, die letzteren sind töricht und unglücklich, die dazwischen sind unglücklich und vernünftig. 257

Unusquisque sibi Deum fingit.[1]
Der Widerwille. 258

Die Menschen sind gewöhnlich fähig, nicht an das zu denken, an was sie nicht denken wollen: Denke nicht an die Stellen über den Messias, sagte der Jude seinem Sohn. — So machen auch wir es oft. Dadurch erhalten sich die falschen Religionen und heute sogar die wahre für viele Leute.
Aber einige bringen es nicht fertig, nicht daran zu denken, und sie denken um so mehr daran, je mehr man es ihnen verbietet. Diese entledigen sich der falschen Religionen und selbst der wahren, wenn sie keine begründete Darlegung finden.
259

Sie verbergen sich im Gewühl und rufen die Menge zu Hilfe. Tumult.
Nicht, weil ihr vom Hörensagen wißt, etwas — die Autorität[2] — sei die Richtschnur eures Glaubens, sollt ihr glauben; nichts sollt ihr glauben, bevor ihr euch nicht in den Stand gebracht habt, als hättet ihr nie etwas sagen hören.
Auf eure Zustimmung zu euch selbst kommt es an, die beständige Stimme eurer Vernunft, nicht die anderer soll euch glauben machen.

Zu glauben ist so wichtig; hunderterlei sich Widersprechendes könnte wahr sein.
Wenn das Alter die Richtschnur des Glaubens war, waren dann die Alten ohne Richtschnur? Wenn es die allgemeine Zustimmung war, was wäre, wenn die Menschen vernichtet worden wären?
Falsche Demut: Stolz.
Zieht den Vorhang fort! Es wird noch genug zu tun geben; wenn man entweder glauben, leugnen oder zweifeln muß. Werden wir also keine Richtschnur des Glaubens haben? Wir beurteilen doch bei Tieren, ob sie das, was sie tun, richtig tun. Sollte es, um Menschen zu beurteilen, keine Regel geben?
Leugnen, glauben, zweifeln sind für den Menschen, was das Laufen für das Pferd ist.
Bestrafung jener, die sündigen: Irrtum.   260

Die, die die Wahrheit nicht lieben, nehmen zum Vorwand, um sie abzustreiten, die große Zahl derer, die sie leugnen; also stammt ihr Irrtum nur daher, daß sie die Wahrheit oder die Nächstenliebe nicht lieben, und deshalb sind sie dadurch nicht entschuldigt.   261

Aberglaube und Konkupiszenz.
Zweifel und böse Wünsche.
Böse Angst: Angst, die nicht aus dem Glauben an Gott stammt, sondern aus dem Zweifel, ob er ist oder nicht ist. Die wahre Angst entstammt dem Glauben, die falsche dem Zweifel. Die wahre Angst ist der Hoffnung verbunden, weil sie vom Glauben gezeugt ist und man zu Gott hofft, an den man glaubt: die böse ist der Verzweiflung verbunden, weil man den Gott fürchtet, an den

man nicht glaubt. Die einen fürchten, ihn zu verlieren, die andern fürchten, ihn zu finden. 262

Ein Wunder, sagt man, würde meinen Glauben festigen. So sagt man, solange man keinem gegenübersteht. Solange man die Gründe von fern sieht, scheinen sie unsern Blick zu beschränken, ist man aber dort, beginnt man darüber hinauszusehen, nichts fesselt unsern schweifenden Geist. Es gibt, sagt man, keine Regel ohne Ausnahme, noch Wahrheit, die so allgemein ist, daß sie keine Seite hat, wo sie fehlt. Es genügt, daß sie nicht restlos gültig ist, um uns Gelegenheit zu bieten, die Ausnahme auf den gegenwärtigen Fall anzuwenden und zu sagen: das ist nicht immer wahr, also gibt es Fälle, wo es nicht wahr ist. Dann bleibt nur noch zu zeigen übrig, daß dieser dazu gehört, und man müßte wirklich recht ungeschickt oder recht unglücklich sein, wenn man das nicht schließlich schaffte. 263

Tag für Tag zu essen oder zu schlafen wird uns nicht langweilig, denn der Hunger und auch die Müdigkeit kehren wieder, sonst würde man sich dabei langweilen. So langweilt man sich ohne den Hunger nach geistigen Dingen — Hunger nach der Gerechtigkeit; achte Seligpreisung[1]. 264

Der Glaube lehrt wohl, was die Sinne nicht lehren, aber niemals das Gegenteil dessen, was diese sehen. Er ist darüber, aber nicht entgegen.

265

Wie viele Geschöpfe[2] haben uns die Ferngläser entdecken lassen, die für unsere Philosophen früher nicht da waren. Man maßte sich offen an,

die Schrift wegen der großen Zahl der Sterne zu tadeln, und sagte: es gibt nur tausendzweiundzwanzig, wir wissen es.[1]
»Es gibt Pflanzen auf der Erde, wir sehen sie.« Vom Mond aus, wird man sie nicht sehen. — »Und auf diesen Pflanzen gibt es Härchen; und in diesen Härchen kleine Lebewesen: aber danach nichts mehr.« — O ihr Voreingenommenen! »Die Verbindungen sind aus Elementen zusammengesetzt, und die Elemente sind es nicht.« O Voreingenommener, das ist ein sehr heikler Punkt! — »Man darf nicht sagen, daß es etwas gibt, was man nicht sieht.« — Also soll man wie die andern reden, aber nicht wie sie denken. 266

Die letzte Schlußfolgerung der Vernunft ist, daß sie einsieht, daß es eine Unzahl von Dingen gibt, die ihr Fassungsvermögen übersteigen; sie ist nur schwach, wenn sie nicht bis zu dieser Einsicht gelangt.
Was wird man von den übernatürlichen Dingen sagen, wenn schon die Dinge der Natur ihr Fassungsvermögen übersteigen? 267

Unterwerfung. Man muß[2] zu zweifeln verstehen, wo es notwendig ist, sich Gewißheit verschaffen, wo es notwendig ist, und sich unterwerfen, wo es notwendig ist. Wer nicht so handelt, mißachtet die Kraft des Verstandes. Es gibt Menschen, die gegen diese drei Grundforderungen verstoßen, die entweder behaupten, alles sei beweisbar, weil sie nichts vom Beweisen verstehen, oder alles bezweifeln, weil sie nicht wissen, wo man sich unterwerfen muß, oder sich in allen Fällen unterwerfen, weil sie nicht wissen, wo man urteilen muß.
268

Unterwerfung und Anwendung der Vernunft: —
darin besteht das wahre Christentum.   269

Augustinus: Niemals würde sich die Vernunft
unterwerfen, wenn sie nicht einsähe, daß es Fälle
gibt, wo sie sich unterwerfen muß. Also ist es
richtig, daß sie sich unterwirft, wenn sie urteilt,
daß sie sich unterwerfen muß.   270

Zu den Kindern schickt uns die Weisheit: Nisi
efficiamini sicut parvuli.[1]   271

Nichts ist der Vernunft so angemessen wie dieses
Nichtanerkennen der Vernunft.   272

Unterwirft man alles der Vernunft, dann bleibt
in unserer Religion nichts Geheimnisvolles, nichts
Übernatürliches; wenn man gegen die Grundforderungen der Vernunft verstößt, dann wird
unsere Religion sinnlos und lächerlich sein.   273

Unsere ganze Fähigkeit zu urteilen, löst sich rückführend im Gefühl auf.
Die Phantasie ist aber dem Gefühl ähnlich und
entgegengesetzt, so daß man diese Gegensätze
nicht unterscheiden kann. Einer sagt, mein Gefühl ist Phantasie, der andere, seine Phantasie sei
Gefühl. Man müßte eine Richtschnur haben. Die
Vernunft bietet sich an, aber sie ist nach jeder
Richtung zu biegen, also gibt es keine.   274

Oft halten die Menschen ihre Einbildung für ihr
Herz, und sie glauben, bekehrt zu sein, wenn sie
nur daran denken, sich zu bekehren.   275

M. de Roannez[2] sagte: Die Gründe finde ich nachher; zuerst gefällt mir etwas oder es stößt mich ab,
ohne daß ich den Grund wüßte, und indessen

stößt es mich aus eben dem Grund ab, den ich erst nachher entdecke. — Ich glaube aber, es war nicht abstoßend aus den Gründen, die man nachher findet, sondern man findet die Gründe nur, weil es abstoßend war. 276

Das Herz hat seine Gründe, die die Vernunft nicht kennt, das erfährt man in tausend Fällen. Ich behaupte, daß das Herz von Natur das allumfassende Wesen und sich selbst natürlich liebt, je nachdem, wem es sich hingibt, und es verschließt sich gegen den einen oder den andern, je wie es wählte. Den einen habt ihr abgewiesen, den andern bewahrt; ist die Vernunft der Grund, daß ihr euch selbst liebt? 277

Es ist das Herz, das Gott spürt, und nicht die Vernunft. Das ist der Glaube: Gott spürbar im Herzen und nicht der Vernunft. 278

Der Glaube ist von Gott gegeben; glaubt nicht, wir meinten, er sei eine Gabe der Vernunft! Das lehren die andern Religionen nicht von ihrem Glauben, sie kennen nur die Vernunft, um ihn zu erlangen, die trotzdem nie dahin führt. 279

Wie weit ist es von der Erkenntnis Gottes bis dahin, ihn zu lieben! 280

Herz, Instinkt, Grundsätze. 281

Wir erkennen die Wahrheit nicht nur durch die Vernunft, sondern auch durch das Herz; in der Weise des letzteren kennen wir die ersten Prinzipien, und vergeblich ist es, daß die urteilende Vernunft, die hieran nicht beteiligt ist, sie zu bekämpfen versucht. Vergeblich bemühen sich die

Skeptiker, die keinen andern Gegenstand haben. Wir wissen, daß wir nicht träumen, wie unfähig wir auch immer sein mögen, das durch Vernunftgründe zu beweisen. Diese Unfähigkeit läßt nur auf die Schwäche unserer Vernunft, aber nicht, wie sie vorgeben, auf die Ungewißheit all unserer Kenntnisse schließen. Denn die Erkenntnis der ersten Prinzipien, z. B.: es gibt Raum, Zeit, Bewegung, Zahlen ist ebenso gewiß wie irgendeine, die uns die urteilende Vernunft vermittelt.[1] Und es ist dieses Wissen des Herzens und des Instinkts, auf das sich die Vernunft stützen muß, auf das sie alle Ableitungen gründet. Das Herz spürt, daß es drei Dimensionen im Raum gibt und daß die Zahlen unendlich sind, während die Vernunft nachher beweist,[2] daß es nicht zwei Quadratzahlen gibt, von denen die eine das Doppelte der andern ist. Die Prinzipien lassen sich erfühlen, die Lehrsätze lassen sich erschließen, und beides mit Sicherheit, obgleich auf verschiedene Weise. Es ist ebenso unnütz wie lächerlich, wenn die Vernunft, um zuzustimmen, vom Herzen Beweise für seine ersten Prinzipien verlangt, wie es lächerlich sein würde, wenn das Herz von der Vernunft, um allen Lehrsätzen, die sie beweist, zuzustimmen, ein Gefühl fordern würde. Diese Unfähigkeit hat folglich nur den Zweck, die Vernunft zu demütigen, die über alles urteilen möchte, nicht aber den, unsere Gewißheit zu erschüttern. So, als wäre nur die Vernunft fähig, uns zu belehren! Gefiele es Gott, daß wir sie im Gegenteil niemals nötig hätten und alle Dinge instinktiv und durch das Gefühl erkennten. Die Natur aber hat uns dies Vermögen verweigert, im Gegenteil, sie hat uns nur wenige Erkenntnisse dieser Art geschenkt; alle andern können nur durch die

Vernunft erworben werden. Und deshalb sind die, denen Gott den Glauben als Gefühl des Herzens gegeben hat, sehr glücklich und völlig rechtmäßig überzeugt. Denen aber, die es nicht haben, können wir ihn nur durch Überlegung vermitteln, und darauf wartend, daß Gott ihnen den Glauben als Gefühl des Herzens geben wird, denn sonst ist er nur menschlich und ohne Nutzen für das Heil. (282)

Anordnung; gegen den Einwurf, der Schrift fehle es an Ordnung. Das Herz hat seine Ordnung; der Geist hat die seine, die besteht in Grundsätzen und Beweisen.
Das Herz hat eine andere. Man beweist nicht, daß man uns lieben solle, durch geordnete Darlegung der Ursachen der Liebe, das würde lächerlich sein.
Jesus Christus, Paulus folgen der Ordnung der Gottesliebe, nicht der des Geistes; sie wollten nicht unterrichten, sondern entzünden; ebenso Augustinus: diese Ordnung besteht hauptsächlich darin, daß man bei jedem Punkt ausführlich ist, der in Bezug zu dem Ziel steht, um immer darauf zu weisen. 283

Verwundert euch nicht, wenn ihr einfache Menschen trefft, die, ohne Überlegungen anzustellen, glauben. Gott gibt ihnen die Liebe zu ihm und den Haß auf sich selbst, er beugt ihr Herz dem Glauben. Niemand wird einen wahrhaften und fruchtbaren Glauben glauben, dessen Herz Gott nicht gebeugt hat, und man wird glauben, sobald er es beugte. Das wußte David gut: »Inclina cor meum, Deus, in« usw.

284

Jeder Art Geist ist die Religion angemessen. Die einen verweilen bei ihrer Stiftung allein; und diese Religion ist so, daß allein ihre Stiftung genügt, um ihre Wahrheit zu beweisen. Die andern gehen bis zu den Aposteln. Die Kenntnisreichsten bis zum Beginn der Welt. Die Engel sehen sie noch besser, sie sehen noch weiter. 285

Die, die glauben, ohne die Testamente gelesen zu haben, glauben, weil sie eine völlig heilige, innere Bereitschaft haben und weil das, was sie von unserer Religion hörten, hiermit übereinstimmt. Sie empfinden, daß sie ein Gott geschaffen hat, sie wollen nur Gott lieben, sich selbst nur hassen. Sie fühlen, daß sie aus sich selbst nicht die Kraft haben, daß sie unfähig sind, zu Gott zu gelangen, und daß, wenn Gott nicht zu ihnen kommt, sie unfähig jeglicher Verbindung mit ihm sind. Und sie vernehmen in unserer Religion, daß man Gott allein lieben und sich nur hassen soll, daß aber, da wir alle verderbt und Gottes unfähig waren, Gott Mensch geworden ist, um sich mit uns zu vereinen. Mehr ist nicht nötig, um Menschen zu überzeugen, die diese Bereitschaft im Herzen und dieses Wissen von ihrer Pflicht und ihrem Unvermögen haben. (286)

Jene, die wir als Christen ohne Kenntnis der Prophezeiungen und der Beweise treffen, urteilen nicht weniger richtig als die, die diese Kenntnisse haben. Sie urteilen mit dem Herzen wie die andern mit dem Verstand. Gott selbst ist es, der sie zum Glauben beugte: und so sind sie auf die wirksamste Weise überzeugt.[1] (Man kann meinen, diese Art zu urteilen, sei nicht zuverlässig und daß die Häretiker und die Ungläubigen, die ihr folgen, sich dadurch verirrten. Man könnte einwerfen, daß Häretiker und Ungläubige das Gleiche sagen werden. Ich aber antworte ihnen darauf, daß wir Beweise haben, daß Gott wirklich das Herz derer zum Glauben an die christliche Religion beugt, die er liebt, und daß die Ungläubigen keinen Beweis für das haben, was sie sagen; so daß unsere Sätze, mögen sie auch in den Ausdrücken ähnlich sein, darin sich unterscheiden, daß der eine ohne jeden Beweis, der andere sehr zuverlässig bewiesen ist.)

Ich gebe zu, daß einer jener Christen, die ohne Beweise glauben, vielleicht wenig haben wird, um einen Ungläubigen, der darüber so viel von sich selbst sagen wird, zu überzeugen; die aber, die die Beweise der Religion kennen, werden ohne Mühe beweisen, daß dieser Gläubige wahrhaft von Gott begeistert ist, obgleich er selbst es nicht zu beweisen vermag.

Denn da Gott durch seine Propheten, die unbezweifelbar Propheten sind, gesagt hat, daß er unter der Herrschaft Jesu Christi seinen Geist über die Völker ausbreiten werde, und daß die Söhne, die Töchter und die Kinder der Kirche weissagen werden, besteht kein Zweifel, daß der Geist Gottes bei ihnen und nicht bei den andern ist.

(»Eorum qui amant.«)
(Gott beugt das Herz jener, die er liebt.
»Deus inclinat corda eorum« —
— Dessen, der ihn liebt.
Dessen, den er liebt.)

Anstatt sich darüber zu beklagen, daß sich Gott verborgen hätte, solltet ihr ihm danken, daß er sich so weit enthüllt hat, und weiter danken, daß er sich nicht den hochmütigen Gelehrten enthüllt hat, die einen so heiligen Gott zu erkennen unwürdig sind.

Zwei Arten von Menschen sind wissend: die, deren Herz demütig ist und die ihre Demütigung lieben, welchen Grad immer ihr Geist, hoch oder niedrig, habe, und die, die Geist genug haben, um die Wahrheit zu erkennen, welche Schwierigkeiten sie dabei auch haben mögen. 288

Beweis. 1. Die christliche Religion, durch ihre Stiftung, so stark, so sanft, während sie so gegensätzlich zur Natur ist. — 2. Die Heiligkeit, die Größe und die Demut einer christlichen Seele. — 3. Die Wunder der Heiligen Schrift. — 4. Jesus Christus im besondern. — 5. Die Apostel im besondern. — 6. Moses und die Propheten im besondern. — 7. Das Volk der Juden. — 8. Die Prophezeiungen. — 9. Die Beständigkeit, keine Religion hat die Beständigkeit. — 10. Die Lehre, die allem Genüge tut. — 11. Die Heiligkeit dieses Gesetzes. — 12. Durch die Leitung der Welt.

Es ist unbezweifelbar, daß man, nachdem man bedacht hat, was das Leben und was diese Religion ist, dem Wunsch, ihr zu folgen, folgen soll, falls er in unserm Herzen erwacht, und es ist sicher, daß es keinen Grund gibt, über die zu spotten, die ihr folgen. 289

Beweise der Religion: Sittlichkeit — Lehre — Wunder — Prophezeiungen — Sinnbilder. 290

V. DIE GESETZE

Fragment 291-338

In dem Brief *Von der Ungerechtigkeit* kann der
Scherz von den Erstgebornen, die alles erben, vor-
kommen: Mein Freund, Sie sind diesseits der
Berge geboren, also ist es gerecht, daß Ihr ältester
Bruder alles erbt.
Weshalb töten Sie mich? 291

Er wohnt jenseits des Wassers. 292

Weshalb töten Sie mich?[1] — Weshalb? Wohnen
Sie nicht jenseits des Wassers? Mein Lieber, würden Sie diesseits wohnen, wäre ich ein Mörder
und es wäre Verbrechen, Sie solcherart zu töten;
da Sie aber am anderen Ufer wohnen, bin ich ein
Held, und was ich tue ist recht. 293

Worauf wird der Mensch die Einrichtung der
Welt, die er beherrschen will, gründen? Auf die
Laune des Einzelnen? Was für eine Verwirrung!
Auf das Recht? Er kennt es nicht!
Sicherlich. Kennte er es, so würde man niemals
diesen Grundsatz aufgestellt haben, der von allen
Grundsätzen, die die Menschen kennen, der ge-
wöhnlichste ist: daß jeder den Sitten seines Landes
folgen solle; der Glanz der wahren Gerechtigkeit
würde alle Völker bezwungen haben, und die Ge-

setzgeber hätten nicht an Stelle dieses unveränderlichen Rechtes die Hirngespinste und Launen von Persern und Deutschen zum Vorbild gewählt. Man würde das Recht in allen Staaten und zu allen Zeiten gehegt finden, während man so kein Recht und kein Unrecht findet, das nicht mit dem Klima das Wesen ändere. Drei Breitengrade näher zum Pol stellen die ganze Rechtswissenschaft auf den Kopf, ein Längengrad entscheidet über Wahrheit; nach wenigen Jahren der Gültigkeit ändern sich grundlegende Gesetze; das Recht hat seine Epochen, der Eintritt des Saturn in den Löwen kennzeichnet die Entstehung dieses oder jenes Verbrechens. Spaßhafte Gerechtigkeit, die ein Fluß begrenzt! Diesseits der Pyrenäen Wahrheit, jenseits Irrtum.

Man behauptet, daß das Recht nicht in diesen Gebräuchen liege, sondern in den Gesetzen des Naturrechts wohne, das allen Ländern gemeinsam sei.[1] Sicher würde man hartnäckig auf dieser Ansicht bestehen, wenn die Willkür des Zufalls, die die menschlichen Gesetze unter die Menschen säte, wenigstens eines getroffen hätte, das allgemein gültig ist; der Scherz aber ist, daß sich die Menschen aus Laune so gründlich unterschieden haben, daß es keines gibt.

Der Raub, die Blutschande, der Mord an Kindern und Eltern, alles hat seinen Ort unter den tugendhaften Handlungen. Nichts kann lächerlicher sein, als daß ein Mensch das Recht hat, mich zu töten, weil er jenseits des Wassers wohnt und weil sein Fürst mit meinem Krieg führt, obgleich ich keinen Streit mit ihm habe!

Fraglos gibt es Gesetze des Naturrechts, aber diese prächtige, verderbte Vernunft hat alles verdorben; Nihil amplius nostrum est; quod nostrum dici-

mus, artis est.[1] Ex senatus consultis et plebiscitis criminia exercentur.[2] Ut olim vitiis, sic legibus laboramus.[3]
Diese Verwirrung ist der Grund, daß einer sagt, das Wesen des Rechtes sei die Autorität des Gesetzgebers, ein anderer, der Nutzen des Herrschers, ein dritter, der gegenwärtige Brauch, und das einzig Gewisse ist: daß gemäß der reinen Vernunft nichts an sich gerecht ist, alles schwankt mit der Zeit. Die Gewohnheit allein macht das ganze Recht; daß es überliefert ist, ist sein einziger Grund; sie ist das mystische Fundament seiner Autorität. Wer es auf seinen wahren Grund zurückführen will, der hebt es auf. Nichts ist so fehlerhaft als jene Gesetze, die die Mängel abstellen wollen; wer ihnen folgt, weil sie gerecht seien, folgt einer Gerechtigkeit, die nur in seiner Einbildung besteht, nicht aber in der Wirklichkeit des Gesetzes: es ist gänzlich aus sich selbst erzeugt, es ist ein Gesetz, aber nicht mehr. Wer den Anlaß hierzu prüft, wird ihn so schwach und nichtssagend finden, daß er, falls er ungewohnt ist, die Erscheinungen des Wahns der Menschen zu bedenken, sich wundern wird, daß man in einem Jahrhundert so viel Wesens davon machen konnte. Die Kunst, gegen den Staat zu wühlen, ihn umzustürzen, besteht darin, die überkommenen Bräuche dadurch zu erschüttern, daß man bis an ihren Ursprung hinabsteigt, um dadurch ihren Mangel an Berechtigung und Recht aufzudecken. Man sagt dann, man müsse auf die ursprünglichen und grundlegenden Gesetze des Staates, die ein ungerechter Brauch verdorben habe, zurückgehen. Das ist das sicherste Mittel, um alles zu verlieren; nichts bleibt gerecht auf dieser Waage. Das Volk indessen leiht nur

zu gern diesen Reden das Ohr. Sie schütteln das Joch ab, sobald sie von ihm wissen, und die Großen sind Nutznießer seines Verfalls und dieser vorwitzigen Kritiker der überkommenen Bräuche.[1] Deshalb sagte der weiseste Gesetzgeber, daß man die Menschen zu ihrem Wohl oft betrügen müsse, und ein anderer guter Politiker: Cum veritatem qua liberetur ignoret, expedit quod fallatur.[2] Man darf die Wahrheit der gesetzlosen Setzung nicht merken lassen, sie wurde einmal ohne Begründung gegeben, sie ist vernünftig geworden; man muß sie als maßgeblich, ewig betrachten und ihr Herkommen verbergen, wenn man nicht will, daß sie bald ende.   294

Mein, dein. Dieser Hund gehört mir, sagten diese armen Kinder; das ist mein Platz an der Sonne. — Damit habt ihr Beginn und Urbild der widerrechtlichen Besitzergreifung[3] der ganzen Erde.   295

Ein einzelner Mensch und noch dazu einer, der voreingenommen ist, urteilt, wenn die Frage zu entscheiden ist, ob man Krieg führen und so viele Menschen töten, so viele Spanier zum Tode verurteilen soll. — Das sollte durch einen unbeteiligten Dritten geschehen.   296

Veri juris.[4] Wir haben keines mehr: hätten wir es, dann würden wir nicht als Richtschnur des Rechtes nehmen, daß jeder den Sitten seines Landes folgen solle.
Weil man das Recht nicht finden konnte, hat man die Macht gefunden usw.   297

Recht, Macht. Es ist gerecht, daß befolgt wird, was gerecht ist; notwendig ist, daß man dem, was

mächtiger ist, folgt. Das Recht ohne Macht ist machtlos; die Macht ohne Recht ist tyrannisch. Dem Recht, das keine Macht hat, wird widersprochen, weil es immer Verbrecher gibt; die Macht ohne Recht ist auf der Anklagebank. Also muß man das Recht und die Macht verbinden und dafür sorgen, daß das, was Recht ist, mächtig und das, was mächtig ist, gerecht sei.
Das Recht kann bestritten werden, die Macht ist deutlich kenntlich und unbestritten. So konnte man dem Recht nicht zur Macht verhelfen, weil die Macht das Recht bestritt und behauptete, es sei unrecht, und behauptete, sie wäre es, die das Recht sei. Und da man nicht erreichen konnte, daß das, was recht ist, mächtig sei, machte man das, was mächtig ist, Rechtens. 298

Allgemein gültig sind allein die Landesgesetze für die üblichen Vorkommnisse und der Mehrheitsbeschluß für die andern Fälle. Woher kommt das? Durch die Macht, die dabei ist. Das ist auch der Grund, daß die Könige, die ihre Macht woanders herhaben, nicht der Ansicht der Mehrheit der Minister folgen.
Gleichheit im Besitz ist fraglos gerecht, aber...
Da man es nicht schaffen konnte, daß dem Gesetz zu gehorchen Macht sei, erreichte man es, daß der Macht zu gehorchen Recht sei; da man dem Recht nicht zur Macht verhelfen konnte, hat man die Macht Rechtens erklärt, damit Recht und Macht verbunden seien, und damit Friede sei, der das höchste Gut ist. 299

»Wenn ein starker Gewaltiger seinen Palast bewahrt, so bleibt das Seine mit Frieden.«[1] 300

Weshalb unterwirft man sich der Mehrheit? Weil

sie vernünftiger wäre? Nein, weil sie mächtiger ist.
Weshalb folgt man überkommenen Gesetzen und Meinungen? Tut man das, weil sie richtiger wären? Nein, aber sie sind in ihrer Art einzig, und sie entheben uns den Anlässen der Meinungsverschiedenheiten.   301

.. Das ist die Wirkung der Macht, nicht der Gewohnheit; denn die, die fähig sind zu erfinden, sind selten; die größere Zahl will nichts als den Trott, und sie weigert den Ruhm jenen Erfindern, die ihn durch ihre Erfindungen suchen; versteifen sich diese darauf, anerkannt zu werden und die zu verachten, die nichts erfinden, dann werden ihnen die anderen Spottnamen und Stockschläge geben. Man nehme also diese Durchtriebenheit nicht übel oder man begnüge sich mit sich selbst.   302

Die Macht ist die Königin der Welt und nicht die Meinung — aber die Meinung ist es, die sich der Macht bedient. — Es ist die Macht, die die Meinung bildet. Nach unserer Meinung ist die Bequemlichkeit schön. Weshalb? Weil der, der auf dem Seil tanzen will, allein sein wird; und ich würde eine noch mächtigere Verabredung von Leuten zustande bringen, die meinen werden, daß das nicht schön sei.[1]   303

Im allgemeinen entstammen die Stricke, durch die die einen in Respekt den anderen verbunden sind, der Notwendigkeit. Denn es ist nötig, daß es verschiedene Stufen gibt; alle Menschen wollen herrschen und alle können es nicht, aber einige können es.

Stellen wir uns nun vor, daß wir die Entwicklung beobachten. Zweifellos wird man kämpfen, bis der stärkere Teil den schwächeren unterworfen hat und es schließlich eine herrschende Schicht gibt. Wenn aber diese Auseinandersetzung einmal beendet ist, dann verfügen die Herrn, die nicht wollen, daß der Krieg weitergehe, daß sich die Macht, die sie besitzen, so wie es ihnen gefällt, vererbe; die einen machen die Nachfolge von der Wahl des Volkes, die andern von der Geburt abhängig usw.

Dann beginnt der Wahn seine Rolle zu spielen. Bis dahin zwingt die Macht die Tatsachen, nunmehr bindet sich die Macht durch den Wahn an eine bestimmte Gruppe, in Frankreich an die Adligen, in der Schweiz an die Bürgerlichen usw.[1]

Diese Stricke, die derart den Respekt jeweils dieser oder jener Gruppe verbinden, sind Stricke der Einbildung. 304

Die Schweizer entrüsten sich, wenn man sie adlig nennt, und weisen, wenn sie höhere Ämter erhalten wollen, ihre bürgerliche Abstammung nach.

305

Da Herzogtümer, Königreiche und Verwaltungen wirklich und notwendig sind (weil die Macht alles ordnet), gibt es sie überall und immer. Da es aber die Laune ist, die macht, daß es dieser oder jener sei, ist hier nichts beständig und alles der Änderung unterworfen usw. 306

Der Kanzler ist würdevoll und prächtig gekleidet, weil seine Stellung unecht ist, nicht so der König: er hat die Macht, er braucht sich nichts aus dem

Wahn zu machen. Die Richter, Ärzte usw. haben nur den Wahn. 307

Die Gewohnheit, den König von einer Leibwache, Trommlern, Offizieren und all dem Zeug umgeben zu sehen, was den Automaten in Respekt und Schrecken versetzt, bewirkt, daß sein Antlitz den Untertanen, wenn er einmal allein und ohne Begleitung ist, Respekt und Schrecken einflößt; denn in Gedanken scheidet man seine Person nicht von dem Gefolge, das ihn gewöhnlich umgibt. Und die Menschen, die nicht wissen, daß diese Wirkung dieser Gewohnheit entstammt, glauben, sie entspringe einer übernatürlichen Kraft, und daraus stammen jene Worte wie: Das Zeichen der Göttlichkeit ist seinem Antlitz aufgeprägt.
(308)

Gerechtigkeit. Wie die Mode bestimmt, was uns gefällt, so bestimmt sie auch das Recht. 309

König und Tyrann.
Auch ich würde meine geheimen Gedanken haben.
Auf jeder Reise würde ich mich vorsehen.
Größe der Staatseinrichtung, Achtung vor der Staatseinrichtung.
Das Vergnügen der Großen ist, glücklich machen zu können. Zum Wesen des Reichtums gehört es, großzügig zu geben.
Das Wesen jedes Dinges sollte gesucht werden. Zum Wesen der Macht gehört es, zu beschützen.
Wenn die Muskelkraft die Maske angreift; wenn ein einfacher Soldat das Barett eines Gerichtspräsidenten nimmt und aus dem Fenster wirft.[1] 310

Gehorsam — aus Laune. (310b)

Das Reich, das auf Geglaubtheit und Einbildung gründet, herrscht einige Zeit, und diese Herrschaft ist mild und freiwillig; das, das auf der Macht gründet, herrscht immer. So ist die Meinung wie die Königin der Welt, die Macht aber ist ihr Tyrann. 311

Recht ist, was gültig ist. Und so werden alle gültigen Gesetze notwendig für gerecht gehalten, ohne daß man sie prüft, da sie gültig sind. 312

Gesunde Volksmeinungen. Das größte aller Übel sind die Bürgerkriege. Sie sind unvermeidbar, wenn man nach Verdienst belohnen will, denn jeder wird meinen, daß er die Belohnung verdiene. Das Unglück, einem Toren zu gehorchen, der durch das Recht der Geburt Nachfolger wird, ist weder so groß noch so gewiß. 313

Alles hat Gott für sich geschaffen, er gab die Macht, zu strafen und zu belohnen an seiner Stelle. Ihr könnt sie euch selbst oder Gott zuschreiben. Schreibt ihr sie Gott zu, dann ist das Evangelium die Richtschnur. Schreibt ihr sie euch zu, dann maßt ihr euch den Ort Gottes an. Wie Gott von Leuten umgeben ist, die voll der Gottesliebe sind, die ihn um die Güter der Gottesliebe bitten, welche in seiner Macht sind, so...
Erkennt also und wisset, daß ihr nur ein König der Konkupiszenz seid und daß ihr die Wege der Konkupiszenz wähltet.[1] 314

Ursache der Wirkungen. Das ist erstaunlich; man meint, ich solle einem Mann, der in Brokat gekleidet, den sieben oder acht Lakaien begleiten, keine Achtung erweisen. Wozu? Er wird mich schlagen lassen, wenn ich ihn nicht grüße; dies

Kleid ist eine Macht. Das ist ebenso wie ein schön geschirrtes Pferd neben einem anderen. Montaigne scherzte, als er den Unterschied nicht sehen wollte und sich wunderte, daß es hier einen gibt, und nach der Ursache fragte. »Wahrhaftig, sagt er, woher kommt es, usw.« 315

Gesunde Volksmeinungen. Ein Geck zu sein, ist durchaus nicht nur eitel. Denn man zeigt damit, daß viele Menschen für einen arbeiten; die Haare, der Kragen, das Tuch, die Borten usw. deuten darauf, daß man einen Kammerdiener, einen Parfümeur usw. hat. Nun, das ist weder ein bloßer Schein noch ein simples Geschirr, derart mehrere Arme zu haben; je mehr Arme man hat, um so stärker ist man. Ein Geck zu sein heißt: seine Macht zeigen. 316

Ehrerbietung ist: macht es euch unbequem! Das ist äußerlich billig, aber sehr richtig. Denn es bedeutet: ich werde alle Unbequemlichkeit auf mich nehmen, wenn Sie meiner bedürfen, da ich es schon tue, wo es Ihnen zu nichts dient. — Außerdem dient die Ehrerbietung dazu, die Großen der Welt abzusondern: nun, wäre Ehrerbietung, im Lehnstuhl zu sitzen, würde man sie aller Welt erweisen und so die Unterschiede verwischen; da man es sich aber unbequem macht, ist der Unterschied deutlich. 317

Eitelkeit. Die Ehrerbietung heißt: Macht es euch unbequem! 317b

Er hat vier Lakaien. 318

Wie gut hat man daran getan, die Menschen äußerlich und nicht nach ihren innerlichen Eigen-

schaften zu unterscheiden. Wem von uns beiden
gebührt der Vortritt? Wer wird vor dem andern
zurücktreten? Der weniger Tüchtige? Aber ich
bin ebenso tüchtig wie er, man wird sich deshalb
schlagen müssen. Er hat vier Lakaien, ich habe
nur einen: das sieht man, man braucht nur zu
zählen, an mir ist es zurückzutreten, und ich bin
ein Tor, wenn ich murre. Dadurch bleiben wir
friedlich miteinander, und das ist das Wichtigste
von allem. 319

Zur Führung eines Schiffes wählt man nicht denjenigen unter den Reisenden, der aus dem besten Hause stammt. 320

Das Vernunftloseste auf der Welt wird das Vernünftigste, weil es bei den Menschen keine natürliche Ordnung gibt. Gibt es etwas, das weniger vernünftig schiene als die Wahl des erstgeborenen Sohnes einer Königin zur Regierung eines Staates? Zur Führung eines Schiffes wählt man doch nicht denjenigen unter den Reisenden, der aus dem besten Hause stammt. Solch Gesetz würde lächerlich und ungerecht sein. Aber weil sie so sind und es immer sein werden, werden sie vernünftig und gerecht, denn wen sollte man wählen? Den Tugendhaftesten und Geschicktesten? Sofort sind wir unweigerlich im Handgemenge, jeder wird behaupten, der Tugendhafteste und Geschickteste zu sein. Binden wir also diese Eigenschaft an irgendein unbestreitbares Faktum. Das ist der älteste Sohn des Königs; das ist eindeutig, da gibt es keinen Streit. Die Vernunft könnte es nicht besser machen, denn der Bürgerkrieg ist das größte Übel. 320b[1]

Die erstaunten Kinder sehen ihre Kameraden geachtet. (321)

Was für ein großer Vorteil ist der Adel, der schon mit achtzehn Jahren einen Menschen ans Spiel bringt, ihn bekannt und geachtet sein läßt, was ein anderer vielleicht erst mit fünfzig Jahren verdient haben würde. Das heißt dreißig Jahre mühelos gewinnen. 322

Was ist das *Ich?*
Kann ich sagen, daß jemand, der sich ans Fenster setzt, um die Vorübergehenden zu betrachten, sich dorthin setzt, um mich zu sehen, wenn ich zufällig vorübergehe? Nein, denn er denkt nicht im besonderen an mich; aber der, der irgend jemanden liebt, weil er schön ist, liebt er ihn? Nein, denn die Windpocken, die die Schönheit töten werden, aber nicht den Menschen, werden bewirken, daß er ihn nicht mehr lieben wird.
Und wenn man mich wegen meines Urteils oder meines Gedächtnisses schätzt, liebt man mich, *mich?* Nein, denn diese Fähigkeiten kann ich verlieren, ohne mein Ich zu verlieren. Wo ist also dieses *Ich,* wenn es weder im Körper noch in der Seele liegt? Und weshalb liebt man den Körper oder die Seele, wenn nicht wegen ihrer Eigenschaften, die nicht das sind, was das Ich ausmacht, da sie vergänglich sind? Denn würde man die Substanz der Seele eines abstrakten Menschen, gleichgültig was sie für Eigenschaften hätte, lieben? Das ist unmöglich und wäre ungerecht. Also liebt man niemals die Person, sondern immer nur Eigenschaften.
Deshalb spotte man nicht über die, die Rang und

Würden Ehrerbietung erweisen, denn jeglichen schätzt man auf Grund geliehener Eigenschaften.

323

Das Volk hat sehr gesunde Ansichten, zum Beispiel:
1. daß man die Zerstreuung und die Jagd der Beute vorzieht; die halb Gebildeten spotten darüber und sind stolz, darin die Torheit der Welt aufzuweisen, aber aus einem Grund, der ihnen verschlossen bleibt, hat man recht.
2. Daß man die Menschen äußerlich, nach Geburt und Besitz unterschieden hat; wieder ist die Welt stolz, aufzuweisen, wie unvernünftig das sei; es ist aber sehr vernünftig. Wilde Völker lachen über ein Kind als König.[1]
3. Daß man beleidigt ist, wenn man geohrfeigt wurde, oder daß man so sehr nach Ruhm verlangt; er ist aber durchaus zu wünschen, weil so viele wesentliche Güter damit verbunden sind und weil jemand, der eine Ohrfeige erhielt und der sich nicht darob entrüstet, von Beleidigungen und Nötigungen erdrückt wird.
4. Das Ungewisse zu wagen, über das Meer zu fahren, einen schmalen Steg zu überschreiten.

324

Montaigne hat unrecht: Der Brauch ist nur zu befolgen, weil er Brauch ist, und nicht, weil er vernünftig oder richtig wäre; aber das Volk befolgt ihn aus dem einzigen Grunde, weil es ihn für richtig hält. Sonst würde es ihm nicht mehr folgen, obgleich er Gewohnheit ist, denn man will nur der Vernunft oder der Gerechtigkeit untertan sein. Die Gewohnheit ohne Vernunft und Recht würde man tyrannisch nennen; die

Herrschaft der Vernunft und des Rechtes aber ist nicht weniger tyrannisch als die der Lust; das sind die dem Menschen natürlichen Verhaltungsregeln.
Es würde also nützlich sein zu wissen, daß man den Gesetzen und Bräuchen folgt, weil sie Gesetze sind;[1] und zu wissen, daß es keine wahren und gerechten gibt, die man einführen könnte, und daß wir solche nicht kennen und daß wir nur deshalb die überkommenen befolgen müssen: denn dann wird man sie niemals aufgeben. Das Volk aber ist dieser Lehre nicht zugänglich; und so wie es annimmt, daß man die Wahrheit finden könne und daß in den Gesetzen und Gebräuchen Wahrheit sei, glaubt es an sie und wertet ihr Alter als Beweis ihrer Wahrheit (und nicht allein als Beweis ihrer Autorität ohne Wahrheit). Deshalb befolgt es sie; es ist aber geneigt, sich zu empören, sobald man ihm zeigt, daß sie nichts wert sind; was man von allem und jedem beweisen kann, wenn man es von einer bestimmten Seite betrachtet. 325

Ungerechtigkeit. Gefährlich ist es, das Volk zu lehren, daß die Gesetze nicht gerecht seien, denn es achtet sie nur, weil es sie für gerecht hält. Deshalb muß man ihnen zugleich sagen, man müsse sie achten, weil sie Gesetze sind, ähnlich wie man den Vorgesetzten gehorchen müsse, nicht weil sie gerecht, sondern weil sie Vorgesetzte sind. Dadurch ist, wenn man erreichen kann, daß man das versteht, jedem Aufruhr vorgebeugt, und das ist die eigentliche Definition der Rechtsprechung.

(326)

Das Volk beurteilt die Dinge richtig, denn es befindet sich in der natürlichen Unwissenheit, und das ist die naturgemäße Lage des Menschen. Die Wissenschaften haben zwei Entgegengesetzte, die sich berühren, die erste ist die reine, natürliche Unwissenheit, in der sich alle Menschen von Geburt an befinden, die andere ist die, wohin die wahrhaft großen Seelen gelangen, die, nachdem sie alles, was Menschen wissen können, durchlaufen haben, erkennen, daß sie nichts wissen, und sich so in der gleichen Unwissenheit wiederfinden, von der sie ausgingen; das aber ist eine wissende Unwissenheit, die von sich weiß. Die, die dazwischen bleiben, die die natürliche Unwissenheit aufgaben und die die andere nicht erreichten, färbten sich mit jener selbstgefälligen Wissenschaft und spielen die Wissenden. Sie sind es, die die Welt beunruhigen und die falsch über alles urteilen.

Das Volk und die Weisen bestimmen den Gang der Welt, jene verachten es und werden verachtet. Sie urteilen über alles falsch, und das Volk urteilt richtig. 327

Ursache der Wirkungen. Fortwährender Wechsel des Für und Wider.

Wir haben also gezeigt, daß der Mensch töricht ist, weil er Dingen, die keineswegs wesentlich sind, Achtung erweist, und alles, was man hier meinte, wurde widerlegt. Dann zeigten wir, daß alle diese Meinungen durchaus gesunde Meinungen seien, und daß also, da alle diese Torheiten wohl begründet waren, das Volk nicht so töricht ist, wie man sagt. Und so haben wir die Meinung widerlegt, die die des Volkes widerlegte.

Jetzt aber müssen wir diese letzte Annahme widerlegen und zeigen, daß es trotzdem wahr bleibt, daß das Volk töricht ist, obgleich seine Meinungen gesunde Meinungen sind: nämlich, weil es die Wahrheit nicht dort sucht, wo sie ist; und weil es sie dorthin verlegt, wo sie nicht ist, sind seine Meinungen immer falsch und durchaus nicht gesund. 328

Ursache der Wirkungen. Die Schwäche des Menschen ist die Ursache so vieler Schönheiten, die man schätzte, wie: gut Flöte zu spielen, ist nur ein Übel, weil wir schwach sind.[1] 329

Die Macht der Könige ist auf der Vernunft und auf der Torheit des Volkes gegründet, und mehr auf der Torheit. Die Grundlage des Mächtigsten und Wichtigsten auf Erden ist die Schwäche.
Und dieses Fundament ist bewunderungswürdig sicher, denn es gibt nichts, was sicherer wäre als das: daß das Volk immer schwach sein wird. Was auf der wahren Vernunft gegründet ist, ist sehr viel schlechter begründet, etwa die Achtung vor der Weisheit. 330

Man stellt sich Platon und Aristoteles nur in der Tracht der bedächtigen Lehrer vor. Sie waren rechtliche und wohlerzogene Leute wie alle andern, die mit ihren Freunden lachten, und wenn sie sich zurückgezogen haben, um ihre Bücher über die Gesetze oder die Politik zu schreiben, so geschah es wie im Spiel; das war die am wenigsten philosophische und am wenigsten ernsthafte Seite ihres Lebens; die philosophischste war, einfach und ruhig zu leben.
Schrieben sie über Politik, so taten sie es gleichsam, um ein Narrenhaus zu ordnen, und wenn sie sich den Anschein gaben, als handelten sie von einer wichtigen Sache, so nur, weil sie wußten,

daß sich die Narren, zu denen sie redeten, für Könige und Kaiser hielten. Sie gingen auf ihre Voraussetzungen ein, um ihre Narrheit soweit wie möglich zu mildern.

Die Tyrannei besteht in dem Verlangen, überall und auch außerhalb seines eignen Bereichs zu herrschen.
Verschiedene Gruppen: Starke, Schöne, Kluge, Fromme, jede herrscht bei sich zu Haus und nicht anderswo. Und mitunter treffen sie aufeinander, und der Starke und der Schöne schlagen sich völlig töricht darum, wer Herr des andern sein solle, denn ihre Herrschaft ist unterschiedlicher Art. Sie können sich nicht verständigen, und ihr Fehler ist, überall herrschen zu wollen. Nichts kann das, nicht einmal die Macht, sie hat nichts in dem Königreich der Gelehrten zu bestellen; sie ist nur Herrin äußerer Handlungen.
Tyrannei. Also sind solche Reden falsch und tyrannisch: Ich bin schön, also muß man mich fürchten — ich bin stark, also muß man mich lieben — ich bin...[1]
Tyrannei ist: auf eine Weise haben zu wollen, was man nur auf andere haben kann. Verschiedenes fordern die verschiedenen Vorzüge: Das Gefallende verpflichtet zur Liebe, die Macht verpflichtet zur Furcht, das Wissen verpflichtet zu glauben.
Wozu man verpflichtet ist, das soll man erfüllen, es ist unrecht, sich dem zu entziehen, und es ist unrecht, daneben anderes zu fordern. Also ist es zugleich falsch und tyrannisch, wenn man sagt: er ist nicht mächtig, also achte ich ihn nicht, er ist nicht gebildet, also fürchte ich ihn nicht.

Seid ihr niemals Leuten begegnet, die, um sich zu beschweren, daß ihr so wenig Aufhebens von ihnen macht, eine Liste von Menschen von Stand herzählen, von denen sie geschätzt werden? Ich würde ihnen antworten: zeigt mir die Verdienste, durch die ihr jene für euch einnahmt, und ich werde euch ebenso achten. (333)

Ursache der Wirkungen. Die Konkupiszenz und die Kraft sind der Ursprung all unserer Handlungen: die Konkupiszenz ist die Ursache der freiwilligen, die Kraft der unfreiwilligen. 334

Ursache der Wirkungen. Man kann also wirklich sagen, daß alle Welt sich täusche; denn obgleich die Meinungen des Volkes gesunde Meinungen sind, sind sie es nicht aus Überlegung, denn es glaubt, die Wahrheit sei, wo sie nicht ist. Wohl liegt Wahrheit in seinen Meinungen, aber keineswegs dort, wo sie meinen, daß sie sei. Es ist richtig, daß man den Adel achten soll, aber nicht, weil die Geburt ein wirklicher Vorzug ist, usw. 335

Ursache der Wirkungen. Man muß einen geheimen Gedanken haben und von ihm aus alles beurteilen, während man wie das Volk spricht.
336

Ursache der Wirkungen. Stufen. Das Volk verehrt die Menschen adliger Abstammung. Die halb Gebildeten verachten sie, sie sagen, die Geburt sei keines Menschen Verdienst, sondern Zufall. Die Weisen ehren sie nicht aus dem Grund, den das Volk meint, sondern aus einem geheimen Gedanken. Die Frommen, die mehr Eifer als Kenntnisse haben, verachten sie trotz der Überlegung, die die Weisen sie ehren läßt, denn sie beurteilen alles durch die neue Einsicht, die ihnen die Frömmigkeit schenkt. Die wahren Christen aber ehren sie auf Grund einer andern, höheren Einsicht. So sind die Meinungen wechselnd für und wider, je nach der Einsicht, die man hat.

337

Die wahren Christen gehorchen trotzdem der Torheit; nicht weil sie die Torheit, sondern weil sie den Befehl Gottes achten, der sie, um die Menschen zu bestrafen, dieser Torheit untertan machte: Omnis creatura subjecta est vanitati. Liberabitur.[1] So erklärt Thomas die Stelle bei Jakobus, die von der Bevorzugung der Reichen handelt, daß, wenn sie nicht im Hinblick auf Gott handeln, sie die Ordnung der Religion verlassen.

338

VI. DIE PHILOSOPHEN

Fragment 339-424

Ich kann mir wohl einen Menschen ohne Hände, Füße, Kopf vorstellen (denn nur aus der Erfahrung wissen wir, daß der Kopf wichtiger ist als die Füße). Einen Menschen aber, der nicht denkt, kann ich mir nicht vorstellen, denn das würde ein Stein oder ein unvernünftiges Tier sein. 339

Was empfindet die Lust? Die Hand, der Arm, das Fleisch, das Blut? Man wird einsehen, daß es etwas Unstoffliches sein muß. 339b

Die Rechenmaschine[1] zeigt Wirkungen, die dem Denken näher kommen als alles, was Tiere vollbringen; aber keine, von denen man sagen muß, daß sie Willen habe wie die Tiere. (340)

Die Geschichte Liancourts vom Hecht und vom Frosch: Sie tuen es stets so und niemals anders, noch irgend etwas Geistiges. (341)

Handelte ein Tier mit Überlegung, wie es aus Instinkt handelt, spräche es mit Überlegung, wie es instinktiv spricht, wenn es auf der Jagd seinen Genossen mitteilt, daß die Beute gefunden oder verloren wurde, dann würde es auch sprechen, wo es mehr betroffen ist: Beiß den Strick durch, der mich quält und wo ich nicht hingelangen kann!

342

Der Schnabel des Papageis; er putzt ihn, obgleich er sauber ist.

343

Instinkt und Vernunft, Kennzeichen zweier Naturen.

344

Herrischer als irgendein Führer[1] gebietet uns die Vernunft. Denn wenn man ihm nicht gehorcht, ist man unglücklich; gehorcht man ihr nicht, ist man ein Tor.

(345)

Das Denken macht die Größe des Menschen.

346

Nur ein Schilfrohr, das zerbrechlichste in der Welt, ist der Mensch, aber ein Schilfrohr, das denkt. Nicht ist es nötig, daß sich das All wappne, um ihn zu vernichten: ein Windhauch, ein Wassertropfen reichen hin, um ihn zu töten. Aber, wenn das All ihn vernichten würde, so wäre der Mensch doch edler als das, was ihn zerstört, denn er weiß, daß er stirbt, und er kennt die Übermacht des Weltalls über ihn; das Weltall aber weiß nichts davon.

Unsere ganze Würde besteht also im Denken, an ihm müssen wir uns aufrichten und nicht am Raum und an der Zeit, die wir doch nie ausschöpfen werden. Bemühen wir uns also, richtig zu denken, das ist die Grundlage der Sittlichkeit.

347

Das denkende Rohr. Nicht im Raum habe ich meine Würde zu suchen, sondern in der Ordnung meines Denkens. Besäße ich Landgüter, ich hätte nicht mehr an Würde. Durch den Raum erfaßt mich das Weltall und verschlingt mich wie einen Punkt, durch das Denken erfasse ich es.

348

Unstofflichkeit der Seele. Die Philosophen, die ihre Leidenschaften bezähmten; was für ein Stoff konnte das vollbringen? 349

Stoiker. Sie schließen, daß man immer könne, was man mitunter kann, und daß, da die Ruhmsucht diejenigen einiges vollbringen läßt, die von ihr erfüllt sind, alle andern es auch könnten. — Das sind Fieberhandlungen, die der Gesunde nicht nachahmen kann.
Epiktet schließt daraus, daß, weil es standhafte Christen gibt, ein jeder standhaft sein könne.

350

Die großen Leistungen des Geistes, an die die Seele mitunter rührt, sind nichts, worin sie sich dauernd halten kann; sie sind ein Sprung, nicht auf den Thron, für die Dauer, sondern nur für einen Augenblick.[1] 351

Wessen die Tugend eines Menschen fähig ist, soll nicht an der Spitze, sondern am Alltag gemessen werden. 352

Das Übermaß einer Tugend, etwa der Tapferkeit, bewundere ich nicht, wenn ich nicht zugleich das Übermaß der gegensätzlichen Tugend finde, wie bei Epaminondas, der die größte Tapferkeit mit der größten Herzensgüte vereinigte. Denn sonst ist das kein Steigen, sondern Fallen. Man beweist seine Größe nicht durch ein Übermaß, sondern dadurch, daß man die Gegensätze zugleich berührt und alles dazwischen erfüllt. Vielleicht aber gibt es nur ein plötzliches Hin und Wider der Seele von dem einen zum andern dieser Extreme, ist sie niemals nur an einem Punkt, wie ein brennendes Holzscheit. Mag sein; aber zum mindesten zeigt das die Beweglichkeit der Seele, wenn es nicht ihre Weite zeigt. 353

Die Natur des Menschen ist nicht so, daß sie immer vorwärts ginge, sie hat ihre Hin und Wider.
Das Fieber schwankt zwischen Frost und Hitze,[1] und die Kälte zeigt genau wie die Hitze selbst die Höhe des Fiebers.
Ebenso geht es mit den Erfindungen der Menschen von Jahrhundert zu Jahrhundert. Und mit der Güte und Bosheit der Welt ist es im allgemeinen ebenso: Plerumque gratae principibus vices.[2] 354

Andauernde Rede langweilt.
Fürsten und Könige belustigen sich mitunter, sie sitzen nicht ständig auf ihren Thronen, dort langweilen sie sich; man muß die Größe mitunter aufgeben, damit man sie empfindet, ununterbrochenes Gleichmaß macht alles widerwärtig. Kälte ist angenehm, um sich [nachher] zu erwärmen. Die Natur wirkt schrittweise, itus et reditus.[3] Sie vergeht und kehrt wieder, jetzt weiter, dann zweimal weniger, dann mehr als je, usf.
Die Gezeiten des Meeres sind so, selbst der Lauf der Sonne scheint so:

ᴧᴧᴧᴧ

355

Die Nahrungsaufnahme des Körpers geschieht

nach und nach, Überfülle an Nahrung und wenig Gehalt. 356

Will man die Tugenden bis zum Äußersten, sei es nach dieser oder jener Richtung erfüllen, so erweisen sie sich als Laster, die sich in Mengen unmerkbar auf dem unmerklichen Abstieg gegen das unendlich Kleine einschleichen, und sie erweisen sich in Mengen als Laster auf der Seite des unendlich Großen, so daß man sich in den Lastern verliert und rings keine Tugend mehr sieht. Man vergreift sich selbst an der Vollkommenheit.

357

Der Mensch ist weder Engel noch Tier, und das Unglück will, daß, wer den Engel will, das Tier macht. 358

Nicht aus eigner Kraft halten wir uns in der Tugend, sondern dadurch, daß sich entgegengesetzte Laster das Gleichgewicht halten, ähnlich, wie man, wenn der Wind aus entgegengesetzten Richtungen bläst, aufrecht bleibt: nehmt eins dieser Laster fort, so verfallen wir dem andern.

359

Was die Stoiker fordern, ist schwer und vergeblich. Die Stoiker behaupten: Alle, die nicht den höchsten Grad der Weisheit erreichen, seien sowohl Toren als lasterhaft, also auch die, die in zwei Zoll tiefem Wasser stehen.[1] 360

Das höchste Gut. Streit über das höchste Gut — Ut sis contentus temetipso et ex te nascentibus bonis.[2] Hier ist ein Widerspruch, denn sie raten schließlich, daß man sich töten solle. Oh, was für

ein glückliches Leben, von dem man sich wie von
der Pest befreit! 361

Ex senatus consultis et plebiscitis...[1]
Ähnliche Stellen suchen. 362

Ex senatus consultis et plebiscitis scelera exercentur. Seneca, 588.[1]
Nihil tam absurde dici potest quod non dicatur ab aliquo philosophorum. Divin.[2]
Quibusdam destinatis sententiis consecrati quae non probant coguntur defendere. Cicero.[3]
Ut omnium rerum sic litterarum quoque intemperantia laboramus. Seneca.[4]
Id maxime quemque decet, quod est cujusque suum maxime. Seneca 588.[5]
Hos natura modus primum dedit. Georg.[6]
Paucis opus est litteris ad bonam mentem[7]
Si quando turpe non sit, tamen non est non turpe quum id a multitudine laudetur.[8]
Mihi sic usus est, tibi ut opus est facto, fac. Ter. 364.[9] 363

Rarum est enim ut satis se quisque vereatur.[10]
Tot circa unum caput tumultuantes deos.[11]
Nihil turpius quam cognitioni assertionem praecurrere. Cic.[12]
Nec me pudet, ut istos, fateri nescire quid nesciam.[13]
Melius non incipient.[14] 364

Denken. Die ganze Würde des Menschen liegt im Denken. Was aber ist dieses Denken, wie töricht ist es!
Also ist das Denken ein Wunder und in seinem Wesen ohne Vergleich. Befremdende Mängel müßte es haben, wenn es verächtlich sein sollte;

nun, es hat solche, daß nichts lächerlicher ist. Wie groß ist es durch seine Wesenheit, wie niedrig durch seine Mängel! 365

Der Geist des obersten Richters der Welt ist nicht so unabhängig, daß er nicht durch den ersten besten Lärm in seiner Nähe gestört werden könnte. Man braucht keine Kanonen abzuschießen, um sein Denken zu hindern: Das Gekreische einer Wetterfahne oder eines Flaschenzuges genügen. Wundert euch nicht, daß er jetzt falsch schließt, eine Fliege summt um sein Ohr, das reicht hin, um ihn unfähig zu machen, richtig zu urteilen. Wollt ihr, daß er die Wahrheit finde, verjagt das Tier, das seine Vernunft in Schach hält, das den überlegenen Verstand, der Länder und Städte regiert, stört.[1] Da habt ihr den lächerlichen Gott! O ridicolissimo eroe![2] 366

Die Macht der Fliegen: sie gewinnen Schlachten, hindern uns zu handeln, fressen unsern Körper. 367

Es setzt uns in Erstaunen, wenn man sagt,[3] die Wärme sei nur die Bewegung einiger Körperchen und das Licht der »conatus recedendi«, den wir empfinden. Was, die Lust soll nichts sein als der Tanz der Lebensgeister? Wir haben davon eine sehr verschiedene Meinung, und diese Empfindungen scheinen uns von jenen andern durchaus verschieden, von denen man uns sagt, sie seien dasselbe wie die, mit denen wir sie vergleichen. Die Sinneswahrnehmung des Feuers, die Wärme, berührt uns völlig anders als die Berührung, als die Wahrnehmung des Klanges oder des Lichtes, das alles scheint uns geheimnisvoll und dabei ist es grob wie ein Steinwurf. Es ist wahr, die winzigen Lebensgeister, die durch die Poren eindringen, treffen auf andere Nerven, aber sie treffen immer auf Nerven. 368

Das Gedächtnis ist für jede geistige Tätigkeit notwendig. 369

Der Zufall schenkt die Gedanken, der Zufall löscht sie aus: keinerlei Mittel, um sie zu bewahren, noch um sie zu finden.
Entfallener Gedanke. Ich wollte ihn niederschreiben, statt dessen schreibe ich, daß er mir entfallen ist. Abschweifungen. Winzigste Wendungen, schicklich.[1] 370

Als ich klein war, verschloß ich mein Buch; und da es mir mitunter geschah (daß ich mich täuschte),[2] während ich es verschlossen glaubte, lernte ich mir mißtrauen. 371

Mitunter geschieht es mir, daß mir meine Gedanken, während ich sie aufschreibe, entfallen; nun, das erinnert mich an meine Schwäche, die ich immer vergesse, woraus ich ebensoviel lerne, wie aus meinem vergessenen Gedanken, denn ich strebe nur danach, meine Nichtigkeit zu kennen.
372

Skeptizismus. Ohne Anordnung, aber vielleicht nicht in einem planlosen Durcheinander werde ich meine Gedanken hier niederschreiben: das ist die wahre Ordnung, die immer das, von dem ich handle, durch die Unordnung selbst bezeichnen wird. Zu gewichtig würde ich meinen Gegenstand nehmen, wollte ich ihn nach einem Plan behandeln, will ich doch zeigen, daß er[1] hierzu ungeeignet ist.

Was mich am meisten erstaunt, ist, daß niemand über die Schwäche seiner Fähigkeiten erstaunt ist. Ernsthaft ist man tätig, und jeder betreibt seinen Beruf, nicht, weil es, da es so Mode ist, richtig wäre, ihn zu betreiben, sondern so, als ob ein jeder genau wüßte, wo Vernunft und Recht seien. Man täuscht sich fortwährend, und in einer spaßigen Bescheidenheit hält man das für seinen eigenen Fehler und nicht für einen der Urteilsfähigkeit, die man sich immer zu besitzen schmeichelt. Aber es ist gut, gut für den Ruhm des Skeptizismus, daß es so viele von diesen Menschen gibt, die nicht skeptisch sind, und die zeigen, daß der Mensch zu den verstiegensten Meinungen fähig ist, fähig der Meinung, er wäre nicht von Natur und unvermeidlich unfähig, und der Meinung, er wäre im Gegenteil von Natur aus vernünftig.
Nichts stärkt den Skeptizismus mehr als die Tatsache, daß es Menschen gibt, die keine Skeptiker sind: wären sie es alle, so würden sie Unrecht haben.

(Lange lebte ich in dem Glauben, daß es eine Gerechtigkeit gäbe, und darin täuschte ich mich nicht, denn es gibt sie, und zwar soweit sie uns Gott hat enthüllen wollen. So aber wertete ich es nicht, und darin täuschte ich mich, denn ich glaubte, unser Recht sei wesentlich gerecht, und daß ich etwas besäße, wonach ich es erkennen und beurteilen könne. Ich fand aber so oft, daß ich falsch urteilte, daß ich endlich anfing, mißtrauisch gegen mich und dann gegen die andern zu werden. Ich sah alle Länder und Menschen der Änderung unterwor-

fen, und ich erkannte nach so häufigen Änderungen im Urteil über das wahre Recht, daß unsere Natur nur im fortwährenden Ändern besteht; und seitdem änderte ich meine Ansicht nicht mehr, und wenn ich sie änderte, würde ich nur meine Meinung bestätigen.
Der Skeptiker Arkesilaos,[1] der wieder Dogmatiker wurde.) 375

Diese Schule [die der Skeptiker] gewinnt durch ihre Feinde mehr Stärke als durch ihre Anhänger; denn die Schwäche des Menschen ist bei denen, die sie nicht kennen, sichtbarer als bei denen, die sie kennen. (376)

Die Abhandlungen über die Demut sind den großsprecherischen Menschen Anlaß zum Stolz und Anlaß zur Demut den Demütigen. So sind für die Anhänger die Abhandlungen der Skepsis Grund der unskeptischen Bejahung; wenige sprechen demütig von der Demut, wenige keusch von der Keuschheit, wenige zweifelnd von der Skepsis.
Wir sind nichts als Lüge, Doppelzüngigkeit, Widerspruch, und wir verbergen und verkleiden uns vor uns selbst. 377

Skeptizismus. Die höchste Geistigkeit ist als Torheit angeklagt, wie der höchste Mangel. Nichts als das Mittelmäßige ist gut. Die Mehrheit hat das so verfügt, und wer alle und jeden angreift, zu welchem Zweck es auch sei, vergißt sich. Ich werde mich nicht darauf versteifen, ich bin damit einverstanden, wohin man mich setzt, und daß man mir den Platz am untern Ende, nicht, weil er unten ist, sondern weil es ein Ende ist, verweigert, denn ich würde mich ebenso weigern, wenn man mich obenhin setzte. Die Mitte verlassen, heißt die Menschlichkeit verlassen. Die Größe der menschlichen Seele besteht darin, daß sie versteht, sich in der Mitte zu halten, nicht nur, daß es nicht groß ist, sie zu verlassen, — es ist groß, sie nicht zu verlassen. 378

Zu frei zu sein, ist nicht gut; alles zu haben, was nötig ist, ist nicht gut. (379)

Alle guten Grundsätze kennen die Menschen, nur wendet man sie nicht an. Zum Beispiel, man zweifelt nicht, daß man sein Leben einsetzen muß, um das Gemeinwohl zu verteidigen, und viele tun das; aber für die Religion nicht.
Es ist notwendig, daß es Ungleichheit unter den Menschen gibt, das ist richtig; hat man das aber eingestanden, dann ist nicht nur der höchsten Herrschaft, sondern auch der schlimmsten Tyrannis Tür und Tor geöffnet.
Es ist notwendig, daß man dem Geist ein wenig die Zügel lockere; das aber öffnet der größten Verwilderung Tür und Tor. Man müßte die Grenzen bezeichnen. Es gibt keine Grenzen in den Dingen: die Gesetze wollen sie festlegen, doch der Geist kann sie nicht dulden. 380

Wenn man zu jung ist, urteilt man nicht gut, wenn man zu alt ist, gleichfalls nicht.
Denkt man nicht genug, denkt man zuviel darüber nach, so verbeißt man sich, erhitzt man sich.
Beurteilt man sein Werk unmittelbar, nachdem man es fertiggestellt, ist man noch zu voreingenommen; beurteilt man zu lange danach, dann bleibt es verschlossen.
So ist es mit den Bildern, die man aus zu großer

Nähe oder aus zu großer Entfernung betrachtet; es gibt nur einen unteilbaren Punkt, der der rechte Ort ist; die andern sind zu nah oder zu weit, zu hoch oder zu niedrig. Die Perspektive bestimmt ihn in der Malerei; was aber wird ihn für die Wahrheit oder die Moral bestimmen? 381

Wenn sich alles gleichmäßig bewegt, bewegt sich dem Anschein nach nichts, etwa, wenn man auf einem Schiff fährt.[1] Wenn sich alle der Zügellosigkeit hingeben, scheint es keiner zu tun; der, der anhält, macht das Treiben der andern, genau wie ein ruhender Punkt, erkennbar. 382

Die, die ohne Ordnung sind, sagen denen, die in der Ordnung leben, sie wären es, die sich von der Natur entfernten, und sie glauben ihr zu folgen wie die, die auf einem Schiff fahren glauben, daß sich die, die am Ufer stehen, entfernen. Auf allen Seiten sagt man das gleiche. Man muß einen ruhenden Punkt (in der Art des Hafens) haben,[2] um urteilen zu können. Der Hafen entscheidet darüber, wer auf dem Schiff ist. Woher nehmen wir einen Hafen in der Moral? 383

Widerspruch ist ein schlechter Erweis der Wahrheit. Wieviel wahren Dingen wurde widersprochen, wieviel falsche passierten ohne Widerspruch. Der Widerspruch ist weder Zeichen des Falschen, noch die Widerspruchsfreiheit Zeichen der Wahrheit. 384

Skeptizismus. Hier auf Erden ist jegliches Ding zum Teil wahr, zum Teil falsch. Die wesenhafte Wahrheit ist nicht so, sie ist völlig rein und völlig wahr; diese Mischung entehrt die Wahrheit und hebt sie auf. Nichts ist reine Wahrheit, und deshalb ist nichts wahr, was wir für reine Wahrheit halten. Man wird meinen, es sei Wahrheit, daß der Mord schlecht ist; gewiß, wir kennen sehr wohl das Übel und die Fehler. Was aber wird man sagen, was wahrhaft gut sei? Die Keuschheit? Ich sage nein, denn die Menschheit würde aussterben. — Die Ehe? Nein, die Enthaltsamkeit ist besser. — Nicht zu töten? Nein, denn die Unordnung würde schrecklich werden, und die Bösen würden die Guten töten. — Zu töten? Nein, denn das zerstört die Natur. — Wir besitzen sowohl die Wahrheit wie das Gute nur zum Teil, und mit Bösem und Falschem gemischt. 385

Träumten wir jede Nacht das gleiche, würde es uns genau so beschäftigen wie alles, was wir täglich sehen; wenn ein Handwerker sicher sein könnte, jede Nacht zwölf Stunden lang zu träumen, er sei König, so wäre er, glaube ich, fast ebenso glücklich wie ein König, der jede Nacht zwölf Stunden lang träumen würde, er sei ein Handwerker.
Träumten wir jede Nacht, wir würden von Feinden verfolgt und von diesen schreckhaften Schemen gequält, oder man verbrächte den ganzen Tag mit den verschiedensten Beschäftigungen, wie wenn man auf Reisen[1] ist, dann würde man fast ebenso leiden, wie wenn es Wirklichkeit wäre, und man würde den Schlaf fürchten, wie man sich vor dem Erwachen fürchtet, wenn man Furcht hat, daß uns solch Unglück wirklich begegnen könnte. Und tatsächlich wird es fast die gleichen Leiden bereiten wie die Wirklichkeit.
Weil aber die Traumbilder immer wechseln und ein und dasselbe sich wandelt, berührt uns das,

was man dort sieht, weniger als das, was man im Wachen sieht; und zwar, weil hier die Abfolge stetiger ist, die indessen nicht so stetig und gleichmäßig wäre, daß nicht auch Wandlungen geschähen, wenn auch weniger plötzliche; geschehen sie aber, und das ist nicht selten, wie zum Beispiel auf Reisen, dann sagt man: es scheint mir, daß ich träume. Denn das Leben ist nur ein um ein Weniges weniger unbeständiger Traum.

386

(Es ist möglich, daß es wahre Beweise gibt, aber es ist nicht gewiß. Also beweist das zum Ruhme des Skeptizismus nichts, als daß es nicht gewiß ist, daß alles ungewiß sei.) 387

Der gesunde Menschenverstand. Sie sind gezwungen zu sagen: »Du handelst nicht ehrlich; wir schlafen nicht, usw.«[1] Wie gerne sehe ich diese hochmütige Vernunft gedemütigt und bittend! Denn das ist nicht die Rede eines Menschen, dem man sein Recht bestreitet und der es mit den Waffen und der Kraft seiner Arme verteidigt. Es macht ihm keine Freude zu sagen, daß man nicht ehrlich handele, sondern er bestraft diese Unehrlichkeit gewaltsam. 388

Der Prediger Salomo zeigt, daß der Mensch ohne Gott in völliger Unwissenheit und unvermeidlich unglücklich ist, denn unglücklich zu sein bedeutet, etwas zu wollen und nicht zu vermögen. Nun, der Mensch will glücklich und einiger Wahrheit versichert sein; indessen kann er weder wissen noch wünschen nichts zu wissen. Nicht einmal zweifeln kann er. 389

Mein Gott, was sind das für törichte Reden: »Würde Gott die Welt geschaffen haben, um sie zu verdammen, würde er so Schweres von so schwachen Menschen fordern usf.?« — Das Mittel dagegen ist der Skeptizismus; diese Eitelkeit wird er zerfetzen. 390

Unterhaltung. Große Worte: die Religion, ich leugne sie.
Unterhaltung. Der Skeptizismus dient der Religion. 391

Gegen den Skeptizismus. (... Das ist also eine Merkwürdigkeit, daß man diese Dinge nicht definieren kann, ohne sie zu verdunkeln. Wir sprechen von ihnen ständig.[1]) Wir setzen voraus, daß alle sie in der gleichen Art wahrnehmen; aber wir setzen das sehr leichtfertig voraus, denn wir haben dafür keinen Beweis. Gewiß, man benutzt die gleichen Worte bei den gleichen Anlässen; immer, wenn zwei Menschen sehen, daß ein Körper den Ort ändert, drücken sie beide, was sie sehen und denselben Vorgang durch dasselbe Wort aus, beide sagen, er habe sich bewegt; und aus dieser Übereinstimmung der Bezeichnung schließt man überzeugend auf eine Übereinstimmung der Idee: das aber ist nicht im letzten Sinne völlig überzeugend, obgleich man jede Wette darauf eingehen könnte, denn man weiß, daß man oft gleiche Folgerungen aus verschiedenen Voraussetzungen erschließt.
Das genügt, um die Sache etwas unklar zu machen, ohne die natürliche Klarheit völlig aufzuheben, die uns der Dinge versichert, worauf die Anhänger der Akademie jede Wette eingehen würden; wohl aber kränkt es und beunruhigt es

die Dogmatiker,[1] sehr zum Ruhm der Verschwörung der Skeptiker, die in dieser zweideutigen Zweideutigkeit und in einem gewissen Dämmerlicht besteht, dem unsere Zweifel weder alle Klarheit nehmen noch unsere Einsicht alle Schatten entziehen können. 392

Es ist ein lustig Ding, darüber nachzudenken, daß es Menschen auf Erden gibt, die, nachdem sie alle Gesetze Gottes und der Natur verworfen haben, sich selbst welche machen, die sie genau befolgen; zum Beispiel die Soldaten Mohammeds, die Diebe, die Ketzer usw. Und so auch die Logiker.
Eigentlich müßte ihre Freiheit ohne Grenze und Schranke sein, da sie so viele gerechte und heilige [Gesetze] überschritten haben. (393)

Alle ihre Grundsätze sind wahr, die der Skeptiker, die der Stoiker, die der Atheisten usf. Aber ihre Schlüsse sind falsch, weil die gegensätzlichen Grundsätze ebenfalls wahr sind. 394

Instinkt, Vernunft. Wir sind ohnmächtig etwas zu beweisen, was unwiderleglich den Dogmatikern wäre. Wir haben einen Begriff von der Wahrheit, die völlig unwiderleglich dem Skeptizismus bleibt. 395

Zweierlei unterrichtet den Menschen über seine Natur: der Instinkt und die Erfahrung. 396

Die Größe des Menschen ist groß, weil er sich als elend erkennt. Ein Baum weiß nichts von seinem Elend. Also: elend ist nur, wer sich als elend kennt; aber nur das ist Größe, zu wissen, daß man elend ist. 397

All dieses Elend selbst beweist seine Größe, es ist das Elend eines großen Herrn, das Elend eines entthronten Königs. 398

Ohne Empfindung ist man nicht elend; ein zerstörtes Gebäude ist es nicht; nur der Mensch ist elend: Ego vir videns.[1] 399

Größe des Menschen. Eine so hohe Vorstellung von der Seele des Menschen haben wir, daß wir es nicht ertragen können, von ihr verabscheut und nicht wenigstens von einer Seele geachtet zu werden; und in dieser Achtung besteht das ganze Glück des Menschen. 400

Ruhm. Die Tiere bewundern einander nicht. Ein Pferd bewundert nicht seinen Genossen; was nicht heißt, daß es beim Rennen keinen Wetteifer zwischen ihnen gäbe; der hat aber keine Folgen, denn im Stall gibt das Langsamere und Häßlichere nichts von seinem Hafer dem andern ab; was die Menschen fordern, daß man tue. Ihre Tugend ist sich selbst genug. 401

Größe des Menschen sogar in seiner Konkupiszenz, da er es verstanden hat, aus ihr eine bewunderungswürdige Ordnung zu schaffen und ein Bild der Liebe Gottes daraus zu formen. 402

Größe. Die Ursachen der Wirkungen kennzeichnen die Größe des Menschen, weil er aus der Konkupiszenz eine so schöne Ordnung gewinnen konnte. 403

Die größte Niedrigkeit des Menschen ist, den Ruhm zu suchen, und doch ist das grade das deutlichste Merkzeichen seiner Auszeichnung; denn mag einer auf Erden besitzen, was er will, wie gesund und wie wohlhabend er immer sei, er ist nicht zufrieden, wenn ihn die Menschen nicht achten. So hoch achtet man das Urteil des Menschen, daß niemand zufrieden ist, wie bevorzugt immer seine Stellung auf Erden sein mag, wenn ihm nicht auch im Urteil der Menschen ein bevorzugter Platz eingeräumt wurde. Das ist der schönste Platz auf Erden, nichts kann ihn von diesem Wunsch abbringen, und das ist die unauslöschbarste Eigenschaft des menschlichen Herzens.

Auch die, die die Menschen am tiefsten verachten und ihn den Tieren gleichwerten, sie sogar wollen dafür bewundert werden, wollen, daß man ihnen glaubt, und sie widerlegen sich durch ihr eignes Empfinden; ihre Natur ist stärker als alles, sie überzeugt sie von der Größe des Menschen eindeutiger, als die Vernunft sie von ihrer Niedrigkeit überzeugt. 404

Stolz,[1] Gegengewicht alles Elends. Entweder verbirgt der Mensch sein Elend, oder, wenn er es aufweist, rühmt er sich, es zu kennen. 405

Der Stolz wiegt alles Elend auf und gleicht es aus. Da habt ihr ein befremdendes Unwesen und eine sehr deutliche Verwirrung, da habt ihr ihn von seinem Ort gestürzt, ihn sucht er voll Unruhe. Das ist es, was alle Menschen tun. Sehen wir zu, wer ihn gefunden haben wird. 406

Wenn das Böse in uns die Vernunft auf seiner Seite hat, wird es hochmütig und prahlt mit dem ganzen Glanz der Vernunft. Wenn Härte und strenge Zucht in der Mühe um das wahre Gut scheiterten und der Mensch wieder der Natur folgen muß, wird er durch diese Umkehr stolz.

407

Das Böse ist bequemer, es gibt davon eine Unendlichkeit, fast einzig ist das Gute; aber eine gewisse Art des Bösen ist fast ebenso schwer zu finden wie das, was man gut nennt, und oft läßt man dieses besondere Böse deshalb als gut gelten. Eine außerordentliche Seelengröße gehört dazu, um es zu erreichen, fast die gleiche, wie die zum Guten.

408

Die Größe des Menschen. So offenbar ist die Größe des Menschen, daß er sie selbst aus seinem Elend gewinnt. Denn was den Tieren natürlich ist, nennen wir Elend beim Menschen; es erinnert uns daran, daß wir, deren Natur jetzt gleich der der Tiere ist, aus einer bessern Natur, die uns eignete, gestürzt sind. Denn wer ist, außer einem entthronten König unglücklich nicht König zu sein? Nannte man Aemilius Paulus unglücklich, weil er nicht mehr Konsul war? Im Gegenteil, alle priesen ihn glücklich, weil er es gewesen war und weil es in der Stellung begründet lag, daß er es nicht immer sein konnte. Perseus aber nannte man unglücklich, weil er nicht mehr König war, weil zu seiner Stellung gehörte, daß er es immer wäre, und man wunderte sich, daß er es ertrug weiterzuleben. Wer wäre unglücklich, weil er nur einen Mund hat, und wer wäre nicht unglücklich, wenn er nur ein Auge hätte! Niemand hat sich je betrübt, nicht drei Augen zu haben, aber untröstlich ist man, wenn man keines hat.

409

Perseus, König von Makedonien, Aemilius Paulus.
Perseus warf man vor, daß er sich nicht tötete.
410

Trotz der Schau unseres ganzen Elends, die uns anfaßt und würgt, haben wir einen Trieb, daß wir nicht unterdrücken können, was uns erhebt.
411

Bürgerkrieg im Menschen zwischen der Vernunft und den Leidenschaften.
Wenn er nur die Vernunft ohne Leidenschaften hätte.. Wenn er nur die Leidenschaften ohne Vernunft hätte.. Da es aber beide gibt, geht es nicht ohne Krieg, da man den Frieden mit dem einen nur haben kann, wenn man im Krieg mit dem andern liegt: so ist der Mensch immer zerrissen und im Gegensatz zu sich selbst. 412

Dieser innere Krieg der Vernunft mit den Leidenschaften bewirkte, daß die, die Frieden haben wollten, sich in zwei Sekten spalteten. Die einen wollten auf die Leidenschaften verzichten und Götter werden; die andern wollten auf die Vernunft verzichten und unvernünftige Tiere werden: Des Barreaux.[1] Aber weder die einen noch die andern konnten es, und immer bleibt die Vernunft, die die Niedrigkeit und das Unrecht der Leidenschaften anklagt und die Ruhe jener stört, die sich ihnen ausgeliefert haben; und die Leidenschaften bleiben lebendig in denen, die auf sie verzichten wollen.
413

Die Menschen sind so notwendig Toren, daß es auf eine andere Art töricht wäre, kein Tor zu sein.
414

Die Natur des Menschen kann man auf zwei Weisen erfassen: einmal in Hinblick auf sein Ziel; und da ist er groß und unvergleichlich; dann nach dem Durchschnitt, wie man Pferde und Hunde beim Rennen und nach dem animum arcendi,[1] nach dem Durchschnitt beurteilt; und da ist der Mensch verworfen und gemein. Das sind die beiden Wege, die uns so verschieden über ihn urteilen lassen und so viel Streit der Philosophen hervorrufen. Denn der eine leugnet die Voraussetzungen des andern; der eine behauptet, er sei nicht geboren zu diesem Ziel, denn all sein Handeln widerstreite dem; der andere sagt, er entferne sich von dem Ziel, wenn er diese niedrigen Handlungen tue. 415

An P. R.[2] Größe und Elend. Das Elend des Menschen folgt aus der Größe, und die Größe aus dem Elend. Die einen haben das Elend um so deutlicher erschlossen, als sie es als Beweis der Größe nahmen, und die andern erschlossen die Größe um so überzeugender, als sie sie aus dem Elend selbst ableiteten; alles, was die einen sagen konnten, um die Größe zu beweisen, diente den andern nur als Argument, um das Elend zu folgern; denn man ist um so elender, von je höher man gefallen ist; und die andern schlossen hieraus auf das Gegenteil. So hat einer den andern endlos im Kreis geführt; denn sicher ist, daß in dem Maße, in dem den Menschen Einsicht wird, sie sowohl Größe als Elend im Menschen finden. Kurzum, der Mensch weiß, daß er elend ist: also ist er elend, da er es ist; groß aber ist er, da er es weiß. 416

Diese Doppelheit des Menschen ist so offenbar,

daß manche glaubten, wir hätten zwei Seelen. Eine einfache schien ihnen unfähig zu derartigem und so plötzlichem Übergang von maßlosester Anmaßung zu grauenvollster Niedergeschlagenheit des Herzens. 417

Gefährlich ist es, wenn man den Menschen zu sehr darauf hinweist, daß er den Tieren gleicht, ohne ihm zugleich seine Größe vor Augen zu führen. Noch gefährlicher ist, wenn man ihm seine Größe ohne seine Niedrigkeit vor Augen führt. Am gefährlichsten ist es, ihn in Unkenntnis über beides zu lassen. Aber sehr nützlich ist, ihm das eine und das andere darzustellen.
Weder darf der Mensch glauben, er gleiche den Tieren, noch er gleiche den Engeln, noch darf er in Unkenntnis über dieses und jenes sein, sondern er muß dieses und jenes wissen. 418

Ich werde nicht dulden, daß man sich bei diesem, auch nicht, daß man sich bei jenem beruhigt, damit, wenn man ohne Stützpunkt und ohne Ruhe ist... (419)

Schmeichelt er sich, so erniedrige ich ihn; erniedrigt er sich, so schmeichele ich ihm; und immer widerspreche ich, bis er begreift, daß er ein unbegreifbares Unwesen ist. (420)

Ich tadele die, die den Menschen preisen, ebenso wie die, die ihn tadeln, und wie die, die ihn zu zerstreuen trachten; nur die kann ich anerkennen, die stöhnend suchen. 421

Gut ist es, ermattet und ermüdet von nutzlosem Suchen nach dem wahren Gut zu sein, damit man die Arme dem Erlöser entgegenstrecke. 422

Widersprüche. Nachdem die Niedrigkeit und die Größe des Menschen gezeigt wurde. Nun schätze der Mensch seinen Preis; er liebe sich, denn er hat teil an der Natur, die ihn des Guten befähigt; aber er hüte sich deshalb, die Niedrigkeiten zu lieben, die dabei sind. Er verachte sich, weil diese Fähigkeit brach liegt; aber er verachte deshalb nicht diese Fähigkeit seines Wesens. Er hasse sich, er liebe sich: er hat die Fähigkeit, die Wahrheit zu kennen und glücklich zu sein, aber er besitzt keine Wahrheit, noch Beständiges oder Befriedigendes.

Dahin also möchte ich den Menschen bringen, daß er die Wahrheit zu finden wünscht und bereit ist und frei von Leidenschaften, um ihr zu folgen, wo er sie finden wird, und dabei wisse, wie sehr seine Kenntnisse durch Leidenschaften getrübt sind; ich möchte wohl, daß er die lüsternen Triebe seines Innern, die ihn eigenwillig bestimmen, hasse, damit sie ihn nicht blenden, wenn er wählt, und ihn nicht zurückhalten, wenn er gewählt haben wird. 423

All diese Widersprüche, die mich am weitesten von einer Religion[1] zu entfernen schienen, haben mich am raschesten zur wahren geführt. 424

VII. SITTLICHKEIT UND LEHRE

Fragment 425-555

—

Zweiter Teil. Daß der Mensch ohne den Glauben weder das wahre Gut noch die Gerechtigkeit kennen kann. Alle Menschen ohne Ausnahme streben danach, glücklich zu sein, wie verschieden die Wege auch sind, die sie einschlagen; alle haben dieses Ziel. Der gleiche Wunsch ist es, mag er sich auch verschieden ansehen, der in diesen und in jenen lebt, und der bewirkt, daß die einen in den Krieg und die anderen nicht in den Krieg ziehen.[1] Zu keiner Handlung ist der Wille zu bewegen, jede zielt auf das Glück. Es ist der Beweggrund aller Handlungen aller Menschen, selbst der, die im Begriff stehen, sich zu erhängen.
Und indessen hat seit so vielen Jahren keiner dies Ziel, auf das alle es ständig abgesehen haben, ohne den Glauben erreicht. Alle klagen: Fürsten und Untertanen; Adlige und Bürger; Alte und Junge; Starke und Schwache; Wissende und Unwissende; Gesunde und Kranke[2] in allen Ländern und zu allen Zeiten, jeglichen Alters und jeglichen Standes.
Ein so ausgedehnter, beständiger und gleichförmiger Beweis[3] sollte uns eigentlich von unserer Unfähigkeit, durch unsere Bemühungen glücklich zu werden, überzeugen.[4] Aber die Beispiele belehren uns kaum: keines ist jemals so genau zu-

treffend, daß nicht irgendein feiner Unterschied bliebe, und dieser ist der Grund, daß wir hoffen, unsere Erwartung würde dieses Mal nicht enttäuscht werden wie sonst. Da uns so die Gegenwart nie befriedigt, betrügt uns die Erfahrung und führt uns von Unglück zu Unglück bis zum Tode, der sein ewiger Gipfel ist.

Was schreit aus dieser Gier und dieser Unmacht, wenn nicht das, daß ehemals der Mensch wirklich im Glück war, wovon uns nichts blieb als die Narbe und die völlig leere Spur, die der Mensch nutzlos mit allem, was ihn umgibt, zu erfüllen trachtet, da er von dem Ungegenwärtigen erlangen will, was er von dem Gegenwärtigen nicht erlangen kann; wenn nicht das, daß alles hierzu ungeeignet ist, da diesen unendlichen Abgrund nur ein Unendliches und Unwandelbares zu erfüllen vermag, das heißt nur Gott selbst?

Er allein ist des Menschen wahres Gut; und rätselhaft, seit er sich von ihm abgewandt, gibt es nichts in der Welt, das nicht geeignet gewesen wäre, seinen Ort zu erfüllen:[1] Sterne, Himmel, Erde, Elemente, Pflanzen, Kohl, Lauch, Tiere, Insekten, Kälber, Schlangen, Fieber, Pest, Krieg, Hungersnot, Laster, Ehebruch, Blutschande. Seitdem der Mensch dies wahre Gut verloren hat, konnte ihm alles und jedes das wahre Gut bedeuten,[2] selbst seine eigene Vernichtung, obgleich sie zugleich gegen Gott, gegen die Vernunft und gegen die Natur ist.[3]

Die einen suchen das höchste Gut in der Herrschaft, andere in der Forschung und in den Wissenschaften, andere in der sinnlichen Lust.[4] Andere, die ihm wirklich näher kamen, meinten, das, was alle Menschen als höchstes Gut wünschen, dürfe in keinem Besondern, was ein Einzelner besitzen könne, beschlossen sein, da es seinen Besitzer, wenn man es teile, durch das, was dann fehlt, mehr betrübe, als ihn die Lust an dem, was ihm gehört, befriedigen könne. Sie sahen ein, daß das höchste Gut so sein müßte, daß es alle zugleich, und zwar ohne Minderung und ohne Neid besitzen könnten und daß es niemand gegen seinen Willen verlieren könnte. Und ihre Überlegung ist, daß, weil dieser Wunsch dem Menschen natürlich ist, da er notwendig in allen lebendig ist, es unmöglich ist, daß er ihn nicht spüre, daraus schließen sie... 425

Seitdem die wahre Natur verloren war, wird alles zu seiner Natur; ähnlich, als das wahre Gut verloren war, wurde alles sein wahres Gut. 426

Der Mensch weiß nicht, welchen Rang er sich zuerkennen soll. Sichtbar ist er verirrt und von dem wahren Ort gefallen, ohne daß er ihn wiederfinden könnte; überall sucht er ihn in den undurchdringlichen Finsternissen voller Unruhe und ohne Erfolg. 427

Wenn es ein Zeichen der Schwäche ist, Gott aus der Natur zu beweisen, so verachtet deshalb nicht die Schrift; wenn es ein Zeichen der Stärke ist, von diesen Widersprüchen gewußt zu haben, achtet deshalb die Schrift. (428)

Niedrigkeit des Menschen: so niedrig, daß er sich den Tieren untertan machte, so niedrig, daß er sie anbetete. 429

Für P. R. *(Beginn, nachdem die Unbegreiflichkeit erklärt worden ist.)* Dermaßen sind Größe und

Elend des Menschen offenbar, daß uns die wahre Religion notwendig zu lehren hat, es gebe im Menschen sowohl irgendeinen mächtigen Grund der Größe, als auch, es gebe einen mächtigen Grund des Elends. Diesen erstaunlichen Widerspruch hat sie uns außerdem[1] zu deuten.

Um den Menschen glücklich zu machen, muß sie zeigen, daß es einen Gott gibt, daß man ihn notwendig lieben muß; daß unsere wahre Glückseligkeit ist, ihm vereint, und unser einzigstes Übel, von ihm getrennt zu sein; muß sie erkannt haben, daß wir voll der Finsternisse sind, die uns sowohl hindern, ihn zu erkennen, als auch, ihn zu lieben, und daß wir so voll von Sünden sind, weil unsere Pflicht von uns fordert, Gott zu lieben und unsere bösen Gelüste, uns von ihm abwenden. Notwendig muß sie den Gegensatz deuten, in dem wir Gott gegenüber und unserm Heil gegenüber leben. Sie muß uns Kenntnis geben von den Heilmitteln gegen unsere Unvermögen und uns das Mittel lehren, diese Heilmittel zu erlangen. Daran prüfe man alle Religionen der Welt, und man schaue, ob es eine andere als die christliche gibt, die hierin befriedigt.

Können das die Philosophen, die uns als ganzes Gut das anbieten, was wir in uns besitzen? Ist dort das höchste Gut? Fanden sie ein Mittel gegen unsere Leiden? Heißt das, den Menschen vom Dünkel heilen, wenn man ihn Gott gleichmacht? Haben die, die uns zu Tieren machten, oder die Mohammedaner, die uns als Höchstes auch noch in der Ewigkeit die irdische Lust angeboten, uns ein Heilmittel gegen unsere bösen Begierden verschafft? Welche Religion wird uns dann lehren, vom Dünkel und der Konkupiszenz zu genesen? Welche Religion schließlich wird uns über unser Gut, über unsere Pflichten und die Schwächen, die uns von ihnen abbringen, und über die Ursache dieser Schwächen belehren und über die Mittel, sie zu heilen, und über das Mittel, dieses Mittel zu erlangen?

Keine der andern Religionen hat das vermocht. Hören wir, was die Weisheit Gottes sagt:

Sie sagt: »Erwartet weder Wahrheit noch Trost von Menschen. Ich bin es, die euch geschaffen hat und die allein euch lehren kann, wer ihr seid. Jetzt aber seid ihr nicht mehr in der Seinslage, in der ich euch geschaffen habe. Ich habe den Menschen heilig, unschuldig und vollkommen erschaffen, ich erleuchtete ihn und gab ihm Vernunft, ich ließ ihn teilhaben an meiner Herrlichkeit und meinen Wundern. Damals schaute das Auge des Menschen den Glanz Gottes. Damals war er nicht in den Finsternissen, die ihn mit Blindheit geschlagen, noch war er Beute der Sterblichkeit und der Nöte, die ihn quälen. Er aber konnte so viel an Herrlichkeit nicht ertragen, ohne in Anmaßung zu verfallen. Er wollte sich selbst zum Mittelpunkt und von meiner Gnade unabhängig machen. Er hat sich mir entzogen; und da er sich mir in dem Wunsch, die Glückseligkeit in sich selbst zu finden, anglich, habe ich ihn sich selber überlassen. Und ich erregte die Geschöpfe, die ihm untertan waren, gegen ihn und machte sie zu seinen Feinden: derart, daß heute der Mensch den Tieren ähnlich geworden und so fern von mir ist, daß ihm kaum ein verworrener Schimmer seines Schöpfers blieb: derart ist alles, was er wußte, ausgelöscht oder getrübt worden. Die Sinne, die von der Vernunft unabhängig und oft Herrn der Vernunft sind, haben ihn mit sich fortgezogen auf der Suche nach der Lust. Entweder quält ihn oder versucht ihn alles Geschaffene und herrscht über ihn, da es ihn entweder durch die Gewalt unterwirft oder durch die Süße betört, und diese Herrschaft ist die furchtbarste und maßloseste.

»Das ist die Seinslage der Menschen heute. Es blieb ihnen ein ohnmächtiger Trieb von dem Glück ihrer ersten Natur, und sie sind in das Elend ihrer Blindheit und ihrer Gelüste gesenkt, das ihre zweite Natur geworden ist.

»In diesem Grund, den ich euch offenbare, könnt ihr die Ursache der vielfältigen Widersprüche erkennen, die alle Menschen verwundert haben und wodurch sie zu so verschiedenen Meinungen gelangten. Gebt nunmehr acht auf die Regungen der Größe und Herrlichkeit, die das Erweisen so vielfältigen Elends nicht auslöschen kann, und überlegt, ob ihr Grund nicht in einer andern Natur liegen muß.«

Für P. R. *für morgen (Prosopopöie).* »Vergebens ist es, oh Mensch, wenn du das Heilmittel gegen dein Elend in dir selbst suchst. Nur das kann dich deine ganze Einsicht lehren, daß du in dir selbst weder die Wahrheit noch das Heil finden wirst. Die Philosophen haben es versprochen, aber sie konnten es nicht vollbringen. Weder wissen sie, was dein wahres Gut, noch, was deine wahre Seinslage ist.[1] Wie hätten sie dir Heilmittel gegen deine Leiden geben können, die sie nicht einmal kannten? Dein hauptsächlichstes Übel ist der Dünkel, der dich von Gott abwendet, und die Begierden, die dich an die Erde binden, und nichts taten sie, als zum mindesten eine dieser Krankheiten zu fördern. Gaben sie dir Gott zum Objekt, dann geschah es nur, um deine Hoffart zu üben: sie machten dich glauben, du wärest ihm durch

deine Natur ähnlich und entsprechend. Und die, welche die Eitelkeit dieser Anmaßung erkannten, stürzten dich in den andern Abgrund, da sie dich glauben machten, deine Natur wäre der der Tiere gleich,[1] und sie brachten dich dazu, dein Gut in den Begierden zu suchen, die der Anteil der Tiere sind. Das ist nicht die Art, dich von deiner Sündhaftigkeit, von der diese Weisen nichts wußten, zu heilen. Ich allein bin es, der dich lehren kann, wer du bist...[2]«
Adam, Jesus Christus.
Wenn du Gott vereint wirst, so bewirkt das die Gnade, nicht die Natur; wenn du erniedrigt bist, so ist das Strafe, nicht Natur.
So dieses doppelte Vermögen...
Du bist nicht in der Seinslage, in der ich dich geschaffen.
Wenn diese zwei Seiten enthüllt sind, ist es unmöglich, daß du sie nicht erkenntest. Folge deinen Regungen, beobachte dich selbst und sieh zu, ob du nicht die lebendigen Merkzeichen dieser beiden Naturen entdecken wirst.
Könnten so viele Widersprüche in einem einfachen Wesen sein?
— Unbegreifbar. — Alles, was unbegreifbar ist, hört nicht auf zu sein: die unendliche Zahl, ein unendlicher Raum, der einem endlichen gleich ist.
— Unglaubhaft ist es, daß sich Gott mit uns vereine. — Diese Überlegung entstammt nur der Schau unserer Niedrigkeit. Vergegenwärtigt sie euch wahrhaft, geht mit mir, so weit ich gehe, und erkennt, daß wir wahrhaft so niedrig stehen, daß wir unfähig sind, von uns aus zu erkennen, ob sein Mitleid uns seiner nicht fähig machen könnte. Wissen möchte ich wohl, woher dieses Tier, das sich so schwach kennt, das Recht hat, das Mitleid

Gottes zu messen und ihm Grenzen zu setzen, die sein Wahn ihm einredet. So wenig weiß er, was Gott ist, daß er nicht einmal weiß, was er selbst ist; und völlig verwirrt ob der Schau seiner eignen Seinslage, wagt er zu sagen, Gott könne ihn nicht fähig der Vereinigung mit Ihm machen.

Aber fragen möchte ich ihn, ob Gott anderes verlangt, als daß er ihn liebe und kenne,[1] und weshalb er meint, daß sich Gott nicht erkennbar und liebenswert machen kann, da der Mensch von Natur der Liebe und der Erkenntnis fähig ist. Kein Zweifel besteht, daß der Mensch zum mindesten weiß, daß er ist und daß er irgend etwas liebt. Wenn er also inmitten der Finsternisse, in denen er ist, etwas sieht und er unter den Dingen auf Erden etwas zu lieben findet, weshalb sollte dann der Mensch, wenn Gott ihm einen Schimmer seiner Wesenheit schenkt, unfähig sein, ihn zu erkennen und zu lieben in der Weise, in der es ihm gefallen wird, sich uns mitzuteilen? Es ist also kein Zweifel, daß in diesen Überlegungen eine unerträgliche Anmaßung steckt, obgleich es scheint, als gründeten sie auf einer offenbaren Demut, die weder wahrhaftig noch vernünftig ist, wenn sie uns nicht bekennen läßt, daß wir, da wir von uns aus nicht wissen, was wir sind, es nur durch Gott erfahren können.

»Ich verlange nicht, daß du ohne Grund an mich glaubst, und beabsichtige nicht, dich tyrannisch zu unterjochen, auch beabsichtige ich nicht, dir Rechenschaft von allem zu geben. Aber, um diesen Widerspruch auszugleichen, will ich dich durch überzeugende Beweise göttliche Zeichen in mir schauen lassen, die dich davon überzeugen sollen, was ich bin, und mir die Macht durch

Wunder und Beweise sichern, denen du dich nicht entziehen kannst, und ohne Zögern wirst du glauben, was ich dich lehre, da du keinen andern Grund, sie abzulehnen, finden wirst, als daß du aus eigner Einsicht nicht erkennen kannst, ob sie sind oder nicht sind.«

Gott hat die Menschen erlösen und das Heil denen öffnen wollen, die ihn suchen werden; aber die Menschen erwiesen sich dessen so unwürdig, daß es gerecht ist, daß Gott einigen auf Grund ihrer Verstocktheit weigert, was er andern in einer Gnade gewährt, die sie nicht verdienen. Hätte er den Widerstand der Verstocktesten überwinden wollen, so hätte er es wohl vermocht, wenn er sich ihnen so offenbar enthüllt hätte, daß sie an der Wahrheit seines Wesens nicht hätten zweifeln können; so wie er am Jüngsten Tag erscheinen wird in solchem Glanz der Blitze und solchem Umsturz der Natur, daß die auferstandenen[1] Toten und die Blindesten ihn sehen werden.

So wollte er nicht erscheinen, als er in Sanftmut kam; weil sich so viele Menschen unwürdig seiner Milde gezeigt, wollte er sie das Gute entbehren lassen, das sie nicht wollten. Also wäre es nicht gerecht gewesen, wenn er in einer Weise erschienen wäre, die so völlig göttlich und so völlig fähig, alle Menschen zu überzeugen, gewesen wäre; aber es wäre auch nicht gerecht gewesen, wenn er so verborgen gekommen wäre, daß er von denen nicht hätte erkannt werden können, die ihn ernsthaft suchten. Ihnen wollte er sich vollkommen kenntlich machen, und so, da er für die, die ihn von ganzem Herzen suchen, unverschleiert erscheinen wollte und verborgen für die, die ihn von ganzem Herzen fliehen, milderte er seine Erkennbarkeit derart, daß er Zeichen seiner selbst gegeben hat, die sichtbar für die sind, die ihn suchen, und es nicht sind für die, die ihn nicht suchen. Für die, die nichts wünschen als zu sehen, ist Licht genug, und Finsternis genug für die, die entgegengesetzt gestimmt sind. 430

Alles, was unbegreifbar ist, hört nicht auf zu sein. 430b

Kein anderer hat erkannt, daß der Mensch das vorzüglichste Geschöpf ist. Die einen, die die Wirklichkeit seiner Auszeichnung erkannten, nannten die Empfindungen der Minderwertigkeit, die den Menschen natürlich sind, Feigheit und Undankbarkeit; und die andern, die begriffen, wie durchaus wirklich diese Minderwertigkeit ist, behandelten das Gefühl der Größe, das dem Menschen ebenso natürlich ist, mit einem lächerlichen Dünkel.
Die einen sagen: schaut auf zu Gott, seht, wem ihr gleicht und wer euch schuf, damit ihr ihn anbetet! Ihm könnt ihr ähnlich werden, die Weisheit wird euch ihm angleichen, wenn ihr ihr folgen wollt. »Kopf hoch, freie Menschen«, sagt Epiktet. Und die andern lehren ihn: Schlagt die Augen nieder zur Erde, kümmerliches Gewürm, das ihr seid, schaut die Tiere, die eure Genossen sind!
Was also wird der Mensch werden? Wird er Gott oder den Tieren gleich sein? Welch entsetzlicher Abstand! Was also werden wir sein? Wer erkennt nicht aus alledem, daß der Mensch verirrt, daß er aus seinem Ort gefallen ist, daß er ihn ruhelos sucht und daß er ihn nicht wieder-

finden kann? Wer aber wird ihn dahin weisen? Die größten Menschen haben es nicht vermocht.

431

Der Skeptizismus ist wahr; denn vor Jesus Christus wußten die Menschen alles in allem nicht, woran sie waren, und sie wußten weder, ob sie groß oder klein wären. Und die, die dies oder jenes lehrten, wußten nichts davon und rieten grundlos und auf gut Glück, und stets irrten sie, wenn sie das eine oder das andere ausschlossen. Quod ergo ignorantes quaeritis, religio annuntiat vobis.[1]

432

Nachdem die ganze Natur des Menschen verstanden ist. Wenn eine Religion wahr sein soll, muß sie unsere Natur kennen. Sie muß die Größe und die Kleinheit und den Grund von beiden erkannt haben. Wer hat ihn außer der christlichen gekannt?

433

Die Hauptstärke des Skeptizismus — das Unwichtige lasse ich fort — liegt darin, daß es keinerlei Gewißheit, den Glauben und die Offenbarung ausgenommen, für die Wahrheit der Grundlagen gibt, soweit wir sie nicht natürlich in uns fühlen. Das natürliche Gefühl aber ist kein überzeugender Beweis ihrer Wahrheit, denn,[2] abgesehen vom Glauben, gibt es keinerlei Gewißheit, ob der Mensch von einem guten Gott, von einem bösen Dämon[3] oder vom Zufall geschaffen wurde, und deshalb sind wir je nach dem, welches Herkommen wir annehmen, im Zweifel, ob die Grundlagen[4] gestiftet, ob sie wahr oder falsch oder ungewiß seien. Und das um so mehr, als niemand, abgesehen vom Glauben, sicher ist, ob er wacht oder schläft, da man weiß, daß man während des Schlafes ebenso fest zu wachen meint, wie wir es tun, wenn wir wach sind. Man glaubt Raum, Gestalten, Bewegung wahrzunehmen, man spürt die Zeit verfließen, und man mißt sie, und endlich handelt man, wie man im Wachen handelt; so daß, wenn man die Hälfte des Lebens im Schlaf verbringt, wo wir nach eignem Eingeständnis, trotz allem gegenteiligen Anschein, keinerlei Vorstellung von der Wahrheit haben, da hier all unsere Empfindungen Täuschung sind, niemand wissen kann, ob die andere Hälfte des Lebens, wenn wir zu wachen meinen, nicht nur ein etwas von dem andern verschiedener Schlummer ist,[1] von dem wir erwachen, wenn wir zu schlafen meinen.

(Und kann man zweifeln, daß, wenn man sich in Gesellschaft träumte und die Träume sich zufällig dem, was häufig geschieht, anpaßten, man alles auf den Kopf gestellt glauben wird, wenn man beim Erwachen einsam ist? Und ist das Leben nicht selbst nur ein Traum, da man oft träumt, daß man träumt, und einen Traum auf den andern baut, nur ein Traum, dem die andern aufgepfropft sind, aus dem wir im Tode erwachen; ein Traum, in dem wir so wenig Kenntnis über die Grundlagen des Wahren und Guten haben wie während des natürlichen Schlafes: sind[2] diese vielfältigen Gedanken, die uns hier beschäftigen, vielleicht nur Täuschung, ähnlich dem Entfließen der Zeit und den trügerischen Schemen[3] unserer Träume?)

Das sind die wichtigsten Argumente dieser und jener Seite.

Die unwichtigeren lasse ich fort, zum Beispiel, was die Skeptiker über den Einfluß der Gewohnheit, der Erziehung, der Sitten des Landes zu sagen haben und ähnliches; Lehren, denen gewiß die meisten Menschen anhängen, die nichts tun als diese brüchigen Grundlagen zu dogmatisieren, die aber dem geringsten skeptischen Anhauch nicht standhalten können. Man braucht nur ihre Bücher einzusehen; wenn man noch nicht genug überzeugt ist, so wird man es bald sein und vielleicht zu sehr.

Ich wende mich der einzigen Feste der Dogmatiker zu, die darin besteht, daß man, wenn man ehrlich und aufrichtig spricht, nicht an den natürlichen Grundlagen zweifeln kann. Dagegen setzen die Skeptiker mit einem Wort die Ungewißheit unseres Ursprungs, die die unserer Natur einschließt, worauf die Dogmatiker, solange die Welt steht, zu erwidern haben.

Damit ist der Krieg zwischen den Menschen ausgebrochen, in ihm muß jeder Partei nehmen und sich notwendig einreihen, sei es bei den Dogmatikern, sei es bei den Skeptikern. Denn[1] wer meint, er könne neutral bleiben, der ist Skeptiker par excellence; diese Neutralität ist das Wesen der Verschwörung; wer nicht gegen sie ist, der ist ausdrücklich für sie (worin ihr Vorteil besteht). Die Neutralen sind nicht heraus; sie sind neutral, unbeteiligt, sie bleiben in allem in der Schwebe, ohne sich auszunehmen.

Was wird der Mensch in solcher Lage tun? Wird er an allem zweifeln? Zweifeln, ob er wacht, ob man ihn sticht, ob man ihn brennt? Wird er zweifeln, ob er zweifelt, wird er zweifeln, ob er lebt? So weit kann man nicht gehen, und ich stehe nicht an zu behaupten, daß es nie einen wirklichen und vollkommenen Skeptiker gegeben hat. Die

Natur hilft der Unfähigkeit der Vernunft und hindert sie, sich so weit zu verirren.

Wird er dann im Gegenteil sagen, er besitze die Wahrheit gewiß, er, der, sobald man ihn anrührt, die Beute fahren lassen muß und keinerlei Rechtstitel vorweisen kann?

Was für ein Hirngespinst ist dann der Mensch? Welche Neuerung, was für ein Unbild, welche Wirrnis, was für ein Ding des Widerspruchs, was für ein Wunder! Beurteiler von allem, törichter Erdenwurm, Verwalter der Wahrheit, Schlammfang der Ungewißheit und der Irrheit, Ruhm und Auswurf des Universums. Wer wird diese Verwirrung entwirren?[1] Die Natur verwirrt die Skeptiker und die Vernunft verwirrt die Dogmatiker. Was soll aus euch Menschen werden, die ihr durch eure natürliche Einsicht erkennen wollt, was eure wirkliche Seinslage ist? Keine der Sekten könnt ihr meiden, noch in einer bestehen.

Erkenne also, Hochmütiger, was für ein Widerspruch du dir selbst bist. Demütige dich, unmächtige Vernunft, schweige still, törichte Natur, begreife: der Mensch übersteigt unendlich den Menschen, und vernehme von deinem Herrn deine wirkliche Lage, von der du nichts weißt. Höre auf Gott.[2]

Denn, wäre der Mensch nicht verderbt, so würde er sich seiner Unschuld, der Wahrheit und Glückseligkeit in Gewißheit erfreuen; und wäre der Mensch seit je verderbt, würde er keine Vorstellung, weder von der Wahrheit noch von der Glückseligkeit haben. Aber so unglücklich sind wir, und unglücklicher selbst, als wenn[3] es Größe in unserer Lage nie gegeben, daß wir eine Ahnung vom Glück haben und nicht dahin gelangen können; wir fühlen ein Bild der Wahrheit und besitzen nur Irrheit. Wir sind unfähig, wahrhaft nichts zu wissen und etwas gewiß zu wissen;[1] so offensichtlich ist, daß wir an einer Vollkommenheit teilhatten, aus der wir zu unserm Unglück verstoßen sind.

Das Erstaunlichste indessen ist, daß das Geheimnis, das unser Begreifen am meisten übersteigt, das von der Vererbung der Sünde, ein Ding ist, ohne das wir keine Kenntnis von uns selbst haben können. Denn fraglos, nichts gibt es, was unsere Vernunft mehr empört als die Aussage, daß die Sünde des ersten Menschen alle die schuldig gemacht haben solle, die, da sie so entfernt von diesem Ursprung sind, unfähig zu sein scheinen, daran teilzuhaben. Diese Fortzeugung[2] scheint uns nicht nur unmöglich, sondern im höchsten Maße sogar ungerecht, denn was könnte den Gesetzen unserer elenden Gerechtigkeit mehr widersprechen als daß ein Kind, unfähig zur Willensäußerung, für eine Sünde ewig verdammt ist, an der es so wenig teilzuhaben scheint und die sechstausend Jahre vor seiner Geburt begangen wurde? Fraglos, nichts erregt heftigeren Anstoß als diese Lehre und indessen sind wir uns selbst ohne dies unverständlichste Mysterium unbegreifbar.[3] In diesem Abgrund findet das Band unserer Lage Einschlag und Knoten, so daß der Mensch ohne dies Mysterium unbegreifbarer ist, als dies Mysterium dem Menschen unbegreifbar ist.

Woraus deutlich wird, daß Gott, da er die Schwierigkeit unseres Wesens für uns selbst unlösbar haben wollte, den Knoten so hoch oder besser so tief verborgen hat, daß wir unfähig sein sollen, dahin zu gelangen, derart, daß wir nicht durch hochmütige Anstrengungen der Vernunft uns wahrhaft kennen können, sondern nur durch schlichte Unterwerfung der Vernunft.

Diese Fundamente, die durch die unantastbare Autorität der Religion fest begründet sind, belehren uns, daß es zwei gleich unerschütterliche Wahrheiten des Glaubens gibt:[1] erstens, daß der Mensch im Stande der Schöpfung oder der Gnade über alles in der ganzen Natur erhöht worden ist, geschaffen als Gott ähnlich und an seiner Göttlichkeit teilhabend; dann, daß er im Stande der Verderbtheit und der Sünde aus diesem Stande gestürzt und den Tieren ähnlich geworden ist.

Diese beiden Sätze sind gleich fest und sicher. Die Schrift sagt das ausdrücklich an vielen Stellen: Deliciae meae, esse cum filiis hominum.[2] Effundam spiritum meum super omnem carnem.[3] Dii estis, etc.[4] und, wie sie an anderen Stellen sagt: Omnis caro foenum.[5] Homo assimilatus est jumentis insipientibus, et similis factus est illis.[6] Dixi in corde meo de filiis hominum, Ecc. III.[7]

Woraus deutlich wird, daß der Mensch durch die Gnade wie Gott ähnlich und teilhabend an seiner Göttlichkeit geschaffen wurde, und daß er ohne die Gnade als den wilden Tieren ähnlich anzusehen[8] ist.

Was[9] konnten die Menschen ohne diese göttliche Erkenntnis tun, als sich entweder in dem innern Gefühl, das ihnen von ihrer vergangenen Größe bleibt, zu überheben oder sich in der Schau ihrer gegenwärtigen Schwäche zu erniedrigen.[10] Denn da sie nicht die ganze Wahrheit schauten, konnten sie zu vollkommener Tugend nicht gelangen. Da den einen die Natur unverletzt, den andern unheilbar erschien, konnten sie dem Dünkel und der

Trägheit, die die beiden Quellen aller Laster sind, nicht entgehen, da sie nicht anders können, als sich ihnen entweder aus Feigheit zu überlassen oder aus Hochmut zu entziehen. Denn soweit sie die Auszeichnung des Menschen kannten, wußten sie nichts von der Verderbnis, so daß sie wohl die Trägheit mieden, sich aber an die Hoffart verloren; kannten sie aber die Verletzung der Natur, dann wußten sie nichts von der Würde; so daß sie wohl die Eitelkeit vermeiden konnten, aber das bedeutete, daß sie sich in die Verzweiflung stürzten. Dem entstammen die verschiedenen Schulen, die der Stoiker und der Epikuräer, die der Dogmatiker und der Akademie usw.

Einzig die christliche Religion hat beide Laster heilen können, nicht dadurch, daß sie das eine durch das andere, durch irdische Weisheit, vertrieb, sondern dadurch, daß sie das eine und das andere durch die Einfalt des Evangeliums vertrieb. Denn es lehrt die Gerechten, die es bis zur Teilnahme an der Gottheit selbst erhöht, daß sie noch in dieser höchsten Seinslage den Quellgrund aller Verderbnis in sich tragen, wodurch sie ihr Leben lang dem Irrtum, dem Elend, dem Tod, der Sünde ausgeliefert sind, und es ruft den Gottlosesten zu, daß sie der Gnade ihres Erlösers fähig seien. Da sie also die, die sie rechtfertigt, erbeben läßt und Trost denen gibt, die sie verdammt, mildert sie in höchster Gerechtigkeit die Furcht durch die Hoffnung, durch das doppelte Vermögen, das zur Gnade und das zur Sünde, das ein jeder besitzt.[1] Also erniedrigt sie unendlich viel tiefer, als die Vernunft allein es vermöchte, ohne dabei zur Verzweiflung zu führen, und sie erhebt unendlich viel höher, ohne den Menschen in Stolz zu blähen, als dem Dünkel der Natur möglich ist. Und darin macht sie deutlich, daß es ihr, da sie als einziges frei von Laster und Irrtum ist, zukomme, die Menschen sowohl zu lehren als zu leiten.

Wer könnte dieser himmlischen Erleuchtung Glauben und Verehrung weigern? Denn ist es nicht klarer als der Tag, daß wir in uns die untilgbaren Spuren der Größe fühlen? Und ist es nicht ebenso wahr, daß wir stündlich die Wirkungen unserer beklagenswerten Seinslage erweisen? Wovon klagt diese Wirrnis und diese furchtbare Verwirrung so gewaltig, daß es unmöglich ist, diese Stimme zu überhören, wenn nicht von der Wirklichkeit dieser doppelten Seinslage? 435

Schwäche. Alle Tätigkeit der Menschen müht sich um Besitz, aber sie wissen nicht, woher sie den Rechtstitel nehmen sollen, um zu beweisen, sie besäßen ihn zu Recht, denn sie haben dazu nur den Wahn der Menschen, doch nicht die Macht, ihn sicher zu besitzen.

Ebenso ist es mit den Kenntnissen, denn die Krankheit löscht sie aus. Wir sind sowohl unfähig zur Wahrheit als zum Besitz. 436

Alle Tätigkeit der Menschen müht sich um Besitz, und sie haben weder den Rechtstitel, um ihn rechtmäßig zu besitzen, noch die Macht, um ihn sicher zu besitzen; ebenso ist es mit der Wissenschaft, den Vergnügungen. Wir haben weder Wahrheit noch Besitz. 436b

Wir wünschen die Wahrheit, und wir finden in uns[1] nur Ungewißheit.
Wir suchen das Glück, und wir finden nur Elend und Tod. Wir sind unfähig, Wahrheit und Glück

nicht zu wünschen, und sind der Gewißheit und des Glückes nicht fähig. Dieser Wunsch blieb uns von dort, von wo wir gefallen sind, sowohl um uns zu bestrafen als um es uns fühlen zu lassen.

437

Wenn der Mensch nicht für Gott geschaffen wurde, warum ist er dann nur in Gott glücklich? Wenn der Mensch für Gott geschaffen wurde, weshalb ist er dann so im Widerspruch zu Gott?

438

Verderbte Natur. Der Mensch handelt nicht aus der Vernunft, die seine Wesenheit ist. 439

Die Verderbnis der Vernunft wird offenbar durch die Vielfalt verschiedener und unsinniger Sitten; notwendig mußte die Wahrheit kommen, damit der Mensch nicht mehr in sich selbst bezogen lebe. 440

Was mich angeht, so gestehe ich, daß, sobald die christliche Religion diesen Grundsatz enthüllt, daß die Natur des Menschen verdorben und er von Gott verstoßen sei, die Augen geöffnet sind, um die Zeichen dieser Wahrheit überall zu sehen; denn die Natur ist derart, daß sie überall sowohl im Menschen als außerhalb des Menschen auf einen verlorenen Gott hinweist und auf eine verderbte Natur. 441

Die wahre Natur des Menschen, sein wahres Heil, die wahre Tugend und die wahre Religion; das sind Dinge, deren Kenntnis untrennbar ist. 442

Größe, Elend. Je mehr Einsicht ein Mensch hat, um so klarer sieht er Größe und Elend im Men-

schen. Die Durchschnittsmenschen. Die Gebildeteren. Die Philosophen: sie verblüffen den Durchschnittsmenschen; — die Christen: sie verblüffen die Philosophen.
Wer wird also nicht verblüfft sein, wenn er sieht, daß die Religion nur das gründlich kennen lehrt, was man um so besser versteht, je mehr Einsicht man hat.
443

Was die größten Geister der Menschen zu erkennen vermochten, — diese Religion lehrt dies ihre Kinder.
444

Die Erbsünde ist für die Menschen Torheit, aber man nennt sie auch so; ihr solltet mir also nicht vorwerfen, daß diese Lehre gegen die Vernunft verstoße, da ich von ihr sage, daß sie ohne Vernunft sei. Diese Torheit aber ist weiser als alle Weisheit der Menschen, sapientius est hominibus;[1] denn was würde man sonst lehren, daß der Mensch sei? Von diesem unfaßbaren Punkt hängt seine ganze Seinslage ab. Und wie sollte der Mensch das mit seinem Verstand einsehen, da es gegen die Vernunft ist und da sich sein Verstand davon entfernt, sobald man es ihm vorlegt, statt ihm auf seinen Wegen näherzukommen.
445

Von der Erbsünde. Weitgehende Überlieferung der Erbsünde bei den Juden.
Über das Wort in der Genesis VIII: »Das Gebild des menschlichen Herzens ist böse von seiner Jugend auf.« R. Moses Hadarschan: Dieser Keim des Bösen ist im Menschen seit der Stunde, als er gebildet wurde. Massechet Sukka: Dieser Keim des Bösen hat in der Schrift sieben Namen, er heißt: Böse, Vorhaut, Unrein, Feind, Anstoß,

Herz aus Stein, Wind von Mitternacht: das alles bedeutet die Bosheit, die im menschlichen Herzen verborgen und ihm eingeprägt ist.

Midrasch Tehillim sagt das gleiche, und daß Gott das Gute im Menschen von dem Bösen befreien würde.

Diese Bosheit erneuert sich Tag für Tag gegen den Menschen, wie Psalm XXXVIII geschrieben steht: »Der Gottlose lauert auf den Gerechten und gedenkt, ihn zu töten, aber der Herr läßt ihn nicht aus seinen Händen.« Diese Bosheit versucht das Herz des Menschen in diesem Leben, und in dem andern wird sie ihn verklagen. Das alles steht im Talmud.

Midrasch Tehillim über Psalm V: »Erbebet und sündiget nimmer«: Erbebt und verscheucht eure Begierden, und sie werden euch nicht mehr zu sündigen verleiten. Und über Psalm XXXVII: »Der Gottlose spricht zu sich, drinnen in meinem Herzen gibt es keinen Schrecken Gottes«; d. h. die natürliche Bosheit des Menschen sagt das zu dem Gottlosen.

Midrasch el Kohelet: »Ein arm Kind, das weise ist, ist besser denn ein alter König, der ein Tor ist und weiß sich nicht zu hüten.« Das Kind ist die Tugend, der König ist die Bosheit des Menschen. Sie wird König genannt, weil ihr alle Glieder gehorchen, und alt, weil sie im menschlichen Herzen von der Jugend bis zum Alter wohnt, und töricht, weil sie den Menschen den Weg der Verderbnis führt, die er nicht voraussieht.

Dasselbe steht im Midrasch Tehillim.

Bereschit Rabba über Psalm XXXVI: »Herr, all meine Gebeine werden dich preisen, weil du den Gebeugten errettest vor dem, der stärker als er ist.« Wer ist stärker als der Keim des Bösen? —

Und über Sprüche Salomo XXV: »Hungert deinen Feind, so speise ihn mit Brot«, d. h. wenn den Keim des Bösen hungert, dann gib ihm das Brot der Weisheit, von dem in den Sprüchen Salomo IX gesprochen wird; und wenn ihn dürstet, dann tränke ihn mit dem Wasser, von dem Jesaja LV spricht.
Midrasch Tehillim sagt das gleiche und daß die Schrift dort, wo sie von unserm Feind spricht, den Keim des Bösen meine: und daß man, wenn man ihm dies Brot und dies Wasser gebe, glühende Kohlen auf sein Haupt sammle.
Midrasch el Kohelet über Prediger Salomo IX: »Ein großer König kam und belagerte eine kleine Stadt.« Dieser große König ist der Keim des Bösen; die Belagerungsmaschinen, die er darum aufbaut, sind die Versuchungen, und es fand sich ein weiser und armer Mensch, der sie befreite, d. i. die Tugend.
Und über Psalm XLII: »Wohl dem, der sich der Not der Bedürftigen annimmt.«
Und über Psalm LXXIX: »Hauch, der geht und kehrt nicht zurück.« Daraus folgerten manche Irrtümliches gegen die Unsterblichkeit der Seele; der Sinn aber ist, daß dieser Hauch der Keim des Bösen ist, der den Menschen bis zum Tode begleitet und nicht zurückkehren wird bei der Auferstehung.
Und über Psalm CIV das gleiche.
Und über Psalm XVII.

Kann man sagen, daß die Menschen von der Erbsünde wußten, weil man sagte, die Gerechtigkeit sei von der Erde verschwunden? — Nemo ante obitum beatus est;[1] bedeutet das, daß sie wußten, daß mit dem Tode die ewige und wahrhafte Glückseligkeit beginne? 447

Miton sieht wohl ein, daß die Natur verderbt und die Menschen im Gegensatz zur Rechtschaffenheit sind, aber er weiß nicht, warum sie nicht höher zu fliegen vermögen. (448)

Im Anschluß an die Verderbtheit ausführen: Es ist gerecht, daß alle, die in dieser Seinslage sind, von ihr wissen, die sowohl, die daran Gefallen, als auch die, die daran Mißfallen haben; aber es ist nicht gerecht, daß alle die Erlösung sehen.
(449)

Sehr blind ist man, wenn man sich selbst nicht als voll von Dünkel, Ehrgeiz, Begierden, Schwäche, Elend und Ungerechtigkeit erkennt. Und wenn man, nachdem man dies erkannte, nicht wünscht, davon befreit zu werden. Was könnte man von einem Menschen sagen...?
Kann man anderes als Verehrung für eine Religion empfinden, die die Fehler des Menschen so genau kennt, und kann man anderes wünschen, als daß eine Religion Wahrheit sei, die so wünschenswerte Heilmittel verspricht? 450

Alle Menschen hassen sich von Natur untereinander. Man hat sich, soweit man es konnte, der Konkupiszenz bedient, um sie dem öffentlichen Wohl dienstbar zu machen. Das aber ist nur Trug und ein falsches Bild der Gottesliebe; denn am Grunde ist nur der Haß.[1] (451)

Wenn man die Unglücklichen beklagt, so hat man sich nicht gegen die Konkupiszenz gewandt. Im

Gegenteil, man ist recht zufrieden mit sich, daß man dieses Zeugnis der Liebe gegeben und sich dadurch den Ruf der Mildtätigkeit zugezogen hat, ohne etwas dafür zu geben. 452

Man begründete und gewann aus der Konkupiszenz bewunderungswürdige Ordnungen der Politik, der Sittlichkeit und des Rechtes, aber zutiefst ist dieser nichtswürdige Grund des Menschen, dieses figmentum malum[1] nur verdeckt; er ist nicht ausgelöscht. 453

Kein anderes Mittel haben sie[2] gefunden, ihrer Konkupiszenz zu genügen, ohne Unrecht den andern zu tun. 454

Das Ich ist zu hassen. Sie, Miton, verbergen es nur; dadurch aber löschen Sie es nicht aus; Sie bleiben folglich immer hassenswert.
... Keineswegs, denn wenn man handelt, wie wir handeln, wenn man gegen jedermann zuvorkommend ist, hat niemand mehr Anlaß, uns zu hassen. — Das würde zutreffen, wenn man im Ich des andern nur das Mißvergnügen haßte, das es uns bereitet. Hasse ich es aber, weil es unrecht ist, daß es sich zum Mittelpunkt von allem machen will,[3] so werde ich es immer hassen.
Kurz, das Ich hat zwei Seiten: es ist unrecht an sich, soweit es sich zum Mittelpunkt von allem macht, und es ist andern unbequem, soweit es sie beherrschen will: denn jedes »Ich« ist der Feind aller andern und möchte sie alle beherrschen. Sie heben nur die Unbequemlichkeit und nicht das Unrecht auf. Und deshalb machen Sie es nicht liebenswert für die, die in ihm das Unrecht hassen; nur den Ungerechten machen Sie es liebenswert,

die in ihm nicht mehr ihren Feind sehen. Und so bleiben Sie im Unrecht und können nur Ungerechten gefallen. 455

Was für eine Begriffsverwirrung, wonach es niemanden gibt, der sich nicht über alles übrige in der Welt stellt und der nicht sein eignes Wohl und die Dauer seines Glückes mehr als alles übrige der Welt liebt. 456

Jeder ist für sich selbst ein All; denkt ihn tot, das All ist tot für ihn. Das ist der Grund, daß ein jeder glaubt, alles für alle zu sein. Man soll die Natur nicht nach uns, sondern nach ihr selbst beurteilen. 457

»Alles auf Erden ist Begierde des Fleisches oder Begierde der Augen oder Dünkel des Lebens: libido sentiendi, libido sciendi, libido dominandi.«[1] Unglückliche Erde, die diese drei feurigen Ströme eher versengen als befruchten. Glücklich sind die, die sich auf diesen Flüssen halten, die nicht in sie getaucht, nicht von ihnen mitgerissen werden, sondern standhaft und fest sind, nicht aufrecht stehend, sondern in einen flachen und sichern Kahn gekauert, um dort zu warten, bis der Tag anbricht, und die, nachdem sie dort in Frieden ruhten, die Hand dem bieten werden, der sie aufrichten soll, um sie vor den Toren des heiligen Jerusalem aufrecht und stark zu machen, wo sie der Dünkel nicht mehr treffen und nicht mehr schlagen kann; und die bis dahin weinen, nicht weil sie sehen, wie alles Vergängliche, das die Wirbel entführen, verfließt, sondern in Erinnerung an ihr geliebtes Vaterland, an das himmlische Jerusalem, woran sie sich unaufhörlich in der langen Weile ihrer Verbannung erinnern. 458

Die Flüsse Babylons fließen, stürzen und reißen mit sich fort.
O heiliges Zion, wo alles fest ist und wo nichts stürzt!
Niederkauern muß man sich auf diesen Flüssen, nicht unter ihnen oder in ihnen, sondern über ihnen, und nicht aufrecht, sondern gebeugt; um demütig zu sein: gebeugt; und um in Sicherheit zu sein: über ihnen. Aufrecht werden wir stehen an den Toren Jerusalems.
Man überzeuge sich, ob dies oder jenes Vergnügen beständig ist oder ob es verfließt: ist es vergänglich, dann ist es ein Fluß aus Babylon.

459[1]

Begierde des Fleisches, Begierde der Augen, Stolz, usf. Drei Ordnungen aller Dinge gibt es: Fleisch, Geist, Willen. Die Fleischlichen sind die Reichen, die Könige: ihr Gegenstand ist der Körper. Die Wissensdurstigen und Gelehrten: ihr Gegenstand ist der Geist. Die Weisen: ihr Gegenstand ist die Gerechtigkeit.
Über alle[2] soll Gott herrschen, und alles soll sich auf ihn beziehen. In allem Fleischlichen herrscht recht eigentlich die Konkupiszenz, in dem Geistigen recht eigentlich die Neugierde; in der Weisheit recht eigentlich der Dünkel. Das bedeutet nicht, daß man nicht ruhmreich sein könne wegen der Güter, die man besitzt oder der Kenntnisse, die man hat, sondern daß sie kein Grund zum Stolz sind, denn auch wenn man einem Menschen zubilligt, daß er kenntnisreich ist, wird man nicht unterlassen dürfen, ihn darauf hinzuweisen, daß er unrecht hat, darauf stolz zu sein.
Der eigentliche Anlaß des Dünkels ist die Weisheit; denn man kann nicht zugleich einem Men-

schen zubilligen, daß er zur Weisheit gelangt ist und sagen, daß er im Unrecht ist, weil man ihn deshalb rühmt, denn das ist gerecht. Auch gibt Gott allein die Weisheit, und deshalb gilt: »Qui gloriatur, in Domino glorietur.«[1]   460

Die drei Arten der Konkupiszenz haben drei Sekten gezeugt; die Philosophen taten nichts, als einer der drei Konkupiszenzen zu folgen.   461

Suche nach dem wahren Gut. Der große Haufen legt das Gut in das Vermögen und in die äußern Güter oder zum mindesten in die Vergnügungen. Die Philosophen zeigten die Eitelkeit von alledem auf und verlegten es dorthin, wohin sie vermochten.   462

(Gegen die Philosophen, die Gott ohne Jesus Christus lehren.)
Die Philosophen. Sie glauben, daß Gott allein würdig ist, geliebt und bewundert zu werden, und sie haben gewünscht, von Menschen geliebt und bewundert zu werden, und sie kennen nicht ihre Verderbtheit. Wenn sie voll des Empfindens sind, nur ihn zu lieben und zu verehren, und darin ihr höchstes Glück sehen und sich deshalb achten, so ist das recht und gut. Wenn sie sich aber gegensätzlich dazu verhalten, wenn sie nur den einen Wunsch haben, von Menschen geachtet zu werden, und wenn sie in ihrer ganzen Vollkommenheit nichts tun als Menschen zwanglos dazu zu bringen glücklich zu werden, wenn diese sie lieben, dann muß ich ihnen sagen, daß diese Vollkommenheit furchtbar ist.[2] Wie denn? Sie haben Gott gekannt und wünschten nicht, daß die Menschen ausschließlich ihn lieben, sondern daß die

Menschen sich mit ihnen begnügen! Sie wollten
Inhalt freigewählten Glückes von Menschen sein!
463

Philosophen. Voller Dinge sind wir, die uns nach
außen drängen.
Instinktiv empfinden wir, daß wir unser Glück
außer uns suchen müssen; unsere Leidenschaften
treiben uns nach außen, selbst wenn es nichts geben
würde, um sie zu erregen; die äußern Dinge
versuchen uns von allein und ziehen uns an, auch
wenn wir nicht an sie denken. Die Philosophen
haben also gut reden: kehrt bei euch ein,[1] dort
findet ihr das Glück. Man hört nicht auf sie, und
die, die auf sie hören, sind die Hohlsten und
Törichtsten. 464

Die Stoiker lehren: Kehr bei dir selbst ein; dort
findest du Ruhe; und das ist nicht wahr.
Die andern lehren: Geh hinaus; such das Glück
in der Zerstreuung; und das ist nicht wahr: Krankheiten
kommen.
Das Glück ist weder außer uns, noch in uns; es ist
in Gott, und sowohl außer als in uns. 465

Als Epiktet den Weg völlig klar gesehen hat, lehrt
er die Menschen: Ihr geht einen falschen Weg,
und er zeigt, daß es einen andern gibt, den aber
führt er nicht. Das ist der, nichts zu wollen, als
was Gott will, Jesus Christus allein führt zu
ihm: Via veritas.[2]
Selbst die Laster Zenons... 466

Ursache der Wirkungen. Epiktet. Jene, die sagen:
Du hast Kopfschmerzen... So ist das hier nicht.
Man ist seiner Gesundheit sicher, aber nicht seiner

Rechtlichkeit; und tatsächlich war die seine eine Albernheit.
Und dabei glaubte er, daß er sie bewies, als er sagte: »Entweder steht etwas in meiner Macht oder nicht.« Aber er erkannte nicht, daß es nicht in unserer Macht steht, das Herz zu lenken, und er hatte unrecht, das daraus zu folgern, daß es Christen gab. 467

Keine der andern Religionen hat gefordert, daß man sich hasse. Keine der andern Religionen kann folglich denen zusagen, die sich hassen und die ein Wesen suchen, das wahrhaft zu lieben ist. Und diese würden sie, falls sie zuvor niemals von der Religion eines erniedrigten Gottes gehört hätten, unverzüglich annehmen. 468

Ich fühle, daß ich nicht da sein könnte, denn das Ich besteht im Denken; also würde ich, der denkt, nicht da sein, wenn meine Mutter gestorben wäre, bevor ich beseelt war; also bin ich kein notwendiges Wesen. Ferner bin ich weder ewig noch unendlich; ich sehe aber ein, daß es in der Welt ein notwendiges, ewiges und unendliches Wesen gibt.
(469)

Sie sagen, hätte ich ein Wunder gesehen, dann würde ich mich bekehren. — Woher nehmen sie die Gewißheit, daß sie tun werden, was ihnen unbekannt ist? Sie bilden sich ein, diese Bekehrung bestünde in einer Verehrung, die man mit Gott wie einen Handel oder eine Unterhaltung, so wie sie sie sich vorstellen, abmacht. Die wahre Bekehrung besteht darin, daß man sich auslöscht vor diesem umfassenden Wesen, das man so oft erzürnt hat, und das uns mit vollem Recht jede

Stunde vernichten könnte; darin, daß man begreift, daß man ohne ihn nichts vermag und daß man von ihm nichts als seinen Zorn verdient hat. Sie besteht darin, daß man erkennt, daß es einen unüberwindlichen Gegensatz zwischen Gott und uns gibt und daß es ohne einen Mittler keinen Verkehr mit ihm geben kann. 470

Es ist unrecht, daß man an mir hängt, mag man es auch gern und freiwillig tun. Die, in denen ich diesen Wunsch zeugte, werde ich enttäuschen; denn ich bin keines Menschen Ziel, und ich habe nichts, um ihnen Genüge zu tun. Bin ich nicht nah am Sterben? Also wird, woran sie hängen, sterben. Und so, wie ich schuldig sein würde, wenn ich einen Irrtum glauben machte, mag ich auch von ihm ohne Zwang überzeugen und mag man ihm bereitwillig glauben und mir darin Freude bereiten, ebenso bin ich schuldig, wenn ich Anlaß bin, mich zu lieben. Und wenn ich Menschen anziehe, sich an mich zu binden, muß ich jene, die bereit sein würden, der Lüge zuzustimmen, warnen, daß sie mir nicht glauben sollen, welcher Vorteil mir auch daraus zuwüchse und ebenso, daß sie sich nicht an mich binden dürfen; denn sie haben ihr Leben und ihre Sorge darin zu finden, Gott zu gefallen oder zu suchen.[1]

471

Der Eigenwille[2] wird sich niemals zufrieden geben, selbst dann nicht, wenn er alles hätte, was er wünscht; aber in dem Augenblick, wo man auf ihn verzichtet, ist man zufrieden. Hat man sich von ihm befreit, kann man nicht unzufrieden, mit ihm kann man nie zufrieden sein. 472

Man stelle sich einen Körper aus denkenden Gliedern vor. (473)

Glieder. Damit beginnen. Will man die Liebe, die man sich selbst schuldig ist, lenken, dann muß man sich einen Körper aus denkenden Gliedern vorstellen — denn wir sind Glieder des Ganzen — und dann erfühlen, wie weit ein jedes Glied sich selbst lieben sollte, usw. (474)

Hätten Hände und Füße einen eignen Willen, so würden sie niemals in ihrer Ordnung sein, wenn sie nicht diesen besondern Willen dem höheren Willen, der den ganzen Körper lenkt, unterordneten. Sonst sind sie in der Unordnung und im Unglück; wollen sie aber nichts als das Wohl des Körpers, so wirken sie ihr eignes Wohl. 475

Nur Gott muß man lieben, sich nur hassen.
Würde der Fuß bislang nicht gewußt haben, daß er Teil eines Körpers ist, und daß es einen Körper gibt, von dem er abhängt, hätte er nur von sich gewußt und nur sich selbst geliebt und erführe er, daß er zu einem Körper gehört, von dem er abhängt; wie würde er sein vergangenes Leben bereuen, wie bestürzt würde er sein, weil er dem Körper unnütz war, der ihm das Leben vermittelt hat, der ihn vernichtet haben würde, wenn er ihn verworfen und sich von ihm getrennt hätte, wie er sich von ihm getrennt hatte. Wie würde er flehen, behalten zu werden und wie unterwürfig würde er sich von dem Willen leiten lassen, der den Körper beherrscht, soweit, einzuwilligen, abgetrennt zu werden, wenn es nötig sein sollte, wodurch er seine Gliedschaft verlieren würde; denn jedes Glied muß durchaus bereit sein, für den Körper zu verderben, der das einzige ist, was alles ist. 476

Es ist nicht wahr, daß wir würdig sind, daß uns

andere lieben; es ist unrecht, daß wir dies wollen. Wären wir von Geburt vernünftig und leidenschaftslos, kennten wir uns und die andern, so würden wir diesem Verlangen unseres Willens nicht nachgeben. Doch werden wir mit ihm geboren, also werden wir sündig geboren.

Denn alles strebt nach sich selbst. Das ist jeder Ordnung entgegen. Man muß sein Ziel im Allgemeinen haben, und die Richtung auf uns selbst ist der Beginn aller Unordnung, so im Krieg, in der Politik, in der Wirtschaft, im eignen Körper des Menschen.

Also ist der Wille entartet. Wenn die natürlichen und bürgerlichen Glieder der Gemeinschaften auf das Wohl des Körpers ausgerichtet sind, dann sollen die Gemeinschaften selbst ihr Ziel in einem andern umfassenden Körper besitzen, dessen Glieder sie sind. In das Allgemeine muß man also streben, und also sind wir von Geburt an sündig und entartet. 477

Gibt es, wenn wir an Gott denken, nichts, was uns ablenkt, was uns verführt, an anderes zu denken? Das alles ist böse und mit uns geboren.
(478)

Gibt es einen Gott, so hat man nur ihn zu lieben und nicht die vergänglichen Geschöpfe. Die Überlegungen der Ungläubigen in der Weisheit Salomo gründen nur darauf, daß es Gott nicht gibt. »Das vorausgesetzt, sagen sie, wollen wir die Schöpfung genießen.« — Das heißt sich gehen lassen. Hätte es aber für sie einen Gott gegeben, den sie lieben sollten, so würden sie nicht so, sondern entgegengesetzt schließen. Und das ist die Folgerung der Weisen: Es gibt einen Gott, also wollen wir nicht die Schöpfung genießen.

Also ist alles, was uns verlockt, uns an das Geschöpfliche zu binden, schlecht, da es uns sowohl hindert, Gott zu dienen, wenn wir ihn kennen, als ihn zu suchen, wenn wir ihn nicht kennen. Nun, wir sind voll der Konkupiszenz, also sind wir voll des Bösen; folglich sollen wir uns selbst hassen und alles, was uns zu anderer Bindung verlockt als an Gott allein. 479

Damit die Glieder glücklich sind, müssen sie einen Willen haben und ihn dem Körper anpassen.
480

Die Beispiele heldenmütigen Sterbens der Spartaner und anderer rühren uns kaum. Denn, was schaffen sie uns? Das Beispiel des Todes der Märtyrer aber berührt uns, denn sie sind unsere Glieder. Wir sind mit ihnen durch ein gemeinsames Band verbunden; ihre Entscheidung kann unsere bilden, nicht nur durch ihr Beispiel, sondern weil vielleicht unsere Entscheidung ihr Verdienst ist. Nichts ähnliches gilt für das Beispiel der Heiden, es gibt kein Band zwischen ihnen und uns. Das ist ähnlich, wie man nicht reich wird durch den Umgang mit einem Fremden, der es ist, wohl aber mit seinem Vater oder seinem Gatten, die es sind.
481

Sittlichkeit. Nachdem Gott Himmel und Erde geschaffen hatte, die das Glück ihres Daseins nicht fühlen, wollte er Wesen schaffen, die es kennen und die einen Körper denkender Glieder bilden sollten. Denn unsere Glieder spüren nicht das Glück ihres Zusammenhanges, noch das ihrer bewunderungswürdigen Vernunft, noch die Sorgfalt, die die Natur nahm, um sie zu begeisten und sie wachsen und dauern zu lassen. Was wären sie glücklich, wenn sie es zu fühlen, wenn sie es zu schauen vermöchten! Dazu aber wäre nötig, daß sie Verstand hätten, um es zu erkennen, und guten Willen, um in den der allgemeinen Seele einzuwilligen. Würden sie aber, nachdem ihnen Verstand zuteil geworden, sich seiner nur bedienen, um die Nahrung für sich zu verbrauchen, ohne sie den andern Gliedern zu vermitteln, so würden sie nicht nur im Unrecht, sondern dazu noch elend sein und sich eher hassen als sich lieben. Da ihr Glück ebenso wie ihre Pflicht darin besteht, der Führung durch die Seele des Ganzen zuzustimmen, an der sie teilhaben und die sie richtiger liebt, als sie sich selbst lieben. 482

Glied sein, heißt: Leben, Sein und Bewegung nur von dem Geist des Körpers und für den Körper zu haben. Das abgesonderte Glied, das den Körper, zu dem es gehört, nicht mehr bemerkt, hat nur ein Dasein, das verfällt und stirbt. Es hält sich indessen für ein Ganzes; und da das Glied nichts von dem Körper, von dem es abhängig ist, bemerkt, glaubt es, es sei nur von sich abhängig, und es will sich selbst zum Mittelpunkt und Körper machen. Da das Glied aber in sich selbst keinen Grund des Lebens hat, kann es sich nur verirren, und erschrocken über die Ungewißheit seines Daseins empfindet es wohl, daß es nicht der Körper ist, ohne indessen zu erkennen, daß es Glied eines Körpers ist. Gelangt es endlich dahin, sich zu erkennen, ist es wie heimgekehrt und liebt sich selbst nur noch durch den Körper und beklagt seine früheren Verirrungen.

Aus seiner Natur könnte das Glied nichts lieben, es sei denn um seiner selbst willen und um es

sich untertan zu machen, weil jegliches sich mehr als alles andere liebt. Liebt aber das Glied den Körper, so liebt es sich selbst, weil es nur Sein in ihm, durch ihn und für ihn hat: qui adhaeret Deo unus spiritus est.[1]
Der Körper liebt die Hand, und die Hand sollte sich, hätte sie einen Willen, ebenso lieben, wie die Seele sich liebt. Jedes Mehr an Selbstliebe ist ungerecht.
Adhaerens Deo unus spiritus est. Man liebt sich, weil man Glied Jesu Christi ist; man liebt Jesus Christus, weil er der Leib ist, dessen Glied man ist. Alles ist eins und das eine im andern: vergleichbar den drei Personen.[2]   483

Zwei Gesetze[3] genügen, um besser als alle politischen Gesetze die ganze christliche Republik zu leiten.   484

Also ist die einzige und wahre Tugend, sich zu hassen, denn man ist hassenswert wegen der Konkupiszenz, und ein wahrhaft der Liebe würdiges Wesen zu suchen, um es zu lieben. Da wir aber nichts lieben können, was außer uns ist, muß man ein Wesen lieben, das in uns ist und das wir nicht selbst sind und das für einen jeden Menschen Wirklichkeit ist. Nun, es gibt nur das umfassende Wesen, das dem genügt. Das Königtum Gottes ist in uns: das höchste Gut ist in uns, ist wir selbst und ist nicht, was wir selbst sind.   485

In seiner Unschuld bestand die Würde des Menschen darin, die Geschöpfe zu nutzen und sie zu beherrschen; heute aber darin, sich davon zu lösen und sich darin zu unterwerfen.   486

Jede Religion ist falsch, die als Glauben nicht einen Gott als Urgrund aller Dinge verehrt und

als Moral nicht einen einzigen Gott als Inhalt aller
Dinge liebt. 487

... Es ist aber unmöglich, daß Gott das Ziel sei,
wenn er nicht der Urgrund ist. Man schaut nach
oben, aber man stützt sich auf den Sand: und die
Erde wird versinken, und stürzen wird man,
während man zum Himmel schaute. 488

Wenn es einen einzigen Grund in allem und ein
einziges Ziel in allem gibt, ist alles durch ihn, ist
alles für ihn. Also muß die wahre Religion lehren,
nur ihn zu verehren und nur ihn zu lieben. Da
wir aber unfähig sind, zu verehren, was wir nicht
kennen, und etwas anderes zu lieben als uns
selbst, muß die Religion, die diese Pflichten lehrt,
uns auch über diese Unfähigkeit aufklären und
uns die Heilmittel dagegen lehren. Sie lehrt uns,
daß durch einen Menschen alles verloren wurde,
daß der Bund zwischen Gott und uns zerrissen
und daß durch einen Menschen der Bund wiederhergestellt ist.
So entgegengesetzt zur Liebe Gottes werden wir
geboren, und so notwendig ist es, daß wir schuldig geboren werden müssen, denn sonst würde
Gott ungerecht sein. 489

Da die Menschen ungewohnt sind, das Verdienst
zu leben, sondern nur gewohnt, es zu belohnen,
wo sie es gelebt finden, urteilen sie über Gott
wie von sich selbst. 490

Kennzeichen der wahren Religion muß sein, daß
sie dazu verpflichtet, ihren Gott zu lieben. Das
ist nur gerecht, und doch hat es keine gefordert;
unsere hat es getan. Ferner müßte sie von der
Konkupiszenz und der Unfähigkeit [diese zu be-

siegen] wissen, unsere hat es getan. Sie hätte hierzu die Mittel beibringen müssen,[1] eines ist das Gebet. Keine Religion hat Gott gebeten, daß man ihn liebe und ihm folge. 491

Wahrhaft blind ist, wer in sich nicht die Eigenliebe und jenen Trieb haßt, der ihn dazu bringt, sich selbst zu Gott zu machen. Wer sollte nicht einsehen, daß nichts der Gerechtigkeit und der Wahrheit entgegengesetzter ist? Denn es ist falsch, daß wir einen Anspruch darauf hätten, und es ist ungerecht und unmöglich, das zu erlangen, da alle dasselbe wünschen. Das ist also eine offenbare Ungerechtigkeit, in der wir von Geburt an sind, aus der wir uns nicht befreien können und aus der wir uns befreien sollen.
Indessen hat keine andere Religion bemerkt, daß dies eine Sünde wäre, noch daß wir darin geboren wären, noch daß es notwendig wäre, sich dem zu widersetzen, noch hat eine daran gedacht, uns die Heilmittel dagegen zu verschaffen. 492

Die wahre Religion lehrt uns unsere Pflichten, unsere Unfähigkeit: Dünkel und Konkupiszenz, und die Heilmittel: Demut, Kasteiung. 493

Die wahre Religion müßte Größe und Elend lehren, uns zur Achtung und zur Verachtung, zur Liebe und zum Haß leiten. 494

Wenn es eine übernatürliche Blendung ist zu leben, ohne zu fragen, was man ist, so ist es eine furchtbare, in der Sünde zu leben, wenn man an Gott glaubt. 495

Die Erfahrung zeigt uns einen gewaltigen Unterschied zwischen der Frömmigkeit und der Güte.
496

Gegen die, die auf Gottes Barmherzigkeit vertrauend gleichgültig bleiben und keine guten Werke tun. Da die zwei Quellgründe unserer Sünden Dünkel und Trägheit sind, hat Gott, um uns von ihnen zu heilen, zwei Wesensseiten seiner selbst enthüllt: seine Barmherzigkeit und seine Gerechtigkeit. Der eigentliche Sinn der Gerechtigkeit ist, den Dünkel zu demütigen, wie heilig auch immer unsere Werke sein mögen, et non intres in judicium usw.;[1] und der eigentliche Sinn der Gnade ist, die Trägheit zu bekämpfen und zu guten Werken aufzufordern, gemäß der Stelle: »Die Güte Gottes leitet zur Buße«, und der andern von den Niniviten: »Tuen wir Buße, um zu sehen, ob er nicht zufällig Mitleid mit uns haben wird.« Die Barmherzigkeit fördert also nicht etwa die Lässigkeit, sondern sie ist im Gegenteil die Wesensseite, die sie ausdrücklich bekämpft; derart, daß man, statt zu sagen, gäbe es keine Barmherzigkeit in Gott, dann müßte man sich mit allen Mitteln um die Tugend mühen, gerade umgekehrt sagen muß: weil es in Gott Barmherzigkeit gibt, muß man sich mit allen Mitteln darum mühen. (497)

Es ist wahr, es macht Schmerzen, wenn man sich zur Frömmigkeit wendet. Diese Schmerzen aber entstammen nicht der Frömmigkeit, die in uns wächst, sondern der Gottlosigkeit, die noch in uns ist. Würden sich unsere Sinne nicht der Buße, würde sich unsere Verderbtheit nicht der Reinheit Gottes widersetzen, gäbe es für uns hier keine Qual. Nur im Verhältnis, in dem sich das Laster, das uns natürlich ist, der übernatürlichen Gnade widersetzt, leiden wir;[2] unser Herz fühlt sich zwischen diesen Gegensätzen wie zerrissen. Es wäre aber völlig ungerecht, wollte man diese Heftigkeit Gott, der uns anzieht, vorwerfen und sie nicht der Welt, die uns zurückhält, zuschreiben. So sollte z. B. ein Kind, das seine Mutter den Händen der Räuber entreißt, in den Schmerzen, die es erleidet, die liebevolle und rechtmäßige Gewalt derjenigen, die ihm die Freiheit verschafft, lieben und die anmaßende und tyrannische Vergewaltigung jener, die es zurückhalten, verabscheuen. Der grausamste Krieg, den Gott einem Menschen in diesem Leben bereiten kann, ist, ihn ohne diesen Krieg zu lassen, den zu bringen er gekommen ist. »Ich bin gekommen, den Krieg zu bringen«, sagt er, und um diesen Krieg zu lehren: »ich bin gekommen, das Schwert und das Feuer zu bringen«.[1] Vor ihm lebte die Welt in dem falschen Frieden. 498

Äußere Werke. Nichts ist so gefährlich, wie etwas, was den Menschen und Gott zugleich wohlgefällig ist, denn die Seinslagen, die Gott und dem Menschen gefallen, gefallen in einer Hinsicht Gott und in einer anderen den Menschen. Was z. B. an der Größe der Heiligen Therese Gott gefällt, ist ihre tiefe Demut in ihren Offenbarungen; was dem Menschen gefällt, sind ihre Erleuchtungen. So bringt man sich um, ihre Schriften nachzuahmen, und meint, damit sie nachzuahmen, ohne dabei ebenso zu lieben, was Gott liebt, und zu sein, was Gott liebt.

Besser ist es, nicht zu fasten und sich dessen zu schämen, als zu fasten und sich selbst darin wohlzugefallen. Pharisäer, Zöllner.

Was nützt es, sich daran zu erinnern, wenn mir das ebenso schaden wie nützen kann und alles von dem Segen Gottes abhängt, der ihn nur dem gibt, was für ihn und nach seinem Gebot und auf seinen Wegen getan ist; so daß die Art, wie wir etwas tun, ebenso wichtig ist wie, was wir tun, und vielleicht noch wichtiger, da Gott im Bösen das Gute finden kann und man ohne Gott Böses im Guten findet.

499

Die Vernunft der Worte vom Guten und Bösen.

500

Erste Stufe: getadelt werden für Böses, gelobt werden für Gutes. Zweite Stufe: weder gelobt noch getadelt werden.

(501)

Abraham nahm nichts für sich, sondern allein für seine Knechte. So nimmt der Gerechte nichts für sich, weder von der Welt noch von dem Beifall der Welt, sondern allein für seine Leidenschaften, deren er sich als Herr bedient, zu einer sagend, geh, (zur andern) komm. Sub te erit appetitus tuus.[1] Derart beherrschte Leidenschaften sind Tugenden: Geiz, Eifersucht, Zorn; Gott selbst schreibt sie sich zu, und sie sind ebensolche Tugenden wie die Mildtätigkeit, Frömmigkeit, Standhaftigkeit, die gleichfalls Leidenschaften sind. Man muß sich ihrer als Sklaven bedienen und verhindern, während man ihnen ihre Nahrung läßt, daß sich die Seele darin verfängt. Denn wenn die Leidenschaften die Herrn sind, dann sind sie Laster, dann ernähren sie die Seele, und die Seele, die sich an ihnen nährt, vergiftet sich daran.

502

Die Philosophen haben die Laster geheiligt, da sie sie Gott selbst verliehen; die Christen haben die Tugenden geheiligt.

503

... (ein) anderes Motiv als die Liebe zu Gott betrachtet dies als eine Abwesenheit des Geistes Gottes und als sündiges Tun wegen der Einklammerung oder Unterbrechung des Geistes Gottes in ihm, und er bereute es, da er sich betrübte.[1]
Der Gerechte handelt bei dem geringsten Anlaß aus dem Glauben: wenn er seine Diener tadelt, so erhofft er ihre Besserung vom Geiste Gottes, und er bittet Gott, sie zu bessern,[2] und er erwartet von Gott so viel wie von seinem Verweis, und er bittet Gott, seine Ermahnungen zu segnen. Und so bei jeder Handlung. 504

Alles kann uns töten, sogar das, was gemacht ist, um uns zu dienen. So können uns in der Natur die Mauern töten, und die Stufen der Stiege können uns töten, wenn wir ungeschickt gehen.
Die geringste Bewegung wirkt auf die ganze Natur; das ganze Meer ändert ein Stein. So wirkt in der Gnade die geringste Handlung durch ihre Folgen auf alles. Folglich ist alles wichtig.
In jeder Handlung muß man außer der Handlung unsern gegenwärtigen, vergangenen und zukünftigen Zustand und alles andere, worauf[2] er von Einfluß ist, bedenken und die Verflechtung all dieser Dinge schauen. Und dann wird man sich wohl zurückhalten.[3] 505

Möge Gott uns nicht all unsere Sünden anrechnen, das heißt nicht alle Folgerungen und Folgen unserer Sünden, die bei den geringsten Fehlern furchtbar sind, wenn man sie ohne Barmherzigkeit verfolgen wollte. 506

Die Regungen der Gnade, die Herzenshärte, die äußern Umstände. 507

Damit ein Mensch ein Heiliger werde, ist die Gnade notwendig; und wer das bezweifelt, weiß weder was ein Heiliger noch was ein Mensch ist.

508

Prächtig, einem Menschen, der nicht weiß, was er ist, einzureden, er solle von sich allein den Weg zu Gott gehen! Und prächtig, es einem Menschen zu sagen, der weiß, was er ist! 509

Der Mensch ist Gottes nicht würdig, aber er ist nicht unfähig, seiner würdig gemacht zu werden. Es ist Gottes unwürdig, sich dem elenden Menschen zu gesellen; es ist aber nicht Gottes unwürdig, ihn aus seinem Elend zu ziehen. 510

Wenn man sagen wollte, der Mensch sei zu gering, um würdig des Verkehrs mit Gott zu sein, so müßte man wohl groß sein, um darüber zu urteilen.

511

In seinem Kauderwelsch ist sie ganz der Leib Jesu Christi, aber er kann nicht behaupten, daß sie der ganze Leib Jesu Christi ist. Man kann nicht bei der Vereinigung von zweien, die ohne Änderung geschieht, sagen, daß das eine das andere würde: so ist die Seele dem Körper vereint, das Feuer dem Holz, ohne daß Änderung statthat. Aber eine Änderung ist nötig, damit die Form des einen die Form des andern wird, so bei der Vereinigung des Wortes mit der Menschlichkeit. Weil mein Körper ohne Seele nicht der Körper eines Menschen sein würde, soll meine Seele, welchem Stoff sie immer vereint sei, meinen Körper bilden. Er unterscheidet nicht notwendige von ausreichender Bedingung: die Vereinigung ist notwendig, aber nicht ausreichend. — Der linke Arm ist nicht der rechte.

Undurchdringlichkeit ist eine Eigenschaft der Körper. Identität de numero[1] in Hinsicht des gleichen Zeitpunkts fordert Identität des Stoffes. So wenn Gott meine Seele einem Körper in China vereinen würde, so würde derselbe Körper, idem numero, in China sein. Der gleiche Fluß, der dort fließt, ist idem numero mit dem, der zur gleichen Zeit in China fließt.[2]

512

Weshalb hat Gott das Gebet gestiftet?
1. Um seinen Geschöpfen die Würde der Verursachung zu verleihen.
2. Um uns zu lehren, wem wir die Tugend verdanken.
3. Damit wir die andern Tugenden durch Mühe verdienen.
Um sich aber den Vorrang zu bewahren, gibt er das Gebet dem, der ihm gefällt.
Einwurf: Aber man wird glauben, daß man das Gebet sich selbst verdanke.
Das ist unsinnig, denn wenn man gläubig ist, weiß man, daß man keine Tugend aus sich selbst haben kann. Woher sollte man den Glauben haben? Ist der Abstand zwischen Unglauben und Glauben nicht größer als zwischen Glauben und Tugend?
Verdient,[3] dies Wort ist zweideutig.
Meruit habere Redemptorem.[4]
Meruit tam sacra membra tangere.[5]
Digno tam sacra membra tangere.[6]
Non sum dignus.[7]
Qui mandicat indignus.[8]
Dignus est accipere.[9]
Dignare me.[10]
Nur zu dem, was Gott versprochen hat, ist er

verpflichtet. Er hat versprochen, die Gebete der Gerechten zu erhören, niemals hat er die Gebete nur den Kindern der Verheißung versprochen.
Augustinus hat ausdrücklich gesagt, daß die Fähigkeiten den Gerechten genommen würden. Er sagt es aber zufällig, denn es wäre möglich gewesen, daß sich die Gelegenheit, es zu sagen, nicht geboten hätte. Seine Grundsätze aber machen deutlich, daß, wenn sich die Gelegenheit bot, er es unmöglich nicht gesagt oder daß er Gegenteiliges gesagt hätte. Das ist folglich mehr, wenn man etwas notwendig sagen muß, sobald sich die Gelegenheit dazu bietet, als wenn man es gesagt hat, sobald sich die Gelegenheit dazu fand: Das eine ist notwendig, das andere Zufall. Aber beides zusammen ist alles, was man verlangen kann. 513

»Daß ihr selig werdet mit Furcht.«
Die Armen an Gnade.[1]
Petenti dabitur.[2]
Danach steht es also in unserm Vermögen zu bitten. Im Gegenteil, es steht nicht in unserm Vermögen: weil die Gewährung dabei ist, ist [das Vermögen] zu beten nicht daran beteiligt. Denn, weil das Heil nicht in unserm Vermögen steht und weil die Gewährung dabei war, ist das Gebet nicht daran beteiligt.
Der Gerechte würde also nichts von Gott erhoffen dürfen; denn er soll nicht hoffen, wohl aber sich bemühen, das zu erlangen, um was er bittet.
Schließen wir also daraus, daß der Mensch jetzt unfähig ist, dieses nahe Vermögen zu nutzen und weil Gott nicht will, daß er sich deshalb von ihm entferne, es durch eine wirksame Kraft geschieht, daß er sich nicht entfernt.

Es fehlt folglich in denen, die sich entfernen, diese Kraft, ohne die man sich nicht von Gott entfernt, und in denen, die sich nicht entfernen, wirkt diese wirkende Kraft. So daß die, die einige Zeit durch diese wirkende Kraft im Gebet verharrten, zu beten aufhören, wenn ihnen diese wirkende Kraft fehlt.
Und demgemäß verläßt Gott den in diesem Sinne ersten. 514

Die Erwählten werden ihre Tugenden nicht kennen und die Verworfenen nicht die Größe ihrer Verbrechen: Herr, wann hätten wir gesehen, daß dich hungerte, dürstete, usw.? 515

Röm. III, 27: »Wo bleibt nun der Ruhm? Er ist aus. Durch welch Gesetz? Das der Werke? Nein, das des Glaubens«. — Also ist der Glaube nicht in der Art der Werke des Gesetzes in unserer Macht, er ist uns auf andere Weise gegeben. (516)

Sei getrost: von dir hast du sie nicht zu erhoffen, sondern im Gegenteil, wenn du von dir nichts erhoffst, sollst du sie erhoffen. 517

In jeder Seinslage, und sei es die der Märtyrer, müssen wir Furcht haben, sagt die Schrift.
Die größte Qual des Fegefeuers ist die Ungewißheit über das Urteil. Deus absconditus. (518)

Joh. VIII: Multi crediderunt in eum. Dicebat ergo Jesus: »Si manseritis... vere mei discipuli eritis, ...et veritas liberabit vos.« — Responderunt: »Semen Abrahae sumus, et nemini servimus unquam.«[1]
Zwischen den Jüngern und den wahren Jüngern ist ein beträchtlicher Unterschied. Man erkennt

sie, wenn man ihnen sagt, daß die Wahrheit sie erlösen würde. Denn wenn sie antworten, sie wären frei und an ihnen läge es, sich den Banden Satans zu entziehen, so sind sie wohl Jünger, aber nicht wahre Jünger. 519

Das Gesetz hat nicht die Natur aufgehoben, sondern die Natur belehrt; die Gnade hat nicht das Gesetz aufgehoben, sondern das Gesetz zur Ausübung gebracht. Der Glaube, den wir in der Taufe empfangen, ist der Quellgrund des ganzen Lebens der Christen und der Bekehrten. 520

Immer wird die Gnade — und auch die Natur — in der Welt sein, so daß sie in etwas natürlich ist. So wird es auch immer Pelagianer[1] und immer Katholiken und immer Kampf geben, weil die erste Geburt die einen und die Gnade der zweiten die andern schafft. 521

Das Gesetz verpflichtete zu dem, was es nicht gewährte. Die Gnade gewährt, wozu sie verpflichtet. 522

Der ganze Glaube besteht in Jesus Christus und in Adam und die ganze Moral in der Konkupiszenz und in der Gnade. 523

Keine Lehre ist dem Menschen angemessener als die, die ihn über das doppelte Vermögen, die Gnade sowohl zu empfangen als zu verlieren, aufklärt, weil er doppelter Gefahr ständig ausgesetzt ist, der Verzweiflung und dem Dünkel. 524

Die Philosophen forderten keineswegs ein Empfinden, das beiden Seinslagen angemessen ist.

Sie flößten Regungen reiner Größe ein, und das ist nicht die Seinslage des Menschen.
Sie flößten Regungen reiner Niedrigkeit ein, und das ist nicht die Seinslage des Menschen. Regungen der Niedrigkeit sind notwendig, aber nicht natürliche, sondern der Reue, nicht, um in ihnen zu verharren, sondern um die Größe zu gewinnen. Regungen der Größe sind notwendig, nicht als Verdienst, sondern als Gnade und nachdem man die Niedrigkeit durchschritten hat. 525

Das Elend zeugt die Verzweiflung; der Dünkel zeugt die Hoffart. Die Menschwerdung zeigt dem Menschen die Größe seines Elends durch die Größe des Heilmittels, die notwendig war. 526

Das Wissen von Gott ohne Kenntnis unseres Elends zeugt den Dünkel. Das Wissen unseres Elends ohne Kenntnis von Gott zeugt die Verzweiflung. Das Wissen von Jesus Christus schafft die Mitte, weil wir in ihm sowohl Gott als unser Elend finden. 527

Jesus Christus ist ein Gott, dem man sich ohne Dünkel nähert und unter den man sich ohne Verzweiflung beugt. 528

Weder eine Erniedrigung, die uns unfähig des Guten macht, noch eine Heiligkeit,[1] ledig des Bösen. 529

Jemand sagte mir eines Tages, daß er beim Verlassen der Beichte große Freude und Vertrauen empfände. Ein anderer sagte, daß er in der Furcht bliebe. Ich meine dazu, daß man aus diesen beiden einen guten Christen machen könnte, und daß jeder darin fehlte, daß er nicht die Empfindungen des anderen hätte. Das ist in anderen Fällen oft ähnlich. 530

»Wer den Willen des Herrn weiß, wird um so mehr Streiche leiden müssen«:[1] wegen der Fähigkeit, die mit dem Wissen ist. »Qui justus est, justificetur adhuc«,[2] wegen der Fähigkeit, die aus der Frömmigkeit stammt. Von dem, der am meisten erhielt, wird am meisten gefordert werden, wegen der Fähigkeit, die aus der Hilfe stammt. 531

Um in allen Lebenslagen zu trösten, um in allen Lebenslagen einzuschüchtern, hat die Schrift an Beispielen vorgesorgt.
Die Natur scheint das gleiche durch die beiden Unendlichen, die in der Natur wie in der Moral[3] zu bewirken. Denn immer wird es etwas darüber und etwas darunter geben, Geschicktere und weniger Geschickte, Höhergestellte und Geringere,[4] damit unser Dünkel erniedrigt und unsere Verzweiflung gemildert sei. 532

Comminutum cor,[5] Paulus, das ist der christliche Charakter. Alba Longa hat dich ernannt, ich kenne dich nicht mehr, Corneille,[6] das ist der unmenschliche Charakter. Der menschliche Charakter ist das Gegenteil. 533

Es gibt nur zwei Arten von Menschen: Gerechte, die sich für Sünder halten; und die anderen Sünder, die sich für Gerechte halten. 534

Denen, die uns von Fehlern überzeugen, ist man sehr verpflichtet, denn sie löschen sie aus. Sie klären uns auf, daß man verachtet worden ist, sie hindern nicht, daß man es nicht auch zukünftig wird, da man genug andere Fehler hat, um verächtlich zu sein. Sie üben uns darin, einen Fehler zu bessern und auszulöschen. 535

So ist der Mensch; sagt man ihm oft, er sei ein Tor, so glaubt er es, und er braucht es sich nur selbst zu sagen, so redet er es sich ein. Denn der Mensch führt innerlich mit sich ein Gespräch, das man richtig leiten muß: »Corrumpunt bonos mores colloquia prava.«[1] Soviel man kann, soll man schweigen und nur mit Gott im Zwiegespräch sein, von dem man weiß, daß er die Wahrheit ist, und so überzeugt man sich selbst. 536

Das Christentum ist befremdend. Es fordert vom Menschen, daß er sich selbst als erbärmlich, ja als verächtlich erkenne, und es fordert von ihm, daß er wünsche, Gott ähnlich zu sein. Ohne ein solches Gegengewicht würde ihn diese Erhöhung unerträglich eitel und diese Erniedrigung unerträglich gemein machen. 537

Wie wenig Stolz ist in dem Glauben eines Christen, mit Gott vereint zu sein; wie wenig verworfen ist er, wenn er sich dem Gewürm auf Erden vergleicht.
Die schönste Art: Leben und Tod, Güter und Leiden hinzunehmen! 538

Welcher Unterschied zwischen einem Soldaten und einem Kartäuser Mönch in Hinblick auf den Gehorsam! Denn beide sind gleich gehorsam und abhängig und gleich sorgfältig in den Übungen. Aber immer hofft der Soldat Herr zu werden, und er wird es nie — denn die Hauptleute und sogar die Fürsten sind immer Sklaven und Abhängige — aber er hofft immer und bemüht sich stets, es zu werden; während der Kartäuser das Gelübde abgelegt hat, für immer abhängig zu sein. Folglich unterscheiden sie sich nicht in dem fortwährenden Dienst, den beide ständig tun, sondern in der Hoffnung, die der eine immer hat und der andere nie. 539

Die Hoffnung, die die Christen haben, ein unendliches Gut zu besitzen, ist sowohl aus wirklicher Freude als aus Furcht gemischt. Denn das ist hier nicht so, wie wenn man ein Königreich erhofft, an dem man nicht teil hat, solange man Untertan ist. Sondern sie erhoffen die Heiligkeit und die Erlösung von den Sünden und sie haben schon in etwas teil daran. 540

Niemand ist so glücklich wie ein wahrer Christ, noch so vernünftig, noch so tugendhaft, noch so der Liebe wert. 541

Nur die christliche Religion kann den Menschen zugleich liebenswert und glücklich machen. In der weltlichen Rechtschaffenheit kann man[1] nicht zugleich der Liebe wert und glücklich sein. 542

Vorrede. Die metaphysischen Gottesbeweise sind so abseits vom Denken der Menschen und so verwickelt, daß sie wenig überzeugen, und sollten sie wirklich einigen nützen, so werden sie nur so lange nützlich sein als man den Beweis vor Augen hat; eine Stunde danach fürchten sie, sich getäuscht zu haben.
Quod curiositate cognoverunt, superbia amiserunt.[2]
Das schafft das Wissen von Gott, das man ohne

Jesus Christus haben kann, nämlich mit Gott, den man ohne Mittler kannte, ohne Mittler zu verkehren. Während die, die Gott durch den Mittler gekannt haben, ihr Elend kennen. 543

Der Gott der Christen ist ein Gott, der die Seele fühlen läßt, daß er ihr einziges Gut ist, daß ihr Friede in ihm ist, daß sie nur soweit glücklich sein wird als sie ihn liebt und der sie zugleich die Hemmnisse hassen läßt, die sie zurückhalten und sie hindern, Gott von ganzem Herzen zu lieben. Die Eigenliebe und die Konkupiszenz, die sie zurückhalten, sind ihm unerträglich. Dieser Gott läßt sie fühlen, daß sie in sich diesen Bodensatz der Eigenliebe haben, der sie verdirbt und daß er allein uns davon heilen kann. 544

Nichts anderes hat Jesus Christus die Menschen gelehrt als das, daß sie sich selbst liebten, daß sie Sklaven, Blinde, Kranke, Unglückliche und Sünder wären, daß es notwendig war, daß er sie befreite, erleuchtete, selig spräche und heilte, und daß das geschehen würde, wenn sie sich selbst haßten und ihm nachfolgten durch das Elend und den Tod am Kreuz. 545

Ohne[1] Jesus Christus ist der Mensch notwendig im Laster und im Elend; mit Jesus Christus ist der Mensch von Laster und Elend befreit. In ihm ist unsere ganze Tugend und unsere ganze Glückseligkeit; außerhalb von ihm gibt es nur Laster, Elend, Irrtum, Finsternis, Tod und Verzweiflung. 546

Gott durch Jesus Christus. Nur durch Jesus Christus kennen wir Gott. Ohne diesen Mittler ist jede Gemeinschaft mit Gott ausgelöscht; durch

Jesus Christus kennen wir Gott. Alle, die vorgaben, Gott ohne Jesus Christus kennen und ohne Jesus Christus beweisen zu können, hatten nur machtlose Beweise. Aber um Jesus Christus zu beweisen, haben wir die Prophezeiungen, die zuverlässige und handgreifliche Beweise sind. Da diese Prophezeiungen erfüllt und durch das Eintreffen wirklich bewiesen sind, sind sie Kennzeichen der Gewißheit dieser Wahrheiten und mithin Beweis für die Göttlichkeit Jesu Christi. In ihm und durch ihn kennen wir folglich Gott. Sonst und ohne die Schrift, ohne die Erbsünde, ohne den notwendig verheißenen und erschienenen Mittler kann man weder Gott überzeugend beweisen, noch wahre Lehre, noch wahre Sittlichkeit lehren. Durch Jesus Christus und in Jesus Christus aber beweist man Gott und lehrt man die Sittlichkeit und die Lehre. Folglich ist Jesus Christus der wirkliche Gott der Menschen.[1]
Aber zugleich kennen wir unser Elend; denn dieser Gott ist nichts als der Erlöser von unserem Elend. Also können wir Gott nur wahrhaft kennen, wenn wir unsere Verderbtheit kennen; und so haben die, die Gott gekannt haben, ohne ihr Elend zu kennen, nicht seinem Ruhm gedient, wohl aber sich ihres Wissens gerühmt. Quia non cognovit per sapientiam, placuit Deo per stultitiam praedicationis salvos facere.[2]

Nicht nur Gott kennen wir allein durch Jesus Christus, auch uns selbst kennen wir nur durch Jesus Christus, Leben und Tod kennen wir allein durch Jesus Christus. Ohne Jesus Christus wissen wir weder, was unser Leben, noch was unser Tod, noch was Gott ist, noch was wir selbst sind.
Also ohne die Schrift, die nur von Jesus Christus

handelt, wissen wir gar nichts, finden wir nur Finsternis und Verwirrung sowohl im Wesen Gottes als in der eigentlichen Natur. (548)

Es ist nicht nur unmöglich, es ist auch nutzlos, Gott ohne Jesus Christus zu kennen. Sie[1] haben sich nicht von ihm entfernt, sondern sich ihm genähert, sie haben sich nicht erniedrigt, sondern [erhöht].
Quo quisquam optimus est, pessimus, si hoc ipsum, quod optimus sit, adscribat sibi.[2]   549

Die Armut liebe ich, weil er sie geliebt hat.[3] Die Güter liebe ich, weil sie das Mittel sind, den Armen zu helfen. Treu bin ich gegen jeden. Kein Übel füge ich denen zu, die es mir zufügen, wohl aber wünsche ich, ihre Seinslage gliche der meinen, wo man weder Übel noch Güter von seiten der Menschen empfängt. Ich bemühe mich, gerecht, wahrhaftig, aufrichtig und treu gegen jeden zu sein; und von Herzen bin ich all denen zugeneigt, die Gott mir als Nächste vereinte; und ob ich allein oder von Menschen gesehen bin, in allem, was ich tue, schaue ich auf Gott, der es beurteilen soll und dem ich all mein Handeln geweiht habe.
So ist mein Empfinden; jeden Tag meines Lebens preise ich meinen Erlöser, der es mir gab und der aus einem Menschen voll von Schwäche, Elend, von Begierden, von Stolz und Ehrgeiz, einen Menschen machte, der von diesen Übeln durch die Gewalt seiner Gnade erlöst ist, welcher aller Ruhm gebührt, da ich von mir aus nichts bin als Elend und Irrheit.   550

Dignior plagis quam osculis non timeo, quia amo.[4]
551

Das Grab Jesu Christi. Gestorben war Jesus Christus, aber sichtbar am Kreuz. Er ist gestorben und verborgen im Grab.
Nur von Heiligen ist Jesus Christus bestattet worden. Kein Wunder hat Jesus Christus im Grabe getan.
Nur Heilige traten dort ein.
Dort ist es, wo Jesus Christus ein neues Leben annimmt, nicht am Kreuz.
Das ist das letzte Geheimnis der Passion und der Auferstehung.
(Jesus Christus lehrt lebend, tot, begraben, auferstanden.)
Keinen Ort der Ruhe hat Jesus Christus auf Erden gehabt als das Grab.
Erst am Grab haben seine Feinde aufgehört, ihn zu quälen. 552

Das Mysterium Jesu

Jesus leidet in der Passion die Qualen, die ihm Menschen bereiten; in der Agonie aber leidet er die Qualen, die er sich selbst schafft: turbare semetipsum.[1] Das ist eine Pein, nicht von menschlicher, sondern allmächtiger Hand, und allmächtig muß sein, wer sie erträgt.
Etwas Trost wenigstens sucht Jesus bei seinen drei besten Freunden, und die schlafen; er bittet sie, ihm ein wenig beizustehen, und in völliger Nachlässigkeit lassen sie ihn allein; so wenig leiden sie mit ihm, daß es sie nicht einen Augenblick am Schlafen hindern kann. Und so war Jesus einsam dem Zorn Gottes ausgeliefert.
Einsam ist Jesus auf Erden. Nicht nur, daß niemand seine Qualen mitfühlt und teilt, sondern

niemand weiß auch nur von ihnen: der Himmel und er allein wissen darum.

In einem Garten ist Jesus, nicht in einem der Wonne wie der erste Adam, der dort sich und das ganze Geschlecht der Menschen verdarb, sondern in einem der Qualen, in dem er sich und das ganze Menschengeschlecht erlöst hat.

Diese Qual und diese Verlassenheit leidet er in den Schrecken dieser Nacht.

Ich glaube, außer diesem einen Mal beklagte sich Jesus niemals; nun aber klagt er, als habe er seinen übergroßen Schmerz nicht mehr ertragen können: »Meine Seele ist betrübt bis in den Tod.«

Gemeinschaft und Linderung sucht Jesus bei den Menschen. Das, scheint mir, ist einmalig in seinem ganzen Leben. Aber er findet sie nicht, denn seine Jünger schlafen.

Bis an das Ende der Welt wird die Agonie Jesu dauern: nicht schlafen darf man bis dahin.

Als Jesus inmitten dieser allgemeinen Verlassenheit und verlassen von seinen Freunden, die er, mit ihm zu wachen, erwählte, sie schlafend findet, erzürnt er sich, nicht wegen der Gefahr, der sie ihn, sondern der, der sie selbst sich aussetzen, und er belehrt sie voller Freundschaft und Sanftmut trotz ihres Undanks über ihr eignes Heil und belehrt sie, daß der Geist willig und das Fleisch schwach sei.

Als Jesus sie wieder schlafend findet, ohne daß seine oder ihre eigne Mahnung sie hätte hindern können, ist er so gütig, sie nicht zu wecken, und er läßt sie schlummern.

Jesus betet in der Ungewißheit über den Willen des Vaters, und er fürchtet den Tod; als er ihn aber erkannt hat, geht er hinaus, sich ihm zu stellen: Eamus.[1] Processit (Johannes).[2]

Jesus hat die Menschen gebeten, und er ist nicht erhört worden.

Während seine Jünger schliefen, hat Jesus ihr Heil gewirkt. Er hat es für jeden Gerechten gewirkt, während sie schliefen, sowohl in dem Nichts vor ihrer Geburt, als in den Sünden seit ihrer Geburt.

Nur einmal betet er, daß der Kelch an ihm vorübergehe, und das voller Ergebenheit, und zweimal, daß es geschehe, wie es sein müsse.

Jesus in Trübsal.

Als Jesus sieht, daß alle seine Freunde schlafen und alle seine Feinde wach sind, überantwortet er sich völlig seinem Vater.

Jesus erkennt in Judas nicht die Feindschaft, sondern die Anordnung Gottes, den er liebt; so wenig sieht er sie, daß er ihn Freund nennt.

Jesus entreißt sich seinen Jüngern, um in den Todeskampf einzugehen; den Nächsten und Vertrautesten muß man sich entreißen, um ihm nachzuleben.

Jesus war in der Agonie und den größten Qualen, — beten wir länger.

Wir erflehen die Barmherzigkeit Gottes, nicht damit er uns in unsern Lastern in Ruhe lasse, sondern uns von ihnen befreie.

Gäbe uns Gott selbst die Gebieter, o wie bereitwillig würde man ihnen gehorchen müssen! Forderung und Geschehn sind dann untrüglich.

Tröste dich, du würdest mich nicht suchen, wenn du mich nicht gefunden hättest.

»An dich dachte ich in meiner Agonie, jene Tropfen Blut hab ich für dich vergossen.

»Das heißt, mich eher versuchen als dich erweisen, wenn du denkst, ob du dieses und jenes noch nicht Seiende richtig tun wirst; ich werde es in dir wirken, wenn es soweit ist.

»Lasse dich von meinen Vorschriften leiten, siehe, wie ich die Jungfrau und die Heiligen geführt, die mich in ihnen handeln ließen.

»An allem, was ICH[1] wirke, hat der Herr Gefallen.

»Willst du, daß ich immer das Blut meiner Menschlichkeit zahle, ohne daß du Tränen dafür gibst?

»Meine Sache ist Deine Bekehrung, fürchte nichts und bete mit Vertrauen wie für mich.

»Ich bin dir gegenwärtig durch mein Wort in der Schrift, durch meinen Geist in der Kirche und in den Erleuchtungen, durch meine Macht in den Priestern, durch mein Gebet in den Gläubigen.

»Die Ärzte werden dich nicht heilen, denn am Ende wirst du sterben. Ich bin es, der dich heilt und den Körper unsterblich macht.

»Leide die Ketten und die Knechtschaft des Körpers; vorerst befreie ich dich nur von denen des Geistes.

»Ein besserer Freund bin ich dir als dieser und jener, denn ich habe mehr für dich als sie getan; und sie würden nicht leiden, was ich für dich gelitten habe und nicht, während du treulos und grausam bist, für dich sterben, wie ich es getan habe und bereit bin zu tun, und es tue in meinen Erwählten und in dem heiligen Sakrament.

»Kenntest du deine Sünden, so würdest du verzagen.« — Ich werde verzagen, Herr, denn ich glaube ihre Niedertracht auf dein Wort. —

»Nein, denn ich, der ich dich belehre, kann dich von ihnen heilen, und daß ich es dir sage, ist ein Zeichen, daß ich dich heilen will. In dem Maße, in dem du sie auslöschst, wirst du sie kennen, und es wird dir gesagt werden: ‚Siehe die Sünden, die dir vergeben sind.' Tue also Buße für deine verborgenen Sünden und für die geheime Bosheit derer, die du kennst.«

Herr, ich gebe dir alles.

»Mehr liebe ich dich, als du deine Befleckung geliebt, ut immundus pro luto.[1]

»Beichte[2] deinem Beichtiger, daß meine eignen Worte dir Anlaß zum Bösen, zur Eitelkeit oder zur Neugierde sind.«

Einen Abgrund des Stolzes, der Neugierde und der Begierde sehe ich in mir. Keine Beziehung besteht zwischen mir und Gott, noch zu Jesus Christus, dem Gerechten. Aber er ist durch mich sündig gemacht worden; alle Geißelhiebe sind auf ihn gefallen. Erbärmlicher ist er als ich, und statt mich zu verabscheuen, rechnet er es sich zur Ehre, daß ich zu ihm gehe und ihm helfe.

Er aber hat sich selbst geheilt, und mich wird er mit mehr Grund heilen.

Meine Schwären muß ich den seinen hinzufügen und mich ihm vereinen, und er wird mich retten, da er sich selbst errettet. Aber von nun an dürfen keine hinzukommen.

Eritis sicut dii scientes bonum et malum.[3] Ein jeder spielt Gott, wenn er urteilt: das ist gut oder schlecht, und sich zu sehr betrübt oder freut ob der Geschehnisse.

Das Geringe wie das Große tun, wegen der Herrlichkeit Jesu Christi, der es in uns wirkt und der unser Leben lebt, und das Große als gering und leicht achten, wegen seiner Allmacht.   553

Nur seine Wundmale, so scheint mir, ließ Jesus Christus nach der Auferstehung berühren: Noli me tangere.[4] Nur seinen Leiden müssen wir uns vereinen. Als Sterblicher gab er sich zur Speise im Abendmahl, als auferstanden den Jüngern in

Emmaus, als aufgefahren zum Himmel der ganzen Kirche.

»Vergleiche dich nie mit andern, sondern mit mir. Findest du mich in denen nicht, denen du dich vergleichst, so vergleichst du dich mit einem Verworfenen. Findest du mich dort, vergleiche dich damit. Aber was wirst du vergleichen, dich oder mich in dir? Wenn du es bist, so ist es ein Verworfener. Wenn ich es bin, vergleichst du mich mit mir. Nun, ich bin Gott in allem.
Oft spreche ich zu dir und tröste dich, weil dein Beichtiger dich nicht sprechen kann, denn ich will nicht, daß es dir an Führung mangle.
Und vielleicht tue ich es durch sein Gebet, und so leitet er dich, ohne daß du ihn siehst. Du würdest mich nicht suchen, wenn du mich nicht besäßest. Beunruhige dich also nicht.«

DAS MEMORIAL[1]

†

JAHR DER GNADE 1654

Montag, den 23. November, Tag des heiligen Klemens, Papst und Märtyrer, und anderer im Martyrologium. Vorabend des Tages des heiligen Chrysogonos, Märtyrer, und anderer.
Seit ungefähr abends zehneinhalb bis ungefähr eine halbe Stunde nach Mitternacht

FEUER[2]

»Gott Abrahams, Gott Isaaks, Gott Jakobs«, nicht der Philosophen und Gelehrten.
Gewißheit, Gewißheit, Empfinden: Freude, Friede.[3]
          Gott Jesu Christi
Deum meum et Deum vestrum.[4]
»Dein Gott wird mein Gott sein« — Ruth —
Vergessen von der Welt und von allem, außer Gott.
Nur auf den Wegen, die das Evangelium lehrt, ist er zu finden.
          Größe der menschlichen Seele
»Gerechter Vater, die Welt kennt dich nicht; ich aber kenne dich«.[5]
Freude, Freude, Freude und Tränen der Freude.
Ich habe mich von ihm getrennt.
Dereliquerunt me fontem aquae vivae.[6]
»Mein Gott, warum hast du mich verlassen.«
Möge ich nicht auf ewig von ihm geschieden sein.
»Das ist aber das ewige Leben, daß sie dich, der du allein wahrer Gott bist, und den du gesandt hast, Jesum Christum erkennen.«
          Jesus Christus!
          Jesus Christus!

Ich habe mich von ihm getrennt, ich habe ihn geflohen, mich losgesagt von ihm, ihn gekreuzigt.
Möge ich nie von ihm geschieden sein.
Nur auf den Wegen, die das Evangelium lehrt, kann man ihn bewahren.
Vollkommene und liebevolle Entsagung.

usw.

Vollkommene[1] und liebevolle Unterwerfung unter Jesus Christus und meinen geistlichen Führer.
Ewige Freude für einen Tag geistiger Übung auf Erden.
Non obliviscar sermones tuos. Amen.[2]

VIII. DIE FUNDAMENTE
DER CHRISTLICHEN RELIGION

Fragment 556-588b

—

... Sie schmähen, was sie nicht kennen. Die christliche Religion besteht auf zwei Punkten;[1] es ist für den Menschen gleichermaßen wichtig, beide zu kennen, und gleichermaßen gefährlich, darüber unwissend zu sein; und es ist gleichermaßen ein Beweis der Gnade Gottes, Kennzeichen beider gegeben zu haben.

Indessen folgern sie, da sie annehmen, daß einer dieser Punkte nicht bestünde, was sie aus dem andern erschließen müßten.[2] Die Weisen, die lehrten, es gäbe nur einen Gott, wurden verfolgt, die Juden gehaßt, die Christen noch mehr. Ihre natürliche Einsicht belehrte sie, daß, wenn es eine wahrhafte Religion auf Erden gibt, die Leitung von allem und jedem in sie als in ihren Schwerpunkt streben müsse.

Inhalt jeglicher Leitung alles Geschehens sollte die Errichtung und die Größe der Religion sein; die Menschen sollten in sich empfinden, was sie lehrt, und sie müßte endlich derart Inhalt und Mittelpunkt sein, in den alles zielt, daß, wer ihre Grundsätze kennen würde, sowohl über die Natur des Menschen im besondern als über alles Geschehen der Welt im allgemeinen Rechenschaft abzulegen vermöchte.

Und von dieser Forderung ausgehend, schmähen

sie die christliche Religion, weil sie sie schlecht kennen. Sie wähnen, sie bestehe einfach in der Verehrung eines Gottes, den man als groß, mächtig und ewig ansieht; was genau Deismus ist und fast ebenso fern der christlichen Religion wie der Atheismus, der ihr genaues Gegenteil ist. Und daraus folgern sie nun, diese Religion sei nicht die wahre, weil sie sehen, daß nicht alles Geschehen zur Bestätigung dieses Punktes verläuft und daß Gott sich nicht den Menschen mit der völligen Klarheit offenbart, wie er es wohl vermocht haben würde.

Mögen sie daraus gegen den Deismus schließen, was sie wollen; nichts werden sie daraus gegen die christliche Religion folgern können, die, genau gesehen, auf dem Mysterium des Erlösers gründet, der, da er in sich beide Naturen, die menschliche und die göttliche, vereinigte, die Menschen der Verderbtheit der Sünde entrissen hat, um sie mit Gott in seiner göttlichen Person zu versöhnen.

Also lehrt sie die Menschen diese zwei Wahrheiten zugleich: sowohl, daß es einen Gott gibt, dessen die Menschen fähig sind, als auch, daß es in der Natur eine Verderbtheit gibt, die sie seiner unwürdig macht. Gleich wichtig ist es für den Menschen, dieses und jenes zu wissen; und es ist gleich gefährlich für den Menschen, Gott zu kennen, ohne sein Elend zu kennen, wie sein Elend zu kennen, ohne den Erlöser zu kennen, der ihn davon zu heilen vermag. Kennt man nur eines davon, so führt das entweder zu dem Dünkel der Philosophen, die Gott gekannt haben und nicht ihr Elend, oder zur Verzweiflung der Atheisten, die ihr Elend ohne den Erlöser kennen.

Und da es so für den Menschen gleichermaßen notwendig ist, von diesen beiden Punkten Kenntnis zu haben, ist es auch gleichermaßen ein Gnadenbeweis Gottes, daß er uns beide kennen ließ. Die christliche Religion tut das, und darin besteht sie.

Daran prüfe man die Ordnung der Welt und urteile, ob nicht alles dahin zielt, die zwei Hauptsätze dieser Religion zu bestätigen: Jesus Christus ist der Inhalt von allem und der Mittelpunkt, wohin alles zielt. Wer ihn kennt, kennt den Grund aller Dinge. Die, die sich verirren, irren sich nur, weil sie einen von beiden übersehen. Daraus folgt, daß man Gott wohl kennen kann, ohne von seinem Elend zu wissen, und auch sein Elend, ohne von Gott zu wissen; aber man kann Jesus Christus nicht kennen, ohne sowohl Gott als sein Elend zu kennen.

Und deshalb will ich hier weder die Existenz Gottes, noch die Dreieinigkeit, noch die Unsterblichkeit der Seele, noch irgend etwas dieser Art durch natürliche Schlüsse zu beweisen unternehmen; nicht nur, weil ich mich nicht stark genug fühle, in der Natur irgend etwas zu finden, was verhärtete Atheisten überzeugen könnte, sondern auch, weil solche Erkenntnis ohne Jesus Christus nutzlos und unfruchtbar ist. Ich glaube nicht, daß jemand viel für sein Heil gewonnen hätte, der überzeugt wäre, daß die Beziehungen der Zahlen unstoffliche und ewige Wahrheiten seien, die von einer höchsten Wahrheit abhingen, in der alle begründet seien und die man Gott nenne.

Der Gott der Christen ist nicht einfach ein Gott als Urheber der geometrischen Wahrheiten und der Ordnung der Elemente; das ist der Teil, den Heiden und Epikuräer von ihm hatten. Er ist nicht nur ein Gott, der seine Vorsehung auf das Leben und die Güter der Menschen erstreckt, um denen, die ihn verehren, ein langes und glückliches Leben zu schenken; das ist der Anteil, den die Juden hatten. Sondern der Gott Abrahams, der Gott Isaaks, der Gott Jakobs, der Gott der Christen ist ein Gott der Liebe und des Trostes, ist ein Gott, der die Seele und das Herz derjenigen erfüllt, die er besitzt, ist ein Gott, der sie im Innern ihr Elend und seine unendliche Barmherzigkeit spüren läßt, der sich in der Tiefe ihrer Seele ihnen vereint und sie mit Demut, Freude, Vertrauen und Liebe erfüllt und sie unfähig macht, ein anderes Ziel zu haben als ihn.

Alle, die Gott außerhalb Jesu Christi suchen und bei der Natur stehen bleiben, finden entweder keine Erleuchtung, die sie zufriedenstellt, oder sie gelangen dahin, sich ein Mittel zu erfinden, um Gott zu kennen und ihm ohne Mittler zu dienen, und dadurch verfallen sie entweder dem Atheismus oder dem Deismus, die beide die christliche Religion fast gleich verabscheut.

Ohne Jesus Christus würde die Welt nicht bestehen, denn sie müßte entweder zerstört worden sein oder der Hölle gleichen.

Bestünde die Welt, um die Menschen von Gott zu lehren, so würde seine Göttlichkeit aller Orten unbezweifelbar widerscheinen; da sie aber nur durch Jesus Christus und für Jesus Christus besteht, und um die Menschen sowohl ihre Verderbtheit wie ihre Erlösung zu lehren, leuchten hier aus allem die Beweise dieser zwiefachen Wahrheit.

Alles Wahrnehmbare zeigt weder völlige Abwesenheit noch eine offenbare Gegenwärtigkeit des Göttlichen, wohl aber die Gegenwart eines Gottes, der sich verbirgt. Alles trägt dieses Merkzeichen.

Sollte der einzige, der die Natur kennt, sie nur kennen können, um elend zu sein? sollte der einzige, der sie kennt, der einzig Unglückliche sein?
Es ist nicht nötig, daß er nichts sieht; es ist nicht nötig, daß er genug von ihm sieht, um zu glauben, daß er ihn besitze; sondern nötig ist, daß er genug sieht, um zu erkennen, daß er ihn verloren hat; denn um zu erkennen, daß man verloren hat, muß man etwas schauen und es nicht sehen, und das ist genau die Lage, in der die Natur ist.
Wofür er sich immer entscheidet, ich werde ihm dort keine Ruhe lassen... 556

... Es ist also richtig, alles belehrt den Menschen über seine Seinslage, aber man muß es richtig verstehen; denn es ist nicht wahr, daß alles Gott enthüllt, und es ist nicht wahr, daß alles Gott verbirgt. Es ist aber gleicherweise wahr, daß er sich vor denen verbirgt, die ihn versuchen, und sich denen enthüllt, die ihn suchen, weil die Menschen gleicherweise Gottes unwürdig wie Gottes fähig sind; unwürdig, weil sie verderbt sind, fähig auf Grund ihrer ersten Natur. 557

Was werden wir folglich aus all unserer Finsternis erschließen, wenn nicht unsere Unwürdigkeit?
558

Wenn nichts Gott je sichtbar gemacht hätte, dann würde diese ewige Entziehung zweideutig sein, sie könnte ebenso gut das Fehlen aller Göttlichkeit bedeuten, wie daß die Menschen unwürdig seien, ihn zu kennen; da er aber in einigem offenbar ist und nicht in allem, ist die Zweideutigkeit ausgelöscht. Wenn er einmal offenbar ist, dann ist er es immer; und also kann man daraus nichts anderes folgern, als daß es einen Gott gibt und daß die Menschen seiner unwürdig sind. 559

Das ewige Wesen ist immer, wenn es einmal ist.
559b

Weder verstehen wir die Seinslage der Herrlichkeit Adams, noch die Natur seiner Sünde, noch die Fortzeugung der Sünde von ihm auf uns. Das alles geschah in einer von unserer Natur völlig verschiedenen Seinslage, die die unseres gegenwärtigen Fassungsvermögens übersteigt.
Das zu wissen aber wäre nutzlos, da es nicht helfen kann, diese Seinslage zu überwinden; das einzig Wichtige ist, zu wissen, daß wir elend, verderbt und von Gott getrennt, aber durch Jesus Christus losgekauft sind, wofür wir wunderbare Beweise auf Erden besitzen.
So lassen sich aus den Ungläubigen, die von Religion unberührt leben, und aus den Juden, die ihre unversöhnlichen Feinde sind, die Beweise sowohl für die Verderbtheit als auch für die Erlösung ableiten. 560

Also lehrt den Menschen das ganze Weltall, sowohl daß er verderbt wie daß er losgekauft ist; alles lehrt ihn seine Größe oder sein Elend; die Gottverlassenheit wird offenbar bei den Heiden, der Schutz Gottes wird offenbar bei den Juden.
560b

Es gibt zwei Wege, von der Wahrheit unserer Religion zu überzeugen: der eine bedient sich der Überzeugungskraft der Vernunft, der andere der Autorität dessen, der spricht.

Man bedient sich nicht des einen, sondern des andern. Man sagt nicht, das ist zu glauben, denn die Schrift, die es sagt, ist göttlich —; sondern man sagt, daß man es aus diesem oder jenem Grunde glauben müsse, was, da die Vernunft nach jeder Richtung biegbar, schwache Beweisführung ist.

561

Nichts gibt es auf Erden, das nicht das Elend des Menschen und zugleich das Erbarmen Gottes zeigt; sowohl die Ohnmacht des Menschen ohne Gott, als auch die Macht des Menschen mit Gott.

(562)

Eine der Verwirrungen der Verdammten wird es sein zu sehen, daß sie verdammt sein werden durch ihre eigene Vernunft, mit der sie sich[1] angemaßt haben, die christliche Religion zu verdammen.

563

Die Prophezeiungen, sogar die Wunder und die Beweise unserer Religion sind nicht solcher Art, daß man sagen kann, sie seien vollkommen überzeugend, aber sie sind auch nicht solcher Art, daß man sagen kann, man müsse ohne Vernunft sein, um sie zu glauben. Also gibt es Klarheit und Dunkelheit, um die einen zu erleuchten und um die andern im Dunkel zu lassen. Aber die Klarheit ist derart, daß sie die Augenscheinlichkeit des Gegenteils übertrifft oder ihr zum mindesten gleichkommt; derart, daß es keine Vernunftgründe gibt, die uns bestimmen können, ihr nicht zu folgen, was also nur die Konkupiszenz und die Bosheit des Herzens bewirken kann. Und da das so ist, ist einmal genug Klarheit vorhanden, um zu verdammen, und nicht genug, um zu überzeugen; damit deutlich ist, daß es in denen, die ihr folgen,

die Gnade und nicht die Vernunft bewirkt, daß sie ihr folgen, und daß es in denen, die sie fliehen, die Konkupiszenz und nicht die Vernunft bewirkt, daß sie sie fliehen.
Vere discipuli, vere Israelita, vere liberi, vere cibus.[1]   564

Erkennt also die Wahrheit der Religion selbst in der Dunkelheit der Religion, in dem schwachen Lichtschimmer, den wir von ihr haben, in der Gleichgültigkeit, die wir zeigen, um sie zu kennen.
565

Nichts versteht man von den Werken Gottes, wenn man nicht als Grundsatz annimmt, daß er die einen blind machen und die andern erleuchten wollte.
566

Die zwei gegensätzlichen Gründe. Damit muß man beginnen; sonst versteht man nichts, und alles ist häretisch; und sogar am Schluß jeder Wahrheit muß man hinzufügen, daß man sich der entgegengesetzten Wahrheit erinnert.   567

Einwurf. Ganz deutlich ist die Schrift voll von Dingen, die der Heilige Geist nicht diktiert hat. *Antwort.* Sie schaden also keineswegs dem Glauben. — *Einwurf.* Die Kirche hat aber entschieden, daß alles vom Heiligen Geist stammt. — *Antwort.* Zweierlei entgegne ich: daß die Kirche das niemals entschieden hat, und daß, wenn sie so entschieden haben würde, sich das aufrechterhalten ließe.
Es gibt viele falsche Geister.
Dionysios hat die Liebe zu Gott, er stand am rechten Ort. Sie meinen, die Weissagungen, die im

Evangelium erwähnt sind, würden berichtet, um sie glauben zu machen? Nein, um sie am Glauben zu hindern. 568

Kanonisch. Die Häretiker am Beginn der Kirche dienen dazu, die kanonischen Lehrer zu beweisen. 569

In das Kapitel über die Fundamente muß aufgenommen werden, was in dem über die Sinnbilder die Ursache der Sinnbilder betrifft: weshalb wurde das erste Kommen Jesu Christi geweissagt und weshalb die Art und Weise verschleiert? 570

Gründe für die Sinnbilder.[1] Sie hatten ein fleischlich gesonnenes Volk zu unterhalten und es zum Verwalter eines geistigen Vermächtnisses zu machen. Damit man dem Messias Glauben schenkte, war es notwendig, daß es alte Prophezeiungen gab und daß sie von unverdächtigen Zeugen bewahrt würden, die sowohl zuverlässig als treu als von einem außerordentlichen Eifer beseelt waren, und die man auf der ganzen Erde kannte. Damit das alles geschehe, hat Gott dies fleischlich gesonnene Volk erwählt, dem er die Prophezeiungen in Verwahrung gegeben hat, die den Messias als Befreier und als Spender fleischlicher Güter, denen dies Volk anhing, kündeten. Und deshalb haben sie für ihre Propheten eine außerordentliche Leidenschaft gehabt, und sie haben aller Welt die Bücher gezeigt, die ihren Messias künden, und sie versicherten allen Völkern, daß er kommen solle, wie es in ihren Büchern, in die jeder Einblick nehmen konnte, geweissagt sei. Und deshalb ist dieses Volk, getäuscht durch die schmähliche und armselige Erscheinung des Messias, sein grimmigster Feind gewesen. Derart, daß es das Volk auf Erden ist, von dem man am wenigsten annehmen könnte, daß es uns voreingenommen stimme, und das am genauesten und voll Glaubenseifer sich nach seinem Gesetz und seinen Propheten nennen kann, die es unverfälscht bewahrt; derart, daß die, die Jesus Christus verworfen und gekreuzigt haben, die an ihm Ärgernis nahmen, die gleichen sind, welche die Bücher bewahren, die von ihm zeugen, und die lehren, daß er verworfen werden und Ärgernis erregen würde; so daß sie ihn dadurch, daß sie ihn ablehnten, kenntlich machten und daß er so zugleich bewiesen worden ist durch die gerechten Juden, die ihn annahmen, wie durch die ungerechten, die ihn verwarfen, was beides geweissagt worden war.

Deshalb haben die Prophezeiungen unter dem fleischlichen Sinn, dem dies Volk anhing, einen verborgenen, den geistigen Sinn, dem es feindlich war. Wäre der geistige Sinn enthüllt gewesen, so wären sie nicht fähig gewesen, ihn zu lieben, und da sie ihn nicht hätten ertragen können, hätten sie nicht für die Erhaltung ihrer Bücher geeifert; und hätten sie den geistigen Verheißungen angehangen und hätten sie diese unverfälscht bis auf den Messias bewahrt, dann hätte ihr Zeugnis nicht das Gewicht gehabt, weil sie Partei gewesen wären. Deshalb war es gut, daß der geistige Sinn verborgen war; wäre aber andererseits dieser Sinn dermaßen verborgen gewesen, daß er nirgends zum Durchscheinen gekommen wäre, dann hätte er nicht zum Erweis des Messias dienen können. Wie ist das nun bewirkt worden?

An vielen Stellen ist der Sinn unter dem Weltlichen verborgen, und an einigen ist er völlig deutlich enthüllt worden, außerdem ist der Zeitpunkt und der Zustand der Welt so deutlich geweissagt, daß es klarer ist als das Licht der Sonne; und dieser geistige Sinn ist an einigen Stellen so deutlich erklärt, daß, um ihn nicht zu bemerken, die Sinne getrübt sein müssen, ähnlich jener Trübung, die das Fleisch über den Geist breitet, wenn er ihm untertan ist.

Das also waren die Maßnahmen Gottes. Der wahre Sinn ist von einem andern Sinn an einer Unzahl von Stellen überlagert, aber an einigen seltenen Stellen enthüllt, derart jedoch, daß die Stellen, wo der Sinn verborgen ist, zweideutig sind und für beide Deutungen passen, während die Stellen, wo er enthüllt ist, eindeutig sind und nur dem geistigen Sinn entsprechen können.

So daß dies nicht zum Irrtum verführen konnte und nur ein derart fleischlich gesonnenes Volk sich darin zu täuschen vermochte.

Denn was hinderte sie sonst, wenn ihnen Güter im Überfluß versprochen wurden, darunter das wahre Gut zu verstehen, wenn nicht ihre Begierde diesen Sinn den weltlichen Gütern verband? Die aber, die ihr Gut nur in Gott sahen, bezogen sie einzig auf Gott. Denn es gibt zwei Grundmotive, die sich in den Willen des Menschen teilen, die Begierde und die Liebe zu Gott. Nicht, daß nicht die Begierde zugleich mit dem Glauben an Gott und nicht die Gottesliebe zugleich mit den irdischen Gütern bestehen könnte; aber die Begierde bedient sich Gottes und genießt die Welt und die Liebe zu Gott umgekehrt hierzu.

Nun, das letzte Ziel entscheidet über den Namen der Sache. Alles, was uns hindert, es zu erlangen, wird Feind genannt. So werden die Geschöpfe, obgleich sie gut sind, Feind der Gerechten sein, wenn sie sie von Gott abwendig machen, und so ist Gott selbst der Feind jener, deren Trott er stört.

Da also, was man Feind nennt, von dem letzten Ziel abhängt, verstehen die Gerechten darunter ihre Leidenschaften, und die Fleischlichen verstehen darunter die Babylonier, und also waren diese Bezeichnungen nur für die Ungerechten dunkel. Und das sagt Jesaja: Signa legem in electis meis,[1] und daß Jesus Christus ein Stein des Anstoßes sein würde. Aber »selig ist, wer sich an mir nicht ärgert«. Hosea sagt ausdrücklich: »Wer ist weise, der dies verstehe, und klug, der dies merke. Denn die Wege des Herrn sind richtig, und die Gerechten wandeln drinnen; aber die Übertreter fallen drinnen.« 571

Hypothese von den betrügerischen Aposteln. Der Zeitpunkt klar, die Art und Weise unklar. Die[2] Beweise des Sinnbildlichen.

$$2000\begin{cases} 1600 - \text{Propheten[3]} \\ 400 - \text{Zerstreuung} \end{cases}$$ 572

Blendung, aus der Schrift. Die Schrift, sagten die Juden, lehrt uns, daß niemand wissen wird, wann der Christ kommen wird. Johannes VII, 27 und XII, 34. Die Schrift sagt, daß Christus ewig bleibt, und dieser sagt, daß er sterben werde. Johannes sagt ferner, sie glaubten nicht, obgleich er so viele Wunder getan hatte, damit das Wort des Jesaja erfüllt würde: er hat sie mit Blindheit geschlagen usw. 573

Größe. — Ein so gewaltig Ding ist die Religion, daß es gerecht ist, daß die, die sich nicht die Mühe nehmen wollen zu prüfen, ob sie dunkel ist, ausgeschlossen sind. Worüber beschwert man sich, wenn sie so ist, daß man sie finden kann, wenn man sie sucht? 574

Alles dient den Erwählten zum Guten, selbst die Dunkelheiten der Schrift; denn wegen der göttlichen Klarheit ehren sie sie. Alles wendet sich zum Übel für die andern, selbst die Klarheit, denn sie lästern sie wegen der Dunkelheiten, die sie nicht verstehen. 575

Allgemeine Leitung der Welt zur Kirche; da Gott sowohl blind machen als erleuchten wollte. Da das Eintreffen den göttlichen Ursprung dieser Prophezeiungen bewiesen hat, muß das übrige geglaubt werden; und von hier aus schauen wir die Ordnung der Welt folgendermaßen: als die Wunder der Schöpfung und der Sintflut in Vergessenheit gerieten, sandte Gott das Gesetz und die Wunder des Moses und die Propheten, die Bestimmtes weissagten; und um ein beständiges Wunder zu bereiten, schafft er die Prophezeiungen und die Erfüllungen; da man aber die Prophezeiungen bezweifeln könnte, will er sie unbezweifelbar machen usw. 576

Gott hat bewirkt, daß die Blindheit dieses Volkes dem Heil der Auserwählten dient. (577)

Klarheit ist genug, um die Auserwählten zu erleuchten, und Dunkelheit genug, um sie zu demütigen. Dunkelheit ist genug, um die Verworfenen zu blenden, und Klarheit ist genug, um sie zu verdammen und unentschuldbar zu machen. (Augustinus, Montaigne über Sabonde.[1])
Die Genealogie Jesu Christi im Alten Testament

ist mit so viel anderm Unnützen vermengt, daß sie nicht herausgelöst werden kann. Hätte Moses nur die Vorfahren Jesu Christi aufgezeichnet, dann wäre das zu deutlich, hätte er die Jesu Christi nicht angegeben, dann wäre es nicht deutlich genug gewesen. Wer aber, alles in allem, genau hinschaut, bemerkt, daß die Genealogie Jesu Christi sorgfältig von der Thamars, Ruths usw. geschieden ist.[1]

Die, die diese Opfer anordneten, kannten ihre Zwecklosigkeit; die, die ihre Zwecklosigkeit erklärten, übten sie trotzdem.

Hätte Gott sie nur einer einzigen Religion gestattet, dann wäre das zu auffallend gewesen; schaut man aber genau hin, dann unterscheidet man deutlich die wahre Religion in dieser Verwirrung.

Grundsatz: Moses war gebildet. Wenn er sich also von seinem Verstand leiten ließ, dann sagte er, genau gesehen, nichts, das ausdrücklich gegen die Vernunft verstoßen hätte.

Folglich sind alle die ganz offenbaren Schwächen: Stärke. Beispiel: Die beiden Genealogien bei Matthäus und Lukas. Kann es etwas Überzeugenderes dafür geben, daß das nicht im Einverständnis gemacht wurde! 578

Da Gott (und die Apostel) vorhersahen, daß dem Samen des Stolzes die Häresien entwachsen würden, und da Gott nicht wollte, daß sie aus eignem erwüchsen, hat er in die Schrift und in die Gebete der Kirche sich widersprechende Worte und Samen[2] gestreut, damit sie ihre Frucht tragen zu ihrer Zeit.

Ebenso wie er im sittlichen Leben die Gottesliebe schenkt, die die Frucht gegen die Konkupiszenz erzeugt. 579

Die Natur hat Vollkommenheiten, um zu zeigen, daß sie das Bild Gottes ist, und Fehler, um zu zeigen, daß sie nur das Bild ist. 580

Mehr über den Willen als über den Geist will Gott herrschen. Vollkommene Klarheit würde dem Geiste dienen und dem Willen schaden. Zu Boden mit dem Dünkelhaften. 581

Selbst aus der Wahrheit macht man sich einen Götzen, denn die Wahrheit, die außerhalb der Liebe zu Gott ist, ist nicht Gott, ist sowohl sein Bild als ein Götzenbild, das man weder zu lieben noch zu verehren hat, und noch weniger ist ihr Gegenteil, das die Lüge ist, zu lieben oder zu verehren.
Ich könnte durchaus vollkommene Dunkelheit lieben; wenn mich Gott aber einer Seinslage des Halbdunkels verbunden hat, mißfällt mir die wenige Dunkelheit, die es hier gibt, und weil ich darin nicht die Vorzüge einer völligen Dunkelheit finde, gefällt sie mir nicht. Das ist falsch und ein Zeichen dafür, daß ich mir aus der von der Ordnung Gottes geschiedenen Dunkelheit ein Götzenbild mache. Nun, sie ist nur in seiner Ordnung zu verehren.[1] 582

Die Gerissenen[2] sind Menschen, die die Wahrheit kennen, die es aber nur so lange mit ihr halten, als ihr Nutzen damit übereinstimmt, sonst geben sie sie auf. 583

Die Welt hat Bestand, damit Barmherzigkeit und Recht geübt werden, nicht als wären die Menschen hier, wie sie aus den Händen Gottes kamen, sondern als wären sie Feinde Gottes, denen er aus

Gnade Licht genug geschenkt, damit sie zurückfinden, wenn sie ihn suchen und ihm folgen wollen, um sie aber zu bestrafen, wenn sie sich weigern, ihn zu suchen oder ihm zu folgen. 584

Daß Gott sich verbergen wollte. Wenn es nur eine Religion gäbe, dann wäre Gott darin völlig offenbar. Gäbe es nur Märtyrer in unserer Religion, gleichfalls.
Da Gott aber derart verborgen ist, ist jede Religion, die nicht lehrt, Gott sei verborgen, nicht die wahre, und eine Religion, die uns hierüber nicht unterrichtet, kann uns nicht belehren. Unsere tut beides: Vere tu es Deus absconditus.[1] 585

Gäbe es keine Dunkelheit, würde der Mensch seine Verderbtheit nicht empfinden; gäbe es kein Licht, würde der Mensch kein Heilmittel erhoffen. Also ist es nicht nur gerecht, sondern auch nützlich für uns, daß Gott zum Teil verborgen, zum Teil enthüllt ist, da es für die Menschen gleich gefährlich ist, Gott zu kennen, ohne von ihrem Elend zu wissen, wie von ihrem Elend zu wissen, ohne Gott zu kennen. 586

So groß diese Religion in ihren Wundern ist, ihren Heiligen, reinen Gläubigen, Gerechten, Gelehrten und mächtigen Zeugen, Märtyrern, Königen, die eingesetzt wurden (David), Jesaja, Fürst von Geblüt, und so mächtig sie an Kenntnissen ist, sie verwirft, nachdem sie all ihre Wunder und ihre ganze Weisheit dargelegt hat, das alles und sagt, daß sie weder Weisheit noch Zeichen habe, sondern das Kreuz und die Torheit.
Denn die, die durch diese Zeichen und diese Weisheit sich um euren Glauben verdient gemacht

und die ihren Charakter erwiesen haben, erklären euch, daß nichts von alledem euch ändern und fähig machen könne, Gott zu kennen und zu lieben, sondern allein die Tugend der Torheit des Kreuzes, ohne Weisheit und Zeichen, und keineswegs die Wunder ohne diese Tugend. Und so ist unsere Religion Torheit, wenn man die tatsächliche Ursache bedenkt, und weise, wenn man die Weisheit bedenkt, die sich darin vorbereitet. 587

Unsere Religion ist sowohl weise als Torheit. Weise, weil sie die wissendste und die in Wundern, Weissagungen usw. begründetste ist. Torheit, weil nichts von alledem bewirkt, daß man ihr zugehört. Das ist nur, damit die verdammt seien, die nicht glauben, nicht aber, damit die glauben, die ihr gehören. Was sie glauben macht, ist das Kreuz, ne evacuata sit crux.[1] Und deshalb sagt Paulus, der in Weisheit und Wundern gekommen ist, daß er weder in Weisheit noch Wundern gekommen sei, denn er kam, um zu bekehren. Aber die, die kommen, um zu überzeugen, die können sagen, daß sie in Weisheit und Zeichen kommen. 588

Widersprüche. Unendliche Weisheit und Torheit der Religion. 588b

IX. DIE RELIGIONEN

Fragment 589-641

Davon, daß die christliche Religion nicht die einzige ist. Das ist kein Grund, daß man nicht glauben kann, daß sie die wahre sei, im Gegenteil, das zeigt, daß sie es ist. 589

Soweit die Religionen in Frage stehen, muß man wahrhaftig sein: wahrhaft Heide, wahrhaft Jude, wahrhaft Christ. 590

```
                    J. C.
Heiden _____|_____ Mohammed
              Ohne Kenntnis
               von Gott                    591
```

Falschheit der andern Religionen. Jene[1] haben keine Zeugen; diese haben sie. Gott fordert die andern Religionen heraus, solche Zeichen zu vollbringen. Jesaja XLIII, 9; XLIV, 8. 592

Geschichte Chinas.[2] Nur die Berichte glaube ich, deren Zeugen sich umbringen lassen würden. (Wer ist glaubwürdiger, Moses oder China?) Man soll das nicht wichtig nehmen; ich sage ihnen, daß es etwas gibt, das uns blind macht, und etwas, das uns aufklärt.
Durch diesen einen Satz mache ich all ihre Über-

legungen zuschanden. Sie aber sagen, China verwirre, und ich antworte: gewiß, China verwirrt, doch gibt es Klarheit hier zu finden, suchen Sie danach! So dient alles, was Sie vorbringen, dem einen Plan, und nichts ist gegen den andern. Also ist das dienlich und nicht schädlich.
Folglich soll man sich das im einzelnen ansehen; man muß die Schriftstücke prüfen. 593

Gegen die Geschichte Chinas. Die mexikanischen Geschichtsschreiber; von den fünf Sonnen, von denen die letzte erst achthundert Jahre alt ist.[1]
Unterschied zwischen einem Buch, das ein Volk empfangen, und einem, das ein Volk macht. 594

Mohammed ist ohne Autorität. Seine Gründe hätten sehr überzeugend sein müssen, da sie nur auf sich selbst beruhten.
Und was fordert er dabei? Daß man sie glauben müsse. 595

Die ganze Erde singt die Psalmen.
Wer zeugt für Mohammed? Er allein. Jesus Christus will, daß sein Zeugnis für nichts gelte.
Damit Zeugen sein können, müssen sie immer, überall und elend sein, er (aber) ist allein.[2] 596

Gegen Mohammed. Es ist nicht gewisser, daß der Koran von Mohammed, als daß das Evangelium von Matthäus ist, denn viele Schriftsteller erwähnen es von Jahrhundert zu Jahrhundert, selbst Gegner wie Celsius und Porphyrius haben es niemals geleugnet. Der Koran schreibt, daß Matthäus ein rechtschaffner Mensch gewesen wäre. Folglich war er [Mohammed] ein falscher Prophet, da er entweder unrechte Menschen rechtschaffene

Leute nannte oder nicht in Übereinstimmung mit dem blieb, was diese von Jesus Christus gelehrt hatten. 597

Ich möchte nicht, daß man Mohammed danach beurteilt, was dunkel ist und was man als geheimen Sinn gelten lassen kann, sondern urteilen soll man über das, was er klar gesagt hat, über das Paradies und das übrige. Darin ist er lächerlich. Und deshalb ist es in Anbetracht der deutlichen Aussagen, die lächerlich sind, unrecht, in den Dunkelheiten Geheimnisse zu sehen.
In der Schrift ist das nicht so. Selbst angenommen, es gäbe hier Dunkelheit, die ebenso verstiegen wäre wie die Mohammeds. Dann aber gibt es wunderbare Klarheit und offenbare und erfüllte Prophezeiungen. Das Spiel steht also nicht auf beiden Seiten gleich. Man darf Dinge, die sich in der Dunkelheit ähnlich sind, nicht aber in der Klarheit, welche der Grund ist, daß man die Dunkelheiten verehrt, nicht durcheinanderbringen und einander angleichen. 598

Unterschied zwischen Jesus Christus und Mohammed. Mohammed nicht geweissagt, Jesus geweissagt.
Mohammed tötend, Jesus Christus die Seinen töten lassend.
Mohammed verbot, die Schrift zu lesen, die Apostel befahlen, sie zu lesen.
Endlich, und das ist der entscheidende Gegensatz: Während Mohammed den Weg wählte, um menschlich erfolgreich zu sein, wählte Jesus Christus den, um menschlich umzukommen; und statt nun daraus zu schließen, da Mohammed Erfolg hatte, hätte Jesus Christus wohl Erfolg haben

können, muß man folgern, daß, da Mohammed Erfolg hatte, Jesus Christus umkommen sollte.

599

Jeder Mensch kann tun, was Mohammed getan hat, denn er vollbrachte keine Wunder, und er war nicht geweissagt. Kein Mensch kann tun, was Jesus Christus getan hat. (600)

Fundament unseres Glaubens. Die heidnische Religion ist ohne Fundament (heute wenigstens. Ehemals, sagt man, hatte sie es in den Orakeln, die gesprochen haben. Aber was sind das für Bücher, die uns dessen versichern? Können wir ihnen auf Grund der Tugend ihrer Verfasser Glauben schenken? Sind sie mit so viel Sorgfalt bewahrt worden, daß man gewiß sein könnte, sie seien nicht gefälscht?)
Die mohammedanische Religion hat als Fundament den Koran und Mohammed. Ist aber dieser Prophet, der die letzte Erwartung der Welt sein sollte, geweissagt worden? Und wodurch hat er sich von irgendeinem beliebigen Menschen unterschieden, der sich als Prophet ausgeben möchte? Welche Wunder will er auf Grund seiner eignen Worte vollbracht haben, welches Mysterium hat er gemäß seiner eignen Überlieferung gelehrt, was für eine Moral und was für eine Glückseligkeit?
Die jüdische Religion muß nach der Überlieferung der heiligen Schriften und der des Volkes verschieden beurteilt werden. In der Überlieferung des Volkes sind Moral und Glückseligkeit lächerlich, sie sind aber bewunderungswürdig in der Überlieferung ihrer heiligen Bücher. (Und das ist in jeder Religion dasselbe; denn die christliche ist

in den heiligen Schriften und bei den Kasuisten wohl verschieden.) Ihr Fundament[1] ist bewunderungswürdig, es ist das älteste Buch der Welt und das glaubwürdigste; und während Mohammed, um seinem Buche Dauer zu verschaffen, verbot, es zu lesen, hat Moses, um seinem Dauer zu geben, jedem befohlen, daß er es lese.
So göttlich ist unsere Religion, daß eine andere göttliche Religion nur ihr Fundament ist. 601

Anordnung. Feststellen, was es in der ganzen Seinslage der Juden an Klarheit und Unbestreitbarem gibt. 602[2]

Die einzige Wissenschaft, die gegen den gesunden Menschenverstand und gegen die Natur des Menschen ist, ist die einzige, die immer unter den Menschen bestand. 604

Die einzige Religion, die gegen die Natur, gegen den gesunden Menschenverstand, gegen unsere Vergnügungen ist, ist die einzige, die immer gewesen ist. 605

Keine Religion außer unserer hat gelehrt, daß der Mensch sündig von Geburt sei, keine Philosophenschule lehrte das, folglich hat keine Wahrheit gelehrt.
Keine der Schulen, noch irgendeine Religion war immer auf Erden, nur die christliche. 606

Wer die Religion der Juden nach der Oberfläche beurteilen will, der wird sie falsch verstehen. Sie liegt zutage in den heiligen Büchern und in der Überlieferung der Propheten, die deutlich genug machten, daß sie das Gesetz nicht nach dem Buchstaben verstanden. Ebenso ist unsere Religion in den Evangelien, bei den Aposteln und in der Überlieferung göttlich, aber lächerlich dort, wo man sie falsch behandelt.

Der Messias sollte nach der Meinung der fleischlich gesonnenen Juden ein mächtiger Fürst dieser Welt sein. Jesus Christus ist nach der Meinung der fleischlich gesonnenen Christen gekommen, um uns von der Pflicht, Gott zu lieben, zu entbinden, und um uns Sakramente zu geben, die alles ohne uns bewirken. Weder ist das eine die christliche noch ist das andere die jüdische Religion.

Die wahren Juden und die wahren Christen haben immer einen Messias erhofft, der sie befähigen würde, Gott zu lieben, um durch diese Liebe ihre Feinde[1] zu besiegen. 607

Die fleischlich gesonnenen Juden bilden die Mitte zwischen Christen und Heiden. Die Heiden kennen Gott nicht und lieben nur die Welt. Die Juden kennen den wahren Gott und lieben nur die Welt. Die Christen kennen den wahren Gott und lieben die Welt nicht. Die Juden und die Heiden lieben die gleichen Güter. Die Juden und die Christen kennen den gleichen Gott.

Zwei Arten Juden gab es: die einen hatten heidnische, die andern christliche Neigungen. (608)

In jeder Religion gibt es zwei Arten von Menschen. Unter den Heiden Anbeter der Tiere und die andern, Anbeter des einen Gottes der natürlichen Religion. Bei den Juden die fleischlich gesonnenen und die geistigen Juden, die die Christen des alten Gesetzes waren. Unter den Christen die materiellen, die die Juden des neuen Gesetzes sind.

Die fleischlichen Juden erhofften einen fleischlichen Messias, und die materiellen Christen glauben, daß der Messias sie von der Pflicht, Gott zu lieben, entbunden habe. Die wahren Juden und die wahren Christen verehren einen Messias, der sie fähig macht, Gott zu lieben. 609

Beweis, daß die wahren Juden und die wahren Christen nur ein und dieselbe Religion haben.
Dem Anschein nach besteht die jüdische Religion wesentlich auf der Abstammung von Abraham, der Beschneidung, den Opfern, den Riten, der Bundeslade, dem Tempel, auf Jerusalem, und endlich auf dem Gesetz und dem Bund Moses'.
Ich sage: daß sie auf nichts von alledem bestand, sondern allein auf der Liebe zu Gott und daß Gott alles andere verwarf.
Daß Gott die Abstammung von Abraham nicht anerkannte.
Daß die Juden, genau wie die Fremden, von Gott bestraft werden, wenn sie ihn beleidigen. 5. Mos. VIII, 19: »Wirst du aber des Herrn, deines Gottes, vergessen und andern Göttern nachfolgen, so bezeuge ich heute über euch, daß ihr umkommen werdet; eben wie die Heiden, die der Herr umbringet vor euerm Angesicht.«
Daß die fremden Völker von Gott angenommen werden, genau wie die Juden, wenn sie ihn lieben. Jes. LVI, 3: »Der Fremde soll nicht sagen: der Herr wird mich scheiden von seinem Volk. — Die Fremden, die sich zum Herrn getan haben, daß sie ihm dienen und ihn lieben: dieselben will ich zu meinem heiligen Berge bringen, und ihre Opfer sollen mir angenehm sein; denn mein Haus heißt ein Bethaus allen Völkern.«
Daß die wahren Juden ihr Verdienst nur von Gott

schätzen und nicht von Abraham. Jes. LXIII, 16: »Bist du doch unser Herr. Denn Abraham weiß von uns nicht, und Israel kennet uns nicht. Du aber, Herr, bist unser Vater und Erlöser.«

Moses selbst belehrte sie, daß Gott keine Personen achten würde. 5. Mos. X, 17: »Gott«, sagt er, »achtet keine Person und nimmt kein Geschenk an.«

Der Sabbat war nur ein Kennzeichen, 2. Mos. XXXI, 13; und zum Gedächtnis an den Auszug aus Ägypten, 5. Mos. V, 15. Folglich ist er nicht mehr nötig, da man Ägypten vergessen muß.

Die Beschneidung war nur ein Kennzeichen, 1. Mos. XVII, 11. Und das ist der Grund, daß sie, solange sie in der Wüste waren, nicht beschnitten wurden, da sie sich nicht mit andern Völkern vermischen konnten, und daß die Beschneidung nicht mehr nötig ist, seitdem Jesus Christus gekommen ist.

Daß die Beschneidung des Herzens geboten ist. 5. Mos. X, 16; Jer. IV, 4: »So beschneidet denn eures Herzens Vorhaut und seid fürder nicht halsstarrig, denn der Herr, euer Gott, ist ein großer Gott, mächtig und schrecklich, der keine Person achtet.«

Daß Gott sagt, eines Tages würde er sie vollziehen. 5. Mos. XXX, 6: »Und der Herr, dein Gott, wird dein Herz beschneiden und das Herz deines Samens, daß du den Herrn, deinen Gott, liebest, von ganzem Herzen und von ganzer Seele.«

Daß die Unbeschnittenen des Herzens gerichtet würden. Jer. IX, 26: Denn Gott wird die unbeschnittenen Völker richten und das ganze Volk Israel, weil es »unbeschnittenen Herzens« ist.

Daß das Äußerliche ohne das Innerliche zu nichts dient. Joel II, 13: Scindite corda vestra, usf. Jes. LVIII, 3, 4, usf.[1]

Die Liebe zu Gott ist in dem ganzen Deuteronomium geboten. 5. Mos. XXX, 19: »Ich nehme Himmel und Erde heute über euch zum Zeugen. Ich habe euch Leben und Tod vorgelegt, daß ihr das Leben erwählet und daß ihr Gott liebet und ihm gehorchet, denn Gott ist euer Leben.«

Daß die Juden, weil es ihnen an dieser Liebe mangelt, für ihre Verbrechen verworfen und die Heiden statt ihrer erwählt werden würden. Hos. I, 10; 5. Mos. XXXII, 20: »Ich will mein Antlitz vor ihnen verbergen, will sehen, was ihnen zuletzt widerfahren wird; denn es ist eine verkehrte Art, es sind untreue Kinder. Sie haben mich gereizt an dem, was nicht Gott ist; mit ihrer Abgötterei haben sie mich erzürnt. Und ich will sie wieder reizen an dem, das nicht mein Volk ist, an einem närrischen Volk will ich sie erzürnen.« Jes. LXV, 1.

Daß die irdischen Güter Trug seien und daß das wahre Gut sei, eins mit Gott zu sein. Psalm CXLIII, 15.

Daß ihre Feste Gott mißfallen. Amos V, 21.

Daß die Opfer der Juden Gott mißfallen. Jes. LXVI, 1—3; I, 11; Jer. VI, 20. Psalm Davids, Miserere. — Selbst die der Gerechten. Exspectavi. Psalm XLIX, 8, 9, 10, 11, 12, 13 und 14.

Daß er sie nur wegen ihrer Verhärtung eingesetzt. Micha VI., bewunderungswürdig. Könige XV, 22; Hosea VI, 6.

Daß die Opfer der Heiden Gott angenehm sein würden und daß Gott sein Wohlgefallen von den Opfern der Juden abwenden würde. Maleach. I, 11.

Daß Gott einen neuen Bund durch den Messias schließen würde und daß der alte verworfen sein würde. Jer. XXXI, 31.

Mandata non bona. Ezech.[1]
Daß alles Alte vergessen würde. Jes. XLIII, 18, 19; LXV, 17, 18.
Daß man sich nicht mehr der Bundeslade entsinnen würde. Jer. III, 15, 16.
Daß der Tempel zerstört werden würde. Jer. VII, 12, 13, 14.
Daß die Opfer verworfen sein und andere reinere gestiftet würden. Maleach. I, 11.
Daß die Weise des Opferpriesters Aron verworfen und die des Melchisedech durch den Messias eingeführt werden würde. Dixit Dominus.[2]
Daß diese Weise des Opfers ewig sein würde. Ebenda.
Daß Jerusalem verworfen und Rom für gut befunden werden würde. Dixit Dominus.
Daß der Name der Juden verworfen und ein neuer Name gegeben würde. Jes. LXV, 15.
Daß dieser neue Name besser als der der Juden und ewig sein würde. Jes. LVI, 5.
Daß die Juden ohne Propheten (Amos), ohne Könige, ohne Fürsten, ohne Opfer und ohne Götzenbild sein sollen.
Daß trotzdem die Juden immer als Volk bestehen bleiben würden. Jer. XXXI, 36.

Staat. Der christliche Staat, und selbst der jüdische, hat nur Gott zum Herrn gehabt, wie Philon der Jude in »Über die Monarchie« bemerkt.
Kämpften sie, so geschah es nur für Gott; grundsätzlich erhofften sie nichts als von Gott; ihre Städte werteten sie, als gehörten sie Gott, und sie bewahrten sie für Gott. I Paralip. XIX, 13.

1. Mos. XVII, 7. Statuam pactum meum inter me et te foedere sempiterno... ut sim Deus tuus... Et tu ergo custodies pactum meum.[3]

Beständigkeit. Diese Religion, die in dem Glauben besteht, der Mensch sei aus der Seinslage der Herrlichkeit und des Umgangs mit Gott in eine Seinslage der Trauer, der Pein und der Entfernung von Gott gestoßen, und daß wir nach diesem Leben wieder eingesetzt werden sollen durch einen Messias, der kommen sollte, bestand seit je auf Erden. Alles ist vergangen, doch sie, für die alles ist, hat überdauert.

Im ersten Zeitalter der Welt wurden die Menschen zu jeder Art Ausschweifung verführt; indessen gab es Heilige wie Enoch, Lamech und andere, die in Geduld den Christus erwarteten, der seit Beginn der Welt verheißen war. Den Gipfel der Bosheit der Menschen hat Noah gesehen, und weil er den Messias, dessen Sinnbild er gewesen ist, erhoffte, wurde er würdig befunden, die Welt durch seine Person zu erretten. Abraham lebte inmitten des Götzendienstes, als Gott ihm Kenntnis gab von dem Mysterium des Messias, den er von ferne sah. Zur Zeit Isaaks und Jakobs waren die Greuel über die ganze Erde verbreitet; diese Heiligen aber lebten im Glauben, und als Jakob sterbend seine Kinder segnet, unterbricht er verzückt seine Rede und ruft aus: »Ich erwarte, o Herr, den Erlöser, den du verheißen hast: Salutare tuum expectabo, Domine.«[1] Die Ägypter waren vom Götzendienst und von der Magie verseucht, selbst das Volk Gottes wurde durch ihr Beispiel verführt; Moses und andere jedoch glaubten an den, den sie nicht sahen, und beteten ihn an und schauten auf die ewigen Gaben, die er ihnen bereitete.

Später ließen die Griechen und Römer die falschen Götter herrschen, Dichter erfanden hundert verschiedene Götterlehren, die Philosophen spalteten sich in tausend verschiedene Schulen; jedoch immer lebten im Herzen Judas erwählte Menschen, die das Kommen des Messias weissagten, den niemand außer ihnen kannte.

Endlich, als die Zeit erfüllt war, ist er gekommen. Und seitdem entstanden vielerlei Spaltungen und Häresien, viele Staaten wurden gestürzt, so viele Dinge wandelten sich, doch diese Kirche, die zu dem betet, zu dem man immer gebetet hat, hat ohne Unterbrechung bestanden. Das aber, was wunderbar, unvergleichlich und völlig göttlich ist, ist, daß diese Religion, die alles überdauert hat, immer bekämpft worden ist. Tausendmal hat sie unmittelbar vor restloser Zerstörung gestanden, und immer, wenn es so war, hat sie Gott durch außerordentliche Eingriffe seiner Allmacht wieder errichtet. Und das Erstaunlichste ist, daß sie sich gehalten hat, ohne sich unter dem Willen der Tyrannen zu biegen oder zu beugen. Denn daß ein Staat besteht, der seine Gesetze den Notwendigkeiten des Tages von Zeit zu Zeit anpaßt, das ist nicht befremdend; daß aber . . .
(Siehe die Darstellung bei Montaigne.) 613

Wenn die Staaten nicht mitunter ihre Gesetze den Notwendigkeiten anpaßten, würden sie zugrunde gehen; das aber hat die Religion niemals geduldet und sich nie dieser Möglichkeit bedient. Entweder sind solche Anpassung oder Wunder nötig.

Wenn man sich beugt, ist es nicht sonderbar, daß man sich erhält, und, genau gesehen, behauptet man sich dabei nicht, und trotzdem verfielen sie schließlich gänzlich; kein Staat überdauerte tausend Jahre. Daß sich aber diese Religion immer behauptete und unbeugsam blieb, das ist göttlich.

Sie mögen sagen, was Sie wollen, zugeben muß man, daß es einiges Erstaunliche in der christlichen Religion gibt. Das scheint Ihnen so, wird man sagen, weil Sie darin geboren sind. Im Gegenteil, aus eben dem Grund wende ich mich dagegen, weil ich fürchte, daß mich diese Voreingenommenheit verführt, aber obgleich ich darin geboren bin, höre ich nicht auf, sie erstaunlich zu finden. 615

Beständigkeit. Immer hat man an den Messias geglaubt. Für Noah und Moses war die Überlieferung von Adam noch lebendig, dann haben ihn die Propheten gekündet, die dadurch, daß sie anderes zugleich weissagten, das in Erfüllung ging und wovon die Menschen von Zeit zu Zeit erfuhren, daß es eingetroffen, die Wahrheit ihrer Sendung und folglich auch die Wahrheit ihrer Verheißungen, die von dem Messias handelten, unter Beweis stellten. Jesus Christus hat Wunder getan und auch die Apostel, die die Heiden bekehrt haben; und da so alle Prophezeiungen erfüllt worden sind, ist der Messias für alle Zeiten bewiesen. 616

Beständigkeit. Man bedenke, daß seit dem Beginn der Welt ohne Unterbrechung der Messias erwartet oder verehrt worden ist; daß Menschen aufgestanden sind, die sagten, Gott habe ihnen enthüllt, daß ein Heiland geboren werden solle, der sein Volk erlösen würde; man bedenke, daß später Abraham gekommen ist, der gesagt hat, es sei ihm die Offenbarung geworden, der Messias würde von einem Sohne stammen, der ihm geboren werden solle, bedenke, daß Jakob erklärt hat, daß er unter seinen zwölf Söhnen vom Stamme Juda sein würde, daß dann Moses und die Propheten gekommen sind, um den Zeitpunkt und die Art seines Kommens zu deuten; daß sie gesagt haben, daß das Gesetz, das sie hätten, nur in Erwartung des Gesetzes des Messias bestünde, daß es bis dahin bestehen, daß das andere aber ewig bestehen würde, daß also entweder ihr Gesetz oder das des Messias, das ihr Gesetz verheiße, immer auf Erden sein würde; und man bedenke, daß es in Wirklichkeit immer bestanden hat, und daß endlich Jesus Christus gekommen ist in der Art und Weise, wie es geweissagt war. — Das ist bewunderungswürdig. 617

Das ist zuverlässig wahr. Während sich die Philosophen in die verschiedensten Schulen spalten, leben in einem Winkel der Erde Menschen, die das älteste Volk der Erde sind, die darlegen, daß sich alle Welt irre und daß Gott ihnen die Wahrheit enthüllt habe, und daß sie immer auf Erden sein würden. Tatsächlich nehmen alle andern Schulen ein Ende, diese dagegen ist immer da, und seit 4000 Jahren behaupten sie,[1] daß ihnen ihre Vorfahren überlieferten, daß die Menschen des Umgangs mit Gott verlustig gegangen und völlig entfernt von Gott seien, daß er aber verheißen habe, sie zu erlösen; daß diese Lehre immer auf Erden gelehrt werden würde, und daß ihr Gesetz einen doppelten Sinn habe, und sie behaupten, daß 1600 Jahre lang Menschen unter ihnen gelebt hätten, die sie für Propheten hielten, die Tag und Art geweissagt hätten, und daß 400 Jahre, nachdem sie über die ganze Erde verstreut worden seien, weil Jesus Christus überall verkündet werden sollte, Jesus Christus gekommen sei, in der Art und zu der Zeit, wie es geweissagt war, und daß seitdem die Juden über die ganze Erde zerstreut, verachtet von allen sind und trotzdem bestehen.   618

Ich sehe die christliche Religion gegründet auf einer Religion, die ihr vorhergeht, wobei ich folgendes als zuverlässig wahr finde. Ich will hier nicht von den Wundern des Moses, denen Jesu Christi oder der Apostel sprechen, weil sie zunächst nicht überzeugend zu sein scheinen, und weil ich hier nur die Grundlagen dieser christlichen Religion, die unbezweifelbar sind, in Evidenz haben will, und die von niemandem, wer er auch sei, bezweifelt werden können. Sicher ist, daß wir an einigen Orten der Erde ein besonderes Volk finden, das von allen andern Völkern der Erde geschieden ist und das das jüdische heißt.
Weiter finde ich an vielen Orten der Erde und zu allen Zeiten Religionsmacher,[1] die aber weder eine Moral kennen, die mir gefallen könnte, noch Beweise haben, die mich überzeugen könnten, und so würde ich gleicherweise die Religion Mohammeds wie die Chinas oder die der alten Römer und die der Ägypter aus dem einen Grunde abgelehnt haben, weil sich die Vernunft nicht eher für diese als für jene entscheiden kann, da keine von ihnen bessere Kennzeichen ihrer Wahrheit als die andere hat, noch sonst etwas, das mich notwendig bestimmen könnte.
Aber während ich so diese wechselvolle und fratzenhafte Vielfalt an Sitten und Glauben durch die Zeiten bedenke, entdecke ich in einem Winkel der Erde ein eigentümliches Volk, das, von allen andern Völkern geschieden, das älteste von allen ist, und dessen Geschichte um Jahrhunderte weiter als die Geschichte der ältesten Völker, die wir kennen, zurückreicht.

Diesem großen und zahlreichen Volk begegne ich also, und ich finde, daß es von einem einzigen Menschen abstammt, daß es einen einzigen Gott anbetet und daß es sich nach einem Gesetz richtet, von dem sie behaupten, daß sie es von Gott erhielten. Sie unterstellen, daß sie die einzigen wären, denen Gott seine Geheimnisse enthüllt hat, daß alle Menschen verderbt und in Gottes Ungnade seien, daß alle ihrem eigenen Trieb und ihrer eignen Vernunft überantwortet seien und daß sich daraus die sonderbaren Verirrungen und der ewige Wechsel der Religionen und Sitten, der unter den Menschen geschieht, herleiteten, während sie selber unerschütterlich in ihrem Verhalten blieben; und sie sagen, daß auch Gott die andern Völker nicht ewig in dieser Finsternis lassen werde, daß ein Erlöser für alle kommen werde, und daß sie auf Erden seien, um ihn den Menschen zu künden, und daß sie ausdrücklich geschaffen worden seien, um den Vortrupp und Herold dieser gewaltigen Kunft zu bilden, und um alle Völker aufzurufen, sich mit ihnen in der Erwartung dieses Erlösers zu vereinen.

Die Begegnung mit diesem Volk verblüfft mich, und es scheint mir der Beachtung würdig. Ich prüfe dieses Gesetz, das sie sich schmeicheln von Gott erhalten zu haben, und ich finde, daß es bewunderungswürdig ist. Es ist das älteste Gesetz von allen, so alt, daß sogar das Wort Gesetz bei den Griechen erst etwa tausend Jahre später aufkam, nachdem jene ihr Gesetz erhalten und ohne Unterbrechung beachtet hatten. So finde ich es beachtlich, daß das älteste Gesetz sich auch als das vollkommenste erweist, derart, daß die größten Gesetzgeber ihre Gesetze von dem ihren entliehen haben, was offenbar für das Gesetz der zwölf

Tafeln der Athener, das die Römer[1] später übernommen haben, gilt, und was leicht zu beweisen wäre, wenn Josephus und andere nicht schon genug darüber gehandelt hätten.

Vorzüge der Juden. In dieser Untersuchung fesselt das jüdische Volk zunächst meine Aufmerksamkeit durch die Menge des Wunderbaren und Einzigartigen, das dort Ereignis wurde.

Zunächst erkenne ich, daß es ein Volk ist, dessen Glieder Brüder sind. Während alle andern Völker aus einer Unendlichkeit von Familien bestehen, stammt dies Volk, obgleich es so überaus fruchtbar ist, von einem einzigen Menschen ab; und da sie so alle eines Blutes und miteinander verwandt sind, bilden sie aus einer einzigen Familie einen mächtigen Staat. Das ist einzigartig.

Diese Familie oder dies Volk ist das älteste, von dem Menschen wissen, was ihm, wie mir scheint, und besonders in der Untersuchung, die wir hier vornehmen, eine besondere Verehrung sichert, da, wenn sich Gott immer den Menschen mitgeteilt haben sollte, wir uns an sie halten müssen, wenn wir die Überlieferung hiervon wissen wollen.

Dies Volk ist nicht nur beachtlich durch sein Alter, sondern auch einzigartig durch seine Dauer, die von seinem Ursprung bis heute reicht. Denn während die Völker Griechenlands und Italiens, die Spartaner, Athener, Römer und alle andern, die so viel später aufkamen, längst verfallen sind, bestehen die Juden immer, und das obwohl, wie ihre Geschichtsschreiber es bezeugen und wie man es auch nach dem natürlichen Lauf der Dinge annehmen müßte, die Kriegszüge vieler mächtiger Könige sie hundertmal zu vernichten versucht haben; trotzdem haben sie sich durch so lange

Zeitläufte immer erhalten (und das ist geweissagt worden). Und da sich ihre Geschichte von den ältesten Zeiten bis zu der letzten erstreckt, schließt sie in ihrer Ausdehnung jede andere Geschichte ein (die sie alle zeitlich erheblich übertrifft).

Das Gesetz, durch das dies Volk regiert wird, ist zugleich das älteste und das vollkommenste Gesetz der Welt und das einzige, das immer und ohne Unterbrechung in einem Staate gültig war. Das führt Josephus vorzüglich aus gegen Apion und an mehreren Stellen Philon der Jude, wo sie zeigen, daß es so alt ist, daß sogar das Wort Gesetz erst mehr als tausend Jahre später aufgekommen ist, da Homer, der die Geschichte so vieler Staaten geschrieben hat, sich niemals seiner bedient. Die Vollkommenheit dieses Gesetzes ist leicht zu beurteilen, wenn man es nur liest, wobei man erkennen wird, daß alle möglichen Fälle mit so viel Weisheit, so viel Billigkeit, so viel Gerechtigkeit vorgesehen sind, daß die ältesten griechischen und römischen Gesetzgeber, da sie eine schwache Ahnung davon hatten, ihre wichtigsten Gesetze ihm entnommen haben, was durch die augenscheinlich wird, die man die Gesetze der zwölf Tafeln nennt, und durch andere Beweise, die Josephus dafür beibringt.

Aber gleichzeitig ist dies Gesetz in dem, was den Kultus ihrer Religion angeht, das strengste und härteste von allen, denn es zwingt dies Volk, um es in seinen Bann zu halten, bei Todesstrafe zu tausend umständlichen und schwierigen Beachtungen, so daß es äußerst überraschend ist, daß dies Gesetz so beständig und durch so lange Jahrhunderte von einem derart aufrührerischen und ungeduldigen Volke bewahrt wurde, während alle andern

Staaten von Zeit zu Zeit ihre Gesetze änderten, obgleich sie sämtlich viel leichter gewesen sind.
Das Buch, das dieses Gesetz, das älteste von allen, bewahrt, ist an sich das älteste Buch der Welt; die Bücher Homers, Hesiods und die übrigen sind sechs oder sieben Jahrhunderte jünger. 620

Als die Schöpfung und die Sintflut vergangen waren und Gott weder willens war, die Welt zu zerstören, noch sie neu zu schaffen, noch weiterhin diese übergewaltigen Zeichen von sich zu geben, begann er, ein Volk, das ausdrücklich hierzu geschaffen, auf Erden einzusetzen, das bis zu jenem Volk dauern sollte, das der Messias in seinem Geiste formen würde. 621

Als die Schöpfung der Welt in der Zeit immer weiter entschwand, hat Gott einen einzigen zeitgenössischen Menschen mit dem Bericht beauftragt und einem ganzen Volk aufgegeben, dieses Buch zu bewahren, damit dieser Bericht der glaubwürdigste der Welt wäre und alle Menschen lernen könnten, was man notwendig wissen muß und nur aus ihm wissen kann. 622

(Mit Japhet beginnt die Genealogie.)
Jacob[1] kreuzt seine Arme und bevorzugt den Jüngeren. 623

Weshalb hat Moses den Menschen eine so lange Lebensdauer gegeben, und weshalb kennt er so wenig Generationen?
Weil nicht die Länge der Jahre, wohl aber die Anzahl der Generationen die Geschehnisse dunkel macht, denn die Wahrheit verdirbt nur im Wechsel der Menschen. Zweierlei, das Einprägsamste, was man sich denken kann: das Wissen um die

Schöpfung und um die Sinflut, setzt er so nah, daß man fast daran rührt. 624

Sem, der Lamech sah, der seinerseits Adam sah, sah noch Jakob, der die sah, die Moses sah; folglich sind Sintflut und Schöpfung Wahrheit. Für jene Leute, die das recht verstehen, ist das schlüssig. 625

Andersrum. Daß die Patriarchen so lange lebten, bewirkt nicht etwa, daß man die Geschichte der Vergangenheit vergessen, sondern es dient im Gegenteil dazu, daß man sie erhalten hat. Denn der Grund, daß man mitunter über die Geschichte seiner Vorfahren nicht genügend unterrichtet ist, liegt darin, daß man kaum jemals gleichzeitig mit ihnen lebte und daß sie oft starben, bevor man alt genug war, um vernünftig zu sein. Nun, damals, als die Menschen so lange lebten, lebten auch die Kinder lange mit den Vätern zusammen, und so hatten sie viel Zeit, miteinander zu reden. Wovon hätten sie reden sollen, wenn nicht von der Geschichte ihrer Vorfahren, da die ganze Geschichte sich darauf beschränkte und sie keinen Unterricht oder Wissenschaften oder Künste kannten, die einen großen Teil der Unterhaltungen in unserm Leben in Anspruch nehmen? So versteht man auch, daß in jener Zeit die Völker besondere Sorgfalt darauf verwandten, ihre Genealogien zu bewahren. (626[1])

Ich glaube, Josua war der erste im Volke Gottes, der diesen Namen trug, wie Jesus Christus der letzte war. 627

Altertümlichkeit der Juden. — Wie groß ist doch

der Unterschied zwischen einem Buch und einem andern Buch. Daß die Griechen die Ilias oder die Ägypter und Chinesen ihre Geschichten schrieben, wundert mich nicht.

Man braucht nur nachzusehen, wie sie entstanden sind. Diese sagenhaften Historiker sind nicht Zeitgenossen der Vorgänge, die sie beschreiben. Homer schrieb einen Roman, den er dafür ausgibt und den man als solchen annimmt (denn niemand zweifelte daran, daß Troja und Agamemnon nicht wirklicher gewesen wären als der goldene Apfel). Er wollte keine Geschichte berichten, sondern nur unterhalten; er ist der einzige, der zu seiner Zeit schreibt, und die Schönheit des Werkes bewirkte, daß es dauerte: jeder kennt es und spricht davon: man muß es kennen, jeder weiß es auswendig. Vierhundert Jahre später leben die Zeugen der Vorgänge nicht mehr, keiner weiß mehr, ob das eine Fabel oder Geschichte ist; man kennt es nur von seinen Vorfahren, es kann als wahr gelten.

Jeder Geschichtsbericht, der nicht zeitgenössisch ist, erregt Argwohn; so sind etwa auch die Bücher der Sibyllen und des Trismegistos und viele andere, die Geltung in der Welt hatten, falsch oder im Laufe der Zeit als falsch befunden worden. Bei Verfassern, die zeitgenössisch waren, ist das nicht so.

Zwischen einem Buch, das ein beliebiger schreibt und unter den Menschen verbreitet, und einem Buch, das das Volk selbst formt, ist ein beträchtlicher Unterschied. Denn dann ist nicht zu bezweifeln, daß das Buch ebenso alt wie das Volk ist. 628

Joseph verbirgt die Schande seines Volkes.
Moses verbirgt weder seine eigne Schande, noch ...

Quis mihi det ut omnes prophetent?[1]
Er war das Volk leid.

Treue der Juden. Seitdem sie keine Propheten mehr haben, Makkabäer; seit Jesus Christus, Massora.
»Dieses Buch wird Zeugnis sein ewiglich.«
Die fehlenden und die Endbuchstaben.
Treu, auch gegen ihre Ehre, und dafür sterbend.
Das ist in der Welt ohne Beispiel, noch hat es seinen Grund in der Natur.

Treue der Juden. Sie bewahren voller Liebe und Treue das Buch, in dem Moses erklärt, sie seien ihr Leben lang undankbar gegen Gott gewesen, und er wisse, nach seinem Tode würden sie es noch mehr sein, und daß er Himmel und Erde, zum Zeugen gegen sie aufrufe und daß er sie genug belehrt habe.
Er erklärt, daß Gott sie endlich, da er sich über sie erzürnte, über alle Völker der Erde verstreuen würde, daß er sie — da sie ihn erzürnt hätten, weil sie Götter anbeteten, die nicht ihr Gott waren — herausfordern und ein Volk berufen würde, das nicht sein Volk ist; und er will, daß seine Worte ewig bewahrt und in der Bundeslade niedergelegt werden sollten, um für alle Zeiten als Zeuge gegen sie zu dienen.
Jesaja sagt das gleiche, XXX.

Über Esra. Fabel: daß die Bücher (der Bibel) mit dem Tempel verbrannt worden wären. Falsch, gemäß Makkabäer: Jeremias gab ihnen das Gesetz.
Fabel, daß er alles auswendig gewußt. Aus Josephus und Esra folgt, daß er das Buch las. Baro-

nius, Ann. 180: Nullus penitus Hebraeorum antiquorum reperitur qui tradiderit libros perisse et per Esdram esse restitutos, nisi in IV Esdrae.[1]
Fabel, daß er die Worte geändert: Philo in vita Moysis: Illa lingua ac character quo antiquitus scripta est lex sic permansit usque ad LXX. Josephus sagt, daß das Gesetz hebräisch geschrieben war, bis es die Siebzig übersetzten.
Als man unter Antiochus und Vespasian die Bücher vernichten wollte und als sie keine Propheten mehr hatten, war das nicht möglich, und zur Zeit der Babylonischen Gefangenschaft, als sie nicht verfolgt wurden und viele Propheten unter ihnen lebten, sollten sie geduldet haben, daß man sie verbrenne? Josephus spottet über die Juden, die nicht dulden würden...
Tertullian: Perinde potuit abolefactam eam violentia catalysmi in spiritu rursus reformare, quemadmodum et Hierosolymis Babylonia expugnatione deletis omne instrumentum judaicae litteraturae per Esdram constat restauratum. Er sagt, wie Noah aus dem Gedächtnis das Buch Enoch, das während der Sintflut verlorengegangen, so hätte Esra die Schrift, die während der babylonischen Gefangenschaft verloren war, wiederherstellen können.
Θεὸς ἐν τῇ ἐπὶ Ναβουχοδόνοσορ αἰχμαλωσίᾳ τοῦ λαοῦ, διαφθαρεισῶν τῶν γραφῶν, ... ἐνέπνευσε Ἐσδρᾷ τῷ ἱερεῖ ἐκ τῆς φυλῆς Λευὶ τοὺς τῶν προγεγονότων προφητῶν πάντας ἀνατάξασθαι λόγους, καὶ ἀποκαταστῆσαι τῷ λαῷ τὴν διὰ Μωυσέως νομοθεσίαν.
Er führt das aus, um zu beweisen, daß es nicht unglaubhaft sei, daß die Siebzig die heiligen Schriften so übereinstimmend übersetzten, was man an ihnen bewundert. Eusebius Buch V. Und er hat

das in die Geschichte des heiligen Irenäus übernommen.
Der heilige Hilarius bemerkt in der Vorrede zu den Psalmen, daß Esra die Ordnung der Psalmen herstellte. Die Überlieferung entstammt dem XIV. Kapitel des 4. Buches Esra.

Deus[1] glorificatus est, et Scripturae verae divinae creditae sunt, omnibus eamdem et eisdem verbis et eisdem nominibus recitantibus ab initio usque ad finem, uti et praesentes gentes cognoscerent quoniam per inspirationem Dei interpretatae sunt Scripturae, et non esset mirabile Deum hoc in eis operatum: quando in ea captivitate populi quae facta est a Nabuchodonosor, corruptis Scripturis et post 70 annos Judaeis descendentibus in regionem suam, et post deinde temporibus Artaxerxis Persarum regis, inspiravit Esdrae sacerdoti tribus Levi praeteritorum prophetarum omnes rememorare sermones, et restituere populo eam legem quae data est per Moysen. 632

Gegen die Fabel von Esra. 2. Mak. 11. Josephus, Ant. II, 1: Die Prophezeiungen Jesajas waren für Cyrus, um das Volk freizugeben; die Juden lebten unter Cyrus in Babylon als friedliche Bürger, also konnten sie das Gesetz bewahren, 4. Könige, XVII, 27.
Josephus sagt in seiner ganzen Geschichte Esras kein Wort von dieser Wiederherstellung. (633)

Wenn man die Fabel von Esra glaubt, muß man glauben, daß die Schrift Heilige Schrift ist. Denn diese Fabel gründet auf der Autorität derjenigen, die von den Siebzig sagen, sie bewiesen, daß die Schrift heilig sei.
Ist also die Erzählung wahr, so stimmt unsere

Rechnung; ist sie nicht wahr, dann stimmt sie aus andern Gründen. So daß die, die die Wahrheit unserer Religion, die auf Moses gründet, zerstören wollen, sie durch eben die gleiche Autorität wiederherstellen, durch die sie sie angreifen. Durch diese Voraussicht besteht sie immer. 634

Chronologie der Rabbiner. (Die Zitate sind aus dem Buch Pugio.[1])
Seite 27, R. Hakadosch (200 n. Chr.), Verfasser der Mischna, oder mündliches Gesetz oder zweites Gesetz.

Kommentare der Mischna (Jahr 340 n. Chr.)	der eine Siphre Baratja Jerusalemischer Talmud Tosefta

Bereschit Rabba, nach Rabbi Oschaja Rabba, Kommentar der Mischna.
Bereschit Rabba, Bar Nachmoni enthalten subtile, angenehme geschichtliche und theologische Untersuchungen. Von dem gleichen Verfasser stammen die Bücher, die man Abot nennt.
Hundert Jahre nach dem Jerusalemischen Talmud ist der babylonische Talmud von Rabbi Asche (440 n. Chr.) verfaßt worden, der die Zustimmung aller Juden fand, die ausdrücklich verpflichtet sind, alles zu beachten, was darin enthalten ist. Die Zusätze von Rabbi Asche heißen Gemara, d. h. Kommentar der Mischna.
Also umfaßt der Talmud zugleich Mischna und Gemara. 635

Si bedeutet nicht die Indifferenz: Maleachi, Jesaja. Jes. Si volumus, etc.[2]
In quacumque die.[3] 636

Prophezeiungen. Das Reich wurde durch die Babylonische Gefangenschaft nicht unterbrochen, da die Rückkehr verheißen und geweissagt war.

637

Beweise Jesu Christi. Man ist nicht wahrhaft in Gefangenschaft, wenn man es mit der Zusicherung ist, daß man nach siebzig Jahren befreit werden wird. Aber jetzt sind sie es, und ohne jede Hoffnung.
Gott hat ihnen versprochen, daß, nachdem er sie über die ganze Welt verstreuen würde, er sie gleichwohl vereinen würde, wenn sie seinem Gesetze treu blieben; sie sind ihm sehr treu und bleiben unterdrückt. 638

Als Nebukadnezar das Volk in die Gefangenschaft führte, weil er fürchtete, man würde nicht glauben, daß Juda das Zepter genommen sei, wurde ihnen vorher gekündet, daß sie nur kurze Zeit in der Gefangenschaft sein und daß sie wieder zurückkehren würden. Immer wurden sie von ihren Propheten getröstet, ihre Könige blieben erhalten. Die zweite Zerstörung aber ist ohne Verheißung der Wiederkehr, ohne Propheten, ohne Könige, ohne Trost, ohne Hoffnung, weil das Zepter auf alle Zeiten genommen ist. 639

Das ist erstaunlich und besonderer Beachtung würdig, daß die Juden seit so vielen Jahren bestehen und daß man sie immer im Elend findet: Es war zum Beweise Jesu Christi sowohl notwendig, daß sie bestünden, um ihn zu beweisen, wie daß sie elend seien, weil sie ihn gekreuzigt haben; obgleich es ein Widerspruch ist, daß man elend ist und trotzdem dauert, bestehen sie immer und trotz ihres Elends. (640)

Das ist offenbar ein Volk, das ausdrücklich geschaffen ist, um als Zeuge des Messias zu dienen (Jes. XLIII, 9; XLIV, 8). Es bewahrt die Bücher, liebt sie und versteht sie nicht. Und alles das ist geweissagt: daß die Worte des Herrn ihnen anvertraut sind, aber wie in einem versiegelten Buch.

641

X. DAS SINNBILDLICHE

Fragment 642-692

Beweis beider Testamente auf einmal. Um beide mit einem Schlag zu beweisen, hat man sich nur zu überzeugen, ob die Prophezeiungen in dem einen ihre Erfüllung in dem andern gefunden haben. Will man die Prophezeiungen prüfen, muß man sie verstehen; denn wenn man glaubt, sie hätten nur eine Bedeutung, dann ist es gewiß, daß der Messias nicht erschienen ist; haben sie aber zweifache Bedeutung, dann ist es gewiß, daß er in Jesus Christus Erscheinung wurde.
Die ganze Aufgabe ist folglich die, daß man wisse, ob sie zweifache Bedeutung haben.
Beweise, daß die Schrift zweifache Bedeutung hat, die ihr Jesus Christus und die Apostel gegeben haben:
1. Beweis durch die Schrift selbst.
2. Beweis durch die Rabbiner: Maimonides sagt, sie sei doppelgesichtig und daß die Propheten nur Jesus Christus geweissagt.
3. Beweis durch die Kabbala.
4. Beweis durch die mystische Auslegung der Schrift, die die Rabbiner selbst vorgenommen.
5. Beweis durch die Grundsätze der Rabbiner; daß es einen zweifachen Sinn gibt, daß es zweifache Kunft des Messias gibt, eine in der Herrlichkeit, eine in der Niedrigkeit, je nach ihrem Verdienst,

daß die Propheten nur den Messias geweissagt haben — das Gesetz ist nicht ewig, sondern der Messias wird es ändern —, daß man sich alsdann nicht mehr des Roten Meeres entsinnen wird und daß die Juden und Heiden vermengt sein werden.
(6. Beweis durch den Schlüssel, den uns Jesus Christus und die Apostel gegeben haben.) 642

Jesaja LI: Das Rote Meer Sinnbild der Erlösung. Ut sciatis, quod filius hominis habet potestatem remittendi peccata, tibi dico: Surge.[1] Da Gott sichtbar werden lassen wollte, daß er ein heiliges Volk unsichtbarer Heiligkeit zu bilden vermöchte und es mit ewiger Seligkeit erfüllen könnte, hat er die sichtbaren Dinge geschaffen. Wie die Natur ein Abbild der Gnade ist, so hat er auch in den natürlichen Gütern dargestellt, was er willens ist, in denen der Gnade zu wirken, damit man beurteile, was er im Unsichtbaren zu schaffen vermöge, da er so wohl das Sichtbare schuf.
Deshalb hat er dies Volk aus der Sintflut gerettet, hat er es aus Abraham erzeugt, hat er es aus den Händen seiner Feinde befreit und es in das Land des Friedens geführt.
Gottes Absicht war dabei nicht, sie aus der Sintflut zu erretten und aus Abraham ein ganzes Volk zu erzeugen, nur um sie in ein fettes[2] Land zu führen.
Selbst die Gnade ist nur ein Sinnbild der Herrlichkeit, denn sie ist nicht selbst der Zweck. Sie ist versinnbildlicht durch das Gesetz, und sie selbst ist das Sinnbild der Herrlichkeit: aber sie ist Sinnbild der Herrlichkeit und ihr Prinzip oder die Ursache. Das gewöhnliche Leben der Menschen ist dem der Heiligen ähnlich. Alle suchen Befriedigung, und nur darin, worin sie ihre Befriedigung

sehen, stimmen sie nicht überein; als ihre Feinde bezeichnen sie die, die sie hieran hindern, usf. Also hat Gott die Macht, unsichtbare Güter zu geben, sichtbar gemacht durch die, die er über die irdischen Dinge hat. 643

Sinnbilder. Da Gott ein ihm heiliges Volk schaffen wollte, das er von allen andern Völkern trennen, das er von seinen Feinden befreien, das er in ein Land des Friedens führen würde, gab er das Versprechen, solches zu tun, und er hat durch seine Propheten die Zeit und die Art seines Kommens geweissagt. Um nun während der Zeit die Hoffnung seiner Erwählten zu festigen, ließ er sie zu allen Zeiten das Ebenbild schauen, ließ er sie nie ohne die Versicherungen seiner Allmacht und seines Willens für ihr Heil. Denn Adam war, als die Menschen noch nahe der Schöpfung lebten, so daß sie die Schöpfung und ihren Sturz noch nicht vergessen haben konnten, Zeuge der Schöpfung des Menschen und Verwalter der Verheißung des Erlösers, der vom Weibe geboren werden sollte. Als die, die noch Zeitgenossen Adams waren, nicht mehr auf Erden lebten, sandte Gott Noah; und er errettete ihn und ertränkte die ganze Erde durch ein Wunder, das überzeugend sowohl seine Macht, die Welt zu erretten, bewies, wie den Willen, es zu tun und aus dem Samen des Weibes den gebären zu lassen, den er verheißen hatte. Dieses Wunder genügte, um die Hoffnung der (Menschen) zu festigen.

Als die Erinnerung an die Sintflut unter den Menschen noch wach war, als Noah noch lebte, gab Gott seine Verheißung an Abraham, und als Sem noch lebte, sandte Gott Moses, usf. . . . 644

Sinnbilder. Da Gott den Seinen die vergänglichen Güter vorenthalten wollte, schuf er, um zu zeigen, daß das nicht aus Unmacht geschah, das jüdische Volk. 645

Nicht deshalb ging die Synagoge zugrunde, weil sie das Sinnbild war, sondern weil sie nur das Sinnbild war, ist sie der Knechtschaft verfallen. Bis die Wirklichkeit da war, bestand das Sinnbild, damit die Kirche immer sichtbar wäre, entweder im Bild, das sie verhieß, oder in der Wirklichkeit. 646

Daß das Gesetz sinnbildlich war. 647

Zwei Irrtümer: 1. Alles wörtlich zu nehmen; 2. alles geistig zu nehmen. (648)

Gegen die reden, die zu sehr in Sinnbildern machen. 649

Es gibt klare und beweisende Sinnbilder, aber es gibt andere, die etwas an den Haaren herbeigezogen zu sein scheinen und die nur für die beweiskräftig sind, die sich anderwärts überzeugt haben. Diese letzteren sind denen der Apokalyptiker[1] ähnlich, wobei der Unterschied der ist, daß sie keine unbezweifelbaren haben. Deshalb ist nichts falscher, als wenn sie behaupten, ihre wären so gut begründet wie einige der unsern, denn sie haben keine beweiskräftigen, wie es einige der unsern sind. Das Spiel steht nicht gleich. Man darf diese Dinge nicht angleichen und verwechseln; mag es auch scheinen, als seien sie in einer Hinsicht ähnlich, so sind sie verschieden in einer andern. Die Klarheit, falls sie göttlich ist, ist der Grund, daß man die Dunkelheiten ehrt.

(Das ist wie bei denen, die eine Geheimsprache reden; wer sie nicht versteht, wird nur Torheit hören.) 650

Übertreibungen der Apokalyptiker, der Präadamiten und der Künder des tausendjährigen Reiches usw. Wer übertriebene Ansichten aus der Schrift begründen will, könnte sie z. B. darauf begründen: Es heißt, dies Geschlecht wird nicht vergehen, bis all das geschehe. Ich würde darauf entgegnen, daß auf dies Geschlecht ein anderes Geschlecht folgen wird und immer weiter.
In dem II. Buch der Chronika wird von Salomo und vom König gesprochen, als wären das zwei verschiedene Personen. Ich würde antworten, daß es zwei waren. 651

Besondere Sinnbilder. Doppeltes Gesetz, doppelte Tafeln der Gesetze, doppelter Tempel, doppelte Gefangenschaft. 652

Sinnbilder. Die Propheten prophezeiten durch die Sinnbilder vom Mantel, vom Bart und vom verbrannten Haar usf. 653

Unterschied zwischen dem Mittag- und Abendmahl. In Gott ist zwischen Rede und Gemeintem kein Unterschied, denn er ist wahrhaftig, noch zwischen Rede und Wirkung, denn er ist mächtig, noch zwischen Mittel und Wirkung, denn er ist weise. Bernhard, ult. sermo in »Missus«.[1]
Aug. V, de Civit., 10. Dieser Grundsatz gilt allgemein: Gott vermag alles, nur das nicht, wozu man voraussetzen müßte, daß er nicht allmächtig wäre, um es zu können, wie sterben, getäuscht werden und lügen usw.

Mehrere Verfasser der Evangelien zur Bestätigung der Wahrheit: ihre Verschiedenheiten nützlich.
Eucharistie nach dem Abendmahl: Wirklichkeit nach dem Sinnbild.
Zerstörung von Jerusalem: vierzig Jahre nach dem Tode Jesu, Sinnbild der Zerstörung der Welt.
»Ich weiß ihn nicht«: als Mensch oder als Bote. Matth. XXIV, 36.[1]
Jesus durch Juden und Heiden verurteilt.
Die Juden und Heiden durch die beiden Söhne versinnbildlicht. Aug. XX, de Civit., 29.   654

Die sechs Zeitalter, die sechs Väter der sechs Zeitalter, die sechs Wunder am Beginn der sechs Zeitalter, die sechs Morgen am Beginn der sechs Zeitalter. (655)

Adam forma futuri.[2] Die sechs Tage, um den einen, die sechs Zeitalter, um den andern zu schaffen. Die sechs Tage, von denen Moses zur Erschaffung Adams berichtet, sind nur das Abbild der sechs Zeitalter bis zur Erschaffung Jesu Christi und der Kirche. Hätte Adam nicht gesündigt und wäre Jesus Christus nicht gekommen, dann hätte es nur einen einzigen Bund gegeben, nur ein Zeitalter der Menschen, und die Schöpfung wäre dargestellt worden als an einem Tag geschehen. (656)

Sinnbilder. Offenbar sind die Völker der Juden und Ägypter durch die zwei Leute geweissagt, denen Moses begegnete: Der Ägypter, der den Juden schlägt, Moses, der ihn rächt und den Ägypter tötet, und der Jude, der undankbar war.

Sinnbilder für die erkrankte Seele sind in den Evangelien die körperlich Kranken. Weil aber einer nicht krank genug sein kann, um das recht zum Ausdruck zu bringen, waren mehrere nötig. Folglich gibt es den Tauben, den Stummen, den Blinden, den Lahmen, den toten Lazarus, den Besessenen; alles das zusammen ist in der kranken Seele. 658

Sinnbilder. Zum Beweis, daß das Alte Testament nur sinnbildlich ist, und daß die Propheten unter den weltlichen andere Güter verstanden, dient:
Erstens, daß das Gottes unwürdig ist.
Zweitens, daß sie völlig deutlich weltliche Güter verheißen und trotzdem sagen, ihre Rede sei dunkel und ihren Sinn würde man nicht verstehn. Daraus folgt, daß der geheime Sinn nicht der war, den sie offen sagten, daß sie folglich andere Opfer, einen andern Befreier usf. im Sinn hatten. Sie sagen, daß man sie nicht verstehen würde bis an das Ende der Zeiten. Jer. XXXIII, ult.
Der dritte Beweis ist, daß sich ihre Reden widersprechen und aufheben, so daß, wenn man annimmt, sie hätten unter den Worten Gesetz und Opfer nichts anderes als das Gesetz und die Opfer des Moses verstanden, es offenbare und zutage liegende Widersprüche gibt. Folglich hatten sie, da sie sich mitunter in einem Kapitel widersprechen, etwas anderes im Sinn.
Nun, um die Meinung eines Autors zu verstehen...
659

Die Konkupiszenz ist uns natürlich und zur zweiten Natur geworden. Also gibt es zwei Naturen in uns: die eine gut, die andere böse. Wo ist Gott? Wo du nicht bist, und das Königtum Gottes ist in dir. — Rabbiner. 660

Die Buße ist allein von allen Mysterien den Juden deutlich gekündet worden und dann durch Johannes den Täufer und darauf die andern Mysterien, um kenntlich zu machen, daß in jedem Menschen wie in der ganzen Welt diese Ordnung beachtet werden muß. 661

Die fleischlichen Juden verstanden weder die Größe noch die Erniedrigung des Messias, der in ihren Propheziehungen geweissagt war. Sie verkannten ihn in seiner Größe, die geweissagt war, so als er sagte, daß der Messias der Herr Davids sein würde und zugleich sein Sohn, daß er vor Abraham war und daß er diesen gesehen hat; so groß glaubten sie ihn nicht, daß er ewig wäre; und sie verkannten ihn in seiner Erniedrigung und in seinem Tod. Der Messias, sagten sie, bleibt ewig, und dieser sagt, daß er sterben wird. — Sie glaubten ihn also weder sterblich noch ewig, nur eine fleischliche Größe suchten sie in ihm. 662

Sinnbildlich. Nichts ist der Liebe zu Gott[1] so ähnlich wie die Begierde, und nichts ist ihr entgegengesetzter. So waren die Juden im Besitz der Güter, die ihrer Begierde schmeichelten, den Christen völlig entsprechend und völlig entgegengesetzt. Dadurch hatten sie die zwei Eigenschaften, die sie notwendig haben mußten: dem Messias weitgehend zu entsprechen, um ihn zu versinnbildlichen und ihm völlig entgegengesetzt zu sein, um nicht verdächtige Zeugen zu sein. 663

Gott bediente sich der Konkupiszenz der Juden, damit sie Jesus Christus dienten (der das Heilmittel gegen die Konkupiszenz brachte). 664

Die Liebe zu Gott ist kein sinnbildliches Gebot.

Es ist entsetzlich, wenn man sagt, Jesus Christus, der gekommen ist, um an Stelle der Sinnbilder die Wirklichkeit einzusetzen, sei nur gekommen, um ein Sinnbild der Gottesliebe zu geben, und um die Wirklichkeit aufzuheben, die sie bis dahin hatte.
»Wenn das Licht Finsternis ist, wie groß wird dann die Finsternis sein?« 665

Bezauberung, Somnum suum.[1] Figura hujus mundi.[2] Eucharistie. Comedes panem tuum.[3] Panem nostrum.[4] Inimici Dei terram lingent,[5] die Sünder lecken die Erde, d. h. sie lieben irdische Freuden.
Das Alte Testament enthielt die Sinnbilder der zukünftigen Freuden, und das Neue enthält die Mittel, um sie zu erlangen.
Die Sinnbilder waren Freude, die Mittel Buße, und trotzdem wurde das Osterlamm mit wildem Lattich gegessen, cum amaritudinibus.[6]
Singularis sum ego donec transeam,[7] vor seinem Tode war Jesus Christus fast allein Opfer. 666

Sinnbildlich. Die Ausdrücke Schwert, Schild. Potentissime.[8] 667

Nur wenn man sich aus der Liebe zu Gott entfernt, entfernt man sich [von Gott].
Unsere Gebete und Tugenden sind Gott ein Greuel, wenn sie nicht die Gebete und Tugenden Jesu Christi sind. Und unsere Sünden werden niemals dem [Erbarmen], sondern dem Richtspruch Gottes überantwortet sein, wenn sie nicht die Sünden Jesu Christi sind. Er hat unsere Sünden auf sich genommen, und er hat uns in seinen Bund [aufgenommen]; denn sein sind die Tugen-

den, und die Sünden sind ihm fremd, und die
Tugenden sind uns fremd, und unser sind die
Sünden.
Ändern wir also die Regel, die wir bislang hatten,
um zu beurteilen, was gut ist. Wir kannten als
Regel unsern Willen; richten wir uns jetzt nach
dem Willen [Gottes]: alles, was er will, ist für
uns gut und gerecht, alles, was er nicht will, ist
[böse und unrecht].[1]
Alles, was Gott nicht will, ist verboten. Die Sünden sind durch die allgemeine Erklärung, die Gott
gab, daß er sie nicht wolle, verboten. Das übrige,
was er außerhalb des allgemeinen Verbotes ließ,
was man deshalb erlaubt nennt, ist trotzdem
nicht immer erlaubt; denn, wenn Gott jemandem
etwas fernhält und wenn durch das Geschehen,
das eine Offenbarung des Willens Gottes ist,
sichtbar wird, daß er nicht will, daß wir etwas
hätten, dann ist das wie die Sünde verboten, da
Gottes Wille ist, daß wir das eine so wenig wie
das andere haben sollen. Zwischen beiden Fällen
besteht nur der Unterschied, daß es sicher ist, daß
Gott niemals die Sünde wollen wird, daß es aber
nicht sicher ist, daß er niemals das andere wollen
wird. Solange es aber Gott nicht will, müssen wir
es der Sünde gleichschätzen, weil die Abwesenheit des göttlichen Willens, der allein das wahre
Gute und die ganze Gerechtigkeit ist, es unrecht
und schlecht macht. 668

Wechsel der Sinnbilder — wegen unserer Schwäche.
669

Sinnbilder. In diesem irdischen Glauben war das
Volk der Juden alt geworden: daß Gott ihren
Erzvater Abraham, seinen Samen und was ihm
entstammte, liebe, daß er sie deshalb vermehrt

und unter allen andern Völkern ausgezeichnet habe, und daß er deshalb nicht dulde, daß sie sich mit ihnen vermischten; daß er sie, als sie in Ägypten schmachteten, mit den gewaltigsten Zeichen seiner Gunst befreit habe, daß er sie mit Manna in der Wüste ernährt, daß er sie in ein überaus fettes Land geführt habe; daß er ihnen Könige gegeben und einen festgebauten Tempel, um ihm dort Tiere darzubringen, und daß sie durch das Blut dieser Tiere, das sie vergossen, gereinigt würden, und daß er ihnen endlich den Messias senden würde, um sie zu Herrn der ganzen Welt zu machen, und er hat die Zeit seines Kommens geweissagt.

Als die Menschheit, in diesen fleischlichen Irrtümern befangen, alt geworden war, ist Jesus Christus gekommen zu der Zeit, wie sie geweissagt war, aber nicht in dem erwarteten Glanz; und deshalb glaubten sie nicht, daß er es sei. Nach seinem Tod kam der heilige Paulus, um die Menschen zu lehren, daß alle diese Dinge sinnbildlich in Erfüllung gegangen seien, daß das Königtum Gottes nicht im Fleisch, sondern im Geiste bestehe, daß die Feinde der Menschen nicht die Babylonier, sondern die Leidenschaften seien, daß sich Gott nicht an Tempeln, die Menschen erbauten, erfreue, sondern an einem reinen und demütigen Herzen; daß die Beschneidung des Körpers nutzlos, wohl aber eine des Herzens notwendig sei, daß Moses ihnen nicht das Brot vom Himmel gegeben habe usw.

Da Gott aber solches diesem Volk, das dessen unwürdig war, nicht enthüllen und es trotzdem weissagen wollte, damit man daran glaube, hat er die Zeit deutlich gekündet, und sie an einigen Stellen klar gesagt, reichlich aber in Sinnbildern, damit die, die den Stoff lieben, der das Sinnbild trägt, sich daran hielten, und die das Versinnbildlichte lieben, dieses darin sähen.

Alles, was nicht von der Liebe zu Gott handelt, ist Sinnbild.

Der einzige Gegenstand der Schrift ist die Liebe zu Gott.

Alles, was nicht diesem einzigen Zweck dient, ist Sinnbild dieses Zweckes; denn da es nur einen Zweck gibt, muß alles, was nicht unmittelbar davon handelt, sinnbildlich sein.

So bringt Gott in das einzige Gebot, ihn zu lieben, Abwechslung, um unsere Neugierde zu befriedigen, die die Abwechslung braucht, und durch diese Vielfalt uns immer in das uns einzig Notwendige zu leiten; denn »eins ist notwendig«, wir aber lieben das Verschiedene; und so genügt Gott durch diese Abwechslung dem einen und dem andern, die zu dem einzig notwendigen führen.

Die Juden haben den Stoff, der den Sinnbildern dient, so sehr geliebt und sie haben sie so wörtlich erwartet, daß sie die Wirklichkeit verkannten, als sie zu der Zeit und in der Art, die geweissagt war, geschehen ist.

Die Rabbiner nehmen als Sinnbild die Brüste der Braut und alles, was nicht von dem einzigen Zweck, den sie kennen, nämlich von den irdischen Gütern, handelt.

Und die Christen nehmen selbst die Eucharistie als Sinnbild der Herrlichkeit, die sie erhoffen. 670

Die Juden, die berufen worden sind, die Völker und Könige zu bändigen, sind Sklaven der Sünde gewesen; und die Christen, deren Berufung war, zu dienen und Knecht zu sein, sind die freien Kinder. 671

Für die, die an der Form hängen. Als Petrus und die Apostel darüber berieten, ob die Beschneidung abgeschafft werden solle, wobei es sich darum handelte, gegen das Gesetz Gottes zu entscheiden, zogen sie nicht die Propheten zu Rate, sondern einfach die Einwohnung des Heiligen Geistes in den Unbeschnittenen.

Daraus, daß Gott diese mit seinem Geist erfüllt hatte, urteilten sie mit größter Gewißheit, daß das Gesetz nicht mehr zu beachten wäre. Sie wußten, daß nur der Heilige Geist die Aufhebung des Gesetzes wäre, und so war die Beschneidung, da man ihn ohne sie hatte, nicht mehr notwendig.

(672)

Fac secundum exemplar quod tibi ostensum est in monte.[1] Die Religion der Juden ist folglich nach der Ähnlichkeit mit der Wahrheit des Messias gebildet; und die Wahrheit des Messias ist durch die Religion der Juden erkannt worden, die sein Sinnbild war.

In den Juden ist die Wahrheit nur versinnbildlicht; im Himmel ist sie enthüllt.

In der Kirche ist sie verborgen und durch Vermittlung des Sinnbildes erkennbar.

Das Sinnbild ist im Bilde der Wahrheit gebildet, und die Wahrheit ist durch das Sinnbild erkennbar geworden.

Paulus sagt selbst, daß Leute die Ehe verbieten werden, und er schreibt darüber an die Korinther in einer Art, die eine Rattenfalle ist; denn hätte ein Prophet eines und Paulus alsdann das andere gesagt, so hätte man ihn angeklagt. 673

Sinnbildlich. »Mache alles nach dem Vorbilde, das dir auf dem Berge gezeigt worden ist.« Dazu sagt

Paulus, daß die Juden die himmlischen Dinge abgebildet hätten. 674

... Und dabei beweist dies Testament, das die einen blenden und die andern erleuchten soll, grade durch die, welche es blind macht, die Wahrheit, die die andern kennen sollen. Denn die sichtbaren Güter, die Gott ihnen verlieh, waren so umfassend und so göttlich, daß völlig deutlich wurde, daß er die Macht hatte, ihnen die unsichtbaren zu geben und einen Messias.
Denn die Natur ist ein Abbild der Gnade, und die sichtbaren Wunder sind Abbilder der unsichtbaren. Ut sciatis ... tibi dico: Surge.[1]
Jesaja LI sagt, daß die Erlösung sein würde wie der Zug durch das Rote Meer.
Folglich hat Gott in dem Auszug aus Ägypten, in dem Meer, in der Niederlage der Könige, im Manna, in der Genealogie von Abraham bewiesen, daß er die Fähigkeit hatte, zu retten und Brot vom Himmel fallen zu lassen usw., derart, daß das ihm feindliche Volk Sinnbild und Stellvertreter eben des Messias ist, von dem sie nichts wissen, usw.
Also hat er schließlich gelehrt, daß das alles nur Sinnbilder waren und was die »wahre Freiheit«, »die wahren Israeliter«, die »wahre Beschneidung«, »das wahre Brot vom Himmel« usw. ist.
In diesem Versprechen findet jeder, was er im Grunde seines Herzens wünscht: irdische oder geistige Güter, Gott oder die Welt; aber mit dem Unterschied, daß, wer die Welt darin sucht, sie wohl darin findet, aber mit vielerlei Widersprüchen, nämlich mit dem Verbot, ihr anzuhangen, und dem Gebot, nur Gott zu verehren und nichts zu lieben neben ihm, was auf das gleiche hinaus-

kommt, und daß schließlich für sie der Messias nicht gekommen ist; während die, die Gott darin suchen, ihn finden, und zwar ohne jeglichen Widerspruch, mit dem Gebot, nur ihn zu lieben, und der Tatsache, daß ein Messias zu der Zeit gekommen ist, die geweissagt war, um ihnen das Gut zu geben, das sie erbeten.

Die Juden hatten also Wunder, hatten Prophezeiungen, deren Erfüllung sie sahen, und die Lehre ihres Gesetzes war, nur einen Gott zu verehren und zu lieben; und diese Lehre war immerdar. So hatte sie alle Kennzeichen der wahren Religion: was sie auch war. Aber man muß die Lehre der Juden von der Lehre vom Gesetz der Juden unterscheiden. Nun, die Lehre der Juden war nicht wahr, obgleich es hier Wunder, Weissagungen und immerwährende Dauer gab, weil ihnen dies fehlte: nichts zu verehren und nichts zu lieben als Gott. 675

Der Schleier, der diese Bücher der Schrift für die Juden verhüllt, verhüllt sie auch für die schlechten Christen und für alle, die sich nicht selbst hassen.

Bereitet aber ist man, sie zu verstehen und Jesus Christus zu erkennen, wenn man wirklich sich selber haßt. 676

Ein Sinnbild enthält zugleich Abwesendes und Gegenwärtiges, Gefallen und Mißfallen.

Die Ziffer hat doppelten Sinn: einen deutlichen und einen, von dem gesagt ist, daß der Sinn verborgen sei. 677

Ein Bildnis enthält zugleich Abwesendes und Gegenwärtiges, Gefallen und Mißfallen. Die Wirklichkeit schließt Abwesenheit und Mißfallen aus.

Sinnbilder. Um zu erkennen, ob das Gesetz und die Opfer Wirklichkeit oder Sinnbilder sind, muß man beachten, ob die Propheten, wenn sie von ihnen sprechen, Schau und Denken darin erschöpfen, so als sähen sie nur diesen alten Bund, oder ob sie in Gesetz und Opfer irgend etwas anderes schauen, das darin nur abgebildet ist; denn in einem Bild sieht man das Dargestellte. Man braucht nur zu prüfen, was sie darüber aussagen. Wenn sie z. B. sagen, er würde ewig sein, meinen sie damit den Bund, von dem sie sagen, daß er geändert werden würde? Und das gleiche gilt für die Opfer usw.

Die Ziffer hat zweifachen Sinn. Was wird man sagen, wenn uns ein wichtiger Brief erstaunt, dessen Sinn klar zu sein scheint und in dem steht, daß sein Sinn verschleiert und dunkel, daß er verborgen sei, derart, daß man diese Nachricht schauen würde, ohne sie zu sehen, und daß man sie verstehen würde, ohne sie zu hören; kann man dann anderes meinen, als daß er in Geheimschrift mit doppeltem Sinn geschrieben sei, und um wieviel mehr dann, wenn man in dem wörtlichen Sinn offenbare Widersprüche findet? Die Propheten haben klar gesagt, daß Israel immer von Gott geliebt werden würde und daß das Gesetz ewig sein würde; und sie haben gesagt, man würde den Sinn ihrer Worte nicht verstehen und daß er verschleiert wäre.

Muß man dann nicht die besonders verehren, die uns den Schlüssel geben und die uns lehren, den verborgenen Sinn zu verstehen, besonders, wenn die Grundsätze, die sie hierbei anwenden, völlig natürlich und einleuchtend sind? Das haben Jesus Christus und die Apostel getan: Sie haben das Siegel gelöst, er hat den Schleier zerrissen und den

Geist enthüllt; sie haben uns statt dessen gelehrt, daß des Menschen Feinde seine Leidenschaften sind, daß der Erlöser und daß sein Reich geistig sein würden, daß es ein zweimaliges Kommen [des Messias] geben wird, einmal im Elend, um den Hochmut des Menschen zu erniedrigen, dann in der Herrlichkeit, um den gedemütigten Menschen aufzurichten, — daß Jesus Christus Mensch und Gott sein wird. 678

Sinnbilder. Jesus Christus hat ihren Geist aufgeschlossen, zum Verständnis der Schrift.
Zwei gewaltige Eröffnungen sind die folgenden: 1. Alles geschah ihnen als Sinnbild: vere Israelitae, vere liberi,[1] wahres Himmelsbrot; 2. Ein bis zum Kreuz gedemütigter Gott: notwendig mußte Christus leiden, um in die Herrlichkeit einzugehen: »auf daß er den Tod durch seinen Tod besiege«. Zweimaliges Kommen. 679

Sinnbilder. Sobald man dieses Geheimnis erschlossen hat, ist es unmöglich, daß man es nicht sieht. Man lese daraufhin das Alte Testament und sehe, ob die Opfer die Wahrheit waren, ob die Abstammung von Abraham die wahre Ursache der Auserwählung durch Gott war, ob das gelobte Land der wahre Ort des Friedens war. — Nein; folglich waren das Sinnbilder. Man schaue ebenso all die gebotenen Zeremonien, all die Gebote, die nicht das Gebot, Gott zu lieben, betreffen, und man wird erkennen, daß sie nur Sinnbilder dafür sind.
All diese Opfer und Zeremonien waren folglich entweder Sinnbilder oder Torheit. Nun gibt es hier aber Klarheit, die zu hoch ist, um sie als Torheit einzuschätzen.

Man muß wissen, ob die Propheten ihre Schau auf das Alte Testament beschränkten oder ob sie anderes darin sahen. 680

Sinnbildliches. Schlüssel der Ziffernschrift: Veri adoratores.[1] Ecce, agnus Dei, qui tollit peccata mundi.[2] 681

Jes. I, 21. Wandel vom Guten ins Böse und Rache Gottes.[3] Jes. X, 1. Jes. XXVI, 20. Jes. XXVIII, 1. Wunder. Jes. XXXIII, 9; Jes. XL, 17; Jes. XLI, 26; Jes. XLIII, 13; Jer. XI, 21.
Jes. XLIV, 20. Jes. XLIV, 21 etc.; XLIV, 23, 24. Jes. LIV, 8; Jes. LXIII, 12, 14; Jes. LXIII, 16; Jes. LXIII, 17; Jes. LXVI, 17; Jer. II, 35; Jer. IV, 22; Jer. IV, 23, 24; Jer. V, 4; Jer. V, 29; Jer. V, 30; Jer. V, 31; Jer. VI, 16.
Vertrauen auf äußerliche Sakramente: Jer. VII, 14; Das Wesentliche ist nicht das äußerliche Opfer. Jer. VII, 22. Vielzahl der Lehren. Jer. XI, 13; Jer. XV, 2 — Jer. XVII, 9 D. h., wer kann seine ganze Bosheit kennen, denn man weiß schon, daß es böse ist. Ego dominus scrutans cor et probans renes. Et dixerunt: Venite, et cogitemus contra Jeremiam cogitationes: non enim peribit lex a sacerdote, neque sermo a propheta.[4] Jer. XVII, 17; Jer. XXIII, 15; Jer. XXIII, 17. 682

Sinnbilder. Der Buchstabe tötet; alles erfüllte sich sinnbildlich. Das ist der Schlüssel, den Paulus gibt, um die Sinnbilder zu verstehen. Es war notwendig, daß der Christus litt. Ein gedemütigter Gott. »Beschneidung des Herzens«, wahres Fasten, wahres Opfer, wahrer Tempel. — Die Propheten haben darauf hingewiesen, daß das alles geistig zu verstehen wäre.

Nicht das Fleisch, das verdirbt, sondern das, was nicht verdirbt.
»Ihr werdet wahrhaft frei sein.« Folglich war die andere Freiheit nur ein Sinnbild der Freiheit.
»Ich bin das wahre Brot vom Himmel.« 683

Widersprüche. Man kann eine gute Charakterzeichnung nur geben, wenn man alle Gegensätze unseres Charakters darstellt; es genügt nicht, eine Reihe zusammenstimmender Eigenschaften darzustellen, ohne sie mit denen, die ihnen entgegengesetzt sind, zur Übereinstimmung zu bringen. Will man verstehen, was ein Autor meint, muß man die Stellen, die sich widersprechen, zur Übereinstimmung bringen.
So muß man, wenn man die Schrift verstehen will, einen Sinn kennen, in dem alle sich widersprechenden Stellen zusammenstimmen. Es reicht nicht aus, wenn man einen kennt, der für mehrere zusammenstimmende Stellen ausreicht; man muß einen Sinn kennen, der selbst die Stellen zusammenstimmen läßt, die sich widersprechen.
Jeder Autor hat etwas im Sinn, in dem alle sich widersprechenden Stellen zusammenstimmen, oder er hat gar nichts im Sinn. Das letztere aber kann man von der Schrift und den Propheten nicht sagen; sie wußten sicher sehr genau, was sie meinten. Also muß man einen Sinn suchen, der alle Widersprüche vereint. Der wahre Sinn kann folglich nicht der sein, den die Juden haben; in Jesus Christus aber sind alle Widersprüche zur Übereinstimmung gebracht.
Die Juden waren außerstande, das Ende des Königtums und des Fürstentums, das Hosea prophezeite, mit der Weissagung Jakobs in Übereinstimmung zu bringen.

Hält man das Gesetz, die Opfer und das Königreich für Wirklichkeiten, dann kann man all diese Stellen nicht miteinander aussöhnen. Folglich sind sie notwendig Sinnbilder. Nicht einmal alle Stellen eines und desselben Autors, nicht die eines Buches und mitunter nicht die eines Kapitels kann man zur Übereinstimmung bringen, und das beweist deutlich genug, was der Autor im Sinn hatte; so wenn Hesekiel (Kap. XX) sagt, daß man in der Herrschaft Gottes leben und daß man nicht darin leben würde. (684)

Sinnbilder. Wären Gesetz und Opfer die Wahrheit, dann müßten sie Gott wohlgefällig sein und könnten ihm nicht mißfallen. Sind sie Sinnbilder, müssen sie wohlgefällig und mißfallend sein.
Nun sind sie in der ganzen Schrift sowohl wohlgefällig als mißfallend. Es heißt, daß das Gesetz geändert, daß das Opfer geändert, daß sie ohne Gesetz, ohne Fürsten, ohne Opfer sein würden, daß ein neuer Bund geschlossen, daß das Gesetz erneuert werden würde, daß die Gesetze, die sie erhalten haben, nicht gut seien, daß ihre Opfer ein Greuel seien, und daß Gott nicht danach verlangt habe.
Und im Gegensatz hierzu heißt es, daß das Gesetz ewig dauern, daß der Bund ewig, daß das Opfer ewig sein und daß das Zepter ihnen niemals genommen würde, da es bestehen solle bis zum Tage des ewigen Königs.
Beweisen all diese Stellen, daß das Wirklichkeit ist? Nein. Beweisen sie dann, daß das Sinnbilder sind? Nein. Wohl aber, daß sie Sinnbilder oder Wirklichkeit sind. Da nun die ersteren die Wirklichkeit ausschließen, zeigen sie, daß alles nur sinnbildlich gemeint ist.

All dies kann nicht zugleich von der Wirklichkeit ausgesagt werden, all das kann als Sinnbild gesagt sein, also ist das alles nicht als Wirklichkeit, sondern als Sinnbild gesagt.
Agnus occisus est ab origine mundi.[1] Beurteile: »sacrificium«.[2] 685

Widersprüche. Das Zepter bis zur Zeit des Messias — ohne König, ohne Fürsten.
Das Gesetz ewig — geändert.
Ewiger Bund — neuer Bund.
Gutes Gesetz[2] — schlechte Gebote. Hesekiel XX. 686

Sinnbilder. Wenn das Wort Gottes, das wahr ist, falsch ist im wörtlichen Sinne, dann ist es wahr im geistigen Sinne. Sede a dextris meis,[3] das ist, wörtlich verstanden, falsch, folglich ist es wahr im Geistigen.
In solchen Ausdrücken wird von Gott nach der Art der Menschen gesprochen, und das bedeutet nichts anderes, als daß auch Gott das tun wird, was Menschen meinen, wenn sie jemanden zu ihrer Rechten sitzen lassen. Es ist also ein Hinweis auf die Intention Gottes, nicht aber auf die Art, wie er sie ausführt.
Ebenso, wenn er sagt: Gott hat den Duft eurer Wohlgerüche empfangen, und er wird euch zum Lohn ein fettes Land schenken; d. h. eben dieselbe Absicht, dir ein fruchtbares Land zu schenken, die ein Mensch haben würde, dem deine Wohlgerüche angenehm waren, eben dieselbe Absicht wird Gott haben, weil ihr für ihn die gleiche Intention hattet, die ein Mensch für den empfindet, der ihn mit Wohlgerüchen erfreute. Das gleiche gilt: iratus est, »Gott eifersüchtig« usw.

Denn, was Gottes ist, ist unausdrückbar, es konnte nicht anders gesagt werden, und noch heute bedient sich dessen die Kirche: Quia confortavit seras, usw.[1]

Es ist nicht statthaft, der Schrift eine Meinung zu unterlegen, von der sie uns nicht selber enthüllt hat, daß sie sie hat. So wenn man[2] sagt, das geschlossene Mem bei Jesajas bedeute 600. Das hat sie nicht enthüllt. Sie hätte sagen können, daß die Tsade finalis und die He deficientes Geheimnisse bedeuteten. Es ist folglich unzulässig, daß man das sagt, und noch weniger, daß man behauptet, darin läge der Stein der Weisen. Wir aber sagen, der wörtliche Sinn ist nicht der wahre, weil dies die Propheten selbst gesagt haben. 687

Ich behaupte nicht, daß das Mem ein Geheimnis enthielte. 688

Moses (5. Mos. XXX) verspricht, daß Gott ihr Herz beschneiden würde, um sie fähig zu machen, ihn zu lieben. 689

An Hand eines Wortes Davids oder Moses', wie das, daß Gott ihre Herzen beschneiden würde, kann man beurteilen, was sie im Geiste meinten. Wären alle andern Aussagen zweideutig und wäre es zweifelhaft, ob sie philosophisch oder christlich wären, ein derartiges Wort kennzeichnet alle andern, wie ein Wort Epiktets alles übrige im gegensätzlichen Sinn kennzeichnet. Bis dahin reicht die Zweideutigkeit und weiter nicht. 690

Man wird, wenn man zwei Leute törichte Geschichten erzählen hört, — wobei eine einen doppelten Sinn hat, der dem Eingeweihten verständlich ist, während die andere gar keinen Sinn hat, —

beide, wenn man nicht eingeweiht ist, gleich beurteilen. Wenn aber dann im Fortgang der Unterhaltung der eine englische Dinge sagt und der andere weiterhin Gemeinplätze und Alltäglichkeiten vorbringt, so wird man schließen, daß der eine von einem Geheimnis spricht, nicht aber der andere: da der eine zur Genüge bewies, daß er solcher Torheit unfähig, wohl aber fähig des Geheimnisses, und der andere, daß er unfähig des Geheimnisses und fähig der Torheit ist.
Das Alte Testament ist eine Geheimschrift. 691

Es gibt Menschen, die einsehen, daß der einzige Feind des Menschen, der sie von Gott abwendet, die Konkupiszenz ist und nicht etwa [die Ägypter oder Babylonier],[1] die einsehen, daß es kein anderes Gut außer Gott gibt und daß das nicht etwa ein fettes Land ist. Die nun, die glauben, das Gut des Menschen sei fleischlich, und Übel sei, was sie an der sinnlichen Lust hindere, die mögen sich darin wälzen und darin krepieren. Aber die, die Gott von ganzem Herzen suchen, die nur einen Kummer haben: seiner Schau beraubt zu sein, und keine Feinde außer denen, die sie daran hindern, und die sich grämen, derart von Feinden umgeben und beherrscht zu sein, die mögen sich trösten. Ich künde ihnen eine frohe Botschaft: es gibt einen Erlöser für sie. Ich werde sie ihn schauen lassen; ich werde ihnen zeigen, daß es einen Gott für sie gibt; ich werde den andern ihn nicht schauen lassen. — Ich werde sie sehen lassen, daß ein Messias verheißen worden ist, der sie von ihren Feinden befreien wird und daß er gekommen ist, von den Sünden zu erlösen, nicht aber von den Feinden.
Wenn David weissagt, daß der Messias sein Volk

von seinen Feinden befreien werde, so kann man fleischlich meinen, das heiße, von den Ägyptern, und alsdann kann niemand beweisen, daß die Prophezeiung in Erfüllung gegangen ist. Man kann aber auch glauben, das heiße, von den Sünden, denn in Wirklichkeit sind die Feinde nicht die Ägypter, sondern die Sünden sind es. Also ist das Wort Feind doppeldeutig. Sagt David aber an anderen Stellen, wie er es ebenso tut wie Jesaja und die andern, daß er sein Volk von seinen Sünden erlösen werde, dann ist die Doppeldeutigkeit aufgehoben und die zweifache Bedeutung des Wortes Feinde auf die einfache zurückgeführt: auf die Sündhaftigkeit. Denn wenn er in Gedanken von der Sünde sprach, so konnte er sie wohl als Feind bezeichnen; dachte er aber an die Feinde, so konnte er sie nicht Sünden nennen.

Nun benutzten Moses, David und Jesaja die gleichen Ausdrücke. Wer wird also behaupten, daß sie nicht das gleiche im Sinn hatten, und wenn David offenbar die Sündhaftigkeit meint, wenn er von Feinden spricht, Moses nicht das gleiche meinte, wenn er von Feinden redet?

Daniel (IX) bittet um die Erlösung des Volkes aus der Gefangenschaft seiner Feinde; aber gemeint hat er die Sünden, und um dies zu verdeutlichen, sagt er, Gabriel wäre ihm erschienen, um ihm zu sagen, daß sie erlöst würden, und daß sie nur siebzig Wochen zu warten hätten, dann würde das Volk von der Sündhaftigkeit befreit sein, die Sünde würde enden, und der Erlöser, der Heilige der Heiligen, würde die ewige Gerechtigkeit bringen, nicht die der Gesetze, sondern die ewige.

XI. DIE PROPHEZEIUNGEN

Fragment 693-736

Wenn ich sehe, wie blind und elend die Menschen sind, wenn ich bedenke, daß das ganze Weltall stumm und der Mensch ohne Einsicht sich selbst überlassen ist wie ein Verirrter in diesem Winkel des Weltalls, ohne daß er wüßte, wer ihn dorthin gebracht, was da zu tun ist, noch was ihm widerfahren wird, wenn er stirbt, und bedenke, wie unfähig er ist, irgend etwas gewiß zu wissen, dann überkommt mich ein Grauen, wie es einen Menschen überkommen müßte, den man im Schlaf auf einer wüsten und schreckvollen Insel ausgesetzt und der erwachend weder weiß,[1] wo er ist, noch wie er entkommen kann. Bedenke ich das,[2] dann wundere ich mich, wie es möglich ist, daß man ob solch elender Lage nicht verzweifelt. Ich finde andere Menschen in meiner Nähe, deren Natur meiner gleicht:[3] ich forsche sie aus, ob sie mehr wissen als ich; sie erwidern mir, nein. Und trotzdem haben sich diese elend Verirrten, nachdem sie sich umgeschaut und einiges fanden, was sie freute, diesem, das sie freute, ergeben und sich daran gebunden. Ich aber, ich habe mich an nichts binden können, und da ich bedachte, wie sehr der Anschein dafür spricht, daß es anderes gibt, was ich nicht sehe, bin ich auf die Suche gegangen, ob dieser Gott keinerlei Zeichen von sich hinterlassen haben sollte.

XI. Die Prophezeiungen

Mehrere sich widersprechende Religionen fand ich, die folglich bis auf eine alle falsch sein müssen. Jede verlangt, daß man sie auf Grund ihrer eigenen Autorität glaube, jede bedroht die Ungläubigen, und deshalb glaube ich ihnen nicht. Jeder kann das sagen, jeder kann sich Prophet nennen. Aber ich finde die christliche, wo ich Prophezeiungen finde, und das ist etwas, das nicht jedem möglich ist. 693

Und das, was das Ganze krönt, ist die Weissagung, damit man nicht sagen könne, das hätte der Zufall gefügt. Wer immer nur noch acht Tage zu leben hätte, der würde nicht meinen, daß er darauf setzen solle, daß alles nur Zufall sei. Nun, stünden uns die Leidenschaften nicht im Wege, so wären acht Tage und einhundert Jahre ein und dasselbe. 694

Prophezeiungen. Der große Pan ist tot.[1] 695

Susceperunt verbum cum omni aviditate, scrutantes Scripturas, si ita se haberent.[2] 696

Prodita lege. — Impleta cerne. — Implenda collige.[3] 697

Die Weissagungen versteht man erst, nachdem man sieht, daß sie eingetroffen sind; so finden nur die, die davon wissen und daran glauben, die Beweise für die Zurückgezogenheit, die Verschwiegenheit und das Schweigen.
Joseph völlig innerlich in einem völlig äußerlichen Gesetz.
Die äußere Buße bereitet den Menschen zur innerlichen Buße wie die Demütigungen zur Demut bereiten. Ebenso die... 698

Die Synagoge ist der Kirche voraufgegangen, die Juden den Christen. Die Propheten haben die Christen geweissagt, Johannes der Täufer Jesus Christus.   699

Mit den Augen des Glaubens die Geschichte von Herodes und Cäsar zu sehen, ist schön.   700

Die für ihr Gesetz und ihren Tempel eifernden Juden: (Josephus und Philon der Jude ad Caïum) Welches andere Volk ist derart eifrig? Sie mußten so sein.
Was den Zeitpunkt und die Lage der Welt angeht, ist Jesus Christus geweissagt worden: der Herrscher seiner Lenden beraubt und das vierte Reich. Welches Glück, dieses Licht in dieser Finsternis zu haben!
Wie schön ist es, durch die Augen des Glaubens Darius und Kyros, Alexander, die Römer, Pompejus und Herodes, ohne daß sie es wußten, zum Ruhme des Evangeliums handeln zu sehen.

701

Der Glaubenseifer der Juden für ihr Gesetz, und vor allem, seitdem sie keine Propheten mehr haben.   702

Solange Propheten da waren, um das Gesetz zu schützen, war das Volk lässig; nachdem sie aber keine Propheten mehr hatten, trat der Glaubenseifer an ihre Stelle.   703

Der Teufel trübte den Glaubenseifer der Juden in der Zeit vor Jesus Christus, weil er ihnen zum Heil gedient hätte; nachher nicht mehr.
Die Juden von den Heiden verspottet, die Christen verfolgt.   704

Beweis. Erfüllte Prophezeiungen: was Jesus Christus voraufging und was auf ihn folgte. 705

Der überzeugendste Beweis für Jesus Christus sind die Prophezeiungen; deshalb hat Gott für sie besonders gesorgt, denn die Geschehnisse, durch die sie erfüllt sind, sind ein beständiges Wunder, seit der Geburt der Kirche bis zum Jüngsten Tag. Deshalb hat Gott sechzehn Jahrhunderte lang Propheten erweckt und danach vier Jahrhunderte lang diese Prophezeiungen mitsamt den Juden, die sie bewahrten, über die ganze Welt verstreut. Dadurch wurde die Geburt Jesu Christi vorbereitet, dessen Evangelium von der ganzen Welt geglaubt werden sollte; damit man ihm glaube, war nicht nur notwendig, daß es Prophezeiungen gab, sondern auch, daß diese Prophezeiungen auf der ganzen Welt bekannt waren, damit sie von allen Menschen angenommen wurden. (706)

Es genügte aber nicht, daß es Prophezeiungen gab; sie mußten zugleich überall verbreitet sein und die ganze Zeit über bewahrt werden. Und damit man dies Zusammentreffen nicht für zufällig hielte, mußte es geweissagt sein.
Viel ruhmvoller ist es für den Messias, daß sie Zuschauer und selbst Werkzeug seiner Herrlichkeit sind. Abgesehen davon, daß Gott sein Geheimnis daraus gewonnen hat.[1] 707

Prophezeiungen. Der Zeitpunkt ist durch die politische Lage der Juden und durch die der Heiden, den Zustand des Tempels und durch die Zahl der Jahre geweissagt worden. 708

Kühnheit ist nötig, um ein bestimmtes Ereignis auf so viel verschiedene Arten vorherzusagen: die vier heidnischen oder götzendienerischen Reiche, das Ende der Herrschaft Juda und die siebzig Wochen mußten gleichzeitig eintreffen, und das alles, bevor der zweite Tempel zerstört war.

709

Prophezeiungen. Hätte ein einzelner Mensch ein Buch mit Weissagungen der Zeit und der Erscheinungsart Jesu Christi verfaßt und wäre Jesus Christus übereinstimmend mit diesen Prophezeiungen erschienen, so wäre das von höchster Überzeugungskraft.

Hier aber ist noch mehr. Vier Jahrtausende lang gab es eine Folge von Menschen, die einer nach dem andern auftraten, um dieses gleiche Ereignis zu künden. Da ist ein ganzes Volk, das ihn ankündet und das vier Jahrtausende besteht, um wie ein Mann Zeugnis von den Verheißungen, die ihm wurden, abzulegen, von denen sie durch keine Drohung und keine Verfolgungen, die man ihnen bereitete, ließen. Das ist unvergleichlich bedeutsamer.

710

Weissagungen besonderer Ereignisse. Sie waren Fremde in Ägypten, ohne Besitz, weder hier noch anderswo. (Nichts war zu ahnen, weder von dem Königtum, das sie erst viel später hatten, noch von dem Rat der siebzig Richter, den sie Sanhedrin genannt, der, durch Moses eingesetzt, bis zu den Tagen Jesu Christi bestand: Alles das war so fern von ihrer gegenwärtigen Lage wie nur möglich), als ihnen Jakob, da er stirbt und seine zwölf Söhne segnet, erklärt, sie würden ein großes Land besitzen, und als er im besonderen der

Familie Judas weissagt, daß die Könige, die sie eines Tages regieren werden, aus seinem Stamme und daß all seine Brüder seine Untertanen sein würden (und daß sogar der Messias, der die Hoffnung der Völker sein sollte, aus seinem Stamme geboren werden würde, und daß weder das Königtum, noch die Herrschaft, noch die Gesetzgeberschaft seiner Nachfahren dem Hause Juda genommen würde, bis daß der verheißene Messias aus seinem Stamm käme).

Der gleiche Jakob gab, als er über dieses zukünftige Land wie ein Besitzer verfügte, Joseph mehr als den andern: »Ich gebe dir, sagte er, einen Teil über deine Brüder.« Und als er die beiden Kinder Josephs segnete, die Joseph vor ihn gebracht, den Älteren, Manasse, zur Rechten, den Jüngeren, Ephraim, zur Linken, legte er seine Arme über Kreuz und seine rechte Hand auf den Kopf Ephraims und seine linke auf den Kopf Manasses und segnete sie so. Und als Joseph ihm vorstellt, daß er den Jüngeren bevorzuge, antwortet er ihm mit bewunderungswürdiger Festigkeit: »Ich weiß wohl, mein Sohn, ich weiß wohl, aber Ephraim wird größer werden als Manasse.« Was wirklich in der Zukunft geschah, da sein Geschlecht fast so zahlreich wurde, daß zwei ganze Stämme ein Königreich innegehabt, das gewöhnlich mit dem Namen Ephraims bezeichnet wurde.

Als eben dieser Joseph stirbt, bittet er seine Kinder, seine Gebeine mitzunehmen, wenn sie in jenes Land ziehen würden, wohin sie erst zwei Jahrhunderte später gelangten.

Moses hat all das, lange bevor es in Erfüllung gegangen, aufgeschrieben, und er hat selbst jedem Stamm das Land zugeteilt, bevor sie dort waren, so, als ob er schon Herr darüber wäre, und er erklärt, daß Gott schließlich aus ihrem Volk und ihrer Rasse einen Propheten erwecken würde, dessen Sinnbild er gewesen sei, er weissagt genau alles, was ihnen in dem Land geschehen würde, in das sie nach seinem Tod gelangen sollten: die Siege, die Gott ihnen verleihen wird, ihre Undankbarkeit gegen Gott, die Strafen, die sie treffen werden, und alle weiteren Abenteuer. Er gibt ihnen Richter, die die Teilung vollziehen sollen, er schreibt ihnen die politische Form der Herrschaft vor, die sie zu beachten haben, und die festen Städte, die sie bauen werden, und... 711

Die weltlichen Prophezeiungen sind mit denen, die den Messias betreffen, vermengt, damit die Prophezeiungen des Messias nicht ohne Beweis und die weltlichen Prophezeiungen nicht ohne Nutzen blieben. 712

Gefangenschaft der Juden ohne Heimkehr. Jer. XI, 11: »Ich will ein Unglück über sie gehen lassen, dem sie nicht sollen entgehen mögen.«[1]
Sinnbilder. Jes. V: »Der Herr hatte einen Weinberg, und er wartete, daß er Trauben brächte, aber er brachte nur Herlinge. Also werde ich ihn auflösen und ihn zerstören; das Land soll Dornen tragen, und ich will den Wolken gebieten, daß sie nicht darauf regnen. Des Herrn Weinberg aber ist das Haus Israel, und die Männer Judas seine zarte Faser. Ich wartete auf Recht, und sie trugen nur Unrecht.«
Jes. VIII: »Heiliget den Herrn, den lasset eure Furcht und Schrecken sein; fürchtet nur ihn, so wird er eine Heiligung sein; aber ein Stein des Anstoßes und ein Fels des Ärgernisses den zweien Häusern Israel, zum Strick und Fall den Bürgern

zu Jerusalem; daß ihrer viele sich daran stoßen, fallen, zerbrechen, verstrickt und gefangen werden. Binde zu das Zeugnis und versiegle das Gesetz meinen Jüngern.
Denn ich hoffe und harre auf den Herrn, der sein Antlitz verborgen hat vor dem Hause Jakob.«
Jes. XXIX: »Erstarret und werdet bestürzt, Volk Israels, verblendet euch und werdet trunken, taumelt, doch nicht von starkem Getränke, denn der Herr hat euch einen Geist des harten Schlafs eingeschenkt und eure Augen zugetan; eure Propheten und Fürsten samt den Sehern hat er geblendet.«
(Daniel XII: »Und die Gottlosen werden gottloses Wesen führen, und die Gottlosen werden's nicht achten; aber die Verständigen werden's achten.« Hosea sagt im letzten Kapitel, letzter Vers, im Anschluß an die Verheißung zeitlichen Segens: »Wer ist weise, der dies verstehe«, usw.)
»Und die Schauungen aller Propheten werden für sie sein wie ein versiegeltes Buch, das man einem gäbe, der lesen kann, und er spräche: Ich kann es nicht lesen, denn es ist versiegelt; oder gleich als wenn man es gäbe dem, der nicht lesen kann, und er antworte: ich kann nicht lesen«.
»Und der Herr spricht: Darum daß dies Volk zu mir nahet mit seinem Munde und mit seinen Lippen mich ehret, aber ihr Herz ist ferne von mir (und das ist der Grund und die Ursache, denn verehrten sie Gott im Herzen, so würden sie die Prophezeiungen verstehen) und sie mich fürchten nach Menschengeboten, die sie lehren: so will ich auch mit diesem Volke wunderlich umgehen, aufs wunderlichste und seltsamste, daß die Weisheit seiner Weisen untergehe und der Verstand seiner Klugen verblendet werde.«

Prophezeiungen, Beweise für ihre Göttlichkeit.
Jes. XLI u. XLII: »Wenn ihr Götter seid, laßt sie herzutreten und uns verkündigen, was künftig ist, damit wir mit unsern Herzen darauf achten. Verkündigt uns, was am Anfang war, und verkündigt uns, was hernach kommen wird.«
»So wollen wir merken, daß ihr Götter seid. Tut Gutes oder Schaden, wenn ihr es vermögt, so wollen wir miteinander reden und miteinander schauen. Siehe, ihr seid aus nichts, und euer Tun ist auch aus nichts, und euch zu wählen ist ein Greuel usw. Wer kann von euch etwas verkündigen von Anfang (es durch Zeitgenossen wissend), so wollen wir sagen: Du redest recht. — Aber das ist kein Verkündiger, keiner, der die Zukunft kündet«.
Jes. XLII: »Ich, der Herr, das ist mein Name; und will meine Ehre keinem andern geben, noch meinen Ruhm den Götzen. Siehe, was kommen soll, verkündige ich zuvor, und verkündige Neues; ehe denn es aufgeht, lasse ich's euch hören. Singet dem Herrn ein neues Lied, sein Ruhm ist an der Welt Ende.«
»Laß hervortreten das blinde Volk, welches doch Augen hat, und die Tauben, die doch Ohren haben. Laßt alle Heiden zusammenkommen zuhauf und sich die Völker versammeln. Welcher ist unter ihnen und ihren Göttern, ... der solches verkündigen möge und hören lasse, was geschehen soll? Laßt sie ihre Zeugen darstellen und beweisen, so wird man's hören und sagen: Es ist die Wahrheit.«
»Ihr seid meine Zeugen, spricht der Herr, und ein Knecht, den ich erwählt habe, auf daß ihr wisset und mir glaubet und verstehet, daß ich's bin.«

»Ich habe es verkündet, ich habe euch geholfen, ich habe vor euren Augen diese Wunder vollbracht, ihr seid meine Zeugen, spricht der Herr, so bin ich Gott.«

»Um euretwillen hab ich gen Babel geschickt und habe die Riegel alle heruntergestoßen; ich bin der Herr, euer Heiliger, der euch geschaffen hat.«

»Ich bin es, der im Meer Weg und in starken Wassern Bahn machte, der die übermächtigen Feinde überwunden und vernichtet hat, die euch widerstanden.«

»Aber gedenket nicht an das Alte und achtet nicht auf das Vorige.«

»Denn siehe, ich will ein Neues machen; jetzt soll es aufwachsen, daß ihr es erfahren werdet: Ich werde die Wüsten fruchtbar und köstlich machen.«

»Dies Volk habe ich mir zugerichtet, es soll meinen Ruhm erzählen«, usw.

»Ich, ich tilge deine Übertretungen um meinetwillen und gedenke deiner Sünde nicht: Denn (damit du dich deiner Undankbarkeit erinnerst, damit du weißt, was dir bleibt, um dich zu rechtfertigen) dein erster Vater hat gesündigt, und deine Lehrer haben wider mich mißgehandelt.«

Jes. XLIV: »So spricht der Herr: Ich bin der erste, und ich bin der letzte. Und wer ist mir gleich, der da rufe und verkündige und mir's zurichte, der ich von der Welt her die Völker setze? Lasset sie ihnen die Zeichen und was kommen soll, verkündigen. Fürchtet euch nicht. Hab ich's nicht dazumal dich hören lassen und verkündiget? Denn ihr seid meine Zeugen.«

Weissagung des Cyrus. Jes. XLV, 4: »Um Jakobs willen, meines Auserwählten willen, rief ich dich bei deinem Namen.«

Jes. XLV, 21: »Macht euch herzu, ratschlaget mit

einander. Wer hat dies sagen lassen von alters her, und dazumal verkündiget? Hab ich's nicht getan, der Herr?«

Jes. XLVI: »Gedenket des Vorigen von alters her; denn ich bin Gott, und keiner mehr desgleichen nirgend ist. Der ich verkündige zuvor, was nachher kommen soll und seit dem Beginn der Welt. Mein Anschlag besteht, und was ich will, wird geschehen.«

Jes. XLII, 9: »Siehe, was kommen soll, verkündige ich zuvor, und verkündige Neues; ehe denn es aufgeht, lasse ich's euch hören.«

Jes. XLVIII, 3: »Ich habe es zuvor verkündiget, dies Zukünftige, und ich tue es auch plötzlich, daß es kommt. Und alles geschah, wie ich es gesagt habe, denn ich weiß, daß du hart bist, daß dein Geist rebellisch und deine Stirn ehern ist; darum habe ich es dir verkündigt zuvor, auf daß du nicht sagen mögest: mein Götze tut's, und sein Gesetz wirkt es.«

»Solches alles siehst du und hast es doch nicht verkündiget? Ich habe dir zuvor Neues sagen lassen und Verborgenes, das du nicht wußtest. Nun ist es geschaffen und nicht dazumal, und hast nicht einen Tag zuvor davon gehört, auf daß du nicht sagen mögest: Siehe, das wußte ich wohl.«

»Denn du hörtest es nicht und wußtest es auch nicht, und dein Ohr war dazumal nicht geöffnet; ich aber wußte wohl, daß du verachten würdest und von Mutterleib an ein Übertreter genannt bist.«

Jes. LXV: *Verwerfung der Juden und Bekehrung der Heiden.* »Ich werde gesucht von denen, die nicht nach mir fragten; ich werde gefunden von denen, die mich nicht suchten; und zu dem Volk, das meinen Namen nicht anrief, sage ich: Hier bin ich, hier bin ich.«

»Denn ich recke meine Hände aus den ganzen Tag zu einem ungehorsamen Volk, das seinen Gedanken nachwandelt auf einem Weg, der nicht gut ist. Ein Volk, das mich entrüstet durch die Verbrechen, die sie vor meinem Angesicht begehen, und sich hinreißen ließ, den Götzen zu opfern«, usw.

»Solche sollen ein Rauch werden in meinem Zorn«, usw.

»Beide, ihre Missetaten und ihrer Väter Missetaten miteinander. will ich ihnen zumessen.«

»So spricht der Herr: Also will ich um meiner Knechte willen tun, daß ich nicht alles verderbe, sondern gleich als wenn man Most in der Traube findet und spricht: Verderbe es nicht, denn es ist ein Segen darin.«

»So will ich aus Jakob Samen wachsen lassen und aus Juda, der meinen Berg besitzt; denn meine Auserwählten sollen ihn besitzen, meine fruchtbaren, im Überfluß fruchtbaren Felder, und meine Knechte sollen daselbst wohnen, die anderen aber sollen zuschanden werden, weil ihr Gottes vergaßet und andern Göttern dientet. Ich habe gerufen, und ihr antwortet nicht, ich redete, und ihr hörtet nicht, sondern tatet, was ich nicht wollte.«

»Darum spricht der Herr also: Siehe, meine Knechte sollen essen, ihr aber sollt hungern; siehe, meine Knechte sollen fröhlich sein, ihr aber sollt zuschanden werden; siehe, meine Knechte sollen vor gutem Mut jauchzen, ihr aber sollt vor Herzeleid schreien und vor Jammer heulen.«

»Und ihr sollt euern Namen lassen meinen Auserwählten zum Schwur; und der Herr wird dich töten und seine Knechte mit einem andern Namen nennen; daß, welcher sich segnen wird auf Erden, der wird sich in dem rechten Gott segnen, usw., denn der vorigen Angst ist vergessen.«

»Denn siehe, ich will einen neuen Himmel und eine neue Erde schaffen, daß man der vorigen nicht mehr gedenken wird noch zu Herzen nehmen.«

»Sondern sie werden sich ewiglich freuen und fröhlich sein über dem, das ich schaffe, denn ich will Jerusalem schaffen zur Wonne und ihr Volk zur Freude.«

»Und ich will fröhlich sein über Jerusalem und über mein Volk; und soll nicht mehr drinnen gehört werden die Stimme des Weinens noch des Klagens.«

»Und es soll geschehen, ehe sie rufen, will ich antworten; wenn sie noch reden, will ich hören. Wolf und Lamm weiden zusammen, der Löwe wird Stroh essen wie ein Rind, und die Schlange soll Erde fressen. Sie werden nicht schaden noch verderben auf meinem ganzen heiligen Berge.«

Jes. LVI: »So spricht der Herr: Haltet das Recht und tut Gerechtigkeit, denn mein Heil ist nahe und meine Gerechtigkeit, daß sie offenbart werde.«

»Wohl dem Menschen, der solches tut, daß er den Sabbat halte, und halte seine Hand, daß er kein Arges tue.«

»Und der Fremde, der sich zum Herrn getan hat, soll nicht sagen: der Herr wird mich scheiden von seinem Volk. Denn so spricht der Herr zu denen, welche meine Sabbate halten und erwählen, was mir wohlgefällt, und meinen Bund fest fassen: ich will ihnen in meinem Hause und in meinen Mauern einen Ort geben und einen bessern Namen, denn den Söhnen und Töchtern; einen ewigen Namen will ich ihnen geben, der nicht vergehen soll.«

»Darum ist das Recht ferne von uns. Wir harren aufs Licht, siehe, so wird's finster, auf den Schein, so wandeln wir im Dunkel; wir tappen nach der Wand wie die Blinden. Wir stoßen uns am Mittage als in der Dämmerung, wir sind im Düstern wie die Toten.«

»Wir brummen alle wie die Bären und ächzen wie die Tauben. Denn wir harren aufs Recht, so ist's nicht da; aufs Heil, so ist's ferne von uns.«[1]

Jes. LXVI, 18: »Denn ich will kommen und sammeln ihre Werke und Gedanken samt allen Heiden und Zungen, daß sie kommen und sehen meine Herrlichkeit.«

»Und ich will ein Zeichen unter sie geben, und ihrer etliche, die errettet sind, senden zu den Heiden am Meer, in Afrika, Lydien, Italien und Griechenland und zu den Völkern, da man nichts von mir gehört hat und die meine Herrlichkeit nicht gesehen haben. Und sie werden ihre Brüder herzubringen.«

Jer. VII. *Verwerfung des Tempels.* »Gehet hin an meinen Ort zu Silo, da vorhin mein Name gewohnet hat, und schauet, was ich daselbst getan habe um der Bosheit willen meines Volkes Israel. Weil ihr denn alle solche Stücke treibet, spricht der Herr, und so will ich dem Hause, das nach meinem Namen genannt ist, darauf ihr euch verlasset, und dem Ort, den ich euern Vätern gegeben habe, eben tun, wie ich Silo getan habe.« (Denn ich habe ihn verworfen und mir anderswo einen Tempel errichtet.)

»Und ich will euch von meinem Angesicht wegwerfen, wie ich weggeworfen habe alle eure Brüder, den ganzen Samen Ephraims. (Verworfen ohne Heimkehr.) Und du sollst für dieses Volk nicht bitten.«

Jer. VII, 22: »Wozu Brandopfer und andere Opfer zuhauf? Denn ich habe euren Vätern des Tages, da ich sie aus Ägyptenland führte, weder gesagt noch geboten von Brandopfern und andern Opfern; sondern dies gebot ich ihnen und sprach: gehorchet meinem Wort, so will ich euer Gott sein, und ihr sollt mein Volk sein.« (Erst nachdem ihr dem Goldenen Kalb geopfert hattet, gab ich euch Opfer, um eine schlechte Gewohnheit in eine gute zu wandeln.)

Jes. VII, 4: »Verlasset euch nicht auf die Lügen, wenn sie sagen: Hie ist des Herrn Tempel, hie ist des Herrn Tempel, hie ist des Herrn Tempel.«

Die Juden Zeugen Gottes. Jes. XLIII, 9; XLIV, 8.
Erfüllte Prophezeiungen. 1. Chr. XIII, 2.—2. Chr. XXIII, 16. — Jos. VI, 26. — 1. Chr. XVI, 34. — 5. Mos. XXIII.

Maleachi I, 11. Das Opfer der Juden verworfen und das Opfer der Heiden (selbst außerhalb von Jerusalem) und an allen Orten angenehm.

Moses weissagt, bevor er stirbt, die Berufung der Heiden, XXXII 21, und daß die Juden verworfen würden.

Moses weissagt, was jedem Stamm geschehen wird.

Prophetie. »Euer Name wird verflucht sein unter meinen Erwählten, und ich werde ihnen einen andern Namen geben.«

»Verstocke das Herz dieses Volkes«, wie aber? Schmeichele ihren Gelüsten und lasse sie die Erfüllung erhoffen.

Prophezeiungen. Amos und Sacharja: Sie haben den Gerechten verkauft, und deshalb werden sie vergessen sein, ... Jesus Christus verraten.
Kein Erinnern mehr an Ägypten; siehe Jes. XLIII, 16, 17, 18, 19. Jer. XXIII, 6, 7.
Prophezeiungen. Über die ganze Erde sollen die Juden zerstreut werden, Jes. XXVII, 6. — Neues Gesetz, Jes. XXXI, 32.
Maleachi, *Grotius.*[1] Der zweite ruhmreiche Tempel. — Dorthin wird Jesus Christus kommen, Haggai II, 7, 8, 9, 10.
Berufung der Heiden, Joel II, 28. Hosea II, 24. 5. Mos. XXXII, 21. Maleachi I, 2. 715

Hosea III. — Jes. XLII; XLVIII: »Ich habe es dir lassen sagen, damit man wisse, daß ich es bin.« LIV, LX, zuletzt: Jaddua zu Alexander.[2] 716

(*Weissagungen.* Schwur, daß David immer Nachfolger haben würde, Jer.) 717

Die ewige Herrschaft des Stammes David, 2. Chronika, in allen Prophezeiungen und beschworen. Und sie ist zeitlich nicht in Erfüllung gegangen, Jer. XXIII, 20. 718

Vielleicht könnte man meinen, daß, wenn die Propheten weissagten, daß das Zepter niemals von Juda genommen werde bis zu dem Tage, an dem der ewige König erschiene, sie nur so gesprochen hätten, um dem Volke zu schmeicheln, und daß ihre Prophezeiung für die Zeit des Herodes nicht zuträfe. Um aber zu zeigen, daß sie das nicht im Sinn hatten und daß sie wohl wußten, das zeitliche Königreich solle enden, sagten sie, daß sie lange ohne König und ohne Fürsten sein würden. Hosea. 719

Non habemus regem nisi Caesarem.[1] Folglich war Jesus Christus der Messias, denn sie hatten keinen König, nur einen fremden, und sie wollten keinen andern. 720

Wir haben keinen König als Cäsar. 721

Daniel II. »Das verborgne Ding, das ihr fordert von den Weisen, Gelehrten, Sternsehern und Wahrsagern, stehet in ihrem Vermögen nicht, dem Könige zu sagen. Aber es gibt einen Gott im Himmel, der vermag es und der hat euch durch euern Traum angezeigt, was in künftigen Zeiten geschehen soll.« (Es war nötig, daß dieser Traum ihm ans Herz ging.)
»So ist mir solch verborgen Ding offenbart, nicht durch meine Weisheit, sondern durch die Erleuchtung des gleichen Gottes, der sie mir enthüllte, damit sie dir angezeigt würde.«
»Solcher Art ist dein Traum. Du sahest, und siehe, ein sehr groß und hoch Bild stand vor dir, das war schrecklich anzusehen. Desselben Bildes Haupt war von feinem Golde, seine Brust und Arme waren von Silber, sein Bauch und Lenden waren von Erz, seine Schenkel waren Eisen, seine Füße waren einesteils Eisen und einesteils Ton. Solches sahest du, bis daß ein Stein herabgerissen ward ohne Hände; der schlug das Bild an seine Füße, die Eisen und Ton waren, und zermalmte sie.«
Da wurden miteinander zermalmt das Eisen, Ton, Erz, Silber und Gold, und wurden wie Spreu auf der Sommertenne, und der Wind verwehte sie. Der Stein aber, der das Bild schlug, ward ein großer Berg, daß er die ganze Welt füllete. Das ist der Traum, nun wollen wir die Deutung vor dem König sagen.

»Du, König, bist ein König aller Könige, dem Gott vom Himmel Königreich, Macht, Stärke und Ehre gegeben hat, du bist das güldene Haupt, das du gesehen hast. Nach dir wird ein ander Königreich aufkommen, geringer denn deines. Danach das dritte Königreich, das ehern ist, welches wird über alle Lande herrschen.«

»Das vierte wird hart sein wie Eisen; denn gleich wie Eisen alles zermalmt und zerschlägt, ja, wie Eisen alles zerbricht, also wird es auch diese alle zermalmen und zerbrechen.«

»Was du aber gesehen hast, die Füße und Zehen einesteils Ton und einesteils Eisen, das wird ein zerteilt Königreich sein; doch wird von des Eisens Festigkeit drinbleiben, wie du denn gesehen hast Eisen und Ton vermengt.«

»Und das, daß du gesehen hast Eisen mit Ton vermengt: werden sie sich wohl nach Menschengeblüt untereinander mengen, aber sie werden doch nicht aneinander halten, gleich wie sich Eisen mit Ton nicht mengen läßt.«

»Aber zur Zeit solcher Königreiche wird Gott vom Himmel ein Königreich aufrichten, das nimmer zerstöret wird; und sein Königreich wird auf kein ander Volk kommen. Er wird all diese Königreiche zermalmen und zerstören, aber es wird ewiglich bleiben. Wie du denn gesehen hast einen Stein, ohne Hände vom Berge herabgerissen, der das Eisen, Erz, Ton, Silber und Gold zermalmte. Also hat Gott dem König gezeigt, wie es hernach gehen werde, und der Traum ist gewiß, und die Deutung ist recht.«

»Da fiel der König Nebukadnezar auf sein Angesicht, usw.«

Daniel VIII. »Als Daniel den Kampf zwischen Widder und Ziegenbock gesehen hatte und gesehen, wie der Ziegenbock den Widder besiegte und die Welt beherrschte, und nachdem das große Horn zerbrochen, waren an des Statt vier andere gegen die vier Winde des Himmels gewachsen, und das eine war sehr groß gegen Mittag, gegen Morgen und gegen Israel und wuchs bis an des Himmels Heer und warf etliche davon und von den Sternen zur Erde und zertrat sie. Ja, es wuchs bis an den Fürsten des Heeres und nahm von ihm weg das tägliche Opfer und verwüstete die Wohnung des Heiligtums. Und das sah Daniel, und er hätte es gern verstanden.«

»Und eine Stimme rief und sprach: Gabriel, lege diesem das Gesicht aus, daß er's verstehe, —.. und Gabriel sagte ihm: Der Widder mit den zwei Hörnern, den du gesehen hast, sind die Könige in Medien und Persien, und der Ziegenbock ist der König in Griechenland, und das große Horn zwischen seinen Augen ist der erste König dieses Reiches.«

»Daß aber vier an seine Statt kommen, da es zerbrochen war, bedeutet, daß vier Königreiche aus dem Volk entstehen werden, aber nicht so mächtig als er.«

»Nach diesen Königreichen, wenn die Übertreter überhand nehmen, wird aufkommen ein frecher und tückischer König, der wird mächtig sein, doch nicht durch seine Kraft. Er wird die Starken samt dem heiligen Volk verstören, und durch seine Klugheit wird ihm der Betrug geraten, und er wird viele verderben und endlich sich auflehnen wider den Fürsten aller Fürsten, aber unglücklich wird er zugrunde gehen, und trotzdem ohne Gewalttat.«

Daniel IX, 20. »Als ich so redete und betete und meine und meines Volkes Israel Sünde bekannte und lag mit meinem Gebet vor dem Herrn, meinem Gott, flog daher Gabriel der Mann, den ich vorhin gesehen hatte im Gesicht, und rührte mich an um die Zeit des Abendopfers. Und er berichtete mich und redete mit mir und sprach: Daniel, jetzt bin ich ausgegangen, dich zu berichten. Denn da du anfingst zu beten, ging dieser Befehl aus, und ich komme darum, daß ich dir's anzeige, denn du bist lieb und wert. So merke nun darauf, daß du das Gesicht verstehest. Siebenzig Wochen sind bestimmt über dein Volk und über deine heilige Stadt, so wird dem Übertreten gewehret, und die Sünden zugesiegelt, und die Missetat versöhnet, und die ewige Gerechtigkeit gebracht, und die Gesichte und Weissagungen erfüllet, und der Heilige der Heiligen gesalbet werden.« (Und dann wird dies Volk nicht mehr dein Volk sein, noch diese Stadt die heilige Stadt. Die Zeit des Zorns wird vergangen sein, und die Zeit der Gnade für immer kommen.)

»So wisse nun und merke: Von der Zeit an, so ausgehet der Befehl, daß Jerusalem soll wiederum gebauet werden, bis auf den Messias, den Fürsten, sind sieben Wochen und zweiundsechzig Wochen.« (Die Hebräer teilen gewöhnlich die Zahlen und stellen die kleinere an den Anfang; diese 7 und 62 ergeben also 69: von den 70 bleibt also die 70., das heißt die sieben letzten Jahre, von denen er anschließend sprechen wird.) »Dann werden die Gassen und Mauern wieder gebauet werden, wiewohl in kümmerlicher Zeit. Und nach den zweiundsechzig Wochen (die auf die sieben ersten folgen werden. Der Christ wird also nach den 69 Wochen getötet werden, das heißt in der letzten Woche) wird Christus getötet werden, und ein Volk mit seinem Fürsten wird kommen und die Stadt und das Heiligtum zerstören und alles überschwemmen, und bis zum Ende des Streites wird's wüst bleiben. Er wird aber vielen den Bund stärken eine Woche lang (das ist die siebzigste, die bleibt). Und mitten in der Woche (das sind die letzten dreiundeinhalb Jahre) wird das Opfer und Speisopfer aufhören, und bei den Flügeln werden stehen Greuel der Verwüstung, und ist beschlossen, daß bis ans Ende über die Verwüstung triefen wird.«

Daniel XI. Der Engel sagte zu Daniel: »Siehe, es werden noch drei Könige in Persien sein (Nach Kyrus, der noch regiert, Kambyses, Smerdis, Darius), der vierte (Xerxes) aber wird größeren Reichtum haben als alle andern; und wenn er in seinem Reichtum am mächtigsten ist, wird er alles wider das Königreich in Griechenland erregen.

Danach wird ein mächtiger König (Alexander) aufstehen, und mit großer Macht herrschen, und was er will, wird er ausrichten. Und wenn er aufs Höchste kommen ist, wird er umkommen, sein Reich zerbrechen und sich in die vier Winde des Himmels zerteilen (wie er oben gesagt hat, VII, 6; VIII, 8), nicht auf seine Nachkommen, und nicht mit solcher Macht, wie seine gewesen ist, denn sein Reich wird ausgerottet und Fremden zuteil werden.« (Die vier wichtigsten Nachfolger.)

»Und der seiner Nachfolger, der gegen Mittag herrschen wird (Ägypten; Ptolemaios, Sohn des Lagos) wird mächtig werden; aber ein anderer wird mächtiger als er sein und sein Reich wird ein großes Reich sein.« (Seleukos, König von Syrien. Appian sagt, er sei der mächtigste unter den Nachfolgern Alexanders gewesen.)

»Nach etlichen Jahren aber werden sie sich miteinander befreunden, und die Tochter des Königs gegen Mittag (Bereinike, Tochter des Ptolemaios Philadelphos, Sohn des andern Ptolemaios) wird kommen zum Könige gen Mitternacht, Einigkeit zu machen (zu Antiochos, dem König von Syrien und Asien, dem Neffen des Seleukos Lagidas).«

»Aber weder sie noch ihre Nachkommen werden lange herrschen, denn sie und die sie gebracht haben und ihre Freunde und ihre Kinder werden dem Tod überliefert sein (Bereinike und ihr Sohn werden von Seleukos Kallinikos getötet).«

»Es wird aber der Zweige einer von ihrem Stamm aufkommen, Ptolemaios Euergetes stammt von dem gleichen Vater wie Bereinike), der wird kommen mit Heereskraft und dem Könige gen Mitternacht in seine Feste fallen und wird's ausrichten und siegen. Auch wird er ihre Götter und Bilder samt den köstlichen Kleinodien, beiden, silbernen und güldenen, wegführen gen Ägypten (wäre er nicht aus innerpolitischen Gründen nach Ägypten gerufen worden, sagt Justinian, hätte er Seleukos restlos geplündert), und etliche Jahre vor dem König gen Mitternacht wohl stehenbleiben.«

»Und er wird wiederum in sein Land ziehen; aber seine Söhne (Seleukos Keraunos, Antiochos der Große) werden erzürnen und große Heere zusammenziehen. Und ihr Heer wird kommen und alles verwüsten. Da wird der König gen Mittag (Ptolemaios Philopator) ergrimmen und ausziehen mit solch großem Haufen und die Schlacht schlagen (gegen Antiochos den Großen, bei Raphia) und ihn besiegen, und da werden seine Truppen übermütig werden, und er wird sein Herz blähen (dieser Ptolemaios entweihte den Tempel, Josephus), da er so viele Tausende darniedergelegt hat, aber er wird sein nicht mächtig werden. Denn der König gen Mitternacht (Antiochos der Große) wird wiederum einen größeren Haufen zusammenbringen, denn der vorige war, und alsdann werden sich viele wider den König gen Mitternacht erheben (als der junge Ptolemaios Epiphanes regierte), auch werden sich Abtrünnige aus deinem Volk erheben und die Weissagung erfüllen und werden fallen (die, die um Euergetes zu gefallen, ihre Religion aufgegeben hatten, und die er nach Skopas sandte, denn Antiochos eroberte Skopas[1] und besiegte sie). Also wird der König gegen Mitternacht daherziehen und Schutz aufschütten und feste Städte gewinnen; und die Mittagsarme werden's nicht können wehren, und sein bestes Volk nicht können widerstehen. Er wird auch in das Land Israel ziehen, und es wird ihm erliegen. Und er wird sich zum Herrn ganz Ägyptens machen wollen (weil er die Jugend des Epiphanes verachtete, wie Justin sagt). Aber er wird sich mit ihm vertragen und wird ihm seine Tochter zum Weibe geben (Kleopatra, damit sie ihren Gatten verriete, wozu Appian sagt: weil er sich nicht durch Gewalt zum Herrn Ägyptens zu machen wagte, weil es die Römer schützten, wollte er es durch Geschicklichkeit erreichen), daß er ihn verderbe, aber es wird nichts daraus werden. Danach wird er sich kehren wider die Inseln (d. h. Orte am Meer, wie Appian sagt), und derselbigen viel gewinnen.«

»Aber ein Fürst wird ihn lehren aufhören mit Schmähen. (Scipio Africanus, der die Eroberungen Antiochos des Großen aufhielt, weil er die Römer in der Person einiger ihrer Verbündeten beleidigt hatte.) Also wird er wieder umkehren zu den Festen seines Landes und wird fallen, daß man ihn nirgends finden wird.« (Er wurde von den Seinigen getötet.)

»Und der, der statt seiner kommen wird (Seleukos Philopator oder Soter, der Sohn Antiochos des Großen), wird sein ein Scherge, dem die Ehre, das ist das Volk, des Königreichs nicht bedacht ist, aber nach wenig Tagen wird er brechen, doch weder durch Zorn noch durch Streit. An des Statt wird aufkommen ein Ungeachteter, welchem die Ehre des Königs nicht bedacht war; der wird kommen, und wird ihm gelingen, und das Königreich mit süßen Worten einnehmen. Alle Heere werden sich vor ihm beugen, und er wird sie besiegen, und dazu auch den Fürsten, mit dem der Bund gemacht war. Denn nachdem er mit ihm befreundet ist, wird er listiglich gegen ihn handeln, und wird heraufziehen und mit geringem Volk ihn überwältigen, und wird ihm gelingen, daß er in die besten Städte des Landes kommen wird, und wird also ausrichten, was seine Väter nicht tun konnten mit Rauben, Plündern und Ausbeuten; nach Großem wird er trachten zu seiner Zeit.« 722

Prophezeiungen. Die siebzig Wochen Daniels sind in Hinblick auf den Zeitpunkt des Beginns, wegen des Zeitpunkts der Prophezeiung, und in Hinblick auf das Ende, wegen der Verschiedenheit der Chronologie, zweideutig. Aber der ganze Unterschied beträgt nur zweihundert Jahre. 723

Weissagungen. Daß zur Zeit des vierten Reiches, vor der Zerstörung des zweiten Tempels, bevor den Juden die Herrschaft genommen wäre, in der siebzigsten Woche Daniels, während des Bestehens des zweiten Tempels, die Heiden belehrt und von dem Gott, den die Juden verehren, wissen würden, und daß die, die ihn lieben, von ihren Feinden erlöst und von seiner Furcht und Liebe erfüllt sein würden.

Und es geschah, daß zur Zeit des vierten Reiches, vor der Zerstörung des zweiten Tempels usf., sehr viele der Heiden Gott verehren und ein engelisches Leben führen, daß Jungfrauen ihre Jungfräulichkeit und ihr Leben Gott weihen, daß die Männer auf alle irdischen Freuden verzichten. Wovon Platon nur wenige, ausgesuchte und hochgebildete Menschen zu überzeugen vermochte, davon überzeugt eine geheime Macht durch die Gewalt so weniger Worte hundert Millionen unwissender Menschen.

Die Reichen geben ihren Besitz fort, die Kinder verlassen das verwöhnende Haus ihrer Eltern, um sich der strengen Zucht der Wüste zu unterwerfen (siehe Philon den Juden). Was bedeutet das alles? Es geschieht, was so lange vorher geweissagt war. Während zweier Jahrtausende hatte kein Heide den Gott der Juden verehrt, und zu der Zeit, die geweissagt war, beten eine Menge Heiden zu diesem einzigen Gott. Die Tempel sind zerstört, die Könige selbst unterwerfen sich diesen Gesetzen.[1] Was bedeutet das alles? Der Geist Gottes hat sich über die Erde verbreitet.

Von Moses bis auf Jesus Christus nach Aussage der Rabbiner kein Heide; nach Jesus Christus glaubt die Mehrzahl der Heiden an die Bücher Moses', beachtet Inhalt und Geist und verwirft nur das Unnütze. 724

Weissagungen. Die Bekehrung der Ägypter (Jes. XIX, 19): dem wahren Gott in Ägypten ein Altar. 725

Prophezeiungen. 215, in Ägypten.
Pugio, p. 659, Talmud: »Wir haben eine Überlieferung, daß, wenn der Messias kommen wird, das Haus Gottes, das bestimmt ist, sein Wort zu spenden, voll von Unrat und unrein, und daß die Weisheit der Schriftgelehrten verdorben und verderbt sein wird; und daß die, die die Sünde fürchten, vom Volk verworfen und als Irre und Kranke behandelt werden.«
Jes. XLIX: »Höret mir zu, ihr Inseln, und ihr Völker in der Ferne: Der Herr hat mich gerufen vom Mutterleibe an; er hat meines Namens gedacht, da ich noch im Schoß der Mutter war; und er hat meinen Mund gemacht wie ein scharf Schwert, mit dem Schatten seiner Hand hat er mich bedeckt, und spricht zu mir: Du bist mein Knecht, durch welchen ich will gepriesen werden. Ich aber sagte: Ich arbeitete vergeblich und brächte meine Kraft umsonst und unnützlich zu, urteilet, o Herr, mein Werk liegt vor euch. Und nun spricht der Herr, der mich von Mutterleib an zu seinem Knechte bereitet hat, daß ich soll Jakob und Israel zu ihm bekehren, und spricht: Du sollst vor dem Herrn herrlich sein, ich werde deine Stärke sein; nur ein Geringes ist es, daß du die Stämme Jakobs bekehrest, sondern ich habe dich auch zum Licht der Heiden gemacht, daß du seiest mein Heil bis an der Welt Ende. So spricht der Herr zu dem, der seine Seele gedemütigt, der verachtet und Knecht war unter den Heiden und den Mächtigen der Erde sich unterwarf. Die Fürsten und Könige werden dich ehren um des Herrn willen, der dich erwählt hat und der treu ist.«
»Und weiter sprach der Herr: Ich habe dich erhöret zur gnädigen Zeit und habe dir am Tage des Heils geholfen, und ich habe dich als Bund

unter das Volk gestellt, daß du das Land verlorner Völker einnehmest; zu sagen den Gefangenen: Gehet heraus, und zu denen in der Finsternis: Kommt hervor und bewohnet die Länder voll Überfluß und Frucht. Sie werden weder hungern noch dürsten, sie wird keine Hitze noch Sonne stechen; denn ihr Erbarmer wird sie führen und wird sie an die Wasserquellen leiten und alle Berge vor ihnen ebnen. Siehe, diese werden von ferne kommen, und siehe, jene von Mitternacht, und diese vom Meer, und jene vom Land Sinim. Jauchzet, ihr Himmel, freue dich, Erde, denn der Herr hat sein Volk getröstet und erbarmet sich seiner Elenden.«

»Zion aber spricht: Der Herr hat mich verlassen, der Herr hat mein vergessen. Kann auch ein Weib ihres Kindleins vergessen, daß sie sich nicht erbarme über den Sohn ihres Leibes? Und ob sie desselbigen auch vergäße, so will ich doch dein nicht vergessen. Siehe, in die Hände hab' ich dich gezeichnet, deine Mauern sind immerdar vor mir. Deine Baumeister werden eilen; aber deine Zerbrecher und Zerstörer werden sich davonmachen. Heb deine Augen auf umher und siehe; alle diese kommen versammelt zu dir. So wahr ich lebe, spricht der Herr, du sollst mit diesen allen wie mit einem Schmuck angetan werden und wirst sie um dich legen wie eine Braut. Denn dein wüstes, verstörtes und zerbrochenes Land wird dir alsdann zu enge werden für die Zahl deiner Bewohner. Und die Kinder deiner Unfruchtbarkeit werden noch sagen: der Raum ist mir zu enge; rücke hin, daß ich bei dir wohnen möge. Du aber wirst sagen in deinem Herzen: Wer hat mir diese gezeugt? Ich war unfruchtbar, einzeln, vertrieben und verstoßen. Wer hat mir diese erzogen? Siehe, ich war allein gelassen; wo waren diese? Und der Herr wird zu dir sagen: Siehe, ich will meine Hand zu den Heiden aufheben und zu den Völkern mein Panier aufwerfen, so werden sie deine Söhne in den Armen herzubringen und deine Töchter auf den Achseln tragen. Und die Könige sollen deine Pfleger und ihre Fürstinnen deine Säugammen sein. Sie werden vor dir niederfallen zur Erde aufs Angesicht und deiner Füße Staub lecken. Da wirst du erfahren, daß ich der Herr bin, an welchem nicht zuschanden werden, die auf mich harren. Kann man auch einem Riesen den Raub nehmen? Aber eher noch wird der Raub dem Riesen genommen werden, nichts kann mich hindern, deinen Kindern zu helfen und deine Feinde zu verderben, und alle Menschen sollen erfahren, daß ich bin der Herr, dein Heiland, und dein Erlöser der Mächtige in Jakob.«

»So spricht der Herr: Wo ist der Scheidebrief, womit ich die Synagoge verstoßen habe? Und warum überlieferte ich sie in die Hand eurer Feinde? War es nicht eurer Sünden und eurer Verbrechen wegen, daß ich sie verstieß?«

»Warum kam ich, und niemand war da? Ich rief, und niemand antwortete. Ist meine Hand nun so kurz worden, daß sie nicht erlösen kann?«

»Deshalb werde ich meinen Zorn scheinen lassen; den Himmel werde ich mit Finsternis verhängen und unter einer Decke verbergen.«

»Der Herr hat mir eine gelehrte Zunge gegeben, daß ich wisse, mit den Müden zur rechten Zeit zu reden. Er hat mein Ohr seinen Reden geöffnet, und ich hörte sie wie ein Jünger.«

»Der Herr hat mir seinen Willen kundgetan, und ich bin nicht ungehorsam.«

»Ich hielt meinen Rücken dar denen, die mich schlugen, und mein Angesicht verbarg ich nicht vor Schmach und Speichel; aber der Herr hilft mir, darum werde ich nicht zuschanden.«

»Er ist nahe, der mir Recht spricht: wer will mit mir hadern? Siehe, der Herr hilft mir, wer ist, der mich will verdammen?«

»Alle Menschen vergehen, und die Zeit verbraucht sie; höret doch, die ihr Gott fürchtet, die Stimme seines Knechtes; wer im Finstern wandelt und scheinet ihm kein Licht, der hoffe auf den Namen des Herrn. Ihr aber, die ihr ein Feuer entzündet, mit Flammen gerüstet, wandelt hin in das Licht eures Feuers und in die Flammen, die ihr angezündet habt. Solches widerfährt euch von meiner Hand; in Schmerzen müßt ihr liegen.«

»Höret mir zu, die ihr der Gerechtigkeit nachjaget, die ihr den Herrn suchet. Schauet den Fels an, davon ihr gehauen seid, und des Brunnens Gruft, daraus ihr gegraben seid. Schauet Abraham, euern Vater, und Sara, von welcher ihr geboren seid. Denn ich rief ihn, da er noch einzeln war, und segnete ihn und mehrete ihn. Schauet, wie ich Zion gesegnet habe, und die Gnade und Tröstung, die ich auf es gehäuft.«

»Merke auf das, mein Volk, und höre meine Worte; denn von mir wird ein Gesetz ausgehen, und mein Recht will ich zum Licht der Völker stellen.«

Amos VIII: Nachdem der Prophet die Sünden Israels aufgezählt, sagt er, Gott habe ihnen Rache geschworen.

»Zur selbigen Zeit, spricht der Herr, will ich die Sonne am Mittage untergehen lassen und das Land am hellen Tage lassen finster werden. Ich will eure Feiertage in Trauern und alle eure Lieder in Wehklagen verwandeln.«

»Ich werde euch Trauer und Leiden schaffen und will, daß dies Volk verzweifelt sei wie über den Tod eines einzigen Sohnes, und diese letzten Zeiten werden voll von Bitternis sein. Denn siehe, es kommt die Zeit, spricht der Herr, daß ich einen Hunger ins Land schicken werde, nicht einen Hunger nach Brot oder Durst nach Wasser, sondern nach dem Wort des Herrn zu hören. Daß sie hin und her, von einem Meer zum andern, von Mitternacht gen Morgen umlaufen und des Herrn Wort suchen und doch nicht finden werden.«

»Zu der Zeit werden schöne Jungfrauen und Jünglinge verschmachten vor Durst, die dem Götzen zu Samaria dienten und bei dem Gotte zu Dan geschworen, die dem Kult zu Beer-Seba anhingen. Sie sollen also fallen, daß sie nicht wieder aufstehen mögen.«

Amos III, 2: »Aus allen Geschlechtern auf Erden hab' ich allein euch erkannt.«

Daniel XII, 7: Daniel sagt, nachdem er die Ausdehnung des Reiches des Messias beschrieben hat: »Und wenn die Zerstreuung des heiligen Volkes ein Ende hat, soll solches alles geschehen.«

Haggai II, 4: »Wer ist unter euch übriggblieben, der dies Haus in seiner vorigen Herrlichkeit gesehen hat? Ist's nicht also, es dünket euch nichts zu sein? Und nun, Serubabel, sei getrost, spricht der Herr; sei getrost, Jesus, du Hoherpriester! sei getrost, alles Volk im Lande, und arbeitet! Denn ich bin mit euch, spricht der Herr der Heerscharen. Nach dem Wort, da ich mit euch einen Bund machte, da ihr aus Ägypten zoget, soll mein Geist unter euch bleiben. Fürchtet euch nicht.

Denn der Herr der Heerscharen spricht also: Es ist noch ein Kleines dahin, daß ich Himmel und Erde, das Meer und das Trockne bewegen werde (dadurch soll eine gewaltige und außerordentliche Veränderung bezeichnet werden), und ich werde alle Heiden bewegen. Da soll dann kommen aller Heiden Trost; und ich will dies Haus voller Herrlichkeit machen, spricht der Herr.«

»Gold und Silber sind mein, spricht der Herr (d. h. ich will nicht, daß man mich mit ihnen ehre; so wie er an anderer Stelle gesagt hat: Die Tiere des Feldes sind mein, wozu soll es dienen, daß ihr sie mir als Opfer darbringt?). Es soll die Herrlichkeit dieses letzten Hauses größer werden, denn des ersten gewesen ist, spricht der Herr der Heerscharen; und ich will Frieden geben an diesem Ort, spricht der Herr.«

(5. Mos.) XVIII, 16—19. »Wie du denn von dem Herrn, deinem Gott, gebeten hast zu Horeb am Tage der Versammlung, und sprachst: Ich will hinfort nicht mehr hören die Stimme des Herrn, meines Gottes, und das große Feuer nicht mehr sehen, daß ich nicht sterbe. Und der Herr sprach zu mir: Sie haben wohlgeredet. Ich will ihnen einen Propheten, wie du bist, erwecken aus ihren Brüdern, und meine Worte in seinen Mund geben; der soll zu ihnen reden alles, was ich ihm gebieten werde. Und wer meine Worte nicht hören wird, die er in meinem Namen reden wird, von dem will ich's fordern.«

1. Mos. XLIX. »Juda, du bist's; dich werden deine Brüder loben. Deine Hand wird deinen Feinden auf dem Halse sein; vor dir werden deines Vaters Kinder sich neigen. Juda ist ein junger Löwe. Du bist hoch kommen, mein Sohn, durch große Siege. Er ist niedergekniet und hat sich gelagert

wie ein Löwe und wie eine Löwin; wer will sich wider ihn auflehnen?«
»Es wird das Szepter von Juda nicht entwendet werden, noch ein Meister von seinen Füßen, bis daß Silo komme, und die Völker werden ihm anhangen und ihm gehorchen.« 726

In der Zeit, da der Messias auf Erden ist. — Aenigmatis.[1] Hes. XVII. Sein Vorläufer, Mal. III.
Er wird als Kind geboren werden, Jes. IX.
Er wird in Bethlehem geboren werden, Micha V, 2. Er wird in der Hauptsache in Jerusalem erscheinen und dem Geschlecht Judas und Davids entstammen.
Die Weisen und Schriftgelehrten soll er blenden, Jes. VI, VIII, XXIX, usf., und das Evangelium den Armen und Geringen künden, Jes. XXIX, er wird die Augen der Blinden sehend machen und die Kranken heilen und die, die in der Finsternis schmachten, ins Licht führen, Jes. LXI.
Er soll den vollkommenen Weg lehren und Lehrer der Heiden sein, Jes. LV, XLII, 1—7.
Die Prophezeiungen sollen den Gottlosen unverständlich bleiben, Dan. XII, Hosea, ult. 10, aber den Eingeweihten verständlich sein.
Die Prophezeiungen, die ihn arm schildern, schildern ihn auch als Herrn der Völker, Jes. LII, 14, usw., LIII. Zach. IX, 9.
Die Prophezeiungen, die den Zeitpunkt vorhersagen, künden ihn nur als den Herrn der Heiden und als leidend und weder als thronend in den Wolken noch als Richter. Aber die, die ihn so richtend und in der Herrlichkeit darstellen, die bestimmen nicht den Zeitpunkt.
Er soll das Opfer für die Sünden der Welt sein, Jes. XXXIX, LIII, usw.

Er soll der Grundstein sein und köstlich, Jes. XXVII, 16. Er soll der Stein des Anstoßes und des Ärgernisses sein, Jes. VIII. Jerusalem soll an diesem Stein zerschellen.

Die Bauherrn sollen diesen Stein verwerfen, Ps. CXVIII, 22. Gott soll aus diesem Stein den Eckstein machen.

Und dieser Stein soll zu einem Berg wachsen, und die ganze Erde soll er erfüllen, Dan. II.

Daß er also verworfen, verkannt, verraten, Psalm CIX, 8, verkauft, Sach. XI, 12; angespieen, geschlagen, verhöhnt, auf eine Unzahl von Arten gepeinigt, mit Galle getränkt, Psalm LXIX, zerstochen, Sach. XII, 10, an Händen und Füßen durchbohrt und getötet sein soll, und daß über seine Kleider das Los geworfen werden wird.

Daß er auferstehen wird, Psalm XVI, am dritten Tag, Hosea VI, 3.

Daß er zum Himmel auffahren wird, sitzend zu seiner Rechten, Psalm CXI.

Daß sich die Könige gegen ihn bewaffnen werden, Psalm II.

Daß er zur Rechten seines Vaters über seine Feinde siegreich sein werde.

Daß ihn die Könige der Erde und alle Völker verehren werden, Jes. LX.

Daß die Juden als Volk bestehen werden, Jer.

Daß sie über die Länder irrend, ohne König, usw. sein werden, Hosea III, ohne Propheten, Amos, daß sie das Heil erwarten und nicht finden werden, Jes.

Berufung der Heiden durch Jesus Christus, Jes. LII, 15, LV, 5, LX usw. Psalm LXXXII.

Hosea I, 9: »Denn ihr seid nicht mehr mein Volk, so will ich nicht mehr der eure sein, aber ihr werdet sein wie Sand am Meer nach der Zerstreuung. Des Ortes, da man zu ihnen gesagt hat: Ihr seid nicht mehr mein Volk, dort werde ich mein Volk rufen.« 727

Berufung der Heiden durch Jesus Christus, Jes. LII, 15. 727b

Außerhalb Jerusalems, das der Ort war, den der Herr erwählt hatte, war es nicht gestattet, das Opfer zu vollziehen, und nicht einmal, an einem andern Ort die Zehnten zu verzehren, 5. Mos. XII, 5; XIV, 23 usw.; XV, 20; XVI, 2, 7, 11, 15. Hosea hat geweissagt, sie würden ohne König, ohne Fürsten, ohne Opfer und ohne Götterbild sein; was heute erfüllt ist, da sie außerhalb von Jerusalem kein Opfer rechtmäßig vollziehen können. (728)

Weissagungen. Geweissagt ist, zur Zeit des Messias würde ein neuer Bund gestiftet werden, wodurch der Auszug aus Ägypten vergessen sein würde, Jer. XXIII, 5, Jes. XLIII, 10; er würde sein Gesetz nicht in die Äußerlichkeiten, sondern in die Herzen legen, er würde seine Furcht, die bis dahin nur im Äußerlichen bestand, in die Mitte des Herzens senken. Wer erkennt in alledem nicht das christliche Gesetz? 729

... daß dann der Götzendienst vernichtet, daß dieser Messias alle Götzenbilder zerschlagen und die Menschen in den Dienst des wahren Gottes einführen würde.
Daß die Tempel der Götzen zerstört, und daß man in allen Völkern und an allen Orten der Welt ihm eine reine Hostie und keine Tiere mehr darbringen würde.[1]
Daß er König der Juden und Heiden sein wird.

Und siehe, dieser König der Juden und Heiden, von den einen unterdrückt und von den andern zum Tod geführt, herrscht über diese und jene und zerstört sowohl den Kultus Moses' in Jerusalem, dessen Mittelpunkt Jerusalem war, und macht daraus seine erste Kirche, als auch den Kultus der Götzen, dessen Mittelpunkt Rom war, und macht daraus seine wichtigste Kirche. 730

Weissagungen. Während Gott ihm seine Feinde unterwerfen wird, wird Jesus Christus ihm zur Rechten sein.
Folglich wird er sich sie nicht selbst unterwerfen.

731

... Alsdann wird keiner seinen Bruder mehr lehren und sagen: »Erkenne den Herrn, denn der Herr wird allen sich zu erkennen geben.« — »Eure Söhne werden weissagen.« — »Ich will mein Gesetz in ihr Herz geben.« Das alles meint ein und dasselbe. Weissagen heißt von Gott reden, nicht durch äußere Beweise, sondern durch das innerliche und unmittelbare Empfinden.

732

Daß er die Menschen den vollkommenen Weg lehren würde.
Und niemals gab es einen Menschen, weder vorher noch nachher, der Göttliches gelehrt hätte, das dem vergleichbar wäre. 733

... daß Jesus Christus klein am Beginn, und daß er dann groß sein würde. Der kleine Stein Daniels.
Hätte ich niemals etwas von einem Messias gehört, ich würde trotzdem in Anbetracht der Weis-

sagungen über den Lauf der Welt, die ich erfüllt finde, erkennen, daß sie von Gott sind. Und erführe ich dann, daß diese gleichen Bücher einen Messias verkünden, so würde ich mir Gewißheit verschaffen, ob er gekommen sei, und fände ich, daß sie seine Zeit vor der Zerstörung des zweiten Tempels ansetzen, dann würde ich sagen, daß er gekommen ist. 734

Weissagungen. Daß die Juden Jesus Christus verwerfen würden, und daß sie deshalb von Gott verworfen sein würden. Daß der erwählte Weinberg nur noch Herlinge geben würde. Daß das Volk seiner Wahl treulos, undankbar und ungläubig sein würde: populum non credentem et contradicentem.[1] Daß Gott sie mit Blindheit schlagen würde, und daß sie am hellen Mittag wie Blinde tappen würden. Daß ein Vorläufer vor ihm kommen würde. (735)

Prophezeiungen. Transfixerunt, Zach. XII, 10. Daß ein Erlöser kommen sollte, der den Kopf der Schlange zertreten wird und der sein Volk von seinen Sünden erlösen soll, ex omnibus iniquitatibus.[2] Daß es ein neues Testament haben sollte, das ewig bestehen wird. Daß es ein neues Priestertum nach der Weise Melchisedeks geben sollte, daß dieses ewig sein würde. Daß der Christus herrlich, mächtig und gewaltig sein soll und trotzdem so elend, daß er unerkannt bleiben würde; daß man ihn nicht für den nehmen würde, der er ist, daß man ihn ablehnen, daß man ihn töten würde; daß sein Volk, das ihn verleugnet haben würde, nicht mehr sein Volk sein würde; daß ihn die Götzendiener annehmen und zu ihm ihre Zuflucht nehmen würden; daß er Zion verlassen würde, um im Mittelpunkt des Götzendienstes zu herrschen; daß trotzdem die Juden immer bestehen werden; daß er aus Juda stammen sollte, wenn es dort keinen König mehr geben würde. 736

XII. BEWEISE JESU CHRISTI

Fragment 737-802

—

Deshalb[1] lehne ich alle anderen Religionen ab.
Das gibt mir die Antwort auf alle Einwürfe.
Gerecht ist es, daß ein Gott, der so rein ist, sich nur denen enthüllt, die ihr Herz gereinigt haben. Deshalb liebe ich diese Religion, und ich finde sie schon durch ihre wahrhaft göttliche Sittenlehre völlig bestätigt; ich finde aber noch mehr.
Für mich ist erwiesen, daß, soweit das Gedächtnis der Menschen reicht, hier ein Volk ist, das länger als jedes andere besteht; daß immer den Menschen gekündet wurde, daß sie allgemein verderbt, daß aber ein Erlöser kommen werde; - ein ganzes Volk kündet ihn vor seinem Kommen, und ein ganzes Volk betet ihn nach seinem Kommen an; und das sagt nicht ein Mensch, sondern eine Unzahl von Menschen, und ein ganzes Volk weissagt ihn und hat vier Jahrtausende lang diesen Auftrag und ist endlich ohne Götterbild und ohne König. Während vier Jahrhunderten werden dann ihre Bücher über die Welt verbreitet. Je mehr ich sie prüfe, um so wahrer finde ich sie, sowohl was das Früher, als was das Später betrifft, sowohl die Synagoge, die geweissagt ist, wie die Elenden, die ihr anhängen, und die, obgleich sie alle Feinde (dessen waren, was die Propheten sagen)[2] bewundernswerte Zeugen der

Wahrheit der Prophezeiungen sind, wo selbst ihr
Elend, ihre Blendung geweissagt wurden.

Diese Verkettung dieser Religion, die völlig
göttlich in ihrer Autorität, ihrem Alter, ihrer Beständigkeit, in ihrer Lehre, ihren Wirkungen ist,
mit der Verfinsterung der Juden, finde ich entsetzlich und gekündet: Eris Palpans in meridie.[1]
Dabitur liber scienti litteras, et dicet: non possum
legere.[2] Noch hatte der erste Gewaltherrscher das
Zepter in Händen. Das Gerücht vom Kommen
Jesu Christi.

So hebe ich meine Arme auf zu meinem Erlöser,
der, nachdem er vier Jahrtausende geweissagt
war, gekommen ist, um für mich auf Erden zu
leiden und zu sterben zu der Stunde und in der
Weise wie es gekündet worden war. Und durch
seine Gnade erwarte ich den Tod in Frieden, in
der Hoffnung, auf ewig mit ihm vereint zu sein,
und bis dahin lebe ich froh und zufrieden. Sei es
mit den Gütern, die es ihm gefiel, mir zu geben,
sei es mit den Leiden, die er mir zu meinem
Heil gesandt und die er mich durch sein Beispiel
zu erdulden gelehrt hat.   737

Da die Prophezeiungen verschiedene Kennzeichen
angeben, die alle beim Kommen des Messias erfüllt sein sollten, war es notwendig, daß all diese
Kennzeichen zur gleichen Zeit eintrafen. So
mußte, als die 70. Woche Daniels beendet war,
das vierte Reich bestehen; und das Zepter mußte
alsdann Juda genommen sein, und das alles ist
ohne Schwierigkeit eingetroffen; und daß alsdann
der Messias käme, und Jesus Christus ist alsdann
gekommen, der sich der Messias nannte, und das
alles ist zugleich ohne Schwierigkeit und beweist
wohl die Wahrheit der Prophezeiungen.   738

Die Propheten haben geweissagt, aber sie sind nicht geweissagt worden. Die Heiligen, die darauf folgten, waren geweissagt, aber sie weissagten nicht; Jesus Christus war geweissagt und weissagend. 739

Auf Jesus Christus schauen beide Testamente, das Alte in der Erwartung, das Neue auf ihn als Urbild, und beide als auf ihren Mittelpunkt.

740

Die zwei ältesten Bücher der Welt sind Moses und Hiob, das eine jüdisch, das andere heidnisch, und beide betrachten Jesus Christus als ihren gemeinsamen Mittelpunkt und Inhalt: Moses, der die Verheißungen Gottes an Abraham, Jakob usw. berichtet, und Hiob: Quis mihi det, ut, etc.? Scio enim, quod redemptor meus vivit, etc.[1]

741

Nur bis zur Geburt Jesu Christi sprechen die Evangelien von der Jungfräulichkeit der Jungfrau. Alles geschieht in Hinblick auf Jesus Christus. 742

Beweise Jesu Christi.
Weshalb blieb das Buch Ruth erhalten?
Weshalb die Geschichte Thamars? 743

»Betet, damit ihr nicht in Anfechtung fallet.«
Gefährlich ist es, versucht zu werden, und die, die es werden, werden es, weil sie nicht beten.
Et tu conversus confirma fratres tuos.[2] Vorher aber: conversus Jesus respexit Petrum.[3]
Petrus bittet darum, Malchus schlagen zu dürfen, und er schlägt, bevor er die Antwort hört, und erst danach antwortet Jesus.

Das Wort Galiläer, das die Menge der Juden wie zufällig aussprach, als sie Jesus vor Pilatus verklagten, veranlaßte Pilatus, Jesus dem Herodes zu schicken, wodurch das Mysterium erfüllt wurde, daß er von Juden und von Heiden gerichtet werden sollte. Der scheinbare Zufall war der Grund, daß das Mysterium erfüllt wurde.

744

Die, die ihres Glaubens nicht sicher sind, nehmen Anstoß daran, daß die Juden nicht glauben. — Man sagt, wenn das so klar war, weshalb glaubten sie dann nicht? — Sie möchten gewissermaßen, die Juden hätten geglaubt, damit ihnen das Beispiel ihrer Weigerung kein Hindernis sei. Aber sogar ihre Weigerung ist das Fundament unseres Glaubens. Wir würden es schwerer haben, wenn sie zu uns gehörten. Dann hätten wir einen viel umfassenderen Vorwand. Das ist das Wunderbare, daß die Juden dazu gebracht wurden, den Weissagungen anzuhängen und mächtige Feinde ihrer Erfüllung zu sein.

745

Die Juden waren an große und glänzende Wunder gewöhnt, und da sie so als Andeutung der Taten des Messias die gewaltigen Schläge am Roten Meer und im Lande Kanaan kannten, erwarteten sie von ihm noch glänzendere, für die die Wunder Moses' nur die Probe waren.

746

Die fleischlichen Juden und die Heiden und auch die Christen sind elend. Für die Heiden gibt es keinen Erlöser, denn sie erhoffen ihn nicht einmal. Es gibt keinen Erlöser für die Juden, denn sie hoffen vergeblich. Nur für die Christen gibt es den Erlöser. (Siehe Beständigkeit.) (747)

Siehe die zwei Arten Menschen unter dem Titel Beständigkeit. 747b

Zwei Arten Menschen in jeder Religion (siehe Beständigkeit): Aberglauben, Konkupiszenz.
747c

Zur Zeit des Messias spaltet sich das Volk. Die Geistigen haben den Messias angenommen; die dem Stofflichen anhängen, blieben ihm fern, um ihm als Zeuge zu dienen. 748

Wenn das den Juden so klar vorhergesagt war, wie ist es dann möglich, daß sie nicht glaubten? Oder wie ist es möglich, daß sie nicht ausgerottet wurden, da sie sich solcher Klarheit verschlossen? Ich antworte: erstens ist es geweissagt, sowohl, daß sie solcher Klarheit nicht glauben würden, als auch, daß sie nicht ausgerottet werden würden. Und nichts dient mehr dem Ruhme des Messias; denn es genügte nicht, daß es Propheten gab, ihre Prophezeiungen mußten auch ohne Argwohn bewahrt werden. Nun, usw. 749

Wären alle Juden durch Jesus Christus bekehrt worden, dann hätten wir nur verdächtige Zeugen. Und wären sie ausgerottet worden, dann hätten wir gar keine. 750

Was sagen die Propheten von Jesus Christus? Daß er völlig einleuchtend Gott wäre? Nein, sondern daß er ein wahrhaft verborgener Gott ist; daß er mißkannt sein würde; daß man nicht meinen würde, daß er es sei; daß er ein Stein des Anstoßes sein würde, an dem sich viele stoßen werden usw. Deshalb werfe man uns nicht mehr den

Mangel an Klarheit vor, da wir diesen gerade bekennen.

Aber, so meint man, es gäbe Unklarheiten. — Nun, sonst hätte man nicht Anstoß an Jesus Christus genommen, und das ist ausdrücklich eine der Absichten gemäß den Propheten: Excaeca....[1]

751

Moses lehrt als erster die Dreieinigkeit, die Erbsünde, den Messias.

David ist ein mächtiger Zeuge: König, gut, gnädig, schöne Seele, klug, mächtig; er weissagt, und das Wunder trifft ein; das ist unendlich überzeugend.

Er hätte, wenn ihn die Lust angekommen wäre, sagen können, er sei der Messias, denn die Prophezeiungen zielen deutlicher auf ihn als auf Jesus Christus.

Das gleiche gilt für Johannes.

752

Man hielt Herodes für den Messias. Er hatte Juda das Zepter genommen, aber er stammte nicht aus Juda. Das zeugte eine beträchtliche Sekte.

Bar-Kochba und ein anderer wurden von den Juden angenommen. Das Gerücht verbreitete sich zu jener Zeit überall: Sueton, Tacitus, Josephus.

Wie sollte der Messias sein, da durch ihn das Zepter ewig bei Juda bleiben und bei seinem Kommen von Juda genommen sein sollte?

Um zu bewirken, daß sie sehend nicht sahen und hörend nichts verstanden, konnte es nicht besser gemacht werden.

Fluch der Griechen auf die, die Zeitalter[2] zählen.

753

c. c. Homo existens te Deum facit.[3]

Scriptum est »Dii estis« — et non potest solvi Scriptura.[1]
c. c. Haec infirmitas non est ad vitam — et est ad mortem.[2]
»Lazarus dormit« — et deinde dixit: Lazarus mortuus est.[3]   754

Die offenbare Nichtübereinstimmung der Evangelien.   755

Kann man anderes als Verehrung für einen Menschen empfinden, der klar vorhersagt, was geschehen wird, und der seine Absicht erklärt, daß er sowohl die Menschen mit Blindheit schlagen, wie daß er sie erleuchten will, und der unter das, was eindeutig eintrifft, Dunkelheiten mischt?
(756)

Geweissagt wurde die Zeit des ersten Kommens, die Zeit des zweiten nicht; denn das erste Kommen mußte verborgen sein, und das zweite soll dermaßen sichtbar und derart offenbar sein, daß ihn selbst seine Feinde erkennen werden. Da er aber unbemerkt kommen und nur von denen erkannt werden sollte, die die Schrift prüfen würden...   757

Um den Messias für die Gerechten erkennbar und unerkennbar für die Ungerechten zu machen, hat Gott ihn derart künden lassen. Wäre die Art und Weise, wie der Messias erschien, klar geweissagt worden, so wäre selbst für die Ungerechten kein Zweifel gewesen. Wäre der Zeitpunkt dunkel geweissagt worden, dann hätte es auch für die Gerechten nur Dunkelheit gegeben; denn die Frömmigkeit ihres Herzens hätte sie z. B. nur ver-

stehen lassen, daß das geschlossene Mem[1] sechshundert Jahre bedeutet. Der Zeitpunkt ist deutlich geweissagt worden, die Art und Weise aber in Sinnbildern.
Und dadurch irren sich die Ungerechten, die die versprochenen Güter für irdische Güter halten, trotzdem die Zeit klar geweissagt ist; aber die Gerechten irren sich nicht. Denn was man unter den verheißenen Gütern begreift, das bestimmt das Herz, das gut nennt, was es liebt; was man aber unter der verheißenen Zeit begreift, das hängt nicht vom Herzen ab. Und so täuscht die deutliche Vorhersage der Zeit und die undeutliche der Güter allein die Bösen. 758

(Notwendig sind entweder die Juden oder die Christen böse.) 759

Die Juden lehnen ihn ab, aber nicht alle: die Heiligen nehmen ihn an und nicht die Fleischlichen. Und statt daß das seine Herrlichkeit mindere, ist es der letzte Pinselstrich, der sie vollendet. Wie der Grund, den sie für ihre Ablehnung haben, — und das ist der einzige, der sich in ihren Schriften, im Talmud und bei den Rabbinern findet — nur der ist, daß Jesus Christus nicht die Völker mit den Waffen unterworfen habe, gladium tuum, potentissime.[2] (Haben sie sonst nichts zu sagen? Jesus Christus, sagen sie, sei getötet worden, er sei unterlegen, er habe die Heiden nicht durch Gewalt unterworfen, er habe ihnen keine Beute verschafft, er habe ihnen keine Reichtümer verschafft. Ist das alles, was sie zu sagen haben? Deshalb gerade liebe ich ihn. Den, den sie sich vorstellen, würde ich nicht mögen.) Es ist offenbar, daß es nur das Leben war, was sie gehindert hat,

ihn anzunehmen; und dadurch, daß sie so ablehnten, wurden sie makellose Zeugen, und was noch mehr ist, sie erfüllten dadurch die Prophezeiungen.
(Dadurch, daß dieses Volk ihn nicht angenommen hat, ist dies Wunder geschehen: Die Prophezeiungen sind die einzigen dauernden Wunder, die es gibt, aber sie können bestritten werden.) 760

Die Juden haben ihm, als sie ihn, um ihn nicht als Messias anzunehmen, töteten, das letzte Kennzeichen des Messias verliehen.
Und als sie fortfuhren, ihn zu mißkennen, haben sie sich zu einwandfreien Zeugen gemacht; sowohl, als sie ihn töteten als auch, als sie fortfuhren, ihn zu leugnen, haben sie die Prophezeiungen erfüllt. (Jes. LX. Psalm LXXI.) 761

Was konnten seine Feinde, die Juden, tun? Nahmen sie ihn an, so bewiesen sie ihn durch die Annahme, denn die, die die Hoffnung auf den Messias bewahrten, nahmen ihn an; lehnten sie ihn aber ab, so bewiesen sie ihn durch diese Ablehnung. 762

Als die Juden ihn auf die Probe stellten, ob er Gott wäre, zeigten sie, daß er Mensch war.
763

Ebensoviel Mühe hatte die Kirche, denen, die es leugneten, zu beweisen, daß Jesus Christus Mensch war, wie zu beweisen, daß er Gott war; der äußere Anschein war gleich groß. 764

Herkommen der Widersprüche. Ein erniedrigter Gott, bis zum Tod am Kreuz; ein Messias, der über den Tod siegt durch seinen Tod. Zwei Naturen in Jesus Christus, zweimaliges Kommen, zweifache Seinsnatur des Menschen.

Sinnbilder. Retter, Vater, Opferpriester, Hostie, Nahrung, König, Weiser, Gesetzgeber, gequält, arm, mit dem Auftrag, ein Volk zu zeugen, das er leiten und ernähren sollte und in sein Land einzusetzen hatte.
Jesus Christus, Pflichten. Er sollte — er allein — ein großes Volk, das erwählt, heilig und ausgesucht sei, zeugen; er sollte es leiten, ernähren und an den Ort der Seligkeit und Heiligkeit führen; er sollte es Gott heiligen; aus ihm den Tempel Gottes machen; es mit Gott versöhnen und es vor dem Zorn Gottes retten, und es von der Knechtschaft der Sünde, die sichtbar über die Menschen herrscht, befreien; er hatte diesem Volk Gesetze zu geben und diese Gesetze in sein Herz einzugraben, er sollte sich Gott an ihrer Statt anbieten, sich für sie opfern, eine fleckenlose Hostie und selbst der Opferpriester sein, da er sich selbst, seinen Leib und sein Blut opfern sollte und trotzdem Gott Brot und Wein darbringen...
Ingrediens mundum.[1].
»Stein auf Stein.«
Was vorhergegangen und was darauf gefolgt ist. Alle Juden bleiben bestehen und irren durch die Welt.

Von allem, was es auf Erden gibt, nimmt er nur teil an dem Leidvollen, nicht an den Freuden. Er liebt, die ihm nahe stehen, aber in diesem Rahmen erschöpft sich seine Nächstenliebe nicht, er dehnt sie auf seine Feinde aus und selbst auf die Feinde Gottes.

Jesus Christus durch Joseph versinnbildlicht: Unschuldig,[1] Liebling seines Vaters, von seinem Vater gesandt, um nach seinen Brüdern zu sehen usw., von seinen Brüdern verkauft — für 20 Silberlinge — und erst dadurch ihr Herr, ihr Retter und der Retter der Fremden und der Retter der Welt geworden; was er, ohne die Absicht, ihn zu verderben, den Verkauf und die Verworfenheit, die sie damit begingen, nicht geworden wäre.

Im Gefängnis ist Joseph unschuldig zwischen zwei Verbrechern, Jesus Christus am Kreuz zwischen zwei Schächern. Dem einen weissagt er das Heil und dem andern den Tod aus den gleichen Erscheinungen. Jesus Christus rettet die Erwählten und verdammt die Verworfenen für die gleichen Vergehen. Joseph konnte nur weissagen, Jesus Christus vollbringt es. Joseph bittet den, der gerettet sein wird, sich seiner zu erinnern, wenn er wieder zu Ehren gekommen wäre, und der, den Jesus Christus errettet, bittet ihn, er möge sich seiner erinnern, wenn er in seinem Reich sein wird. 768

Die Bekehrung der Heiden war der Gnade des Messias vorbehalten. So lange Zeit haben die Juden erfolglos darum gekämpft: alles, was Salomon und die Propheten darüber sagten, war zwecklos. Weise, wie Platon und Sokrates, vermochten sie nicht zu überzeugen. 769

Nachdem so viele vor ihm gekommen waren, kam endlich Jesus Christus und sagte: Ich bin da, und die Stunde ist da. Was die Propheten gesagt haben, daß im Lauf der Zeiten geschehen solle, das werden, sage ich euch, meine Apostel vollbringen. Die Juden werden verworfen sein, Jeru-

salem wird zerstört werden, und die Heiden werden von Gott wissen (Celsus spottet darüber.)[1]
Das werden meine Apostel tun, nachdem ihr den Erben des Weinbergs getötet haben werdet.
Und dann sagten die Apostel zu den Juden: Verflucht werdet ihr sein, und zu den Heiden: ihr werdet Gott kennen. Und das alles ist dann geschehn. 770

Jesus Christus ist gekommen, um die, die klar sahen, mit Blindheit zu schlagen und die Blinden sehend zu machen, um die Kranken zu heilen und die Gesunden sterben zu lassen, um die Sünder zur Buße zu rufen und um sie freizusprechen und um die Gerechten in ihren Sünden zu lassen, um die Unwürdigen zu sättigen und um die Reichen leer zu lassen. 771

Heiligkeit. — Effundam spiritum meum.[2] Alle Völker waren abgefallen und in der Konkupiszenz befangen; da geschah es, daß die ganze Erde vor Gottesliebe erglühte und daß die Fürsten ihren Thron verließen und die Jungfrauen das Martyrium erlitten. Woher kommt diese Macht in die Welt? Der Messias ist erschienen. Das ist Wirkung und Zeichen seiner Kunft. (772)

Vernichtung der Juden und der Heiden durch Jesus Christus: omnes gentes venient et adorabunt eum.[3] Parum est ut, etc.[4] Postula a me.[5] Adorabunt eum omnes reges.[6] Testes iniqui.[7] Dabit maxillam percutienti.[8] Dederunt fel in escam.[9] 773

Jesus Christus für alle, Moses für ein Volk.
Die Juden in Abraham gesegnet: »Ich will segnen, die dich segnen.« Aber: »Alle Völker sollen durch seinen Samen gesegnet sein.«

Parum est, ut etc. Jes.[1]
Lumen ad revelationem gentium.[2]
Non fecit taliter omni nationi,[3] sagte David, als er von dem Gesetz sprach. Aber wenn man von Jesus Christus spricht, muß man sagen: Fecit taliter omni nationi. Parum est, ut etc.[4] Jes. Daher muß Jesus Christus umfassend sein. Sogar die Kirche bringt das Opfer nur für die Gläubigen dar: Jesus Christus hat das Opfer am Kreuz allen angeboten. 774

Es ist häretisch, wenn man immer unter omnes »alle« versteht, und häretisch, wenn man es nicht mitunter als »alle« erklärt. Bibite ex hoc omnes;[5] die Hugenotten sind häretisch, wenn sie darunter »alle« verstehen. In quo omnes peccaverunt;[6] die Hugenotten sind häretisch, da sie die Kinder der Gläubigen ausnehmen. Also muß man sich an die Kirchenväter und an die Überlieferung halten, um zu wissen, wann, da Häresie in beiden Fällen zu fürchten ist. 775

»Ne timeas, pusillus grex« — Timore und tremore. — Quid ergo?[7] Ne timeas (modo), timeas: Fürchte dich nicht, vorausgesetzt, daß du dich fürchtest; aber wenn du dich nicht fürchtest, fürchte dich.
Qui me recipit, non me recipit, sed eum, qui me misit.[8]
Nemo scit, ... neque Filius.[9]
Nubes lucida obumbravit.[10]
Johannes sollte die Herzen der Väter zu den Kindern bekehren und Jesus Christus unter ihnen scheiden — kein Widerspruch darin. 776

Die Wirkungen in communi und in particulari.[11]

Die Semipelagianer irren, wenn sie sagen in communi, das ist nur wahr in particulari; und die Kalvinisten irren, wenn sie sagen in particulari, was, wie mir scheint, nur wahr ist in communi.

777

Omnis Judaea regio, et Jerosolymitae universi, et baptizabantur.[1] Weil Menschen jeder Lebenslage dorthin kamen.
Steine können Kinder Abrahams sein. 778

Kennte man sich, würde Gott heilen und verzeihen: Ne convertantur et sanem eos, Jes., et dimittantur eis peccata, Marc. III.[2] 779

Niemals hat Jesus Christus verurteilt, ehe er hörte. Zu Judas: »Amice, ad quid venisti?«[3] Ebenso zu dem, der kein hochzeitlich Kleid[4] hatte. (780)

Die Sinnbilder, die von der Erlösung aller handeln, etwa: die Sonne leuchtet allen, bezeichnen nur eine Gesamtheit; die Figuranten[5] der Ausschließung aller, wie die Juden, die unter Ausschluß der Heiden erwählt wurden, kennzeichnen die Ausschließung.
»Jesus Christus, Erlöser aller Menschen.« — Ja, er hat die Erlösung allen angeboten, wie ein Mensch, der alle, die zu ihm kommen wollen, freigekauft hat; was ihn angeht, er bot ihnen die Erlösung an; wenn sie unterwegs sterben, so ist es ihre, nicht seine Schuld. — Das Beispiel mag zutreffen, wenn der, der erlöst, und der, der am Sterben hindert, zwei Personen sind, aber nicht für Jesus Christus, in dem beide vereint sind —. Nein, denn es kann sein, daß Jesus Christus vielleicht in seiner Eigenschaft als Erlöser nicht Herr aller Menschen ist, und

daß er also nur soweit er dies ist, der Erlöser aller Menschen ist.

Lehrt ihr, Jesus Christus sei nicht für alle gestorben, so fördert ihr ein Laster der Menschen, die sofort diese Annahme auf sich beziehen, wodurch man die Verzweiflung fördert, während man sie davon ablenken muß, um die Hoffnung zu beleben. Denn durch die äußerliche Gewohnheit gewöhnt man sich an die innerlichen Tugenden.

781

Der Sieg über den Tod. »Was hülfe es dem Menschen, wenn er die ganze Welt gewönne und nähme doch Schaden an seiner Seele? Wer sein Leben erhalten will, der wird es verlieren.«
»Ich bin nicht gekommen, das Gesetz aufzulösen, sondern zu erfüllen.«
»Die Lämmer löschen nicht die Sünden der Welt, aber ich bin das Lamm, das der Welt Sünden auslöscht.«
»Moses hat euch nicht das Brot vom Himmel gegeben. Moses hat euch nicht aus der Gefangenschaft befreit, und er hat euch nicht wahrhaft frei gemacht.« (782)

...Dann kam Jesus Christus, um die Menschen zu lehren, daß sie keinen Feind haben außer sich selbst, daß es ihre Leidenschaften sind, die sie von Gott trennen, und daß er gekommen sei, um diese zu zerstören und um sie zu begnaden, damit er aus ihnen eine heilige Kirche bilden könne, und daß er gekommen sei, in diese Kirche Heiden und Juden zu führen und um die Götzen der einen und den Aberglauben der andern zu vernichten. Dem widersetzen sich alle Menschen, nicht nur aus dem natürlichen Widerspruch der Konkupiszenz; sondern obendrein vereinen sich die Könige der Erde, um diese entstehende Religion auszulöschen, wie es geweissagt war: (Proph.: Quare fremerunt gentes... Reges terrae... adversus Christum).[1]

Alles vereinigt sich, was auf Erden mächtig ist: Gelehrte, Philosophen, Könige. Die einen schreiben, die andern verdammen, die dritten töten. Und ungeachtet all dieser Widerstände widersetzen sich diese schlichten und machtlosen Menschen all diesen Mächten, und sie unterwerfen sich eben diese Könige, diese Gelehrten und Philosophen und rotten den Götzendienst rings auf Erden aus. Und all das vollbringt die Kraft, die es geweissagt hatte. 783

Jesus Christus wollte nicht das Zeugnis der Dämonen, noch das derer, die nicht berufen waren; sondern das Zeugnis Gottes und Johannes des Täufers. 784

In jeder Person und in uns selbst vergegenwärtige ich mir Jesus Christus: Jesus Christus als Vater in seinem Vater, Jesus Christus als Bruder in seinen Brüdern, Jesus Christus arm in den Armen, Jesus Christus reich in den Reichen, Jesus Christus als Lehrer und Priester in den Priestern, Jesus Christus als Herrscher in den Fürsten usw. Denn durch seine Herrlichkeit[2] ist er alles, was groß ist, da er Gott ist, und durch sein sterbliches Leben[3] ist er alles, was armselig und niedrig ist. Deshalb, um in allen Personen sein zu können und um Vorbild jeder Lebenslage zu sein, nahm er diese unglückliche Seinslage auf sich.
785

So bedeutungslos war Jesus Christus (in dem Sinn, was die Welt bedeutungslos nennt), daß die Historiker, die nur die wichtigsten Geschehnisse der Staaten berichten, ihn kaum bemerkt haben.
786

Daß sowohl Josephus wie Tacitus oder die übrigen Historiker kaum von Jesus Christus sprachen. Statt daß man meinen könnte, das spräche gegen ihn, spricht es im Gegenteil für ihn. Denn es ist außer Zweifel, daß Jesus Christus lebte und daß seine Religion großes Aufsehen machte und jene Menschen nicht etwa nicht von ihr wußten; woraus folgt, daß sie sie offenbar absichtlich verschwiegen haben oder auch, daß man, wenn sie von ihr gesprochen haben sollten, das unterschlagen oder geändert hat. (787)

»Siebentausend habe ich mir auserwählt.« Ich liebe die Getreuen, von denen die Welt und selbst die Propheten nichts wissen. 788

Wie Jesus Christus unerkannt unter den Menschen blieb, so bleibt die[1] Wahrheit, äußerlich ununterscheidbar, unter den Meinungen des Tages gleich der Hostie des Abendmahls unter dem gewöhnlichen Brot. 789

Jesus Christus wollte nicht ohne die Form des Rechtes getötet werden, denn es ist schmachvoller, durch das Gericht zu sterben als durch rechtlosen Aufruhr. 790

Die falsche Gerechtigkeit des Pilatus führte nur dazu, Jesus Christus leiden zu machen, denn in seiner falschen Gerechtigkeit läßt er ihn geißeln, bevor er ihn tötet. Besser wäre gewesen, ihn gleich zu töten. So tun die falschen Gerechten. Sie tun gute und böse Werke der Welt zu Gefallen und um zu zeigen, daß sie nicht völlig Jesus Christus gehören, denn sie schämen sich dessen. Und endlich, in den großen Versuchungen und Prüfungen töten sie ihn. 791

Hatte je ein Mensch mehr Ruhm? Das ganze Volk der Juden kündet ihn vor seinem Kommen. Die Heiden verehren ihn nach seinem Kommen. Beide, Heiden und Juden, sehen in ihm ihren Mittelpunkt.
Indessen, wer hätte jemals sich weniger seines Ruhmes gefreut? Von dreiunddreißig Jahren lebt er dreißig in der Verborgenheit. Drei Jahre lang gilt er als Betrüger; Priester und Älteste lehnen ihn ab, seine Freunde und seine Nächsten verachten ihn. Endlich stirbt er, verraten von einem der Seinen, von dem andern verleugnet und verlassen von allen.
Was nützte ihm also dieser Ruhm? Niemals war ein Mensch ruhmvoller, niemals war ein Mensch verachteter. Nur uns diente sein Ruhm, damit er für uns erkennbar sei, und in nichts diente er ihm selbst. 792

Der unendliche Abstand zwischen Körper und Geist versinnbildlicht die unendliche Unendlichkeit des Abstandes zwischen dem Geist und der Gottesliebe, denn sie ist übernatürlich.
Aller Glanz irdischer Größe ist stumpf für die Menschen, die im Geiste forschen.
Die Größe der Menschen des Geistes ist unsichtbar den Königen, den Reichen, den Kriegshelden, allen, die groß sind in der Welt des Fleisches.

Die Größe der Weisheit, die null und nichtig, wenn sie nicht Gottes ist, ist den fleischlichen und den geistigen Menschen unerkennbar. Das sind drei wesenhaft verschiedene Ordnungen.[1]

Die großen Genies haben ihr Reich, ihren Glanz, ihre Größe, ihre Siege und ihren Schimmer, sie brauchen die irdische Größe nicht, mit der sie nichts gemeinsam haben. Die Augen sehen sie nicht, der Geist aber sieht sie, das genügt.

Die Heiligen haben ihr Reich, ihren Glanz, ihre Siege, ihren Schimmer, weder irdische noch geistige Größe brauchen sie, mit ihr haben sie nichts gemeinsam, denn sie fügt ihnen nichts hinzu, noch mindert sie sie. Gott und die Engel schauen sie, und nicht die Körper oder der neugierige Geist; Gott genügt ihnen.

Auch ohne jeden Ruhm würde Archimedes die gleiche Verehrung genießen. Sichtbar hat er keine Schlachten geschlagen, aber seine Erkenntnisse hat er allen Menschen des Geistes vermacht. Oh, wie gleißte er für alle Menschen von Geist!

Jesus Christus, der keine Güter besessen und in den Wissenschaften nichts vollbracht hat, ist in seiner Ordnung der Heiligkeit. Er hat weder etwas erfunden, noch hat er regiert; aber er ist demütig gewesen, geduldig, heilig, heilig, heilig vor Gott, furchtbar den bösen Geistern und ohne Sünde. In welcher gewaltigen Pracht, in welch überwältigender Herrlichkeit ist er den Augen des Herzens, die die Weisheit schauen, erschienen!

In seinen Büchern der Geometrie brauchte Archimedes nicht den Fürsten[2] zu spielen, obgleich er es war.

Unser Herr Jesus Christus brauchte nicht als König zu erscheinen, um in dem Glanz seiner Heiligkeit zu herrschen, denn er kam in dem Glanz seiner Ordnung. Lächerlich ist es, an der Niedrigkeit Jesu Christi Anstoß zu nehmen, als gehöre diese Niedrigkeit zu der gleichen Ordnung, in der die Größe gründet, die er sichtbar werden ließ. Diese Größe vergegenwärtige man sich in seinem Leben und in seinem Leiden, in seiner Unscheinbarkeit, in seinem Tod, in der Wahl der Seinigen, in ihrem Versagen, in seiner geheimen Auferstehung und allem anderen: dann wird man sie so übergewaltig finden, daß kein Grund mehr besteht, an einer Niedrigkeit Anstoß zu nehmen, die es hier nicht gibt.

Es gibt aber Menschen, die nur irdische Größe bewundern können, als gäbe es keine geistige Größe; und andere gibt es, die können nur geistige Größe bewundern, als gäbe es nicht die unendlich viel höhere in der Weisheit.

Alle Körper, das Weltall und die Sterne, die Erde und ihre Königreiche, wiegen nicht den geringsten der Geiste[1] auf; denn der Geist erkennt das alles und sich selbst, und die Körper: nichts.

Alle Körper zusammen und alle Geiste mitsamt ihren Leistungen wiegen nicht die geringste Regung der Liebe zu Gott auf. Sie ist eine unendlich viel höhere Ordnung.

Es wird niemals gelingen, aus allen Körpern zusammen einen kleinen Gedanken zu bilden: das ist unmöglich und anderer Ordnung. Aus allen Körpern und allen Geistern wird man keine Regung wahrer Liebe zu Gott gewinnen können: das ist unmöglich und anderer, einer übernatürlichen Ordnung.

793

Weshalb ist Jesus Christus, statt seinen Beweis aus vorhergegangenen Prophezeiungen abzuleiten, nicht sichtbarlich erschienen?

Weshalb hat er sich in Sinnbildern prophezeien lassen?

Wäre Jesus Christus nur gekommen, um zu heiligen, so würde die ganze Schrift und alles sonst darauf weisen, und es würde leicht sein, die Ungläubigen zu überzeugen. Wäre Jesus Christus nur gekommen, um blind zu machen, so würde sein ganzes Verhalten verworren sein, und wir hätten kein Mittel, die Ungläubigen zu überzeugen. Da er aber, wie Jesaja sagt, in sanctificationem et in scandalum[1] gekommen ist, können wir weder die Ungläubigen überzeugen, noch können sie uns überzeugen; doch dadurch grade überzeugen wir sie, da wir sagen, es gäbe in seinem Verhalten keinen Beweis, und zwar weder für das eine noch für das andere.

Jesus Christus sagt nicht, daß er nicht aus Nazareth sei, noch, daß er nicht der Sohn Josephs sei, um die Ungerechten in ihrer Blindheit zu belassen.

Beweise Jesu Christi. Jesus Christus sagt die großen Dinge so schlicht, daß es scheint, als hätte er sie nicht dafür gehalten, und trotzdem so deutlich, daß man wohl erkennt, daß er sie dafür hält. Diese Klarheit, vereint mit solcher Schlichtheit, ist bewunderungswürdig.

In vielerlei Hinsicht ist der Stil des Evangeliums bewunderungswürdig, unter anderm darin, daß keinerlei Schmähungen gegen die Henker und Feinde Jesu Christi vorkommen; denn es gibt keinen Evangelisten, der gegen Judas, gegen Pilatus oder gegen irgendeinen Juden geschrieben hat.

Wäre diese Mäßigung der Verfasser der Evangelien Verstellung gewesen, ebenso wie so manches andere Merkmal charakterlicher Schönheit, und hätten sie sie nur vorgetäuscht, damit es bemerkt würde, so würden sie, wenn sie es nicht gewagt hätten, selbst darauf hinzuweisen, sich sicherlich Freunde verschafft haben, die das zu ihrem Ruhme angemerkt hätten. Da sie aber davon ohne Verstellung und gänzlich unbefangen reden, blieb es von allen unbemerkt, und ich bin sicher, daß manches dieser Art bis heute noch nicht bemerkt worden ist, und das bezeugt die Ruhe, mit der die Berichte verfaßt worden sind. 798

Ein Handwerker, der über Reichtümer spricht, ein Schaffner, der über Krieg und Königtum spricht, usw. Aber ein Reicher spricht recht von Reichtümern, ein König spricht gelassen von einer großen Stiftung, die er machen will, und Gott spricht recht von Gott. 799

Wer lehrte die Evangelisten die Eigenschaften einer vollkommen heldischen Seele, um sie so vollkommen in Jesus Christus zu zeichnen? Weshalb zeigen sie ihn schwach in seiner Agonie? Können sie standhaftes Sterben nicht schildern? Doch; denn eben der gleiche Sankt Lukas stellt den Tod des heiligen Stephan viel gefaßter dar als den Jesu Christi.
Sie zeigen ihn also der Furcht fähig, bevor die Notwendigkeit des Todes da ist, und dann vollkommen stark.
Als sie ihn aber so betrübt schildern, da war er in sich selbst betrübt; und als die Menschen ihn quälen, da ist er völlig gefaßt. 800

Beweis Jesu Christi. Die Annahme betrügerischer Apostel ist völlig unsinnig. Man denke sie bis zu Ende, und man stelle sich diese zwölf Menschen vor, die nach dem Tode Jesu Christi versammelt sind, wie sie sich verabreden, sie wollten sagen, er sei auferstanden. Damit stellten sie sich in Gegensatz zu allem, was mächtig war. Das Herz des Menschen neigt sonderbar leicht zur Seite des Bequemen, der Änderungen, der Versprechen und des Besitzes. Wie leicht wäre es möglich gewesen, daß einer von ihnen, verführt durch diese Verlockungen, sich verleugnet hätte oder gar durch die Gefängnisse, die Folter und den Tod, dann waren sie alle verloren. Das bedenke man. 801

Entweder waren die Apostel betrogen oder Betrüger. Beides ist schwierig anzunehmen, denn es ist unmöglich, daß man einen Menschen als auferstanden ausgibt.
Solange Jesus Christus bei ihnen war, konnte er ihnen Halt sein; danach aber, wer hat sie handeln lassen, wenn er ihnen nicht erschienen ist? 802

XIII. DIE WUNDER[1]

Fragment 803-856

Anfang. Die Wunder scheiden unter der Lehre, und die Lehre scheidet unter den Wundern.
Es gibt falsche und wahre Wunder. Man braucht ein Kennzeichen, um sie zu unterscheiden, sonst wären sie zwecklos. Nun, sie sind nicht zwecklos, sondern im Gegenteil Fundament. Also muß die Regel, die er uns gibt, derart sein, daß sie nicht die Beweiskraft der wahren Wunder für die Wahrheit, was der eigentliche Zweck der Wunder ist, aufhebt.
Moses hat zwei Kennzeichen gegeben: daß die Kündung nicht eintritt, 5. Mos. XVIII, und daß sie nicht zum Götzendienst verleiten, 5. Mos. XIII, und Jesus Christus gab eines.
Wenn die Lehre über die Wunder entscheidet, haben die Wunder keinen Nutzen für die Lehre. Wenn die Wunder entscheiden...
Einwurf gegen die Regel. Die Verschiedenheit der Zeiten. Eine andere Regel zur Zeit Moses', eine andere Regel heute. 803

Wunder. Ein Wunder ist eine Wirkung, die die natürliche Kraft der Mittel, die man anwendet, übersteigt; und eine Wirkung, die die natürliche Kraft der Mittel, die man benutzt, nicht übersteigt, ist kein Wunder. So vollbringen die, die den Teufel anrufen und dadurch heilen, kein Wunder, denn das übersteigt nicht das natürliche Vermögen des Teufels. Aber ... 804

Die beiden Fundamente, eines innerlich, das andere äußerlich; die Gnade, die Wunder; beide übernatürlich. 805

Die Wunder und die Wahrheit sind notwendig, weil der ganze Mensch überzeugt werden muß, sowohl der Körper als die Seele. 806

Immer haben entweder Menschen von dem wahren Gott gesprochen, oder der wahre Gott hat zu den Menschen gesprochen. 807

Niemals hat Jesus Christus die Wahrheit, daß er der Messias wäre, dadurch erhärtet, daß er seine Lehre aus der Schrift und den Weissagungen erwahrheitete, sondern stets durch seine Wunder.
Durch ein Wunder beweist er, daß er die Sünden vergibt.
»Freuet euch nicht der Wunder, die ihr tut, sagt Jesus Christus, sondern, daß eure Namen im Himmel geschrieben sind.«
Wenn sie nicht an Moses glauben, werden sie nicht an einen Auferstandenen glauben.
Nikomedes erkannte an seinen Wundern, daß seine Lehre von Gott ist: Scimus, quia venisti a Deo magister; nemo enim potest haec signa facere quae tu facis, nisi Deus fuerit cum eo.[1] Er urteilt nicht über die Wunder an Hand der Lehre, sondern über die Lehre an Hand der Wunder.
Die Juden hatten eine Lehre von Gott, wie wir sie von Jesus Christus haben, die durch Wunder bestätigt war, und sie hatten das Verbot, allen Wun-

dertätern zu glauben, und darüber hinaus das Gebot, die Hohenpriester zu fragen und sich nach ihrer Entscheidung zu richten.

Alle Gründe also, die wir haben, um denen, die Wunder tun, nicht zu glauben, hatten sie in Hinsicht auf ihre Propheten.

Indessen waren sie wegen ihrer Wunder sehr schuldig, als sie die Propheten und Jesus Christus ablehnten, aber sie wären nicht schuldig gewesen, wenn sie keine Wunder gesehen hätten: Nisi fecissem..., peccatum non haberent.[1] Folglich ruht der ganze Glaube auf den Wundern.

Die Prophezeiung wird nicht Wunder genannt; da Johannes von dem ersten Wunder in Kana spricht; und dann nennt Johannes das, was Jesus Christus zu dem Weib aus Samaria sagt, der er ihr ganzes geheimes Leben enthüllt, und alsdann den Sohn eines königlichen Beamten heilt, »das zweite Zeichen«. 808

Die Verknüpfung der Wunder. (809)

Das zweite Wunder kann das erste voraussetzen, das erste kann nicht das zweite voraussetzen.

810

Ohne die Wunder wäre es keine Sünde gewesen, wenn man nicht an Jesus Christus geglaubt hätte.

811

Ich wäre kein Christ, ohne die Wunder, sagt Augustinus. (812)

Wunder. Wie ich die hasse, die aus den Wundern Zweideutigkeiten[2] machen. Zutreffend spricht Montaigne von ihnen an den zwei Stellen. In dem einen Fall sieht man, wie vorsichtig er ist,

und trotzdem glaubt er; in dem andern Fall spottet er über die Ungläubigen.
Wie immer es sei, die Kirche hat keine Beweise, wenn sie recht haben. 813

Montaigne gegen die Wunder.
Montaigne für die Wunder. 814

Im Widerspruch zu den Wundern kann man nicht vernunftgemäß glauben. 815

Die Ungläubigen: die Gläubigsten; sie glauben an die Wunder Vespasians, um nicht an die Wunder Moses' zu glauben. (816)

Titel: *Weshalb man so vielen Lügnern glaubt, die behaupten, daß sie Wunder gesehen hätten, und niemandem glaubt, der sagt, er habe ein Geheimmittel, um den Menschen unsterblich zu machen oder zu verjüngen.*[1] Als ich den Grund überlegte, weshalb man so leicht den vielen Betrügern glaubt, die behaupten, Heilmittel zu kennen, und daß man oft sogar sein Leben ihren Händen anvertraut, schien er mir darin zu liegen, daß es wirkliche Heilmittel gibt; denn es wäre unmöglich, daß es so viele falsche Heilmittel gäbe, und daß man ihnen so sehr vertraute, wenn es keine echten Heilmittel geben würde. Hätte man niemals gegen irgendeine Krankheit ein Mittel gekannt, wären alle Krankheiten unheilbar gewesen, dann wäre es unmöglich, daß sich die Menschen eingebildet hätten, daß es ein Heilmittel geben könnte, und vor allem dann, wenn viele schon denen Glauben geschenkt haben würden, die sich einbildeten, eines zu kennen: das wäre, wie wenn ein Mensch sich rühmen würde, das Sterben hindern zu können; niemand würde ihm glauben, weil es dafür kein Beispiel gibt. Da man aber eine Menge Heilmittel kennt, die die Prüfung der bedeutendsten Menschen als wirkungsvoll erwiesen hat, haben sich die Menschen gewöhnt, daran zu glauben; und da man wußte, daß die Wirkung möglich ist, hat man daraus geschlossen, daß es sie gibt. Denn das Volk schließt gewöhnlich so: Etwas ist möglich, also ist es so; weil etwas nicht allgemein geleugnet werden kann, weil es bestimmte Wirkungen gibt, die wirklich sind, glaubt das Volk, das unfähig ist, zu entscheiden, welche unter diesen besonderen Wirkungen wirklich sind, an alle. So schreibt man auch deshalb so viele Wirkungen fälschlich dem Monde zu, weil es wirklich welche gibt, wie die Gezeiten des Meeres.

Das gleiche gilt für die Prophezeiungen, die Wunder, die Vorgesichte der Träume, die Verhexungen usw.[1] Denn wäre an all diesen Dingen niemals etwas wahr gewesen, würde sie niemals jemand geglaubt haben: also, statt zu schließen, es gibt keine wahren Wunder, weil es so viele falsche gibt, muß man im Gegenteil schließen, sicherlich gibt es wahre Wunder, weil es so viele falsche gibt, und daß es nur aus dem Grund falsche gibt, weil es wahre gibt. Gleiches hat man für die Religion zu folgern; denn es ist unmöglich, daß die Menschen so viele falsche Religionen ersonnen hätten, wenn es darunter keine wahre gäbe. Der Einwurf darauf ist, daß die Wilden eine Religion haben: aber dem ist zu entgegnen, daß sie von ihr reden hörten, was deutlich wird durch die Sintflut, die Beschneidung, das Kreuz des heiligen Andreas u. a. (817)

Als ich den Grund überlegte, wie es möglich sei,

daß es so viele falsche Wunder, falsche Offenbarungen, Verhexungen usw. gibt, schien es mir, daß der wahre Grund der ist, daß es wahre gibt; denn es ist unmöglich, daß es so viele falsche Wunder gibt, wenn es keine wahren gäbe, noch daß es so viele falsche Offenbarungen gibt, wenn es keine wahren gäbe, noch daß es so viele falsche Religionen gibt, wenn es darunter keine wahre gäbe. Denn hätte es das alles niemals gegeben, so wäre es auch unmöglich, daß sich die Menschen das eingebildet hätten, und es wäre noch unmöglicher gewesen, daß ihnen andere geglaubt haben würden. Da es hier aber gewaltige Wirklichkeit gibt, die deshalb von den bedeutendsten Menschen geglaubt wurde, wurde diese Erfahrung Anlaß, daß fast jedermann bereit ist, auch die falschen Wunder zu glauben. Also, statt zu schließen, es gibt keine wahren Wunder, weil es so viele falsche gibt, muß man im Gegenteil sagen, daß es wahre Wunder gibt, weil es so viele falsche gibt, und daß es falsche nur deshalb gibt, weil es wahre gibt, und daß es ebenso nur deshalb falsche Religionen gibt, weil es eine wahre gibt. — Der Einwurf darauf ist: daß die Wilden eine Religion haben; aber die haben sie, weil sie von der wahren reden hörten, wie es offenbar wird durch das Andreaskreuz, die Sintflut, die Beschneidung usw. Das kommt daher, daß, wenn der Geist des Menschen von dorther durch die Wahrheit angerührt wird, er empfänglich wird für alle Irrtümer dieser...   818

Jer. XXIII, 32. Die Wunder der falschen Propheten. Im Hebräischen und bei Vatable heißt es, es gibt die Wankelmütigen.
Wunder bedeutet nicht immer Wunder, 1. Kön.

XIV, 15. Wunder bedeutet Furcht, so im Hebräischen. Ebenso deutlich bei Hiob, XXXIII, 7. Und auch bei Jes. XXI, 4; Jer. XLIV, 12. Portentum bedeutet simulacrum,[1] Jer. L, 38, und steht so im Hebräischen und bei Vatable.[2] Jes. VIII, 18, Jesus Christus sagte, daß er und die Seinen in Wundern sein werden. 819

Würde der Teufel die Lehre, die ihn vernichtet, begünstigen, so würde er, wie Jesus Christus sagte, mit sich uneins sein. Würde Gott die Lehre, die die Kirche zerstört, begünstigen, so würde er mit sich uneins sein: *Omne regnum divisum*...[3] Denn Jesus Christus wirkte gegen den Teufel und vernichtete seine Herrschaft über die Herzen — wofür die Teufelsaustreibung das Sinnbild ist —, um das Königtum Gottes zu errichten, und deshalb fügt er hinzu: »*Si in digito Dei... regnum Dei ad vos.*«[4] 820

Zwischen der Versuchung und der Verleitung zum Irrtum ist ein erheblicher Unterschied. Gott führt in Versuchung, aber er verleitet nicht zum Irrtum. Versuchen heißt eine Gelegenheit schaffen, in der man, ohne daß das notwendig wäre, etwas Bestimmtes tun wird, wenn man Gott nicht liebt. Zum Irrtum verleiten heißt, den Menschen in die Notwendigkeit versetzen, eine Irrheit zu erschließen und zu verfolgen. 821

Abraham, Gideon: *Zeichen* höher als die Offenbarung. Die Juden machten sich blind, da sie die Wunder nach der Schrift beurteilten. Gott hat niemals die, die ihn wahrhaft verehren, verlassen.
Lieber folge ich Jesus Christus als irgendeinem

andern, weil in ihm Wunder, Prophezeiungen, Lehre und Beständigkeit usw. sind.
Donatisten[1]: Kein Wunder, von dem man sagen muß, es sei der Teufel.
Je mehr man Gott, Jesus Christus und die Kirche voneinander sondert... (822)

Gäbe es keine falschen Wunder, würde es Gewißheit geben. Gäbe es keine Regel, um sie zu unterscheiden, würden die Wunder zwecklos sein, und es würde keinen Grund geben, zu glauben.
Nun, es gibt menschlich keine menschliche Gewißheit, aber Grund (zu glauben). 823

Entweder hat Gott die falschen Wunder zuschanden gemacht, oder er hat sie geweissagt; und durch beides hat er sich über das erhoben, was nach unserer Meinung übernatürlich ist, und uns hat er dadurch selbst erhöht. 824

Die Wunder dienen nicht dazu, uns zu bekehren, sondern zu verdammen. (Thomas von Aquin, Qu. 113, Art. 10, ad 2.) (825)

Gründe, weshalb man nicht glaubt.
Joh. XII, 37. Cum autem tanta signa fecisset, non credebant in eum, ut sermo Isaiae impleretur:[2] Excaecavit, etc.[3]
Haec dixit Isaias, quando vidit gloriam ejus, et locutus est de eo.[4]
»Judaei signa petunt, et Graeci sapientiam quaerunt, nos autem Jesum crucifixum.« Sed plenum signis, sed plenum sapientia; vos autem Christum non crucifixum et religionem sine miraculis et sine sapientia.[5]
Der Grund, daß man die wahren Wunder nicht

glaubt, ist Mangel an Gottesliebe, Joh.: Sed vos non creditis, quia non estis ex ovibus.[1] Und der Grund, daß man an falsche Wunder glaubt, ist der Mangel an Gottesliebe, 2. Thess. II.
Fundament der Religion; das sind die Wunder. Wieso? Spricht Gott gegen die Wunder, gegen die Fundamente des Glaubens, den man zu ihm hat?
Wenn es einen Gott gibt, müßte der Glaube an Gott auf Erden heimisch sein. Nun, nicht der Antichrist hat die Wunder Jesu Christi geweissagt, sondern die Wunder des Antichrist wurden von Jesus Christus geweissagt; und also hätte Jesus Christus, wenn er nicht der Messias wäre, zu nützlichem Irrtum geführt, der Antichrist aber kann nicht zu nützlichem Irrtum führen. War, als Jesus Christus die Wunder des Antichrist geweissagt hat, seine Absicht, den Glauben an seine eigenen Wunder aufzuheben?
Moses hat Jesus Christus geweissagt und geboten, ihm zu folgen; Jesus Christus hat den Antichrist geweissagt und verboten, ihm zu folgen.
Es wäre zur Zeit Moses' unmöglich gewesen, dem Antichrist, von dem man nichts wußte, den Glauben zu weigern: aber leicht ist es zur Zeit des Antichrist, an Jesus Christus, den man schon kennt, zu glauben.
Es gibt keinen Grund, an den Antichrist zu glauben, den man nicht auch hätte, an Jesus Christus zu glauben; es gibt aber in Jesus Christus Gründe, die es bei dem andern nicht gibt.

826

Richter XIII, 23: »Wenn der Herr Lust hätte, uns zu töten, so hätte er uns nicht solches alles erzeiget.« Hiskias, Sanherib.

Jeremias. Ananias, falscher Prophet, stirbt im siebenten Monat.
2. Mark. III: Der Tempel vor der Plünderung, durch Wunder gerettet. — 2. Mak. XV.
1. Kön. XVII: Die Witwe zu Elias, der das Kind gerettet hatte: »Daran erkenne ich, daß du ein Mann Gottes bist.«
1. Kön. XVIII: Elias mit den Propheten Baals.
Niemals ist im Streit um den wahren Gott, um die Wahrheit der Religion, ein Wunder auf Seiten des Irrtums und nicht auf Seiten der Wahrheit geschehn. 827

Streit. Abel, Kain; Moses, Zauberer; Elias, falsche Propheten; Jeremias, Ananias; Micha, falsche Propheten; Jesus Christus, Pharisäer; Paulus, Bar-Jesus; Apostel, Teufelsbeschwörer; die Christen und die Ungläubigen; die Katholiken, die Ketzer; Elias, Enoch, der Antichrist.
Immer siegte die Wahrheit durch Wunder. Die beiden Kreuze. 828

Jesus Christus sagt, daß die Schrift ihn bezeuge, aber er sagt nicht, worin.
Selbst die Prophezeiungen konnten Jesus Christus, solange er lebte, nicht beweisen, und deshalb wäre niemand schuldig gewesen, der vor seinem Tode nicht an ihn geglaubt hätte, wenn die Wunder nicht ohne die Lehre genügt hätten. Nun waren jene, die an ihn, solange er lebte, nicht glaubten, wie er selbst sagt, sündig und ohne Entschuldigung. Also mußte es für sie einen Beweis geben, dem sie sich verschlossen. Nun, sie hatten nicht die Schrift,[1] sondern nur die Wunder; folglich genügen sie; wenn sie nicht im Gegensatz zur Lehre sind, muß man ihnen glauben.

Joh. VII, 40. Streit zwischen den Juden, wie heute zwischen den Christen. Die einen glaubten an Jesus Christus, die andern glaubten nicht an ihn, weil die Prophezeiungen sagten, daß er in Bethlehem geboren werden sollte. Sie hätten besser daran getan nachzuforschen, ob er es nicht etwa war, denn seine Wunder sprachen für ihn; über diesen vermeintlichen Widerspruch zwischen seiner Lehre und der Schrift hätten sie sich wohl Gewißheit verschaffen können, und diese Unklarheit entschuldigte sie nicht, wohl aber machte sie sie blind. So sind die, die den Wundern von heute den Glauben verweigern, durch einen angeblichen chimärischen Widerspruch nicht entschuldigt.

Zum Volk, das an ihn wegen seiner Wunder glaubte, sagten die Pharisäer: das Volk ist verflucht, das nichts vom Gesetz weiß, oder glaubt irgendein Oberer oder Pharisäer an ihn? Denn wir wissen, daß aus Galiläa kein Prophet aufsteht. Nikomedes antwortete ihnen: Richtet unser Gesetz auch den Menschen, ehe man ihn verhörte (und noch dazu einen solchen Menschen, der solche Wunder tut)? 829

Die Prophezeiungen waren doppeldeutig: sie sind es nicht mehr. 830

Die fünf Lehrsätze waren doppeldeutig, sie sind es nicht mehr.[1] 831

»Wunder sind nicht mehr nötig, weil man sie schon hat.« — Aber wenn man nicht mehr die Überlieferung achtet, wenn man nichts als den Papst, den man überlistet hat, dagegensetzt, und also die echte Quelle der Wahrheit, die die Überlieferung ist, ausgeschlossen hat, und wenn man den Papst, der Treuhänder ist, im voraus eingenommen hat, dann hat die Wahrheit keine Möglichkeit mehr, sichtbar zu werden: dann muß, da die Menschen nicht mehr die Wahrheit sagen, die Wahrheit selbst zu den Menschen sprechen. Das geschah zur Zeit des Arius. (Wunder unter Diokletian und unter Arius.) 832

Wunder. Das Volk folgert das aus sich allein; aber ihr müßt ihm die Begründung dafür geben.[1] Es ist ärgerlich, eine Ausnahme von der Regel zu bilden. Man soll sogar streng und Gegner der Ausnahme sein. Da es aber trotzdem sicher ist, daß es Ausnahmen von der Regel gibt, muß man darüber streng, aber gerecht urteilen. (833)

Joh. VI, 26: Non quia vidistis signa, sed quia saturati estis.[2]
Die, die Jesus Christus anhängen, weil er Wunder getan hat, ehren seine Macht in all den Wundern, die sie bewirkt; die aber, die ihr Geschäft daraus machen, ihm nachzufolgen, weil er Wunder getan hat, folgen ihm in Wirklichkeit nur, weil er sie tröstet und mit weltlichen Gütern sättigt; sie schmähen seine Wunder, sobald sie ihnen unbequem sind.
Joh. IX: Non est hic homo a Deo, qui sabbatum non custodit. Alii: Quomodo potest homo peccator haec signa facere?[3]
Was ist klarer?
Dieses Haus ist kein Haus Gottes; denn man glaubt dort nicht, daß die fünf Lehrsätze bei Jansenius stehen. Die andern: Dieses Haus ist ein Haus Gottes; denn es geschehen dort rätselhafte Wunder.

Was ist klarer?
Tu quid dicis? Dico, quia propheta est.[1] Nisi esset hic a Deo, non poterat facere quidquam.[2]

834

Im Alten Testament: wenn man euch von Gott abwendig machen wird. Im Neuen: wenn man euch von Jesus Christus abwendig machen wird. Dadurch sind die Fälle bezeichnet, in denen man den Wundern nicht glauben darf. Andere Ausnahmen kann man nicht zulassen.
Folgt daraus, daß sie das Recht gehabt hätten, die Propheten, die ihnen gesandt wurden, abzulehnen? Nein, gesündigt hätten sie, wenn sie die, die Gott leugneten, nicht abgelehnt hätten, und ebenso hätten sie gesündigt, wenn sie die, die Gott nicht leugneten, abgelehnt hätten.
Folglich muß man sich, wenn man einem Wunder begegnet, entweder unterwerfen, oder man muß besondere Kennzeichen für das Gegenteil haben. Man muß sich überzeugen, ob es Gott oder Jesus Christus oder die Kirche leugnet.

835

Ein beträchtlicher Unterschied besteht zwischen einem, der Jesus Christus leugnet und es sagt, und einem, der nicht für Jesus Christus ist und vorgibt, es zu sein. Die ersten könnten Wunder tun, nicht aber die andern; denn bei den ersten ist es deutlich, daß sie Gegner der Wahrheit sind, nicht aber bei den andern, und deshalb sind die Wunder klarer.

836

So offenbar ist es, daß man nur einen einzigen Gott lieben soll, daß keine Wunder nötig sind, um das zu beweisen.

837

XIII. Die Wunder

Jesus Christus hat Wunder getan, dann taten sie die Apostel und die ersten Heiligen in großer Zahl; da die Prophezeiungen noch nicht erfüllt waren und sie sich erst in ihnen erfüllten, konnte nichts sie bezeugen als die Wunder. Geweissagt war, daß der Messias die Völker bekehren würde. Wie hätte diese Prophezeiung erfüllt werden können ohne die Bekehrung der Völker? Und wie hätte man die Völker zum Messias bekehren können, da sie die letzte Verwirklichung der Prophezeiungen, die ihn beweisen, nicht sehen konnten? Also bevor er nicht gestorben, auferstanden war und bevor die Völker nicht bekehrt waren, war nicht alles in Erfüllung gegangen, und deshalb waren die Wunder diese Zeit über notwendig. Heute sind sie zur Bekehrung der Juden nicht mehr nötig, denn die erfüllten Prophezeiungen sind ein beständiges Wunder. 838

»Glaubet doch den Werken, wollt ihr mir nicht glauben.« Er verweist sie darauf als auf das stärkste Argument.

Den Juden war ebenso wie den Christen gelehrt worden, daß sie Propheten nicht immer glauben dürften. Aber trotzdem machten die Pharisäer und Schriftgelehrten viel Wesens von seinen Wundern und bemühten sich zu beweisen, daß sie falsch oder vom Teufel bewirkt sein, denn sie hätten sich notwendig bekehren müssen, wenn sie anerkannt hätten, daß sie von Gott seien.

Heute haben wir diese Mühe der Unterscheidung nicht nötig. Sie ist viel leichter zu vollziehen: die, die weder Gott noch Jesus Christus leugnen, tun keine Wunder, die nicht gewiß sind. Nemo facit virtutem in nomine meo, et cito possit de me male loqui.[1]

Wir aber haben diese Unterscheidung nicht zu treffen. Wir haben eine heilige Reliquie, wir haben einen Dorn aus der Krone des Heilands der Welt, worüber der Fürst dieser Welt keine Macht hat, der Wunder wirkt durch die diesem Blut, das für uns vergossen wurde, eigne Macht. Seht, Gott selbst wählte dies Haus, um seine Macht erstrahlen zu lassen.[1]

Nicht Menschen sind es, die diese Wunder durch ein unbekanntes und zweifelhaftes Vermögen wirken, was uns zu einer schwierigen Unterscheidung verpflichten würde. Gott selbst ist es; ein Werkzeug der Passion seines einzigen Sohnes, das an vielen Orten der Welt verstreut war, aus dem er diesen Dorn wählte und bewirkte, daß von allen Seiten die Menschen kommen, um diese wunderbare Tröstung in ihrer Not zu empfangen.

839

Dreierlei Feinde hat die Kirche: die Juden, die ihrer Gemeinschaft nie angehörten; die Ketzer, die sich ihr entzogen haben; und die schlechten Christen, die sie innerlich zerstören.

Diese drei verschieden gearteten[1] Gegner bekämpfen sie im allgemeinen verschieden; in diesem Fall aber bekämpfen sie sie auf die gleiche Weise. Da sie alle keine Wunder haben, und da es in der Kirche gegen sie immer Wunder gab, haben sie alle den gleichen Wunsch, den Wundern auszuweichen, und so haben sie sich alle der Ausflucht bedient: daß man nicht die Lehre nach den Wundern, sondern die Wunder an Hand der Lehre beurteilen müsse. Unter denen, die Jesus Christus angehörten, gab es zwei Parteien: die einen folgten wegen der Lehre seinen Wundern, die andern sagten... Zwei Parteien gab es zur Zeit Kalvins... Jetzt gibt es die Jesuiten, usw. 840

In Zweifelsfällen entscheiden die Wunder: zwischen den Juden und Heiden, den Juden und Christen; zwischen Katholiken, Ketzern; Verleumdeten, Verleumdern; zwischen den beiden Kreuzen.
Bei den Ketzern aber würden die Wunder nutzlos sein; denn die Kirche, die durch die Wunder, die den Glauben bestätigt haben, autorisiert ist, lehrt uns, daß sie den wahren Glauben nicht haben. Es gibt keinen Zweifel daran, daß sie ihn nicht haben, da die ersten Wunder der Kirche den Glauben an ihre [Wunder] ausschließen. So stehen Wunder gegen Wunder, und die frühesten und gewaltigsten auf Seiten der Kirche.
Jene Nonnen, erschrocken über das, was man ihnen sagt, sie seien auf dem Weg der Verdammnis, ihre Beichtväter führten sie nach Genf, sie brächten ihnen bei, Jesus Christus sei nicht in der Eucharistie gegenwärtig, noch zur Rechten des Vaters, weihen sich wissend, daß alles dies falsch ist, Gott, und in diesem Gemütszustand: Vide, si via iniquitatis in me est.[1] Und was geschieht daraufhin? Aus dem Ort, von dem man sagt, er sei der Tempel Satans, macht Gott seinen Tempel. Man sagt, man müsse die Kinder von dort fortnehmen: Gott heilt sie dort. Man sagt, das sei ein Hort der Hölle: Gott macht es zum Allerheiligsten seiner Gnade. Endlich bedroht man sie mit allen Schrecken und der ganzen Rache des Himmels; und Gott überhäuft sie mit seiner Gunst. Den Verstand müßte man verloren haben, wollte man daraus schließen, daß sie auf dem Wege der Verdammnis wären.

(Zweifellos, hier sind die gleichen Erkennungszeichen wie bei dem heiligen Athanasius.)

Bist du Christus, dic nobis.
»Opera, quae ego facio in nomine patris mei, haec testimonium perhibent de me. Sed vos non creditis, quia non estis ex ovibus meis. Oves mei vocem meam audiunt.«[1]
Joh. VI, 30. »Quod ergo tu facis signum ut videamus et credamus tibi?« — Non dicunt: Quam doctrinam praedicas?[2]
»Nemo potest facere signa, quae tu facis, nisi Deus fuerit cum eo...«[3]
2. Mak. XIV, 15. »Deus qui signis evidentibus suam portionem protegit.«[4]
Volumus signum videre de Coelo, tentantes eum. Luk. XI, 16.[5]
»Generatio prava signum quaerit, et non dabitur.[6] Et ingemiscens ait: Quid generatio ista signum quaerit?« (Mark. VIII, 12).[7] Sie erbat Wunder in böser Absicht. »Et non poterat facere.«[8] Und trotzdem verheißt er ihnen das Zeichen des Jonas, das gewaltigste und unvergleichlichste seiner Auferstehung.
»Nisi videritis signa, non creditis.«[9] Er tadelt sie nicht deshalb, weil sie nicht ohne die Wunder glauben, sondern verlangen, daß sie selbst dabei gewesen seien.
— Der Antichrist. »In signis mendacibus, sagt Paulus, 2. Thess. II, secundum operationem Satanae, in seductione iis, qui pereunt, eo quod charitatem veritatis non receperunt, ut salvi fierent, ideo mittet illis Deus optationes erroris ut credant mendacio.«[10] Wie es bei Moses steht: tentat enim vos Deus, utrum diligatis eum.[11]
Ecce praedixi vobis: vos ergo videte.[12]

Hier ist nicht die Heimat der Wahrheit; unerkannt irrt sie unter den Menschen. Gott hat sie unter einem Schleier verborgen, weshalb die sie mißkennen, die seine Stimme nicht hören. Ihr Ort ist der Lästerung preisgegeben und sogar die Wahrheiten, die am offenbarsten sind. Wenn man Wahrheiten des Evangeliums veröffentlicht, veröffentlicht man gegensätzliche, und man verdunkelt die Fragen, so daß das Volk nichts mehr auseinanderhalten kann. Man fragt: Was habt ihr, damit man euch eher glaube als den andern? Was für Wunder vollbringt ihr? Nichts habt ihr als Worte, wie wir auch. Hättet ihr Wunder, ja dann. — Da es wahr ist, daß die Lehre durch Wunder gestützt werden sollte, mißbraucht man das, um die Lehre zu schmähen. Und wenn dann Wunder geschehen, so sagt man, um die Wunder zu lästern, die Wunder genügen nicht ohne die Lehre, und das ist gleichfalls wahr.

Jesus Christus heilte den Blindgeborenen und tat viele Wunder am Sabbat. Dadurch blendete er die Pharisäer, die lehrten, daß man die Wunder an Hand der Lehre beurteilen müsse.

»Wir haben Moses, aber von wannen dieser ist, wissen wir nicht.« Wahrhaft, das ist erstaunlich, daß ihr nicht wißt, von wannen dieser ist, der dabei solche Wunder tut.

Jesus Christus sprach weder gegen Gott noch gegen Moses.

Der Antichrist und die falschen Propheten, die durch das Neue und das Alte Testament geweissagt sind, werden offen gegen Gott und gegen Jesus Christus sprechen, wer nicht gegen ihn ist, wer[1] verborgener Feind ist, dem wird Gott nicht gestatten, öffentlich Wunder zu tun.

Niemals sind in einem offenen Streit, in dem

beide Parteien von sich sagen, sie gehören Gott, Jesus Christus und der Kirche, die Wunder auf seiten der falschen Christen geschehn, und nie blieb die andere Seite ohne Wunder.

»Er hat den Teufel«, Joh. X, 20. — Und die andern erwiderten: »Kann der Teufel auch Blinden die Augen auftun?«

Die Beweise, die Jesus Christus und die Apostel der Schrift entnehmen, sind nicht überzeugend; denn dort steht nur, Moses habe gesagt, daß ein Prophet kommen würde; aber das beweist nicht, was zu beweisen war, nämlich, daß er es ist, und das war die ganze Frage. Diese Stellen dienen folglich nur dazu, klarzumachen, daß hier kein Gegensatz zu der Schrift besteht und daß man sich mit ihr nicht im Widerspruch befindet, aber nicht, daß es Übereinstimmung gibt. Nun, das genügt, Ausschluß des Widerspruchs und Wunder.

Es besteht eine wechselseitige Verpflichtung zwischen Gott und den Menschen im Tun und Geben.[1] Venite: Quid debui?[2] Richtet mit mir, sagt Gott bei Jesaja.

Gott hat seine Versprechen zu erfüllen, usw.

Die Menschen schulden Gott die Annahme der Religion, die er ihnen sendet. Gott ist den Menschen schuldig, daß er sie nicht zum Irrtum verleitet. Nun, zum Irrtum aber müßten sie verleitet werden, wenn Menschen, die Wunder tun, eine Lehre verkündeten, die für die Einsicht des gesunden Menschenverstandes nicht deutlich falsch wäre, wenn nicht einer, der so viel größere Wunder getan hat, davor gewarnt hätte, sie zu glauben.

So wäre man z. B. zum Irrtum verleitet worden, wenn, als es die Spaltung in der Kirche gab, die

Arianer, die behaupteten, daß ihre Lehre auf der Schrift begründet sei wie die der Katholiken, Wunder getan hätten und nicht die Katholiken.

Denn wie ein Mensch, der uns die Geheimnisse Gottes kündet, nicht würdig ist, daß man ihm um seiner selbst willen glaubt, weshalb die Ungläubigen daran zweifeln, so gibt es auch keinen Ungläubigen, der sich nicht beugen wird, wenn ein Mensch zum Beweis seiner Beziehung zu Gott Tote auferweckt, die Zukunft kündet, Meere verrückt, Kranke heilt; denn der Unglaube Pharaos und der Pharisäer ist Wirkung einer übernatürlichen Verstocktheit.

Also, wenn man Wunder sieht und die Lehre alles in allem und von keiner Seite Verdacht erregt, dann ist keine Schwierigkeit. Sieht man aber Wunder, und die Lehre ist nur von einer Seite verdächtig, dann muß man sich überzeugen, was klarer ist. Jesus Christus erregte Verdacht.

Bar-Jesus geblendet: die Macht Gottes ist größer als die seiner Feinde.

Die jüdischen Teufelsaustreiber von den Teufeln geschlagen, da sie sagen: »Jesus kenne ich wohl und Paulus, wer aber seid ihr?«

Die Wunder bezeugen die Lehre und nicht die Lehre die Wunder.

Wenn die Wunder Wahrheit sind, würde man dadurch die ganze Lehre beweisen können? Nein, denn das wird nicht geschehen. Si angelus...[1]

Regel: Man muß über die Lehre an Hand der Wunder urteilen, man muß über die Wunder an Hand der Lehre urteilen. Beides ist wahr, aber kein Widerspruch, denn man muß einen Unterschied in den Zeiten machen.

Wie zufrieden Sie sind, daß Sie die allgemeinen Regeln kennen, und Sie meinen, dadurch die

Sorge los zu sein und alles zwecklos zu machen! Man wird Sie zu hindern wissen, mein Pater: die Wahrheit ist eine und unerschütterlich.

Durch die Verpflichtung Gottes ist es unmöglich, daß ein Mensch, der seine falsche Lehre verbirgt und sie als gut ausgibt und der von sich sagt, sie wäre mit Gott und der Kirche in Übereinstimmung, Wunder tut, um dadurch unmerklich eine falsche und durchtriebene Lehre unter das Volk zu bringen. Das kann nicht geschehn.

Und noch unmöglicher ist es, daß Gott, der die Herzen kennt, Wunder täte zugunsten eines solchen Menschen. 843

Die drei Kennzeichen der Religion: Beständigkeit, sittliches Leben, Wunder. Sie vernichten die Beständigkeit durch den Probabilismus, das sittliche Leben durch ihre Moral, die Wunder dadurch, daß sie entweder ihre Wahrheit oder ihre Folgerungen aufheben. Glaubt man ihnen, dann könnte die Kirche sich weder etwas aus der Beständigkeit, noch aus der Heiligkeit, noch aus den Wundern machen. Die Ketzer leugnen sie oder leugnen die Folgerungen, jene tun es gleichfalls. Aber man kann nicht aufrichtig sein, wenn man sie leugnen will und, um die Folgerungen zu leugnen, müßte man noch den Verstand verloren haben.

Für Wunder, die man gesehen zu haben vorgibt, ist niemand zum Märtyrer geworden; denn jene,[1] die die Türken aus Überlieferung glauben, führen die Torheit der Menschen vielleicht bis zum Martyrium, nicht aber tun das solche, die man gesehen hat. 844

Beständigkeit. Molina: Neuerungen.[2] 844b

Die Ketzer haben immer die drei Kennzeichen, die sie nicht haben, bestritten. 845

Erster Einwurf. Engel vom Himmel. Man darf die Wahrheit nicht nach den Wundern, sondern man muß die Wunder nach der Lehre beurteilen. Folglich sind die Wunder zwecklos.

Nun aber sind sie dienlich, und sie brauchen nicht gegen die Wahrheit zu sein, was aus dem folgt, was[1] Pater Lingendes[2] gesagt hat, daß Gott nicht dulden würde, daß ein Wunder zum Irrtum verleiten könne.

Sobald es streitende Parteien[1] innerhalb der einen Kirche gibt, wird das Wunder entscheiden.

Zweiter Einwurf: Aber der Antichrist wird Wunder tun.

Die Zauberer des Pharao leiteten nicht zum Irrtum. Also wird man auch nicht vom Antichristen zu Jesus Christus sagen können: Du hast mich irregeführt. — Denn der Antichrist wird seine Wunder als Gegner Jesu Christi tun, und deshalb können sie nicht zum Irrtum verleiten. Entweder wird Gott die falschen Wunder nicht zulassen, oder Gott wird größere vollbringen.

(Seit dem Beginn der Welt ist Jesus Christus: das ist mehr als alle Wunder des Antichrist.)

Geschähen innerhalb der Kirche Wunder auf der Seite der Irrenden, würde man irregeführt werden. Nun ist die Kirchenspaltung sichtbar, und das Wunder ist sichtbar. Die Kirchenspaltung aber ist ein deutlicheres Zeichen des Irrtums, als das Wunder Zeichen der Wahrheit ist: also kann das Wunder nicht zum Irrtum führen.

Aber wo die Spaltung nicht ist, da ist der Irrtum nicht so sichtbar wie das Wunder sichtbar ist, folglich kann das Wunder irreführen.

Ubi est Deus tuus?[1] Die Wunder zeigen es, sie sind Aufleuchten eines Blitzes. 846

Einer der Gesänge der Weihnachtsvesper: Exortum est in tenebris lumen rectis corde.[2] 847

Wenn die Barmherzigkeit Gottes so mächtig ist, daß er uns zu unserm Heil, selbst da er sich verborgen, erleuchtet, welch Licht dürfen wir dann erhoffen, wenn er sich enthüllt? 848

Est et non est,[3] würde man das für den Glauben ebenso wie für die Wunder annehmen? Und wenn es von diesen untrennbar ist...
Als der heilige Xavier Wunder tat (Sankt Hilarius — Elende, die uns zwingen, von Wundern zu reden). Vae, qui conditis.
Ungerechte Richter, macht die Gesetze nicht für den Tag, sprecht Recht nach den Gesetzen, die gegeben und die von euch selbst begründet sind: Vae, qui conditis leges iniquas.[4]
Immerwährende Wunder, falsch.
Um eure Gegner zu schwächen, macht ihr die ganze Kirche wehrlos.
Sagen sie, unser Heil hinge allein von Gott ab, so nennt man sie Ketzer. Sagen sie, daß sie dem Papst untertänig sind, so ist das Heuchelei. Wenn sie bereit sind, all seine Verfügungen zu unterschreiben, so genügt das nicht. Sagen sie, man dürfe wegen eines Apfels nicht töten, so bekämpfen sie die Moral der Katholiken. Geschehen bei ihnen Wunder, so ist das kein Zeichen der Heiligkeit, im Gegenteil, es macht sie der Ketzerei verdächtig.
Die Kirche bestand immer dadurch, daß entweder die Wahrheit unbestritten war, oder daß, wenn

sie bestritten wurde, es den Papst gab oder, wenn
es ihn nicht gab, die Kirche. 849

Die fünf Lehrsätze waren verurteilt; kein Wunder geschah, denn die Wahrheit war nicht angegriffen. Aber die Sorbonne..., aber die Bulle...[1]
Es ist unmöglich, daß wer Gott von ganzem Herzen liebt, die Kirche mißkennt, so deutlich ist sie. — Es ist unmöglich, daß wer Gott nicht von ganzem Herzen liebt, von der Kirche überzeugt sei.
So überzeugend sind die Wunder, daß es notwendig war, daß Gott, damit man daraus nichts gegen ihn folgere, klar verkündete, daß er ist und daß es einen Gott gibt; sonst hätten sie Verwirrung stiften können.
Also statt daß die Stellen der Schrift, 5. Mos. XIII, die Autorität der Wunder einschränken, beweist nichts ihre Überzeugungskraft mehr. Und das gleiche gilt für den Antichrist: »daß verführet werden, wo es möglich wäre, auch die Auserwählten.« 850

Die Geschichte des Blindgebornen.
Was sagt Paulus? Weist er jederzeit auf die Übereinstimmung mit den Prophezeiungen? Nein, sondern auf seine Wunder. Was sagt Jesus Christus? Weist er auf die Übereinstimmung mit den Prophezeiungen? Nein: durch seinen Tod waren sie noch nicht erfüllt; sondern er sagt: »si non fecissem.« »Glaubt den Werken.«
Zwei übernatürliche Fundamente unserer völlig übernatürlichen Religion: das eine sichtbar, das andere unsichtbar. Wunder verbunden mit der Gnade, Wunder ohne die Gnade.
Die Synagoge, die mit Liebe als Sinnbild der

Kirche und mit Haß, weil sie nur ihr Sinnbild war, behandelt wurde, ist, wie sie daran war, zu erliegen, weil sie rechtlich zu Gott stand, aufgerichtet worden, und darin ist sie Sinnbild.

Die Wunder beweisen die Macht, die Gott über die Herzen hat, durch die Macht, die er über die Körper ausübt.

Niemals hat die Kirche ein Wunder bei den Häretikern gebilligt.

Die Wunder sind Stütze der Religion: sie haben die Juden voneinander geschieden, sie haben die Christen voneinander geschieden, die Heiligen, die Unschuldigen, die wahren Gläubigen.

Ein Wunder auf Seiten der Schismatiker ist nicht zu fürchten; denn die Kirchenspaltung, die sichtbarer als das Wunder ist, ist sichtbares Kennzeichen ihres Irrtums.

Wenn es aber keine Kirchenspaltung gibt und der Irrtum umstritten ist, dann unterscheidet das Wunder.

Si non fecissem, quae alius non fecit.[1] Diese Unglücklichen, die uns gezwungen haben, von Wundern zu sprechen. Abraham, Gideon; den Glauben durch Wunder bestätigen.

Judith: in der höchsten Not spricht endlich Gott. Wenn die Liebe zu Gott nachläßt und die Kirche fast ohne wahrhaft Gläubige ist, dann werden die Wunder diese erwecken. Das sind die letzten Einwirkungen der Gnade.

Wenn ein Wunder bei den Jesuiten geschähe?

Wenn das Wunder die Erwartung derjenigen, in deren Gegenwart es sich ereignet, täuscht und wenn ein Mißverhältnis zwischen dem Wesen ihres Glaubens und dem Mittel des Wunders besteht, dann soll man ihre Gemeinschaft aufheben. Aber, usw. Andererseits[2] würde man mit dem

gleichen Recht sagen können, wenn durch die Eucharistie ein Toter auferweckt würde, müßte man Kalvinist werden, statt Katholik zu bleiben. Aber wenn er die Hoffnung krönt und wenn die, die von Gott erhofften, daß er die Heilmittel segnen möge, sich ohne Heilmittel geheilt finden...
Ungläubige. Niemals ist ein Wunder auf Seiten des Teufels geschehen, ohne daß ein stärkeres Zeichen von Gott her geschah oder zum mindesten, ohne daß er geweissagt hätte, daß es geschehen würde. 851

Ungerechte Verfolger derer, die Gott sichtbarlich schützt. Wenn sie ihnen ihre Ausschweifungen vorwerfen, sprechen sie wie die Ketzer. Wenn sie sagen, die Gnade Jesu Christi scheide uns, »sind sie häretisch«. Wenn Wunder geschehen, so ist das »ein Zeichen ihrer Häresie«.
Hesekiel. Man sagt: Seht das Volk Gottes, das so redet. — Hiskias.
Es heißt: »Glaubt der Kirche«, aber es heißt nicht: »Glaubt den Wundern«, — ja, weil das letztere natürlich ist, nicht aber das erstere. Das eine hatte das Gebot nötig, nicht das andere.
Die Synagoge war Sinnbild, und so endete sie nicht, aber sie war nur das Sinnbild, und so endete sie. Sie war ein Sinnbild, das die Wahrheit in sich trug, und so dauerte sie, bis sie nicht mehr Träger der Wahrheit war.
Hochwürden, all das geschah als Sinnbild. Die andern Religionen vergehen, diese vergeht nicht.
Die Wunder sind wichtiger, als sie meinen: sie dienten als Fundament, und sie werden der Dauer der Kirche dienen bis zum Antichrist, bis an das Ende der Tage.
Die zwei Zeugen.

Im Alten und Neuen Testament sind die Wunder geschehen, um an die Sinnbilder zu binden.[1] Heilsam oder zwecklos, doch nicht um zu zeigen, daß man sich den Geschöpfen unterwerfen müsse. Sinnbilder der Sakramente. 852

(Die Anordnungen Gottes sind sorgfältig zu beurteilen, mein Pater.
Der heilige Paulus auf der Insel Malta.) 853

Ich nehme an, daß man den Wundern glaubt. Ihr verfälscht die Religion entweder zugunsten eurer Freunde oder zu ungunsten eurer Feinde. Ihr verfügt darüber nach Belieben. 855[2]

Über das Wunder. Da Gott keine Familie[3] glücklicher gemacht hat, möge er auch bewirken, daß er keine dankbarere finde. 856

XIV. VON DEM STREIT DER MEINUNGEN INNERHALB DER KIRCHE

Fragment 857-955

Klarheit, Dunkelheit. Zu viel an Dunkelheit gäbe es, wenn die Wahrheit keine sichtbaren Kennzeichen hätte; eines der wunderbaren ist: immer in einer Kirche und sichtbaren Gemeinschaft zu sein. Zu viel an Klarheit würde sein, wenn es immer nur eine Meinung in dieser Kirche gäbe; die, die seit je war, ist die wahre, denn die wahre bestand dort immer, und nichts Falsches konnte dort immer bestehen. 857

Die Geschichte der Kirche sollte recht eigentlich die Geschichte der Wahrheit heißen. 858

Auf einem Schiff zu sein, das vom Sturm gerüttelt wird, macht Lust, wenn man gewiß ist, daß es nicht sinken wird; solcher Art sind die Verfolgungen, die die Kirche quälen. (859)

Außer so vielen Beweisen der Frömmigkeit werden sie noch verfolgt, was der beste Beweis der Frömmigkeit ist. 860

Schöner Zustand der Kirche, wenn sie nur noch von Gott erhalten wird. 861

Die Kirche ist immer von gegensätzlichen Irrtümern bekämpft worden; aber vielleicht niemals zur gleichen Zeit so wie heute. Wenn sie darunter wegen der Vielfalt der Irrtümer mehr leidet, so hat sie daraus den Vorteil, daß diese sich gegenseitig aufheben.

Sie klagt über beide, und besonders über die Kalvinisten wegen der Kirchenspaltung.

Gewiß ist, daß einige in beiden Lagern sich getäuscht haben; ihnen muß man die Augen öffnen.

Viele Wahrheiten, die sich zu widersprechen scheinen, vereint der Glaube: »Zeiten zu lachen, zu weinen«, usw. »Responde, ne respondeas«, usw.

Der Ursprung der Widersprüche ist die Verbindung der zwei Naturen in Jesus Christus, und damit sind auch die zwei Welten (die Schöpfung eines neuen Himmels und einer neuen Erde; neues Leben, neuer Tod; alles ist zweifach, und die Namen bleiben die gleichen) und endlich die zwei Menschen, die in jedem Gerechten sind (denn sie sind die zwei Welten, sowohl Glied als Bild Jesu Christi. Und deshalb kommen ihnen alle Namen zu, Gerechte, Sünder; Tote, Lebende; lebend, gestorben, erwählt, verworfen usw.).

Folglich gibt es viele Wahrheiten, sowohl im Glauben als in der Moral, die sich zu widersprechen scheinen und die alle in einer wundervollen Ordnung gründen.[1] Der Ursprung jeder Häresie ist, daß man einige dieser Wahrheiten ausschließt, und der Ursprung aller Einwürfe der Häretiker ist die Unkenntnis über einige der Wahrheiten, die wir lehren. Da sie die Beziehung zwischen den gegensätzlichen Wahrheiten nicht herstellen können und glauben, die Annahme der einen setze die Ablehnung der andern Wahrheit voraus, ist es gewöhnlich so, daß sie sich an die eine Wahrheit halten und die andere ausschließen und dann glauben, wir verhielten uns im Gegensatz dazu. Nun, die Wahrheit, die sie ausschließen, ist der Ursprung ihrer Häresie, und ihre falsche Meinung, daß wir das andere behaupten, verursacht ihre Einwürfe.

1. Beispiel: Jesus Christus ist Gott und Mensch. Die Arianer, die unfähig waren, diese Gegensätze, die sie für unvereinbar hielten, zu vereinen, lehren, er sei Mensch: und darin sind sie katholisch. Aber sie leugnen, daß er Gott sei: und darin sind sie häretisch. Sie behaupten, wir leugneten seine Menschlichkeit: und darin sind sie unwissend.

2. Beispiel: Über das heilige Sakrament: Wir glauben, daß Jesus Christus, da die Substanz des Brotes gewandelt und dem Wesen nach eins mit dem Körper unseres Herrn wird, im Sakrament wirklich gegenwärtig ist. Das ist die eine der Wahrheiten. Eine andere ist, daß dies Sakrament zugleich ein Sinnbild des Kreuzes und der Herrlichkeit und eine Erinnerung an beide ist. Das ist der katholische Glaube; er umfaßt diese zwei Wahrheiten, die gegensätzlich zu sein scheinen.

Die Häresie[1] des Tages glaubt, — da sie nicht beachtet, daß dies Sakrament in einem sowohl die Gegenwart Jesu Christi als auch sein Sinnbild enthält, da sie nicht beachtet, daß es Opfer und Erinnerung an das Opfer ist, — daß man nicht eine dieser Wahrheiten annehmen könne, ohne deshalb die andere auszuschließen.

Nur allein an diesen einen Punkt halten sie sich, daß das Sakrament sinnbildlich sei, und darin sind sie nicht häretisch. Sie meinen, wir schlössen diese Wahrheit aus; und deshalb bringen sie so viele Einwürfe bei aus den Kirchenvätern, die das sagen. Zum Schluß leugnen sie die Gegenwärtigkeit, und darin sind sie häretisch.

3. Beispiel: Der Ablaß.
Deshalb ist das beste Mittel, um die Häresien zu verhindern, alle Wahrheiten zu lehren, und das sicherste Mittel, sie zurückzuweisen, ist, sie alle zu erklären. Denn was sollen die Häretiker sagen?
Um zu wissen, ob eine Meinung die eines Kirchenvaters ist... 862

Alle irren um so gefährlicher, als sie alle einer Wahrheit folgen; ihr Fehler ist nicht, einem Irrtum zu folgen, sondern nicht einer andern Wahrheit zu folgen. 863

Heute ist die Wahrheit so verfinstert, und die Lüge ist so festgefügt, daß, wenn man die Wahrheit nur etwas weniger liebt, man sie nicht mehr zu finden weiß. (864)

Wenn es je eine Zeit gibt, in der man beide Gegensätze bekennen muß, dann ist es die, wo man den Vorwurf macht, daß man einen von beiden aufhöbe. Also haben die Jesuiten und die Jansenisten unrecht, wenn sie sie verschweigen, aber besonders die Jansenisten, denn die Jesuiten haben deutlicher beide bekannt. 865

Es gibt zwei Arten von Menschen, die alle Dinge einander angleichen, die Feste den Alltagen, die Laien den Priestern, alle Sünden ihnen gemeinsam usw. Daraus schließen die einen, alles, was Sünde für die Priester ist, sei es auch für die Laien, und die andern, was für die Laien keine Sünde ist, sei auch den Priestern erlaubt. 866

Wenn die erste Kirche im Irrtum gewesen wäre, würde die Kirche gestürzt sein. Wenn sie es heute sein würde, so ist es nicht mehr das gleiche; denn sie hat die oberste Maxime der Überlieferung des Glaubens[1] der ersten Kirche, und folglich schützt sie diese Übereinstimmung und Unterwerfung mit der ersten Kirche und stellt alles wieder her. Aber die erste Kirche hatte die zukünftige nicht zur Voraussetzung und schaute nicht auf sie, wie wir die erste zur Voraussetzung haben und auf sie schauen.

Weil wir im allgemeinen den heiligen Athanasius, die heilige Therese und die andern mit der Herrlichkeit gekrönt und (...[2]) wie Götter denken, sind wir unfähig geworden, die früheren Ereignisse in der Kirche mit denen zu vergleichen, die heute in ihr geschehen. Heute, da die Zeit die Geschehnisse verklärt hat, scheinen sie uns so. Damals aber, als man sie verfolgte, war dieser große Heilige ein Mensch, der Athanasius hieß, und die heilige Therese eine Verrückte.[3] »Elias war ein Mensch wie wir, der die gleichen Leidenschaften hatte wie wir«, sagt Petrus, um die Christen von der falschen Folgerung abzubringen, die uns dazu führt, das Beispiel der Heiligen zu verwerfen, weil es uns nicht angemessen zu sein scheint. Wir meinen: das waren Heilige, das ist anders als bei uns. Aber was geschah damals? Der heilige Athanasius war ein Mensch, der Athanasius hieß, den man wegen vielerlei Verbrechen verklagte und den man auf diesem und jenem Konzil für dieses und jenes Verbrechen verurteilt hat; alle Bischöfe stimmten zu und schließlich der Papst. Was sagte man denen, die sich widersetzten? Daß sie den Frieden gefährdeten, daß sie die Kirchenspaltung schüfen, usw.

Eifer, Einsicht. Vier Arten von Menschen: Eifer ohne Kenntnis; Kenntnis ohne Eifer; weder Kenntnis noch Eifer; sowohl Eifer als Kenntnis. Die drei ersten verdammen ihn, und die letzteren sprechen ihn frei und werden von der Kirche exkommuniziert, und sie retten trotzdem die Kirche.

868

Erschiene Augustinus heute und wäre er ebensowenig autorisiert wie seine Verteidiger, so könnte er nichts ausrichten. Gott hat seine Kirche gut geleitet, da er ihn damals mit Autorität gesandt hat.

869

Ohne die Kirche wollte Gott nicht lösen; da sie Anteil hat am Vergehen, will er, daß sie auch Anteil an der Verzeihung habe; er hat sie an dieser Macht beteiligt wie die Könige die Parlamente. Wenn sie aber ohne Gott löst oder bindet, ist sie nicht mehr die Kirche; das ist wie beim Parlament. Auch wenn der König einen Menschen begnadigt hat, muß es von ihm bestätigt werden; wenn aber das Parlament die Bestätigung ohne den König vornimmt oder die Bestätigung des königlichen Befehls verweigert, dann ist es nicht mehr das Parlament des Königs, sondern eine aufrührerische Körperschaft.[1]

(870)

Kirche, Papst, Einheit, Vielheit. — Nimmt man die Kirche als Einheit, dann ist der Papst, der ihr Oberhaupt ist, wie das Ganze; nimmt man sie als Vielheit, dann ist der Papst nur ein Teil. Die Kirchenväter betrachten ihn bald so und bald so, und deshalb haben sie vom Papst verschieden gesprochen. (Sankt Cyprian: Sacerdos Dei.) Aber wenn sie die eine der beiden Wahrheiten behaupteten, so haben sie die andere deshalb nicht ausgeschlossen. Die Vielheit, die sich nicht zur Einheit zusammenschließt, ist Verwirrung; die Einheit, die nicht von der Vielheit abhängig ist, ist Tyrannis. Fast nur noch in Frankreich ist erlaubt zu sagen, das Konzil stünde über dem Papst. 871

Der Papst ist Spitze. Wer sonst ist allen bekannt, wer sonst ist von allen anerkannt, da er die Macht hat, den ganzen Körper zu durchdringen, weil er den wichtigsten Ort einnimmt, der auf alle wirkt? Wie leicht hätte das in Tyrannei ausarten können. Deshalb hat Jesus Christus das Gebot erlassen: Vos autem non sic.[1] 872

Der Papst haßt und fürchtet die Gelehrten, die ihm durch kein Gelübde untertan sind. 873

Man darf nicht danach urteilen, was der Papst auf Grund der Aussagen einiger Kirchenväter ist, wie die Griechen auf einem Konzil sagten — wichtiger Grundsatz —, sondern man muß es nach den Handlungen der Kirche und der Kirchenväter und nach dem Kanon beurteilen.
Einheit und Mehrheit. Duo aut tres.[2] In unum:[3] Irrtum eins von beiden auszuschließen, wie es die Päpstlichen tun, die die Mehrheit ausschließen, und die Hugenotten, die die Einheit ausschließen.
874

Würde es entehrend für den Papst sein, wenn er seine Einsichten nur von Gott und von der Überlieferung erhielte? Heißt es nicht ihn entehren, wenn man ihn aus dieser heiligen Verbindung löst? 875

Gott tut in der alltäglichen Leitung der Kirche keine Wunder. Ein erstaunliches Wunder wäre es, wenn einem Unfehlbarkeit eignete; daß sie aber einer Mehrheit eignet, scheint völlig natürlich, da Gottes Führung unter der Natur verborgen bleibt wie in all seinen andern Werken.
876

Die Könige verfügen über ihr Reich, die Päpste aber können nicht über ihres verfügen. 877

Summum jus, summa injuria.[1]
Am besten fährt man mit dem Beschluß der Mehrheit, denn die ist sichtbar, und sie hat die Macht, sich Gehorsam zu verschaffen; doch das ist die Ansicht der weniger Einsichtigen. Hätte man es gekonnt, würde man die Macht in die Hände der Gerechtigkeit gelegt haben; da aber die Macht nicht mit sich handeln läßt, wie man will, weil sie handgreiflich wirklich, während die Gerechtigkeit geistig ist, über die man nach Belieben verfügt, hat man das Recht in die Hände der Macht gelegt, und so nennt man gerecht, was man zu beachten gezwungen ist. Daraus leitet sich das Recht des Schwertes ab, denn das Schwert schafft wirkliches Recht. Sonst würde man die Gewalt auf der einen Seite und die Gerechtigkeit auf der andern Seite finden (Schluß des zwölften Briefes der Lettres Provinciales).[2] Daraus stammt das Unrecht der Fronde, die ihr angemaßtes Recht gegen die Macht erhoben hat. In der Kirche ist es nicht so, denn hier ist wahrhafte Gerechtigkeit und keine Gewalt. 878

Unrecht. Die Rechtsprechung will nicht für den, der Recht spricht, sondern für den Gerichteten sein. — Das dem Volke zu sagen, ist gefährlich. — Das Volk aber glaubt zu sehr an euch, ihm wird es nicht schaden und euch kann es nützen; also muß man es öffentlich sagen: Pasce oves meas, non tuas;[1] du schuldest mir Weide.   879

Man liebt die Gewißheit. Man liebt es, daß der Papst in Glaubensdingen unfehlbar sei, und daß es die gewichtigen Gelehrten in den Dingen der Moral seien, damit man seine Sicherheit habe.
  880

Die Kirche unterrichtet, und Gott erleuchtet, und beides unfehlbar. Die kirchlichen Handlungen dienen nur dazu, zur Gnade oder zur Verdammung vorzubereiten; was sie tut, genügt, um zu verdammen, nicht, um zu erleuchten.   881

Jedesmal wenn die Jesuiten den Papst überrumpeln werden, wird man die ganze Kirche meineidig machen.
Der Papst ist leicht zu überrumpeln, weil er so viel Geschäfte hat und weil er den Jesuiten glaubt; und die Jesuiten sind fähig, ihn wegen der Verleumdung zu überrumpeln.   882

Die Unglücklichen, die uns[2] gezwungen haben, von der Grundlage der Religion zu sprechen.
  883

Sünder ohne Buße geläutert, Gerechte, ohne die Liebe Gottes geheiligt,[2] alles Christen ohne die (wirkliche) Gnade Jesu Christi, Gott ohne Macht über den Willen der Menschen, eine Praedestination ohne Geheimnis, eine Erlösung ohne Gewißheit.   884

Sünder ohne Buße, Gerechte ohne die Liebe
Gottes, ein Gott ohne Macht über den Willen
der Menschen, eine Praedestination ohne Geheimnis. 884b

Macht man zum Priester jeden, der es sein will,
wie unter Jerobeam. Das ist furchtbar, daß man
uns glauben machen will, die Disziplin in der
Kirche sei derart gut, daß es ein Verbrechen
wäre, sie ändern zu wollen. Ehemals war sie tatsächlich gut und untrüglich, und man findet, daß
man sie, ohne zu sündigen, ändern konnte: und
heute? So wie sie ist, könnte man sie nur geändert wünschen. Die Vorschrift, bei der Auswahl
der Priester so viel Vorsicht anzuwenden, daß es
kaum noch welche gab, die würdig waren, durfte
man ändern; und man sollte sich nicht über den
Brauch beklagen dürfen, der so viele Unwürdige
dazu macht. 885

Ketzer. Hesekiel. Alle Heiden sprachen schlecht
von Israel, und auch der Prophet. Doch statt, daß
die Juden das Recht gehabt hätten, ihm zu sagen:
Du sprichst wie die Heiden, macht er grade
daraus seine größte Stärke, daß die Heiden sprechen wie er. 886

In der Reform der Sitten ähneln die Jansenisten
den Ketzern; ihr aber gleicht ihnen im Bösen.
 887

Ihr versteht die Prophezeiungen nicht, wenn ihr
nicht wißt, daß all das geschehen soll: Fürsten,
Propheten, Papst und selbst die Priester; und daß
trotzdem die Kirche bestehen soll. Durch die

Gnade Gottes sind wir noch nicht so weit. Wehe diesen Priestern! Wir aber hoffen, daß Gott Erbarmen mit uns haben wird, und daß wir nicht so weit kommen werden.
Petrus, 2. Kapitel: Falsche Propheten der Vergangenheit, Bilder der künftigen.   888

... So, daß wenn es einerseits Wahrheit ist, daß einige sittenlose Mönche und einige verderbte Kasuisten, die nicht Glieder der Hierarchie sind, ihre Hand zu diesem Unrecht geboten haben, so ist es andererseits gewiß, daß die wahren Hirten der Kirche, die die wirklichen Verwalter des göttlichen Wortes sind, es unerschütterlich gegen die Angriffe jener, die es vernichten wollten, erhalten haben. Und folglich haben die Getreuen keinerlei Vorwand, diese Sittenverwilderung mitzumachen, die ihnen die Fremden, die Kasuisten, anbieten an Stelle der heiligen Lehre, die ihnen aus den väterlichen Händen ihrer eignen Seelsorger geboten wird.
Und die Ungläubigen und die Ketzer haben keinen Grund, in diesem Mißbrauch ein Zeichen dafür zu sehen, daß der Kirche die göttliche Führung mangele, weil man, statt aus der gegenwärtigen Lage der Kirche zu schließen, Gott habe sie, da die Kirche genau in dem Körper der Hierarchie besteht, der Verderbnis überantwortet, schließen muß, daß es niemals deutlicher als heute wurde, daß Gott sie sichtbar gegen die Verderbnis verteidigt.
Denn wenn einige von denen, die durch außerordentliche Berufung der Welt entsagten und das Kleid des Mönches anlegten, um vollkommener als die gewöhnlichen Christen zu leben, der Verirrung verfallen sind, die die gewöhnlichen Chri-

sten entsetzt, und dadurch für uns wurden, was die falschen Propheten bei den Juden waren, so ist das ein einzelnes und persönliches Unglück, das wahrhaftig tief zu beklagen ist, aus dem man aber nichts gegen die Sorge schließen darf, mit der Gott seine Kirche führt, da alles das deutlich geweissagt ist, und da er seit langem verkündet hat, daß Versuchungen dieser Art und von solchen Menschen kommen würden, so daß man, wenn man recht unterrichtet ist, darin eher das Zeichen der göttlichen Führung erkennt als das, daß er unser vergessen habe. 889

Tertullian: nunquam Ecclesia reformabitur.[1]
890

Man muß die Häretiker belehren, die ihren Vorteil aus der Lehre der Jesuiten ziehen, daß diese nicht die der Kirche ist und daß unsere Meinungsverschiedenheiten uns nicht vom Altar trennen.
891

»Verdammten wir, wo wir verschiedener Meinung sind, so würdet ihr recht haben. Die Übereinstimmung ohne Meinungsverschiedenheit ist für die andern nutzlos; die Meinungsverschiedenheit ohne Übereinstimmung ist für uns vernichtend. Das eine ist außen, das andere innen schädlich.« 892

Zeigt man die Wahrheit, so macht man sie glauben, zeigt man das Unrecht der Herrn,[2] so bessert man dies nicht. Man beruhigt das Gewissen, wenn man ihren Fehler zeigt; man sichert nicht die Börse, indem man das Unrecht zeigt. 893

Die die Kirche lieben, klagen über die Sittenverderbnis, die sie sehen; aber wenigstens bestehen die Gesetze. Jene aber verderben die Gesetze; das Vorbild wird verdorben. 894

Niemals tut man derart vollständig und heiter das Böse, als wenn man es mit gutem Gewissen tut.
895

Vergebens hat die Kirche die Worte Anathema, Häretiker usw. eingeführt; man bedient sich ihrer gegen sie. 896

»Der Knecht weiß nicht, was sein Herr tut«; denn der Herr sagt ihm nur, was zu tun ist und nicht das Ziel; deshalb fügt er sich unterwürfig und verstößt oft gegen das Ziel. Jesus Christus aber hat uns das Ziel gesagt. Und ihr vernichtet dies Ziel. 897

Sie können nicht Beständigkeit haben, und sie wollen allumfassend sein; und deshalb verderben sie die ganze Kirche, damit sie Heilige seien.[1]
(898)

Gegen die, die Stellen der Schrift mißbrauchen und das, was sie dort finden, sich zunutze machen, um ihren Irrtum zu stützen. — Das Kapitel der Vesper am Passionssonntag, das Bittgebet für den König.
Erklärung der Worte: Wer nicht für mich ist, ist gegen mich — und der andern: Wer nicht gegen euch ist, ist für euch. Einem, der sagt: Ich bin weder für noch gegen —; soll man antworten....
899

Wer die Schrift deuten will und ihren Sinn nicht der Schrift entnimmt, ist Gegner der Schrift (Aug. d. d. ch.[1]). 900

»Humilibus dat gratiam« — an ideo non dedit humilitatem?[2]
»Sui eum non receperunt« — quotquot autem non receperunt, an non erant sui?[3] 901

Das kann nicht so gewiß sein, sagt der Feuillantiner,[4] denn daß man es bestreitet, zeigt, daß es nicht gewiß ist. (Der heilige Athanasius, der heilige Chrysostomus; die Moral, die Ungläubigen.)
Die Jesuiten haben nicht die Wahrheit ungewiß gemacht, aber sie haben ihre Unfrömmigkeit gewiß gemacht.
Immer ist das Bestreiten der Wahrheit zugelassen worden, um die Bösen mit Blindheit zu schlagen; denn alles, was die Wahrheit oder die Liebe zu Gott verletzt, ist böse: das ist der wahre Grundsatz. 902

Veranlaßt durch das Gerede über die Feuillantiner, besuchte ich ihn, sagte mein alter Freund.[5] Als wir über die Andachtsübungen sprachen, glaubte er, daß ich einige Neigung für sie hätte und daß ich wohl Feuillantiner werden könnte und daß ich ihnen, vor allem heute, nützen würde, wenn ich gegen die Neurer schriebe.
»Wir haben seit kurzem uns gegen unser Generalkapitel gewandt, das dafür ist, die Bulle zu unterzeichnen.«
»Wie wünschte er, daß mich Gott erleuchte.«
»Mein Pater, sollte man unterzeichnen?« 902b

Alle Religionen und Sekten der Welt haben sich nach der natürlichen Vernunft gerichtet. Nur die Christen sind verpflichtet worden, ihre Regeln von außen zu empfangen und sich über die zu belehren, die Jesus Christus den Vätern hinterließ, damit sie den Gläubigen vermacht würden.[1] Dieser Zwang langweilt die guten Patres; sie wollen wie die andern Völker die Freiheit haben, ihren eignen Einbildungen zu folgen. Es ist vergeblich, daß wir sie aufrufen, wie einst die Propheten zu den Juden sagten: Kehrt ein in den Raum der Kirche, belehrt euch über die Wege, die die Alten uns hinterließen, und folgt diesen Weisungen. — Sie haben geantwortet wie die Juden: Wir werden es nicht tun, sondern wir werden der Meinung unseres Herzens folgen; und sie haben gesagt: Wir werden sein wie die anderen Völker. 903

Sie machen aus der Ausnahme die Regel.
Die Alten haben die Absolution vor der Buße erteilt — tut das im Geist der Ausnahme! Ihr aber macht aus der Ausnahme eine Regel ohne Ausnahme, so daß ihr sogar nicht mehr wollt, daß es eine Ausnahme von der Regel gibt. 904

Über die Beichte und Absolution ohne Zeichen der Reue. Gott sieht nur auf das Innere: die Kirche urteilt nur nach dem Äußern. Gott vergibt, sobald er die Reue im Herzen schaut; die Kirche, wenn sie sie in den Werken sieht. Gott wird eine reine Kirche im Innern gründen, die durch ihre innere und völlig geistige Heiligkeit die innere Gottlosigkeit der hochmütigen Schriftgelehrten und der Pharisäer zuschanden machen wird: und die Kirche wird eine Gemeinschaft von Menschen bilden, deren äußere Sitten so rein sind, daß sie die Sitten der Heiden beschämen wird. Gibt es darunter Scheinheilige, die sich so gut verbergen, daß man das Gift nicht bemerkt, so duldet sie sie; denn da sie von Gott, den sie nicht täuschen können, nicht aufgenommen sind, sind es nur Menschen, die sie täuschen. Und folglich wird sie durch ihr Verhalten, das heilig zu sein scheint, nicht gemindert. Ihr aber, ihr wollt, daß die Kirche weder nach dem Innern, weil das Gottes sei, noch nach dem Äußern, weil Gott nur auf das Innere schaue, urteile, und da ihr so jede Auswahl unter Menschen aufhebt, behaltet ihr in der Kirche die, die nichts mehr mit ihr gemeinsam haben und die ihr derart Schande machen, daß die Synagoge der Juden oder die Philosophenschulen sie als unwürdig ausgeschlossen und sie als gottlos verabscheut haben würden. (905)

Die Lebenslagen, die die Welt als die glücklichsten schätzt, sind die schwersten, um Gott gemäß zu leben; und umgekehrt. Nichts ist im Sinn der Welt schwieriger als das Leben des Mönches, nichts ist leichter, als es im Sinne Gottes zu verbringen. Nichts hält die Welt für erfreulicher, als hohen Rang und Reichtum; nichts ist schwieriger, als darin im Sinne Gottes zu leben und ohne daran Gefallen zu finden und ihm Geschmack abzugewinnen. 906

Die Kasuisten[1] unterstellen die Entscheidung der verderbten Vernunft und die Wahl der Entscheidung dem verderbten Willen, damit alles, was in der Natur des Menschen verderbt ist, Anteil an seiner Leitung habe. 907

Ist es aber probabel, daß die Probabilität Sicherheit gibt?

Unterschied zwischen Ruhe und Sicherheit des Gewissens. Nur die Wahrheit gibt die Sicherheit, nur das aufrichtige Suchen nach der Wahrheit gibt die Ruhe. 908

Alle Kasuisten zusammen vermögen dem Gewissen im Irrtum keine Sicherheit zu verschaffen; deshalb ist es so wichtig, gute geistliche Führer zu wählen.
Folglich werden sie doppelt schuldig sein: einmal weil sie Wege gingen, die sie nicht gehen durften, dann weil sie auf Lehrer hörten, auf die sie nicht hören durften. 909

Gibt es etwas anderes als das Gefallen der Menschen, weshalb ihr die Dinge probabel findet? Wollt ihr uns weismachen, es sei die Wahrheit, und daß, wenn das Duell[1] nicht üblich wäre, ihr es probabel finden würdet, daß man sich, wenn man über die Sache an sich nachdenkt, schlagen darf? (910)

Muß man töten, um zu verhindern, daß es Böse gibt? — Das heißt, zwei statt einen schaffen: Vince in bono malum. (Aug.)[2] 911

Umfassend. Sittenlehre — und Sprache sind besondere, aber umfassende Wissenschaften.

912

Probabilität. Jeder kann aufstellen, niemand kann aufheben. 913

Sie lassen die Konkupiszenz handeln und hindern die Skrupel, während man es umgekehrt machen sollte. 914

Montalte.[1] Das sittlich Bequeme gefällt den Menschen derart, daß es befremdlich ist, daß ihre Lehren mißfallen; das ist ein Zeichen, daß sie jegliches Maß überstiegen haben und mehr noch, daß es genug Leute gibt, die die Wahrheit sehen und sie nicht erlangen können; es gibt aber wenige, die nicht wissen, daß die Reinheit der Religion gegensätzlich zu unserer Verderbtheit ist. Lächerlich ist es zu sagen, für Escobarsche Sittlichkeit[2] wäre ein ewiger Lohn zu erwarten.

915

Probabilität. Einige wahre Grundsätze haben sie, aber sie treiben Mißbrauch mit ihnen. Nun, der Mißbrauch von Wahrheit sollte ebenso unter Strafe gestellt werden wie die Einführung der Lüge.
Als gäbe es zwei Höllen, eine für die Sünden gegen die christliche Liebe, eine andere für Verstöße gegen das Recht. 916

Probabilität. Der Eifer der Heiligen, die Wahrheit zu suchen, wäre überflüssig, wenn das Probable sicher wäre. Die Furcht der Heiligen, die immer dem sichersten Weg folgten (die heilige Therese folgte immer ihrem Beichtvater). 917

Schafft die Probabilität ab, so kann man der Welt nicht mehr gefallen; setzt die Probabilität ein, so kann man ihr nicht mehr mißfallen. 918

Folgende Wirkungen haben die Sünden des Volkes und der Jesuiten: die Großen wünschten, daß man ihnen schmeichelte; die Jesuiten wünschten, daß die Großen sie schätzten. Sie alle sind wert gewesen, daß sie dem Geist der Lüge überantwortet werden, die einen, um zu täuschen, die andern, um getäuscht zu werden. Sie sind geizig, ehrgeizig, wollüstig gewesen: Coacervabunt sibi magistros.[1] Würdige Schüler solcher Lehrer, digni sunt. Sie haben Schmeichler gesucht, sie haben sie gefunden. 919

Ihre guten Grundsätze taugen so wenig wie ihre schlechten, wenn sie nicht auf die Probabilität verzichten, denn sie sind auf menschlicher Autorität gegründet; und folglich werden sie, wenn ihre Grundsätze gerechter sind, vernünftiger, aber nicht heiliger sein: sie entstammen dem wilden Stamm, auf den sie gepfropft sind.
Wenn das, was ich sage, nicht dazu dient, euch aufzuklären, so wird es dem Volke dienen.
»Wenn jene schweigen, werden die Steine reden.«
Das Schweigen ist die schwerste Verfolgung. Niemals haben die Heiligen geschwiegen. Gewiß, Berufung ist zu fordern, aber das Urteil des Rates belehrt keinen, ob er berufen ist, sondern der Zwang zu reden. Nachdem Rom gesprochen hat und alle meinen, daß er die Wahrheit verurteilt habe und daß sie es geschrieben haben, und nachdem die Bücher, die das Gegenteil sagen, verurteilt wurden, muß man um so lauter rufen, daß man sie zu Unrecht verurteilt hat und daß man das Wort gewaltsam unterdrücken will, bis eines Tages ein Papst kommt, der beide Parteien hört und der die Überlieferung befragt, um Recht zu sprechen. So werden die guten Päpste die Kirche noch voller Lärm des Streites finden.
Die Inquisition und die Gesellschaft Jesu, die beiden Geißeln der Wahrheit.
Weshalb klagt ihr sie nicht des Arianismus an? Denn sie haben gesagt, Jesus Christus ist Gott:

vielleicht verstehen sie darunter nicht dem Wesen nach, sondern, wie man sagt: Dii estis.[1]
Mögen meine Briefe von Rom verdammt sein; was ich in ihnen verdamme, ist im Himmel verdammt: Ad tuum, Domine Jesu, tribunal appello.[2]
Ihr seid selbst bestechlich.
Da ich sah, daß man mich verurteilte, fürchtete ich, daß ich schlecht geschrieben hätte, aber das Beispiel vieler frommer Schriften läßt mich das Gegenteil glauben. Es ist nicht mehr erlaubt, gut zu schreiben; so verderbt oder unwissend ist die Inquisition.
»Man muß Gott mehr gehorchen als den Menschen.« Ich fürchte nichts, ich hoffe nichts. Das gilt nicht für die Bischöfe. Port-Royal hat zu fürchten, und eine schlechte Politik ist es, dieses Kloster aufzulösen; denn sie werden nichts mehr zu fürchten haben und sich um so mehr gefürchtet machen. Selbst eure Verdammungsurteile fürchte ich nicht, leere Worte,[3] wenn sie nicht durch die Überlieferung begründet sind. Verurteilt ihr alles? Selbst meinen Respekt? Nein? Sagt also was; es ist zwecklos, wenn ihr nicht aufzeigt, was schlecht ist, und weshalb es schlecht ist. — Und das wird ihnen schwer fallen.
Probabilität. Sie haben wie im Scherz die Sicherheit gedeutet; denn nachdem sie behauptet, daß alle ihre Wege sichere Wege sind, haben sie den nicht mehr sicher genannt, der ohne, daß man Gefahr läuft dort nicht hinzugelangen, zum Himmel führt — sondern den, der dorthin führt, ohne daß man Gefahr läuft, diesen Weg aufzugeben. 920[4]

(Was gewinnt ihr dadurch, wenn ihr mich anklagt, ich hätte über heilige Dinge gespottet?

Nicht mehr werdet ihr gewinnen, wenn ihr mich des Betrugs verklagt.) (Ich habe noch nicht alles gesagt; das sollt ihr erfahren.) Ich bin nicht häretisch; die fünf Lehrsätze habe ich nicht unterstützt. Ihr sagt das und beweist es nicht. Ich sage, daß ihr das gesagt habt, und ich beweise es. Ihr bedroht mich.

Wollt ihr behaupten, ich sei ein Betrüger?

Ich sage euch, daß ihr Betrüger seid. Ich beweise es euch, und daß ihr es nicht einmal verbergt, und daß ihr unverschämt Brisacier, Meynier, d'Alby[1] beauftragt habt. Elidere.[2]

Solange ihr Puys für einen Gegner der Gesellschaft Jesu hieltet, war er für euch ein unwürdiger Hirte seiner Kirche, unwissend, häretisch, an Glauben und Sitten schlecht. Nunmehr ist er ein würdiger Hirte, an Glauben und Sitten gerecht.

Da ihr auf all das nicht eingeht, beweist ihr das übrige.

Verleumdung, haec est magna caecitas cordis;[3] das Böse darin nicht sehen, haec est major caecitas cordis;[4] es verteidigen, statt es wie eine Sünde zu beichten, haec tunc hominem concludit profunditas iniquitatis,[5] usf. 230. Prosper,[6] Elidere, Caramuel.

Die großen Herrn trennen sich in den Bürgerkriegen, ebenso ihr im Bürgerkrieg der Menschen.

(Ich will es euch selbst sagen, damit es mehr Wirkung habe.)

(Der Zustimmung derer, die die Bücher selbst lesen, bin ich sicher. Die aber, die nur die Titel lesen, und das ist die Mehrzahl, die können eure Rede glauben, da sie nicht voraussetzen, daß Mönche Betrüger sind.)[7]

(Ich sehe wohl ein, daß ihr in die Enge getrieben seid; wolltet ihr widerrufen, so wäre alles erledigt, aber usf.) Die Heiligen grübeln darüber, alles an sich verbrecherisch zu finden, und klagen ihre besten Taten an, und jene grübeln darüber, wie sie die schlechtesten entschuldigen können.

Sagt nicht, daß das im Streit vorkäme: man wird eure Werke ungekürzt und französisch drucken lassen, damit alle urteilen können.

Ich bitte, daß man mir die Gerechtigkeit widerfahren lasse, ihnen nicht mehr auf ihr Wort zu glauben.

Ein von außen gut anzusehendes Gebäude, auf schlechtem Fundament; weise Heiden haben es gebaut, und der Teufel täuscht die Menschen durch die offenbaren Ähnlichkeiten, die auf den verschiedensten Fundamenten gründen.

Kein Mensch hatte je eine bessere Sache als ich, und niemals haben sich andere solche Blößen gegeben.

Die Leute von Welt glauben durchaus nicht, auf dem rechten Wege zu sein.

Je mehr ihr die Schwäche in mir selbst aufzeigt, um so mehr bestätigt ihr meine Sache.

Ihr behauptet, ich sei häretisch. Ist das erlaubt? Und wenn ihr nicht fürchtet, daß die Menschen mir Gerechtigkeit widerfahren lassen, fürchtet ihr nicht, daß Gott es tun wird?

Ihr werdet die Macht der Wahrheit spüren und werdet ihr weichen. Bei Todesstrafe müßte man die Welt zwingen, wenn sie euch glauben sollte.

Elidere. Es ist Sünde, üble Nachreden vermessen zu glauben. »Non credebat temere calmuniatori.« (Augustinus.)

Fecitque cadendo undique me cadere, gemäß dem Gebot von der Verleumdung.

Etwas Übernatürliches liegt in einer solchen Blindheit. Digna necessitas.[1]
Bin ich allein gegen dreißigtausend? Keineswegs. Nehmt euch in acht, ihr habt das Gericht, ihr habt den Betrug, ich habe die Wahrheit, sie ist meine ganze Stärke; verlöre ich sie, wäre ich verloren. Es wird mir nicht an Anklägern und Verfolgern[2] fehlen. Ich aber habe die Wahrheit, und wir werden sehen, wer siegen wird.
Ich verdiene nicht, die Religion zu verteidigen, aber ihr verdientet nicht, den Irrtum und das Unrecht zu verteidigen. Möge Gott in seiner Barmherzigkeit das Gute, das in euch ist, rechnen und uns allen[2] die Gnade zuteil werden lassen, daß die Wahrheit in meinen Händen niemals Schaden leide und die Lüge (in euern Händen nicht siege).[2]
Mentiris impudentissime.[3]
230.— Äußerste Sünde ist, sie zu verteidigen. Elidere. Die Stunde des Bösen
Doctrina sua noscetur vir.[4] Labor mendacii.[5]
80.— Almosen[2]
Falsche Frömmigkeit, doppelte Sünde.   921

Probabel. — Man überzeuge sich durch den Vergleich mit Dingen, die einen angehen, ob man Gott aufrichtig sucht. Man sage, es ist probabel, daß dies Fleisch mich nicht vergiften wird; es ist probabel, daß ich meinen Prozeß nicht verlieren werde, wenn ich ihn nicht betreibe...
Ich würde, wenn es wahr wäre, daß die gewichtigen Autoren und die Vernunftgründe ausreichen, sagen, daß sie weder gewichtig noch vernünftig seien. Wie, nach Molina, soll ein Gatte seine Frau ausnutzen dürfen, sind die Gründe, die er gibt, vernünftig? Und die gegensätzlichen bei Lessius sollten es ebenfalls sein?

Würdet ihr wagen, derart mit den Erlassen des Königs umzuspringen? Etwa behaupten, das wäre kein Duell, wenn man aufs Land ginge, um dort auf einen Menschen zu warten?
Und daß die Kirche wohl das Duell verboten hätte, aber nicht, spazieren zu gehen.
Und ebenso den Wucher, aber nicht...
Und die Simonie, aber nicht...
Und die Blutrache, aber nicht...
Und die Sodomie, aber nicht...
Und das quam primum, aber nicht... 922

Nicht allein durch die Absolution sind die Sünden im Sakrament der Buße erlassen, sondern die Reue gehört dazu, die nicht wirklich ist, bevor sie das Sakrament begehrt.
So ist es auch nicht der Ehesegen, der die Sünde in der Zeugung auslöscht, sondern der Wunsch, Gott Kinder zu zeugen, der nur wahrhaft in der Ehe möglich ist.
Und wie einer, der bereut, ohne Sakrament der Absolution näher ist als ein Unbußfertiger mit dem Sakrament, so waren zum Beispiel die Töchter Loths, die nur den Wunsch nach Kindern hatten, reiner ohne die Ehe als Eheleute ohne den Wunsch nach Kindern. 923

Wortbrüchige, ohne Glauben, ohne Ehre, ohne Wahrheit, doppelten Herzens, doppelzüngig und wie man es euch früher vorwarf, jenen Fabeltieren vergleichbar, die halb Fisch, halb Vogel sind.
Port-Royal ist Wöltigerode wert.
So sehr euer Vorgehen durch eure Geschicklichkeit gerecht erscheint, so ungerecht ist es, wenn man es vom Standpunkt christlicher Frömmig-

keit betrachtet. Für die Könige, die Fürsten ist es von Wichtigkeit, daß man sie für fromm hält; und deshalb müssen sie euch beichten. · 924

Den Anlaß des Urteils der Zensur an Hand der Erscheinungen prüfen. Eine Hypothese aufstellen, die allen genügt.
Das Ordenskleid bestimmt die Lehre.
(Sie nehmen so vielen die Beichte ab, die nur einmal im Jahre beichten.)
(Ich glaubte, daß es eine Meinung gegen eine Meinung gäbe.)
Sündigt man also, wenn man so schlecht ist, daß man keinerlei Gewissensbisse mehr empfindet, nicht mehr?[1]
(Ihr verfolgt also Arnauld ohne Gewissensbisse.)
Ich mißtraue dieser Lehre, denn sie ist mir für meine Bosheit, die, wie man sagt, in mir ist, zu sanft.
Ich mißtraue in Hinblick auf ihre Gegensätze im einzelnen ihrer Vereinigung.[2] Ich würde annehmen, daß sie sich darüber verständigen, bevor sie Partei ergreifen. Für einen Freund würde ich zu viele Feinde haben. Ich bin nicht gelehrt genug, um ihnen zu antworten.
(Daß sie nicht irgendeine grobe Häresie wählten!)
(Der Wettpreis.)
(Ich glaubte immer, daß man dafür verdammt wäre, keine guten Gedanken gehabt zu haben, aber dafür, weil man glaubt, daß sie niemand habe, das ist mir neu.)
(Wozu soll das dienen? — Um die Gerechten zu trösten und vor der Verzweiflung zu retten? — Nein; denn niemand kann imstande sein, sich für gerecht zu halten.)

(Chamillard würde häretisch sein, was ein offenbarer Irrtum ist —, denn er hat für Arnauld geschrieben.
— Die, die recht zu tun glauben, während sie sündigen.)
1647, Gnade für alle; 1650, wurde sie seltener usw.
Luther — völlig außerhalb der Wahrheit.
Wenn es in der Kirche keine ähnlichen Fälle gegeben hätte; ich glaube aber, daß es welche gab, mein Pater.
Ein einziger sagt die Wahrheit.
Obgleich sie sie kaum stört, machen sie daraus noch andere [Gnaden], denn sie verfügen darüber wie über ihr Werk. (Für jeden Fall die passende Gnade; für jede Person; Gnade für die Großen, Gnade für die Strolche.)
Schließlich ist Chamillard dem so nah, daß, wenn es Stufen gibt, um in das Nichts abzusteigen, diese ausreichende Gnade jetzt die nächste ist.
(Spaßhaft, deswegen häretisch zu sein!)
Es gibt niemanden, der dadurch nicht überrascht wäre, denn dem ist man weder in der Schrift noch bei den Kirchenvätern je begegnet.
Wieso ist das ein Glaubensartikel, mein Pater? Doch höchstens, seitdem es das Wort »nahes Vermögen« gibt. Ich glaube, daß dies Wort bei seiner Geburt diese Häresie gezeugt hat und daß es nur dazu geboren worden ist.
(Das Urteil der Zensur verbietet nur, derart vom heiligen Petrus zu sprechen, weiter nichts.)
Ich bin ihnen sehr verbunden. Das sind gescheite Leute; sie hatten Furcht, daß die Briefe, die man in die Provinz schreibt...
Es lohnt nicht für ein Wort.
Ich meine, daß das Hexenmeister sind; alles sagt

man, nur nicht die Wahrheit. Glieder — ketzerisch. Unam sanctam.
Die Illuminateure[1] haben mir Abbruch getan.
Eine Lehraussage ist gut bei dem einen und schlecht bei dem andern Autor.
Ja, aber dann gibt es andere schlechte Lehraussagen.
Es gibt Leute, die unterwerfen sich dem Urteil der Zensur, andere den Überlegungen und alle den Gründen. Ich wundere mich nur, daß ihr den allgemeinen Weg an Stelle des besondern gewählt habt, oder wenigstens, daß ihr euch dort nicht getroffen habt.
Wie erleichtert bin ich; kein Franzose ist ein guter Katholik.
Die Litaneien.[2] Clemens VIII. — Paul V. Urteil der Zensur: Gott schützt uns sichtbarlich.
»Der Mensch ist völlig sinnlos, er kann keine Milbe schaffen.«
An Stelle Gottes: die Gnade zu ihm zu gehen.[2]
Vielheit der Gnaden.
Jansenistische Übersetzungen.
Der heilige Augustinus hatte damit wegen der Uneinigkeit unter seinen Freunden viel zu schaffen. Außerdem ist das etwas, das man wie eine ununterbrochene Überlieferung von 1200 Päpsten, Konzilien usf. betrachten kann.
Arnauld muß äußerst schlimme Meinungen haben, da er alle, die er annimmt, infiziert.
Das Urteil der Zensur schafft ihnen diesen Vorteil nur, wenn man sie verurteilen wird; sie werden es bekämpfen und sagen, daß sie die Jansenisten nachahmen.

Man muß beide Parteien hören; das ist es, wofür ich gesorgt habe.

Hört man nur eine Partei, so ist man immer auf dieser Seite, aber der Gegner macht, daß man die Meinung ändert, statt daß sie hier der Jesuit bekräftigt.

Nicht, was sie tun, sondern, was sie sagen.

Man tobt nur gegen mich. Mir ist es recht, ich weiß, wem ich Rechenschaft schuldig bin.

Jesus Christus ist ein Stein des Anstoßes gewesen. Verdammenswert, verdammt.

Politik. Bei dem Wunsch, es den Menschen bequemer zu machen, haben wir zwei Hindernisse gefunden. Erstens die innern Gesetze des Evangeliums, zweitens die äußern Gesetze des Staates und der Religion. Über die ersten verfügen wir, und was die andern angeht, so haben wir es, wie folgt, gemacht: amplianda, restringenda, a majori ad minus. Junior.

Probabel. Wenn derart schlimme Gründe probabel sind, werden es alle sein.

1. Grund. Dominus actuum conjugalium. Molina.
2. Grund. Non potest compensari. Lessius.[1]

Diesen keine heiligen, sondern verabscheuenswerte Grundsätze entgegenstellen.

Sie schließen wie die, die zeigen, daß Nacht am Mittag ist.

Bauny's Brandstifter von Scheunen.

... Das tridentinische Konzil über die Priester in der Todsünde: quam primum ...

Die überstiegene Vorstellung, die ihr von der Wichtigkeit eurer Gesellschaft habt, ließ euch diese fürchterlichen Wege wählen. Es ist deutlich, daß sie die Schuld hat, daß ihr den Weg der Verleumdung gewählt habt, da ihr bei mir die gleichen Fälschungen tadelt, die ihr bei euch entschuldigt, weil ihr in mir einen einzelnen seht und euch gemäß Imago[1] betrachtet.

Aus Torheiten wie dem Privilegium, nicht verdammt zu werden, ist deutlich, daß eure Lobeserhebungen Torheit sind.

Macht das eure Brüder mutig, daß man sie verdammt, wenn sie der Kirche dienen?

Das ist ein Kunstgriff des Teufels, um die Waffen abzulenken, womit jene die Häresien bekämpfen. Ihr seid schlechte Politiker. 927[2]

(Man ist bereit, diejenigen aus der Kirche auszuschließen, die dies Anerkenntnis verweigern. In ...) Jedermann erklärt, daß sie es[3] sind.

Arnauld (und seine Freunde) behaupten, daß er sie als solche, und auch wo immer sie sich finden, verurteilt, daß er sie, falls sie bei Jansenius stehen, dort verurteilt und daß er, wenn sie bei ihm nicht stehen, sich aber die häretische Meinung dieser Lehrsätze, die der Papst verurteilt hat, bei Jansenius findet, er Jansenius verurteilt.

Ihr gebt euch aber mit dieser Versicherung nicht zufrieden. Ihr wollt, daß er bestätige, daß sich diese Lehrsätze Wort für Wort bei Jansenius befinden. Er hat darauf geantwortet, daß er das nicht bestätigen kann, weil er es nicht weiß, ob das so ist, daß er und eine große Zahl anderer sie dort gesucht haben, ohne sie jemals zu finden. Sie haben euch und alle eures Ordens gebeten, anzugeben, an welcher Stelle sie sich befinden, aber niemand hat das getan. Und trotzdem wollt ihr ihn wegen dieser Weigerung aus der Kirche ausschließen, obgleich er alles verurteilt, was sie verurteilt, nur aus dem einzigen Grunde, weil er nicht bestätigt, daß Worte oder eine Meinung in einem Buch sind, in dem er sie niemals gefunden

hat und worin sie ihm niemand zeigen will. Wirklich, mein Pater, dieser Vorwand ist so billig, daß es wohl kaum jemals in der Kirche ein ähnlich befremdendes, ähnlich ungerechtes, ähnlich tyrannisches[1] Verfahren gegeben hat, das ...
Gewiß kann die Kirche zwingen.
Man braucht kein Theologe zu sein, um zu erkennen, daß ihre Häresie nur in der Gegnerschaft zu euch besteht. Ich selbst bin ein Beweis dafür, und einen allgemeinen Beweis liefern alle, die euch angegriffen haben: die Pfarrer von Rouen: Jansenisten ... Votum von Caen.
Ihr haltet eure Ziele für so ehrenwert, daß ihr daraus einen Glaubenssatz macht.
Vor zwei Jahren war die Häresie die Bulle, im vorigen Jahr war sie innerlich, vor einem halben Jahr war es totidem, heute ist es der Sinn.
Sehe ich nicht deutlich daraus, daß ihr sie nur häretisch machen wollt? Das heilige Sakrament, Vorrede, Villeloin.
Jansenius – Aurelius – Arnauld – Lettres Provinciales. – Ich habe mit euch gestritten, als ich für die andern sprach.
Ihr macht euch lächerlich, wegen der Lehrsätze so viel Lärm zu machen; da ist nichts. Nötig ist, daß man es versteht.
Ohne Namen des Verfassers; man wußte aber, daß eurem Plan 70 widersprachen.
Das Urteil datieren.
Damit der, den ihr auf Grund seiner eignen Worte nicht habt häretisch machen können, usf.
(Wer will mir zürnen,[1] daß ich zeigte, daß all das, bis zu dem Furchtbarsten, von euern Autoren stammt?) Denn alle Welt weiß es.
(Habt ihr nichts anderes zu antworten und nur diese Art, es zu beweisen?)

Entweder bejaht er oder verneint er oder er zweifelt; entweder Sünder oder Ketzer.
Nur an die Heiden denkend.
Das gleiche Licht, das die übernatürlichen Wahrheiten enthüllt, enthüllt sie ohne Irrtum, während das Licht, das ...
(Ein Körper der Verworfenen. Man würde alle Opferstöcke von Sankt Merri erbrechen, ohne daß ihr deshalb weniger unschuldig wäret.)
Auch das ist nicht sonderbar ... Falsches Recht ...
Was mich angeht, so würde ich lieber Verleumder[1] sein, als ...
Welchen Grund habt ihr dazu? Ihr sagt, ich sei Jansenist und Port-Royal verteidige die fünf Lehrsätze und deshalb verteidigte ich sie. Drei Lügen.
Bitte, kommt mir nicht damit und sagt mir, ihr wäret es nicht, die all das geschehen ließen. Spart mir die Antwort. Ich würde euch Dinge antworten, die weder euch noch andern gefallen.
Der Papst hat nur zweierlei verurteilt, er hat nur die Lehrmeinung der Sätze verurteilt; wollt ihr behaupten, daß er sie nicht verurteilt hat? — Aber der Papst sagt, daß die Meinung des Jansenius darin enthalten ist. — Ich weiß wohl, daß der Papst es euretwegen glaubt,[1] totidem, aber er hat es nicht unter Androhung der Exkommunikation gesagt. Wie hätte er es und wie hätten es die Bischöfe von Frankreich nicht glauben sollen? Ihr sagtet es, totidem, und sie wußten nicht, daß ihr imstande seid, das zu sagen, obgleich es nicht so war. Betrüger, man hatte meinen fünfzehnten Brief nicht gesehen.
Wie sollte die Meinung des Jansenius in Lehrsätzen sein, die nicht von ihm sind?
Entweder steht das bei Jansenius oder nicht.

Wenn es dort steht, ist er darin verurteilt, wenn nicht, warum wollt ihr ihn verurteilen lassen?
Wenn man nur einen der Lehrsätze eures Escobar verurteilt, würde ich in die eine Hand Escobar und in die andere das Urteil nehmen, und ich würde einen schulgerechten Schluß daraus machen.

929

Man hat sie so menschlich behandelt, wie es möglich war, wenn man die Mitte halten wollte zwischen der Liebe zur Wahrheit und der Pflicht der Nächstenliebe. Denn die Frömmigkeit besteht nicht darin, daß man niemals gegen seine Brüder auftritt; es würde sehr leicht sein...
Es ist ein falsches Mitleid, den Frieden auf Kosten der Wahrheit zu erhalten; ebenso ist es falscher Eifer, die Wahrheit zu erhalten und die Nächstenliebe zu verletzen; darüber haben sie sich auch nicht beklagt.
Ihre Grundsätze haben ihre Zeit und ihren Ort.
Ihre Eitelkeit wächst[1] mit ihren Irrtümern.
Sie gleichen den Juden[2] in ihren Fehlern und den Märtyrern in ihren Klagen.
Noch mißbilligen sie keinen davon...
Sie brauchten nur den Auszug zu nehmen und ihn zu mißbilligen.
Sanctificant praelium.
Bourseys. Wenigstens konnten sie es nicht mißbilligen, daß sie sich der Verurteilung widersetzten.

930

Kasuisten. Ein beträchtliches Almosen, eine gerechte Buße; wenn man auch, wer gerecht ist, nicht bestimmen kann, weiß man doch, wer es nicht ist. Die Kasuisten sind spaßhaft, wenn sie glauben, das auslegen zu können, wie sie es tun!

Leute, die sich daran gewöhnen, schlecht zu sprechen und schlecht zu denken.
Ihre große Zahl; statt Kennzeichen ihrer Vollkommenheit zu sein, ist sie Kennzeichen des Gegenteils.
Die Demut eines einzelnen wird Anlaß des Dünkels vieler. 931

Der wird wirklich verurteilt sein, der es von Escobar sein wird. 932

Jene, die das lateinisch geschrieben haben, sprechen französisch. Da man den Fehler begangen hat, sie französisch herauszubringen, mußte man sie zu ihrem eignen Besten verurteilen.
Es gibt nur eine einzige Häresie, die man in der Schule und in der Welt verschieden auslegt.

933

Allgemein. Es genügt ihnen nicht, in unsere Gotteshäuser solche Sitten einzuführen, templis inducere mores. Nicht nur, daß sie in der Kirche geduldet sein wollen, sondern, als wenn sie die Stärkeren geworden wären, wollen sie die dort vertreiben, die nicht (ihrer Ansicht) sind...
Mohatra.[1] Man braucht kein Theologe zu sein, um darüber erstaunt zu sein.
Wer hätte euren Ordensgeneralen gesagt, daß die Zeit so nahe wäre, wo sie diese Sitten der ganzen Kirche vorschreiben und die Ablehnung dieser Liederlichkeit Streit nennen würden? Tot et tanta mala pacem? 934

Die Jesuiten. Die Jesuiten haben Gott mit der Welt vereinen wollen, und sie haben nur die Verachtung Gottes und der Welt gewonnen. Denn was das Urteil des Gewissens angeht, so ist das deutlich, und was das Urteil der Welt angeht, so sind sie keine geschickten Verschwörer. Sie haben Macht, wie ich es oft gesagt habe, das heißt aber nur über andere Mönche. Sie würden das Recht haben, ein Kirchlein bauen zu lassen und eine Wallfahrtskapelle zu haben, nicht aber die Macht, Bischofssitze und die Verwaltung von Orten einrichten zu lassen. Die Stellung der Mönche in der Welt ist eine einfältige Stellung, die sie nach ihrem eignen Gelübde einnehmen (Brisacier. Benediktiner). Indessen ... ihr beugt euch vor denen, die mächtiger sind als ihr, und ihr unterdrückt mit eurem geringen Recht die, die weniger geschickt als ihr in der Welt sind. 935

Es ist gut, daß sie Ungerechtigkeiten begehen, damit es ja nicht scheint, als hätten die Molinisten mit Recht gehandelt. Und deshalb darf man sie nicht schonen; sie sind würdig, welche zu begehen. 936

Völlig blind müssen die Menschen sein, um euch zu glauben. 937

Ich habe es seitdem wieder aufgenommen[1], denn ich hatte nicht gewußt... 938

Niemals bezichtigt ihr mich der Unwahrheit wegen Escobars, weil er bekannt ist. 939

Der Glaube an drei oder vier Personen in der Dreieinigkeit berührt das Herz des Menschen nicht, nicht aber usw....
Deshalb regen sie sich auf, um für die eine Lehrmeinung Partei zu ergreifen und nicht für die andere.

Es ist recht, wenn man das eine tut, aber man darf das andere nicht lassen. Der gleiche Gott, der gesagt hat, usw....
Und deshalb glaubt, wer das eine und nicht das andere glaubt, es nicht deshalb, weil es Gott gesagt hat, sondern deshalb, weil es seine Begierde nicht wünscht und weil es viel bequemer ist, dem zuzustimmen und mühelos ein Zeugnis seines Gewissens zu geben, das ihm... Das aber ist ein falsches Zeugnis. 940

Ende. Ist man sicher? Ist dieser Grundsatz sicher? Prüfen wir ihn!
Unser eignes Zeugnis ist nichtig, Thomas von Aquin. 941

Nun, die Probabilität ist für die übrigen Maximen notwendig, so für die Lamy's und die vom Verleumder. A fructibus eorum. Urteilt über ihren Glauben nach ihrer Moral. Die Probabilität nützt wenig ohne die verderbten Mittel, und die Mittel sind nichts ohne die Probabilität.
Es macht Vergnügen, die Versicherung zu haben, daß man das Vermögen hat, Gutes zu tun, und das Wissen hat, Gutes zu tun. Die Gnade, scire et posse. Und die Probabilität verschafft beide, denn man kann Gott in Vertrauen auf ihre Autoren Rechenschaft ablegen. 942

de Condren: Es gibt, sagt er, keine Ähnlichkeit zwischen der Vereinigung der Heiligen und der der Dreieinigkeit. Jesus Christus sagt das Gegenteil. 943

Hier ist ein Widerspruch. Denn einerseits sagen sie, man müsse der Überlieferung folgen und sie würden nicht wagen, das in Frage zu stellen und andererseits, daß sie sagen werden, was ihnen beliebt. Immer wird man das erste glauben, weil es ihrem Wesen ebenso entgegengesetzt sein wird wie, es nicht zu glauben.

Der Tag des Urteils.
Das also ist es, mein Pater, was Sie die Meinung des Jansenius nennen. Das also ist es, wofür Sie sorgten, daß es der Papst und die Bischöfe derart verstehen.
Wenn die Jesuiten verkommen wären und wenn es wahr wäre, daß wir allein wären, mit um so mehr Recht würden wir es bleiben. Quod bellum firmavit, pax ficta non auferat.[1]
Neque benedictione, neque maledictione movetur, sicut angelus Domini.[2]
Man greift die größte aller christlichen Wahrheiten an, die die Liebe zur Wahrheit ist.
Wenn das die Unterschrift bedeutet, daß man damit einverstanden ist, daß wir sie, damit es keine Zweideutigkeit bleibt, auslegen; denn darüber muß man sich klar sein, viele meinen, Unterschreiben bedeute Zustimmung.
Wenn der Referent nicht unterschrieben hätte, würde das Urteil ungültig sein; wenn die Bulle nicht unterschrieben wäre, würde sie gültig sein. Es ist also nicht...
Aber ihr könntet euch getäuscht haben? — Ich schwöre, daß ich glaube, daß ich mich getäuscht haben kann, aber ich schwöre nicht, daß ich glaube, daß ich mich getäuscht habe.
Man ist nicht schuldig, weil man nicht glaubt, aber man würde schuldig sein, zu schwören, ohne zu glauben.
... schöne Fragen, er...

Ich bin ärgerlich, euch alles zu sagen, ich erzähle nur.
Das mit Escobar treibt sie zum Äußersten, aber sie fassen es nicht so auf, da sie ihr Mißvergnügen zeigen, sich so zwischen Gott und dem Papst zu finden. 945

Es besteht ein erhebliches Mißverhältnis zwischen dem Verdienst, das er zu haben glaubt, und seiner Dummheit, daß man kaum glauben möchte, daß er sich so stark verrechnet.[1] 946

Annat. Er spielt den Schüler ohne Unkenntnis und den Meister ohne Anmaßung. 946b

Ihr treibt mit dem Glauben des Volkes an die Kirche Mißbrauch und macht ihnen etwas vor.
947

Als sie die Bischöfe und die Sorbonne verführten, haben sie nicht den Vorteil gehabt, einen gerechten Rechtsspruch zu erreichen, sondern den, ihre Richter ungerecht zu machen. Und deshalb werden sie, wenn sie in der Zukunft verurteilt sein werden, ad hominem sagen, daß diese ungerecht seien, und deshalb werden sie ihr Urteil bestreiten. Das aber hilft ihnen nichts. Denn da sie nicht schließen können, daß die Jansenisten deshalb zu Recht verurteilt sind, weil sie verurteilt sind, werden sie auch nicht schließen können, daß sie selbst zu Unrecht verurteilt sein werden, weil sie von bestechlichen Richtern verurteilt sein werden. Denn ihre Verurteilung wird zu Recht erfolgen, nicht weil sie durch Richter erfolgen wird, die immer gerecht sind, sondern durch Richter, die darin gerecht sind, was sich durch andere Beweise erweisen wird. 948

Wie der Friede in den Staaten nur der Erhaltung und Sicherung des Besitzes der Bevölkerung dient, dient der Friede in der Kirche nur der Erhaltung und Sicherung der Wahrheit, die ihr Besitz ist und ihr Schatz, wo ihr Herz ist. Und wie es gegen den Sinn des Friedens verstoßen würde, wenn man fremde Völker in den Staat eindringen und plündern ließe und sich ihnen nicht entgegenstellte, nur weil man die Ruhe nicht stören will — denn der Frieden ist nur so lange gerecht und nützlich, als er der Sicherung der Güter dient, und er wird ungerecht und verderblich, wenn er sie verkommen läßt, so daß der Krieg, der sie verteidigen kann, sowohl gerecht als notwendig wird —, so gilt das gleiche auch für die Kirche, wenn die Wahrheit durch die Feinde des Glaubens beleidigt ist und man sie aus dem Herzen der Gläubigen reißen will, um dort die Irrheit herrschen zu lassen. Hieße das, wenn man alsdann friedlich bleiben würde, der Kirche dienen oder sie verraten? Hieße das, sie verteidigen oder sie zerstören? Ist nicht deutlich, daß, ebenso wie es ein Verbrechen ist, den Frieden zu stören, wo die Wahrheit regiert, es ein Verbrechen ist, im Frieden zu bleiben, wenn man die Wahrheit zerstört? Es gibt also Zeiten, wo der Frieden gerecht ist, und andere, wo er unrecht ist. Es steht geschrieben, es gibt Zeiten des Friedens und Zeiten des Krieges, und das Anliegen der Wahrheit ist es, das hier entscheidet. Es gibt aber keine Zeiten der Wahrheit und keine Zeiten des Irrtums, und im Gegensatz hierzu heißt es in der Schrift, daß die Wahrheit Gottes ewig sein wird. Und deshalb sagt Jesus Christus auch, der gesagt hat, daß er den Frieden bringen will, daß er gekommen ist, den Krieg zu bringen. Er sagt aber nicht, daß er gekommen ist, die Wahrheit und die Lüge zu bringen. Die Wahrheit ist demnach die erste Richtschnur und das letzte Ziel der Dinge. 949

Und nachdem ihr sie genug gequält,[1] wird man euch nach Hause schicken.[2]
Ein ebenso schwacher Trost ist die Möglichkeit der Berufung. Denn ein wichtigstes Mittel der Berufung ist ausgelöscht,[1] abgesehen davon, daß die wenigsten die Möglichkeit haben werden, aus dem entferntesten Perigord oder Anjou nach Paris zu kommen und vor dem Parlament von Paris die Klage zu führen, abgesehn davon, daß sie jederzeit Senatsbeschlüsse haben werden, um sich gegen diese Berufung zu verteidigen.
Denn wenn sie auch nicht erreichen können, was sie fordern, so genügt das doch, um ihre Macht zu zeigen, die um so größer ist, da sie es möglich machte, eine so ungerechte Sache zu fordern, von der völlig offenbar ist, daß sie sie nicht erlangen können.
Das macht also ihre Absicht und die Notwendigkeit nur noch deutlicher, daß man sie nicht durch eine Eintragung der Bulle autorisieren darf, von der sie wollen, daß sie ihnen als Grundlage für diese Neuerung diene.
Das ist keine einfache Bulle, das ist eine Grundlage.
Beim Verlassen des Justizpalastes.
Der Papst verbietet dem König, seine Kinder ohne seine Zustimmung zu verheiraten (1294).[3]
Scire tu volumus... 124, 1302. 950[4]

Da die beiden wichtigsten Anliegen der Kirche die Erhaltung der Frömmigkeit der Gläubigen und die Bekämpfung der Ketzer sind, sind wir tief betrübt, zu sehen, daß sich heute Parteiungen in der Kirche gebildet haben, um Irrtümer einzuführen, die geeignet sind, die Ketzer für alle Zeiten von der Rückkehr in unsere Gemeinschaft auszuschließen und, was an frommen und katholischen Menschen verblieben, auf den Tod zu verderben. Das, was man heute ganz öffentlich gegen die Wahrheiten der Religion und gegen die, die für das Heil am wichtigsten sind, unternimmt, erfüllt uns nicht nur mit Mißfallen, sondern auch mit Furcht und Schrecken, weil wir neben der Ablehnung, die jeder Christ dieser Verwirrung gegenüber empfinden wird, darüber hinaus die höchste Verpflichtung haben, hier heilend zu wirken und die Autorität anzuwenden, die uns Gott verliehen hat, um dafür zu sorgen, daß dies Volk, das er uns anvertraut hat, usw.... 952

Brief über die gewaltsamen Niederlassungen, die die Jesuiten überall errichtet haben.
Übernatürliche Blendung.
Diese Moral, die als Kopf einen gekreuzigten Gott hat.
Seht sie, die das Gelübde abgelegt haben zu gehorchen, tanquam Christi.
Die Dekadenz der Jesuiten.
Ein Kasuist, Spiegel.
Wir sind die...
Wenn Sie es gut finden, so ist das ein gutes Zeichen.
Das ist merkwürdig, daß es kein Mittel gibt, ihnen eine Vorstellung von der Religion zu verschaffen. Ein gekreuzigter Gott.
Wir sind die Zeugen.[1]
Wenn man diese strafbare Angelegenheit von der Kirchenspaltung ablöst,[1] sind sie bestraft. Was

für eine Verwirrung. Die Kinder lieben die Verderber,[1] indem sie sie annehmen. Die Feinde verabscheuen sie.
Statt daß die große Zahl der Kasuisten ein Grund der Anklage gegen die Kirche wäre, ist sie vielmehr ein Grund des Stöhnens der Kirche.
»Und damit wir nicht verdächtige (Zeugen) sind.« So wie die Juden[2] ihre Bücher bewahrten, die den Heiden unverdächtig blieben, bringen sie uns ihre Bulle. 953

Venedig.[3] Welchen Vorteil werdet ihr davon haben, außer dem Verlangen, das die Fürsten empfinden und dem Abscheu, den das Volk empfindet? Wenn sie euch gebeten hätten und wenn sie, um es zu erlangen, den Beistand der christlichen Fürsten angerufen hätten, so würdet ihr euch auf diese Untersuchung etwas zugute tun können. Da sich aber seit fünfzig Jahren alle Fürsten das nutzlos angelegen sein ließen und da ein derart dringender Notfall notwendig war, um es zu erlangen... 954

Der Zipfel einer Mönchskappe bringt fünfundzwanzigtausend Mönche in Harnisch. 955[4]

ANHANG

ANMERKUNGEN ZU DEN PENSÉES

LEBEN UND LEHRE PASCALS

VERZEICHNIS DER
MERKSÄTZE UND BEGRIFFE

*Textvarianten sind in Antiqua,
Anmerkungen des Herausgebers sind
in Kursiv gedruckt.*

ANMERKUNGEN ZU DEN PENSÉES

1 Die Antithese ist im Original l'esprit de géométrie und l'esprit de finesse. Darin läßt sich das Wort Finesse nicht adäquat übersetzen. Der Begriff gehört zu dem Bildungsideal des »honnête homme«, der in der Anmerkung 1 zu S. 33 näher erläutert wird. Finesse meint das intuitive, gefühlsmäßige Urteil, wer die Grundsätze des esprit de finesse beherrscht, vermag durch »Gefallen« zu überzeugen. Pascal selbst lernte vor allem durch den Chevalier de Méré die Macht des esprit de finesse kennen. Dieser hatte Pascal anfänglich vorgeworfen, daß er zu sehr dem mathematischen Geist huldige und alles nach Grundsätzen und Ableitungen behandeln wolle. 19

1 Im Original: sans art, dem Sinne nach: unbewußt. – 2 großen Menschen. – 3 und sie sich vertraut und gegenwärtig zu machen. 21

1 Man bezieht meist den Satz: die ohne Richtschnur ist, auf die Sittlichkeit des Entscheidens. Er bezieht sich aber auf die Vernunft. Die Sittlichkeit des Entscheidens hat die Richtschnur im Herzen. 23

1 Scaramouche ist der Schauspieler Tiberio Fiorelli, der in der comedia del'arte in Paris zur Zeit Pascals brillierte. Der Doktor gehörte zu den traditionellen Figuren dieser Schauspielgattung. Wahrscheinlich hat auch Cléobuline in einem dieser Stücke eine Rolle gespielt. 25

1 Es besteht offenbar eine Beziehung zwischen diesem Fragment und der »Abhandlung über die Leidenschaften der Liebe«, die man Pascal zugeschrieben hat. Da ich aber (ebenso wie neuerdings Louis Lafuma), wie ich ausführlich in mei- 26

ner Ausgabe der kleineren Schriften Pascals: »Die 26
Kunst zu überzeugen« ausgeführt habe, der Meinung bin, daß die Zuschreibung nicht zu Recht besteht, sollte man dies Frgt. besser im Zusammenhang mit den Notizen betrachten, in denen Pascal von der Kunst durch Gefallen zu überzeugen, von dem Geist des Feinsinns handelt. Diese Gedanken, die Pascal sicherlich häufig im Gespräch mit seinen der Welt zugetanen Partnern geäußert haben wird und die man dort in der Erinnerung behielt, mögen dem unbekannten Verfasser der Abhandlung gedient haben. - 2 Dieses Fragment stammt nicht von Pascal; da es aber in allen Ausgaben, seit der, die Bossut veranstaltete, zu finden ist, wollte ich es nicht fallen lassen. Léon Brunschvicg hat nachgewiesen, daß es sich als Würdigung Pascals in der »Histoire de l'abbaye de Port-Royal« von Besoigne findet.
1 Salomon de Tultie ist ein Anagramm von Louis 27
de Montalte, dem Pseudonym, unter dem Pascal die »Lettres Provinciales« erscheinen ließ. Es ist anzunehmen, daß er diesen Namen als Decknamen gewählt hatte, um unter ihm seine Apologie erscheinen zu lassen.
1 Eine Maxime der Stoiker. Hier wahrscheinlich 28
im besondern Epiktets, der, wie auch aus Frgt. 18 hervorgeht, Pascal in manchem als Vorbild diente. Die Maxime bedeutet: Halte dich heraus und dulde. *2* Es ist eine Tatsache, daß Pascal ringsum und bei vielen gelernt hat. Sein Genie war: aus dem Vielen das Wichtige zu wählen; wer außer ihm ist zu seiner Zeit Schüler von Desargues (vgl. Frgt. 114), und wer ist trotz allem so unabhängig von Descartes? Fortunat Strowski sagt in seinem bedeutenden Werk »Pascal et son Temps«, daß Pascals Originalität nicht darin bestand, alles selbst zu erfinden, sondern darin, »alles, was ihm von allen Himmelsrichtungen zukam, mit unumstößlicher Sicherheit und mit einer unvergleichbaren Fähigkeit zur Synthese und mit unvergleichlicher Lebendigkeit zu verschmelzen und zu verbinden«. Die Bälle zu setzen, verstand Pascal wie keiner sonst. Aber man spielt nie allein, es gehören Partner dazu, denn im Monologischen gibt es keine Größe.

Anmerkungen zu Seite 30-35

1 Er sprach mehr als Dichter denn als Mensch 30
(Petronius). - 2 Gemeint sind die entsprechenden Briefe der »Lettres Provinciales«. *- 3 Was Pascal hier mit Ohr und Herz meint, erläutert ein Satz aus dem Schlußwort an den Leser in »Recit de la grande experience de l'équilibre«, wo er sich gegen die Unsitte, imaginäre Gründe durch spezielle Namen zu decken wendet,* »die das Ohr, aber nicht den Geist befriedigen«. *Wogegen sich auch heute noch einiges sagen ließe. - 4 Lesart Tourneur.*

1 Mit rechtschaffen, rechtlich, mitunter auch mit 33
wohlerzogen und wirklich gebildet und auch ehrenhaft übersetze ich den Begriff des »honnête homme«, wie ich außerdem an einigen besonders wichtigen Stellen den französischen Begriff in Klammern hinzufügte. Dieser Umstand zeigt, daß sich der Begriff einer genauen Übersetzung entzieht. Der »honnête homme« ist der Name des Bildungsideals der französischen Gesellschaft des 17. Jahrhunderts, Bezeichnung für eine bestimmte Haltung und Bildung des Menschen. Der Chevalier de Méré, den ich in der Anmerkung 1 zu S. 19 erwähnte, und der von 1610 bis 1685 lebte, fordert von ihm eine Erziehung des Geistes, ein gutes Benehmen im Geistigen, Freiheit von allem Gekünstelten und aller Unnatur. Man forderte ferner von dem »honnête homme«, daß er von sich nicht als »Ich« spräche (vgl. Frgt. 455). Man verlangte von ihm, daß er galant, höflich, zuverlässig, uneitel wäre; von Miton, der mit Méré befreundet war, wissen wir, daß er unter dem »honnête« eine recht geleitete Eigenliebe verstand. Kurz alles, was einen Menschen zu einem angenehmen Gesellschafter macht, schließt der Begriff des »honnête homme« ein. Es war der Glanz des honnête homme, dies Ideal menschlicher Bildung, das der französischen Zivilisation für Jahrhunderte die europäische Geltung verschafft hat. Wenn ich dabei in meiner Übersetzung den Ton auf die moralische Seite verlege, so tue ich dies, weil auch bei Pascal der Ton darauf liegt. -
2 Nichts im Übermaß.

1 Den eitlen Schmuck wird er streichen. Horaz. 35

36 1 Die Lettres Provinciales erschienen in Paris vom Januar 1656 ab als Flugblätter unter dem Pseudonym, das ich Anm. 1 zu S. 27 erwähnte. Sie griffen in den Kampf zwischen Jansenisten und Jesuiten ein und erregten großes Aufsehen. Da der Verfasser unbekannt war, entstand eine lebhafte Diskussion, wer sich hinter dem Pseudonym verberge. Pascal fingiert hier, daß er den Verfasser nicht kenne. - 2 Bezieht sich auf eine Rede Antoine Le Maitres, Neffe Antoine Arnaulds, der als Redner seiner Zeit gerühmt wurde. Er gehörte wie fast alle Verwandten Arnaulds (vgl. Anmerkung 1 zu S. 378) zum Kreis des Port-Royal.

38 1 Pierre Charron lebte in der zweiten Hälfte des 16. Jahrhunderts; er war eng mit Montaigne befreundet und als Prediger berühmt. Größte Beachtung fand das Werk, auf das Pascal hier anspielt, »De la sagesse«; das erste Buch dieses Werkes war in 62 Kapitel eingeteilt und jedes wieder in 5 Betrachtungen, und diese wieder in 5 Unterscheidungen gegliedert.

39 1 Montaigne, geb. 1533, gest. 1592. Sein Hauptwerk, die Essais, gehört zu den klassischen Werken französischer Sprache, an dem sich Pascal sprachlich und dialektisch schulte. Der Einfluß von Montaigne auf Pascal kann nicht groß genug gedacht werden; er ist ihm, was die Kenntnis der griechischen und römischen Literatur und Philosophie angeht, weitgehend verpflichtet. - 2 Marie le Jare de Gournay besorgte 1595 die endgültige, heute stark angefochtene Ausgabe der Essais. Sie hatte sich früh an Montaigne angeschlossen, so daß er sie seine Adoptivtochter nannte. In ihrer Vorrede verteidigte sie Montaigne gegen den Vorwurf, daß er zu frei von der Liebe gesprochen habe.

40 1 Ergänzung: Tourneur. - 2 Jeder Möglichkeit im Geistigen entspricht eine andere. Pascal erläutert das an einem Beispiel aus der Grammatik; in Patois ist der Singular »Ich« mit dem Plural verbunden: »Ich tun«; im Griechischen in gewissen Fällen, wie in dem erwähnten Beispiel, der Plural mit dem Singular.

41 1 Unfähigkeit. - 2 und, daß er beurteile, ob er, wenn er beide vergleicht, in irgendeiner Beziehung

Anmerkungen zu Seite 41-42

mit ihr steht. - *3* er lerne von den unzähligen Feuern, die so stolz über ihn dahinziehen, daß diese unermeßliche Ausdehnung des Weltalls ihm erscheine, ... ihm die weite Bahn, die die Sonne ihrerseits beschreibt, ... mache. - *4* im Mittelpunkt des ganzen Universums. - *5* dies lasse ihn die Erde wie einen Punkt betrachten. ... und diese weite Bahn selbst sei als ein Punkt angesehen (als ein feinstes Pünktchen). - *6* wenn wir dort unsere Schau nicht enden lassen.

1 Vorstellbaren. - *2* dieser unendlichen Weite. - *3* Ich weiche hier von der üblichen Übersetzung des Satzes ab, doch hat meine Interpretation des Satzes seinerzeit Brunschvicg bestätigt. So übersetzt Laros und neuerdings auch Rüttenauer und andere entsprechend: »Gerade das ist das größte Zeichen der Allmacht Gottes, daß unsere Einbildungskraft sich in diesen Gedanken verliert.« Im Original lautet er: Enfin c'est le plus grand caractère sensible de la toute-puissance de Dieu que notre imagination se perde dans cette pensée. So und auch so interpunktiert steht der Satz in der Handschrift. Nur eines spricht für den Wunschsatz, daß er mit einer neuen Zeile anfängt. Alle Ausgaben außer der Brunschvicgs haben den Nachsatz durch ein Komma getrennt. Ich würde ein Semikolon oder einen Gedankenstrich vorziehen, da das Komma auch nur ein Notbehelf ist. Entscheidend für meine Interpretation ist aber, daß die naheliegendere Übersetzung beziehungslos im Werke von Pascal bleibt und Pascal auch an anderer Stelle die Eigenschaft Gottes, daß er unendlich und ohne Teile sei, durch einen Punkt, der sich überall mit unendlicher Geschwindigkeit bewegt, verbildlicht (vgl. Fragment 430). Zur Übertragung des Wortes caractère aber sei auch auf das »Gebet zum rechten Gebrauch der Krankheit« hingewiesen, wo Pascal von Jesus Christus sagt, daß er Bild und Charakter der göttlichen Substanz sei. - 4 in der unendlichen Ausdehnung der Dinge, und er staune, daß er in diesem engen Verließ, wo er sich findet, das ihm nur den Blick auf das Universum auftut, das ihm in so erstaunlicher Größe erscheint, wo er selbst nichts ist als ein Pünktchen, unfaßbares

454 Anmerkungen zu Seite 42-43

Atom in der wirklichen Unermeßlichkeit der   42
Dinge. – *5 die ganze Erde, dies Universum, das
sich ihm auftut.* – *6 So bei Tourneur.*
1 und in diesen Milben eine Unendlichkeit an   43
Welten, jener vergleichbar, die wir gerade be-
trachteten, und immer die gleiche Tiefe, ohne Ende
und Ruhe. – *2 das ist eine unvollkommene Vor-*
stellung von der Wirklichkeit der Dinge, und wer
sie begriffen, wird Achtung vor der Natur haben
und sich selbst verachten, und beinahe so, wie er
es sollte. – *3 Zweierlei ist zu diesem Satz zu be-*
merken. Erstens, daß er die kopernikanische Lehre
vom Kosmos ignoriert, und zweitens, daß Pascals
Überlegungen hier Vorläufer der Gedanken sind,
die praktische Anwendung in der Infinitesimal-
rechnung, die Leibniz an Pascal anschließend ent-
wickelt hat, gefunden haben. Sie scheinen zugleich
unsere heutigen Kenntnisse vom Bau des Mikro-
kosmos vorauszunehmen, und so hat man sie meist
empfunden und deshalb bewundert. Damit aber
sind sie in ihrer Bedeutung nicht erfaßt. Die
Sätze Pascals sind unwiderleglich, und sie sind
Sätze, gegen die unsere ganze heutige Wissen-
schaft – trotz der mehrdimensionalen Konfigura-
tionsräume und der Einsteinschen vierdimensio-
nalen Raum-Zeit-Welt nicht ankommt. Es gibt
auch in der heutigen Wissenschaft und Mathe-
matik keinen Satz, der Pascals Schau der beiden
Unendlichen und seine Schlußfolgerung auf unsere
Stellung zwischen den beiden Unendlichen wider-
legte. Das ist insofern wichtig, als Pascal von
dieser Einsicht aus zur Lehre von den Ordnun-
gen weitergeschritten ist, die er gewiß nur an-
deutungsweise im Fragment Nr. 793 formuliert
hat. (Vgl. hierzu das Nachwort, ferner meine »Ab-
handlung über die Lehre von den Ordnungen
und von der Vernunft des Herzens« in meiner
Ausgabe der kleineren philosophischen und reli-
giösen Schriften Pascals, und meine Schrift: »Die
Philosophie Pascals. Unter besonderer Berück-
sichtigung seiner Lehre von dem Unendlichen
und dem Nichts und den Ordnungen.«) – *4 was*
zu begreifen wird er also fähig sein? Das Un-
endliche? (Er, der endlich ist? Das Nichts? wo ihm
Sein eignet?).

Anmerkungen zu Seite 44-48

1 von diesen beiden Unendlichen der Natur (dem 44
der Größe und dem der Kleinheit) begreift der
Mensch das der Größe leichter als das der Kleinheit. - *2* ausgedehnt. - *3* aber wie wir in der Physik etwas Punkt nennen.
1 Lesart Tourneur. - *2* aber abgesehen davon, 45
daß es wenig ist, einfach davon zu sprechen, ohne
sie zu beweisen und zu kennen, ist es trotzdem
unmöglich, dies zu tun, die unendliche Anzahl der
Dinge ist so verborgen, daß alles, was wir in
Worten ausdrücken oder denken können, nur ein
unfaßbares Strichelchen ist. Woraus deutlich wird,
wie töricht, eitel und anmaßend der Titel einiger
Bücher ist: »De omni scibili«. Aber die Unendlichkeit des Kleinen ist noch... man sieht auf den
ersten Blick, daß schon die Arithmetik allein zahl-
lose Größen vorlegt und jede Wissenschaft ebenso. - *3 Hinweis auf Descartes »Principia Philo-
sophiae«.* - *4 Titel der Thesen, die Pico della Mi-
randola in Rom 1486 öffentlich verteidigen wollte.* -
5 die Teilung bis zum Ende zu führen. - *6* alle
Dinge. - *7* entschlüpfen sie uns ebenso gewiß, wie
wir der Unendlichkeit entschlüpfen. - *8* wir nehmen einen Ort ein. - *9* unser Sein... uns. - *10* her-
vorgekommen.
1 die Ausdehnung. - *2 Diese Aussage gilt in der* 46
Arithmetik, wo die Null absoluter Grenzfall und
dem Punkt entsprechend ist und die nach Pascal
anderer Ordnung angehört als die Zahl. In der
Algebra, in der wir über die Null fort in das
Reich der negativen Größen gelangen, gilt der
Satz nicht. - *3* wenn sie zu hoch ist, verletzt sie. -
4 macht uns undankbar. - *5 Wohltaten sind so*
lange angenehm, als man hofft, sie entgelten zu
können. Ihr Zuviel wandelt die Dankbarkeit in
Haß. Tacitus, Annalen. - *6* nicht empfindbar. -
7 von einer Seite zur anderen.
1 entfernt sich und entflieht in einer ewigen 47
Flucht. - *2* worauf wir vermöchten. - *3* so oft getäuscht durch die Versprechen. - *4 Lesart Tour-*
neur. - *5* soviel Ursachen seiner Unfähigkeit,
worin er ist,
1 daß er seine Neugierde beschränken würde, 48
statt sie zu befriedigen. Ich glaube, daß man daraus genug erkennt, daß der Mensch, da er nur

456 Anmerkungen zu Seite 48-50

2 Nahrung, um sich zu ernähren, Luft, um zu 48
atmen, - *3* gehört zu seinen Untersuchungen (seine
Abhängigkeit) - *4* die Flamme - *5* die Luft -
6 die Extreme - *7* irgendein Einzelnes ohne alle anderen, das heißt für völlig und absolut unmöglich.
1 ist die Einfachheit der Dinge im Vergleich mit 49
unserer doppelten und zusammengesetzten Natur.
Denn es gibt unauflösbare Widersprüche, wenn
man diesen Punkt betrachtet. Denn es ist ebenso
absurd wie gottlos, zu leugnen, daß der Mensch
aus zwei Teilen verschiedener Natur, aus Seele
und Körper, zusammengesetzt ist. Das macht uns
unfähig, alle Dinge zu kennen. Wenn man diese
Zusammensetzung leugnet und behauptet, wir
seien völlig körperlich, fordere ich ihn (dazu) auf,
zu beurteilen, wie unfähig die Materie ist, Materie zu erkennen. Nichts ist unmöglicher als das.
Begreifen wir also, daß die Mischung von Geist
und Stoff (Kot) uns absondert. Und so, daß ein
gänzlich stoffliches Wesen sich nicht kennen
könnte. - *2* denn wie könnten wir genauestens die
Materie kennen, da das, was bei dieser Erkenntnis als Grundlage wirkt, zum Teil geistig ist?
und wie könnten wir klar die geistigen Substanzen kennen, da wir einen Körper haben, der alles
erschwert und zu Boden drückt und die Seele
hindert, daß die ganze Grundlage ... - *3* so
schreiben sie ihm auch die Bewegung zu
1 so also, daß er das Universum begrenzt, da er 50
begrenzt ist, begrenzt er das Universum. - *2 Die
Art, wie die Geister dem Körper verbunden sind,
ist dem Menschen unbegreiflich, und doch ist solch
Wesen der Mensch. Augustinus, De Civitate Dei,
XXI, 10.* - *3* Da habt ihr einen Teil der Gründe,
die den Menschen so schwachsinnig machen, daß
er die Natur nicht erkennen kann. Sie ist auf zwei
Weisen unendlich, er ist endlich und begrenzt.
Sie dauert und besteht unaufhörlich im Sein, er
vergeht und ist sterblich. Die einzelnen Dinge verderben und wandeln sich fortwährend, er sieht sie
nur wie im Vorübergehen. Sie haben ihren Grund
und ihr Ziel, er versteht weder den einen noch das
andere. Sie ist einfach, und er ist aus zwei verschiedenen Wesen zusammengesetzt. Und um den
Beweis unserer Unmacht zu vollenden, werde ich

Anmerkungen zu Seite 50-52

mit diesen zwei Betrachtungen über die Seinslage 50
unserer Natur schließen. - 4 *Glücklich, welcher
vermocht, der Welt Ursachen zu kennen. Vergil,
Georgica, II, 489.*
1 *Über nichts erstaunt zu sein, ist fast das ein-* 51
*zige, das uns das Glück schenken und erhalten
kann. Horaz.* - 2 *Leidenschaftslosigkeit* - 3 *Die
Zahlen beziehen sich auf die Stellen bei Montaigne* - 4 *Offenbar Hinweis auf eine Stelle bei Cicero, die Pascal ergänzen wollte:* »*Welche dieser
Meinungen ist die wahre? Ein Gott wird es wissen.*«
1 *Glücklich, welcher vermocht, ... über nichts er-* 52
staunt zu sein. - 2 Es gibt ganz und gar nicht:
einen Raum (sie haben also Furcht vor dem
Nichts) - 3 Ihre Furcht würde ohne Wirkung
sein, wenn sie nicht die Fähigkeit hätten, sie auszuführen. Diese schreibt man ihnen auch zu und
sehr mächtige: man sagt, daß sie nicht nur Furcht
vor der Leere hätten, sondern auch die Fähigkeit,
sich zu bewegen, um sie zu meiden. - 4 *Das Fragment gehört zu den Aufzeichnungen zu Pascals
Arbeiten über die Leere, worin er die Lehrmeinungen vom horror vacui ad absurdum führte.
Er veranlaßte seinen Schwager Perier, das berühmte Experiment am Puy de Dome, einem vul-
kanischen Kegel seiner Heimat, der Auvergne,
der sich auf etwa 1460 m erhebt, auszuführen,
wodurch empirisch bewiesen wurde, daß der Luft-
druck, der einer Quecksilbersäule das Gleichgewicht hält, mit der Höhe abnimmt. Der Jesuitenpater Noël vertrat anfänglich gegen Pascal, Ro-
berval u. a. die traditionelle Schule. Noël war
Lehrer von Descartes, und Descartes nahm für
sich in Anspruch, daß er Pascal zu dem Versuch
am Puy de Dome angeregt hätte. Die Theorie
selbst ist zuerst von Torricelli aufgestellt worden.* -
5 *Pascals Beziehungen zu Descartes, der die philosophische Entwicklung der auf ihn folgenden
Jahrhunderte maßgebend beeinflußte und den
wir in der Philosophie nicht fortdenken können,
was wir vorläufig noch mit Pascal zu tun vermögen, waren niemals echte Beziehungen, und daß,
obgleich Etienne Pascal, Blaises Vater, mit Descartes befreundet war. Natürlich hat Pascal bei*

Descartes gelernt, aber er ist niemals Schüler Descartes gewesen. *Ja, wir finden Pascal immer im Lager der Gegner Descartes, und wir finden auch, sobald der Stern Pascals am Himmel aufging, Spuren eines Mißbehagens bei Descartes, so daß diese beiden größten Geister ihrer Zeit sich nicht wahrhaft nähergekommen sind. Daß sie getrennt blieben, war notwendig; in beiden teilt sich der Weg; den einen hat das europäische Denken fast bis ans Ende verfolgt, der, in den Pascal einbog, ist noch unerschlossen. Übrigens teilt Lafuma einen Satz Pascals mit, den er bei M. Menjot, Opuscules posthumes, Amsterdam 1695, gefunden hat, wonach Pascal die kartesische Philosophie* »einen Roman der Natur, vergleichbar der Geschichte des Don Quichote«, *genannt hat.*

1 Das Wort, das ich in der Hauptsache mit Wahn und mitunter mit Einbildung und Einbildungskraft übersetze, ist »imagination«, *Einbildung. Das deutsche Einbildung ist eine späte Bildung. Das Wort wurde erfunden, um eine Entsprechung für imagination und imaginatio zu haben; es wäre also das gegebene Wort, aber es ist nicht mehr, zumindest nicht mehr allein das zutreffende Wort. Das Wort Einbildung hat sich im Sprachgebrauch zu weit von dem entfernt, was Pascal hier meint, seine Bedeutung ist vor allem in der Verbindung mit dem Menschen vereinseitigt worden; der Eingebildete ist ein Mensch, der sich auf sich selbst etwas einbildet, und durch gar kein Mittel als Mensch, der in Illusionen befangen ist, aufzufassen. Das deutsche Wort Wahn ist seinem ursprünglichen Inhalt nach genau der Imagination Pascals entsprechend, obgleich zuzugeben ist, daß es im Sprachgebrauch heute das Gewicht um einige Grade zugunsten der Täuschung verschiebt. Betrachten wir aber die Erscheinungen der Imagination im Sozialen, wie es ja auch Pascal weitgehend tut und wozu man damals, als ich zuerst vor der Entscheidung der Wortwahl stand, mehr als ausreichende Gelegenheit hatte, so erscheint das Wort Wahn als das zutreffendste, den Sinn am genauesten bergende Wort. - 2 Lesart Tourneur. - 3 Sie urteilt überlegen über das Gute, das Wahre, das Rechte.*

Anmerkungen zu Seite 55-72

55 *1* Welche Macht übt sie über Seele und Leib aus. Wieviel Krankheiten heilte sie, wieviel Gesunde machte sie krank. - *2* Große Reichtümer sind nutzlos für den, der wähnt, nicht genug zu haben. - *3* als der Weg, den er gewöhnlich geht, und wie zuverlässig sie immer sei.

56 *1 Lesart Tourneur.*

57 *1 Lesart Tourneur. - 2 Lesart Lafuma. - 3* machen das Volk zittern, die Einbildung überwältigt es. Sie können nicht glauben, daß ein Mensch ohne langen Rock ein ebenso guter Arzt sein könne, die Lastträger haben kurze. Aber die Pracht der Könige ist noch in die Augen fallender.

58 *1 Lesart Tourneur. - 2* Man weiß nicht, auf welches Buch Pascal hier anspielt.

61 *1* Als gäbe es größeres Unglück als einen Menschen, den sein Wahn beherrscht. - *2* Vgl. hierzu die Frgt. 232, 1. Abschnitt, und Frgt. 308. - *3* Das häufige Ereignis wundert uns nicht, ob man gleich seine Ursache nicht kennt; was man nie vorher gesehen, scheint uns, sobald es nur eintritt, ein Wunder. - *4* Da habt ihr ihn, wie er mit großer Mühe große Albernheiten redet. Terenz.

62 *1* Nach René Jasinski ist Spongia solis der Name eines phosphoriszierenden Steines, den man 1604 in der Nähe von Bologna gefunden hatte, und nicht, wie man bisher meinte, ein Name für Sonnenflecken. - *2* Entweder, wie ich mit Brunschvicg meine: gänzlich Tier, was auch die Variante 94b wahrscheinlich macht, oder Hinweis auf Genesis VII, 14, wie andere meinen.

63 *1 Lesart Tourneur.*

70 *1* Das Zitat aus der lateinischen Homer-Übersetzung Ciceros verweist im Anschluß an Montaigne auf Odyssee 18, 135: *Denn wie die Tage sich ändern, die Gott vom Himmel uns sendet, ändert sich auch das Herz der erdebewohnenden Menschen.*

72 *1* Brunschvicg sagt, es sei überflüssig zu bemerken, daß das eine Legende ist, die übrigens alt sei, da Havet ein Buch von 1560 erwähnt, in dem sie zurückgewiesen wurde. - *2* Das ist das einzige Mal, daß der Name des bedeutenden Mathematikers Desargues (1598–1662), auf den ich bereits in der Anmerkung 2 zu S. 28 verwies, in den Pen-

Anmerkungen zu Seite 72-81

72 *sées vorkommt. Desargues, der aus Lyon stammte, hatte ein Landhaus in Condrieu, dessen Weinberge berühmt waren, und es ist anzunehmen, daß er sich um die Züchtung bestimmter Traubensorten bemüht hat, worauf offenbar auch die erwähnten Pfropfreiser hinweisen. Pascal nannte sich in seiner ersten mathematischen Schrift über die Kegelschnitte ausdrücklich Schüler Desargues. Obgleich Desargues mit fast allen geistig hochstehenden Männern seiner Zeit in Verbindung stand und obgleich man vor seinen mathematischen Kenntnissen höchste Achtung hatte, blieb sein Werk so gut wie unbeachtet. Man nannte es dunkel und unzugänglich, eine Ansicht, der Fermat widersprach. -* 3 Lesart Tourneur.

73 *1 Der Gedanke des Fragmentes gehört zu dem sich bei Pascal anmeldenden neuen Verständnis der Analogie bzw. der Lehre von der analogia entis, die in der Lehre von den Ordnungen und in den drei Vorträgen über den Stand der großen Herren weiter ausgeführt worden ist.*

77 *1* Elend des Menschen. - *2 Lesart Tourneur und der Kopie. -* 3 Um dies unerträgliche Übel zu vermeiden, kauft man die Chargen... Alle Mühen, die man erleidet, stammen also nur daraus, daß man es nicht versteht, ruhig und mit Vergnügen zu Haus zu bleiben.

78 *1* Das einzige Gut der Menschen besteht also darin, gehindert zu werden, an ihre Seinslage zu denken, sei es durch eine Beschäftigung, die sie davon ablenkt, oder durch irgendeine angenehme oder neue Leidenschaft, die sie beschäftigt, etwa durch das Spiel, den Tanz, die Jagd, irgendein fesselndes Schauspiel, kurz, durch das, was man Zerstreuung nennt. - *2* der langweilige Besitz ist es nicht.

79 *1* philosophiert man töricht, wenn man sagt, daß die Könige nicht glücklich sind, weil sie die Dinge besitzen, die [nicht]

80 *1 Dieser Absatz, der die Folge der Ausführungen unterbricht, ist eine Randnotiz Pascals, der offenbar diesen Gedanken in der endgültigen Fassung weiter ausführen wollte.*

81 *1* durch die Langeweile, die sie erzeugt, von ihr muß man sich befreien und die Unruhe erbetteln.

Anmerkungen zu Seite 81-90

Keine Lebenslage ist ohne Betrieb und ohne Zerstreuung glücklich und jede Lebenslage ist glücklich, soweit man sich einiger Zerstreuung erfreut. Doch sollte man bedenken, was dies für eine Art Glück ist, das darin besteht, daß man gehindert wird, an sich selbst zu denken.

1 Die Ausgabe, die Port-Royal nach dem Tode Pascals veranstaltete und die in mancher Hinsicht die Sprache Pascals milderte, ersetzte den »Koch« durch einen »Küchenjungen«. Meinten sie, daß ein Koch mit Recht Bewunderung verdiene?

1 Dem Kloster Port-Royal aux Champs, dessen Äbtissin eine Schwester Antoine Arnaulds war und das in dem Kampf zwischen Jansenisten und Jesuiten eine besondere Rolle spielte, über die in der Anmerkung 1 zu Seite 378 ausführlicher gesprochen wird, war eine Klosterschule für junge Mädchen angegliedert. Seit 1652 war im Kloster Port-Royal Pascals jüngere Schwester Jacqueline als Nonne eingetreten, und es ist zu bemerken, daß der Einfluß der Schwester Sainte-Euphémie, wie Jacqueline als Nonne hieß, auf Pascal sehr beträchtlich war. Jacqueline Pascal verfaßte ein Reglement über die Erziehung der Kinder, das sich durch puritanische Strenge auszeichnete. Pascal nahm an den Erziehungsfragen, über die er fraglos häufig mit seiner Schwester sprach, lebhaften Anteil. Es gab eine Schrift von ihm, die eine neue Methode, die Kinder das Lesen zu lehren, behandelt, und die man in Port-Royal im Unterricht angewandt hat.

1 Ein wildes Volk, das ohne Waffen nicht glaubt leben zu können. Titus Livius. - 2 Verweis auf Montaigne, Ausgabe von 1635. - 3 In der Lebensbeschreibung Pascals, die wir seiner älteren Schwester Gilberte Périer verdanken, heißt es, daß er sich mitunter, wenn er fürchtete, dem Stolz und dem Hochmut zu erliegen, und um sich vor dieser Gefahr zu bewahren, einen eisernen, mit Stacheln besetzten Gürtel auf den nackten Körper gelegt hätte und daß er, wenn ihn Gedanken des Hochmuts überkamen oder wenn er irgendwelche Freude an der Gegenwart nahm oder wenn er sich seiner Pflicht entsinnen wollte, gegen diesen Gürtel schlug, um die Schmerzen zu verdoppeln.

Um diese Kasteiung in vollem Licht zu sehen, muß man sich dazu vergegenwärtigen, daß Pascal nach seiner eigenen Aussage, die seine Schwester überlieferte, seit dem 20. Lebensjahr keinen Tag ohne Schmerzen verbracht hat. Es ist übrigens nicht entschieden, welcher Art Pascals Krankheit war.
1 Bei diesen allen habe ich Wohnung gesucht (Jesus Sirach XXIV, 11).
1 Die Zeit, die uns bis hierher durch ihre stetige Folge getragen hat, hat uns durchaus an die Erschütterungen gewöhnt, die
1 Cromwell starb 1658 nicht an einem Steinleiden, sondern an einer fiebrigen Erkrankung. Sein Sohn, der ihm nachfolgte, konnte die Macht nicht behalten. 1660 bestieg Karl II. den Thron. Das Datum ist im Hinblick auf die Datierung der Arbeiten Pascals an den Pensées wichtig. – 2 Karl I., den Cromwell enthaupten ließ, Johann Kasimir von Polen, der 1656 entthront wurde, allerdings bald nachher den Thron wieder gewann, und Königin Christine von Schweden, die 1654 auf den Thron verzichtete. Ihr schickte Pascal 1652 seine Rechenmaschine zugleich mit einem berühmt gewordenen Brief.
1 Eher Schrecken als Religion. – 2 Damit die Herrschaft nicht gewissermaßen böse erscheine, wenn sie durch Schrecken dazu gebracht werden, statt durch Belehrung. – 3 Gegen die Lüge – an Consentius.
1 Der Kreis der Weltleute, der Ungläubigen, gegen die Pascal die Apologie schreiben wollte, ist durch die von mir erwähnten Méré und Miton umschrieben. Miton spielt in der Korrespondenz Mérés eine beträchtliche Rolle, er war ein Landsmann des Herzogs von Roannez. Ich erwähnte seine Definition des »honnête«. – 2 Lesart Chevalier. – 3 Was wird man mit Menschen tun, die das Kleinste verachten und das Größere nicht glauben?
1 Verborgener Gott (Jes. LXV, 15).
1 Es empfiehlt sich, hier zu ergänzen, wie es in der Variante Frgt. 195 heißt: Denn so etwa überlegen Menschen, wenn sie sich entscheiden, in der Ungewißheit über das, was sie sind, zu leben und

Anmerkungen zu Seite 102-117

keine Einsicht zu suchen. »Weder weiß ich«, sa-   102
gen sie...

1 *Der Text des Fragmentes 194 liegt nur in der*   108
Abschrift, der Kopie, vor. Im Manuskript der Pensées finden sich dagegen die Aufzeichnungen, die Pascal bei der Ausarbeitung dienten. Brunschvicg hat diese in der großen Ausgabe unter 194b und 194c vereint, in der Taschenausgabe in Anmerkungen gebracht. Sie sind aber keine Varianten des Textes, sondern Aufzeichnungen vor der endgültigen Redaktion, was auch daraus hervorgeht, daß er jene Gedanken und Formulierungen, die er verwendet hatte, durchgestrichen hat. Ich folge hier, wie in manchem andern Fall, der Anordnung der großen Ausgabe von Brunschvicg und auch deshalb, weil es so leichter ist, beide Fassungen miteinander zu vergleichen und aus dem Vergleich zu lernen, wie wahrscheinlich Pascal den großen Teil seiner oft abgebrochenen Notizen bei der eigentlichen Ausarbeitung seines Werkes verwendet oder auch nicht verwendet haben würde. Was deutlich macht, wie schwer es ist, irgendeine Pascal entsprechende Ordnung der Fragmente zu geben. - 2 Lesart Tourneur. - 3 Lesart Tourneur.

1 *Lesart Tourneur.*   109
1 *Die reizende Lust, Weisheit Salomo IV, 12.*   114
1 *Und wie man eines vergißt, der nur einen Tag*   115
Gast gewesen ist. Weisheit Salomo V, 15.
1 *Lesart Tourneur. - 2 Es ist bemerkenswert, daß*   116
Pascal in dem Streit um die kopernikanische Lehre unbeteiligt blieb. In einem Brief an den Pater Noël spricht er davon, daß viele Theorien und noch andere als die des Ptolemäus, Tycho de Brahes und Kopernikus möglich wären. Vgl. die Anmerkung 3 zu S. 43, das Nachwort und die Ausgabe der kleineren philosophischen Schriften, die auch den erwähnten Brief enthält.
1 *Die Argumente und Vergleiche Pascals erschrek-*   117
ken in ihrer Kraßheit. Aber da er nun einmal die Biologie heranzieht, um ein Mysterium der christlichen Religion der Vernunft verständlich zu machen, ist es vielleicht auch statthaft, einen Satz aus einer Schrift des französischen Biologen Jean Rostand »Die Biologie und der Mensch der Zukunft«

zu zitieren, der über die mögliche Parthenogene- 117
sis bei Tieren und Menschen berichtet, und wo es
heißt: »Eine Fülle von Experimenten hat heute
schon endgültig die Möglichkeit einer Zeugung
ohne Mann bewiesen, und das Studium dieses Phä-
nomens, dieser Parthenogenesis, bildet heute eines der verlockendsten Kapitel der Biologie, dessen Schlußfolgerungen selbst außerhalb des Kreises der Wissenschaftler höchstes Interesse finden.«
Die Biologie erreicht diese Ergebnisse durch äußerliche Reizungen, wozu Unterkühlungen, Hor-
mone oder auch Bestrahlungen dienen. Da aber
die Erfahrung gelehrt hat, daß in gewissen Fällen seelische Erschütterungen physische Ursachen
ersetzen können, hat damit innerhalb der Natur
der »mythologische« Satz von der jungfräulichen
Geburt seine »Undenkbarkeit« verloren, denn alle
Wundereingriffe finden ihre Auswirkung innerhalb der Natur, was für die Wunder Jesu Christi
ebenso gilt wie für die Wunderheilungen der heiligen Reliquien u. a.
1 Lesart Tourneur. 118
1 Die skeptischen Überlegungen sind grundsätz- 119
lich Einwürfe der Gesprächspartner.
1 ein Bild Gottes in seiner Unermeßlichkeit. - 120
2 Das Beispiel, das Pascal hier anwendet, ist nur
in der reinen Mathematik gültig, und es leidet
unter der Zweideutigkeit dessen, was der Punkt
ist; es ist ungenauer als seine Ausführungen über
die beiden Unendlichen im Fragment 72, wo er
das Bild gleichfalls verwendet. Was er geben
will, ist, wie es in der Variante heißt: ein Bild
Gottes in seiner Unermeßlichkeit. Diese will er
denkbar machen innerhalb der von uns begreif-
baren Ordnungen. Es ist also das mathematische
Beispiel nur ein Bild der Wirklichkeit, wie etwa
die neue Lehre der Physik, die die absolute Geschwindigkeit c, das heißt die des Lichtes, an
Stelle der unendlichen Bewegung kennt, nur eine
Entsprechung der mathematischen Schau Pascals
ist. Sollte Einsteins Relativitätstheorie Richtiges
lehren, was sie, wie jede menschliche Lehre, nur
mit Einschränkung tun wird, so ist sie hiernach
eine Entsprechung der höchsten Wirklichkeit
- Analogie - in der Ordnung jener Zusammen-

hänge, die wir heute als Energien verschiedener Art und Weisen in unseren mathematischen Formeln abzubilden lernten. - 3 Die Lesart dieser Worte ist zweifelhaft. Tourneur liest »le mouvement en repos, die Bewegung in Ruhe«, was wahrscheinlich die richtigere Lesart sein wird, weil in dem von Pascal gemeinten Fall die Bewegung nicht mehr als Bewegung, sondern nur noch als absolute Ruhe denkbar ist, da sie alsdann überall und immer und zugleich sein muß. - 4 will 1 weil wir (mit ihm durch die Ausdehnung in Beziehung stehen und durch die Grenzen ihm unangemessen sind). - 2 Man hat, und das bemerkte ich in der Anmerkung der ersten Auflage, in dem Argument der Wette eine Anwendung der von Pascal und Fermat erfundenen Wahrscheinlichkeitsrechnung auf den Gottesbeweis gesehen. Es ist unbestreitbar, daß Pascal mit diesen Ausführungen vor allem die Menschen zum Nachdenken bringen wollte, die in der Welt und dem Verstande dienend lebten und daß er jene honnêtes hommes durch die Anwendung der Überlegungen eines Spielers am Spieltisch für oder gegen die Wahrheit der Religion verblüffen wollte. Die Überlegung selbst aber gehört, wie mir jetzt scheint, in einen größeren Zusammenhang, der philosophisch die eigenartigste Schicht in seinem Werk betrifft. Der Abschnitt trägt das Kennwort »Unendlich – nichts«. Er steht also dadurch u. a. in Beziehung zu Frgt. 72 und zu den Überlegungen, die er in der Abhandlung über den Geist der Geometrie dargelegt hat. (Vgl. meine Ausgabe der kleineren philosophischen Schriften und meine Arbeit: Die Philosophie Pascals.) Pascal rührt mit dem Argument der Wette an eine Seite unserer Seinslage, die man sehr lange nicht genügend beachtet hat, nämlich an die Zukunft des Lebens, und er zeigt, daß über diese Zukunft des Lebens nur Wahrscheinlichkeitsurteile möglich sind. Obgleich die Entscheidung, die wir heute treffen, eine maßgebliche Bedeutung besitzt, bleibt sie doch dem Zufall so weitgehend verbunden, daß wir auch dort, wo wir ganz sicher zu sein glauben, keine echte Gewißheit besitzen können. Wir haben uns daran gewöhnt, die Welt als aus der

*Vergangenheit kommend und in die Zukunft wan- 121
dernd zu denken, und wir denken ferner alle die
Zukunft bestimmenden Ursachen in der Vergangenheit. Diese Gewohnheit ist in der Physik in
die Krisis getreten. Man erkannte dort, daß man
gewisse Entscheidungen, des Lichtquants z. B.,
dem Zufall oder der in diesen Entscheidungen
sich ausdrückenden Statistik überlassen müßte,
was nichts anderes bedeutet, als daß die Physik
die zukünftige und doch nicht aus der kausalen
Determination bedingte Form der Welt in ihre
Betrachtungen als Ziel und Anziehung aus der
Zukunft aufnehmen mußte. Es gibt Wirkungen,
die vom Ziel, aus der Zukunft stammen, und von
ihnen handelt Pascal. Er zeigt, daß wir im Alltag
des Lebens in der gleichen Ungewißheit sind wie
in der Religion, daß aber das Ziel hier und dort
verschiedenen Ordnungen angehört. Was nun die
Religion angeht, so handelt sie von dem unendlichen Ziel, das die Vernunft mit ihren Mitteln
nicht begreifen kann. Und nur als Mittel zur Verdeutlichung der notwendig zielhaften Lage unserer Seele, die notwendig ein Ziel haben muß,
die sich notwendig für ein Ziel entscheidet, auch
wenn wir es unüberlegt, unbewußt tun sollten,
und dies wird für die meisten unserer letzten
Entscheidungen gelten, dient Pascal die Anwendung der Wahrscheinlichkeitsrechnung, genauer
der Regel der Teilung, auf die Überlegungen des
Skeptikers.*
*1 Dummheit. - 2 Lesart Tourneur. - 3 Einwürfe 122
des Gegners sind in zweifelhaften Fällen durch
» « herausgehoben.*
*1 Die Überlegungen Pascals entsprechen, wie ich 123
heute meine, nicht oder nur ungenau der mathematischen Form, in die sie Louis Couturat gekleidet hat und die ich in den früheren Auflagen mitteilte. Über den mathematischen Hintergrund,
dem sie entstammen, wird in der nachfolgenden
Anmerkung eingehender gesprochen.*
*1 Da diese Überlegung Pascals in Beziehung zu 124
seinen Arbeiten über die Wahrscheinlichkeitsrechnung steht, scheint es, um sie recht verstehen zu
können, nötig, über die Gedankengänge zu berichten, die Pascal dort entwickelt hat. Zwei Fra-*

gen waren Pascal, dem Mathematiker, von dem Chevalier des Méré gestellt worden. Die eine fragte, ob es von Vorteil sei, zu wetten, daß man bei einer gewissen Anzahl von Würfen mit zwei Würfeln den Sechserpart werfen würde, und das ist offenbar die Frage, die Pascal hier abgewandelt auf die Religion anwendet: Was setze ich und wie groß ist die Chance, zu gewinnen? Die zweite Aufgabe, auf die Méré eine Antwort des Mathematikers haben wollte, war, wie man teilen solle, wenn man ein auf eine gewisse Anzahl gewonnener Einzelspiele beschränktes Spiel zu unterbrechen gezwungen sei, bevor es zur Entscheidung komme. Um diese Frage zu beantworten, erfand Pascal die Methode der Teilung, die règle des partis, wobei partis die Teilung und nicht etwa das Einzelspiel, das Spiel überhaupt, meint, und das ist eine Frage, die innerhalb der neuesten Arbeiten zur Wahrscheinlichkeitsrechnung vor allem in der Theorie des Spieles von Neumann und Morgenstern nicht unähnlich wieder aufgetreten ist. Die Regel, die Pascal entwickelte, bestand nun darin, daß immer die Frage nach dem Betrag aufgeworfen wird, über welchen eigentlich im letzten Einzelspiel die Entscheidung fällt. Diese Lage aber gilt für den Fall, wo das Unendliche ins Spiel kommt, nicht mehr. Es durchdringen sich also in diesem Fragment beide Fragen, die Pascal in seinen Arbeiten, die die Wahrscheinlichkeitsrechnung mit begründeten, behandelt hat, jene Überlegungen bilden den Hintergrund. Das mag ein Beispiel erläutern. Man nimmt an, das Spiel sei durch dreimalige Würfe entschieden und die Teilung soll vollzogen werden, wenn der eine Spieler schon einmal, der andere noch gar nicht gewonnen hat. Dann gilt, so überlegt Pascal, folgendes: Hätte der erste Spieler zwei Gewinne und der andere einen Gewinn und sie spielten weiter, so könnte sich sowohl ereignen, daß der erste gewinnt und also den ganzen Einsatz erhält, oder der zweite gewinnt, um danach mit dem ersten gleichzustehen, so daß beiden je die Hälfte des Einsatzes zukommt. Also gehört dem ersten unter allen Umständen die Hälfte des Einsatzes und er spielt folglich nur

noch um die andere Hälfte. Die also wäre alsdann 124
zwischen beiden, wenn sie das Spiel unterbrechen,
hälftig zu teilen, so daß der erste drei Viertel und
der zweite ein Viertel zu erhalten hätte. So ließ
sich entsprechend die Teilung von Fall zu Fall
bestimmen oder, wie es bei Pascal heißt: In dem
Fall, wo die Spieler sich entschließen, das Spiel
abzubrechen, soll die Regel, wonach sie die Teilung vornehmen, völlig dem angepaßt sein, was
sie mit Recht vom Glück erwarten könnten, so
daß für beide völlig gleich ist, ob sie annehmen,
was man ihnen anweist, oder das Wagnis des
Spieles fortsetzen, und die gerechte Verteilung
heißt die »Regel der Teilung«. - 2 die Ungewißheit ist es, die den Anlaß der Teilung gibt, die genau bestimmt, was ... gehört (Lesart Tourneur).
1 u. 2 Lesart bzw. Konjektur Tourneur. 125
1 Um diesen »anstößigen« Satz recht zu ver- 126
stehen, ist es notwendig, daran zu erinnern, daß
die Vernunft in diesem »Spiel« ein endliches Gut
ist, das dem unendlichen Gut gegenüber, das es
zu gewinnen gibt, nicht zählt. Dieser Satz ist also
nur innerhalb des Argumentes der Wette gültig
und zu verstehen, nur innerhalb Pascals Wissen
um das Unendliche, vor dem alles Endliche ein
reines Nichts ist, wie es in den ersten Sätzen des
Fragmentes heißt. Das oft mißverstandene Beispiel zeigt, wie notwendig es ist, bei Pascals Aussagen ihre Umgebung, die Zusammenhänge, wozu
immer seine mathematischen Einsichten gehören,
nicht zu vergessen.
1 Siehe Anmerkung 1 zu S. 124. 127
1 Das Ding sahen sie, nicht die Ursache (Augu- 128
stinus). - 2 2. ob es ungewiß ist, ob man hier immer
oder nicht sein wird. 3. ob es sicher ist, daß man
hier nicht immer sein wird, aber die Gewißheit
hätte, hier lange zu sein. 4. Wenn es gewiß ist,
daß man hier nicht immer sein wird, und ungewiß, ob man hier lange sein wird - falsch -. -
3 Dialektischer Einwurf gegen die Moral- und
Bildungslehre des honnête homme, zu den Überlegungen über die Wette gehörig.
1 Bezieht sich auf die, von denen im Fragment 62 130
gesprochen wurde. Dort heißt es: »Von denen
handeln, die die Selbsterkenntnis behandelt ha-

Anmerkungen zu Seite 130-136

ben.« In der Handschrift folgt der Text dieses Fragmentes unmittelbar auf Fragment 62. Gemeint sind hier wie dort Sebon, de Charron und Grotius.

1 Niemand kennet den Vater denn nur der Sohn, und wem es der Sohn will offenbaren. Matthäus XI, 27. - *2* Fürwahr, Du bist ein verborgener Gott. Jes. XLV, 15.

1 Auf daß nicht das Kreuz Christi zunichte werde. 1. Kor. I, 17. - *2* Pascal spricht sowohl von der Maschine als vom Automaten in Verbindung mit dem Menschen. Der Begriff selbst kommt ähnlich bei Descartes vor, der bekanntlich von den Tieren als von Automaten oder Maschinen, die keine Seele haben, gesprochen hat. Es besteht aber zwischen dem Begriff bei Descartes und Pascal ein entscheidender Unterschied. Pascal hatte praktische Erfahrung mit den Maschinen, denn er hatte die erste brauchbare Rechenmaschine erfunden und konstruieren lassen. Das geheimnisvolle Innere des Automaten war für ihn konkret, und er kannte die Grenzen. Er sagt von der Rechenmaschine, Frgt. 340, daß sie Dinge vollbrächte, die Tiere nicht könnten, und er fährt fort, daß ihr aber keine Handlung des Willens möglich wäre. Der Wille ist demnach entscheidend für die Ordnung. Aber ein Teil des Menschen ist der Maschine gleich zu werten, und dieser Teil muß durch die Gewohnheit gefügt und gefügig gemacht werden (vgl. Frgt. 252).

1 Lesart Tourneur. - *2* Der Gerechte wird seines Glaubens leben. Röm. I, 17. - *3* Der Glaube aus dem Hören. Röm. X, 17. - *4* Nicht: ich weiß, sondern: ich glaube.

1 Lesart Tourneur. - *2* Neige mein Herz, o Gott. Psalm CXIX, 36.

1 Die Bemerkung von den Lehrsätzen bezieht sich auf den Kampf um die fünf Lehrsätze des Jansenius, die in dem Streit zwischen Jesuiten und Port-Royal eine traurige Rolle spielten. Ausführlich wird hierüber in der Anmerkung 1 zu S. 378 berichtet.

1 Jeder einzelne erfindet sich Gott. (Variante aus Weisheit Salomo XV, VII oder XVI.) - *2* Lesart Strowski.

Anmerkungen zu Seite 138-149

1 Vgl. Matth. V, 3–11. Die zehnte Seligpreisung, 138
nicht die achte, spricht von der Gerechtigkeit. -
2 Lesart Tourneur.
1 Der Katalog des Ptolemäos kannte 1022 139
Sterne. - 2 diese drei Eigenschaften haben: Skeptiker, Mathematiker und gläubiger Christ sein und sie miteinander aussöhnen, indem man zweifelt. In der Kopie der Handschrift finden sich anschließend die Worte: Skeptiker, Mathematiker, Christ; Zweifel, Sicherheit, Unterwerfung.
1 Wenn ihr nicht werdet wie die Kinder. Matth. 140
XVIII, 3. - 2 Zu dem Herzog von Roannez stand Pascal in freundschaftlichen Beziehungen. Roannez war es, der Pascal bei Méré, Miton, Des Barreaux, Madame de Sablé u. a. einführte, die in geistiger und gesellschaftlicher Beziehung tonangebend in Paris waren. Von diesem Paris sagte Madame de Sévigné, daß sich damals ganz Frankreich der Literatur ergeben hätte. Der Herzog von Roannez selbst trat durch Pascal in Beziehung zu Port-Royal, und wir finden ihn an der Herausgabe der Pensées nach Pascals Tode beteiligt. An ihn und seine Schwester schrieb Pascal eine Anzahl Briefe, die uns leider nur zum Teil erhalten sind.
1 aus gegebenen Voraussetzungen gewinnt.. - 142
2 daß das Quadrat der Hypothenuse..
1 Die Fassung dieses Fragments weicht von der, 144
die Brunschvicg gegeben hat, ab, sie ist die Fassung der Handschrift, die die gestrichnen Stellen im laufenden Text beibehalten hat. Diese Fassung wurde zum ersten Male durch Tourneur bekannt, Lafuma hat sie alsdann gleichfalls in seiner Ausgabe gebracht. So wie das Fragment jetzt vorliegt, gehört es mit seinem großartigen Schluß zu den bedeutsamsten Ausdrücken der Pascalschen Frömmigkeit, und unverständlich ist, daß dieser Schluß bisher, wenn man von der Ausgabe Chevaliers absieht, nur in Anmerkungen zu finden war.
1 was Sie leicht tun können. Ich habe keine Waffen. 147
1 Lesart Tourneur. 148
1 Nichts weiter gehört uns, und was wir dafür 149
halten, ist künstlicher Entstehung. (Falsches Zitat aus Cicero.) - 2 Auf Grund von Senats-, Volksbeschlüssen begeht man Verbrechen (Seneca). -

Anmerkungen zu Seite 149-154

3 Wie einst an Lastern, so leiden wir jetzt an Gesetzen (Tacitus). 149

1 Die Bemerkung Pascals bezieht sich auf die Unruhen, die man die Fronde nannte. Die Unruhen begannen mit einem Kampf zwischen dem Hofe und dem Parlament während der Minderjährigkeit Ludwigs XIV., als Mazarin Kanzler war. Sie dauerten von 1648-1658. Zusammenfassend kann man von dieser aufrührerischen Bewegung sagen, daß erst durch den Sieg über die Frondeure die absolute Monarchie Ludwigs XIV. möglich wurde. Sie verhinderte die Entwicklung eines parlamentarischen Regimes und bereitete so wahrscheinlich mit die französische Revolution vor. - 2 Da es (das Volk) die Wahrheit, die es befreien kann, nicht kennt, so ist es ihm zuträglich, daß es getäuscht werde. (Ungenaues Zitat aus Augustinus De Civitate Dei IV, Kapitel 27, dort Aussage Varros.) - 3 Chinard behauptet, daß das von Pascal hier benutzte Wort »usurpation« zur Zeit Pascals noch nicht den Sinn von widerrechtlicher Besitzergreifung gehabt hätte, sondern nur oder meist den von Besitzergreifung schlechthin. Da aber die lateinische Wurzel bereits beide Bedeutungen haben kann und Pascal in diesem Fall zwar nicht als Sozialreformer, wohl aber als Theologe, und zwar von der mit der Erbsünde verbundenen Bindung an die vergänglichen Güter spricht, ist völlig deutlich, daß diese Besitzergreifung für ihn zwar natürlich, aber nicht rechtlich ist, was sich aus vielen andern Sätzen in den Pensées leicht belegen läßt. 150

4 Wirklichen Rechtes.

1 Lucas XI, 21. 151

1 Bei Epiktet findet sich (Dissertat. 3, 12) ein Satz, auf den sich offenbar die Bemerkung bezieht. Dort heißt es: Auf dem Seil zu tanzen ist schwierig und gefährlich. Muß man auf dem Seil tanzen? 152

1 Ortega y Gasset hat für die hier beschriebene Sachlage den sehr philosophischen Begriff der »Geglaubtheiten« geprägt. 153

1 In der Satire Menippus findet sich der Satz: Es gibt kein Barett, kein Sitzpolster, das ich nicht aus dem Fenster werfen könnte. 154

Anmerkungen zu Seite 155-166

1 Dies Fragment ist eine Notiz zu den drei Vorträgen vor dem Prinzen von Luynes über den Stand der großen Herren. (S. meine Ausgabe: Blaise Pascal, Die Kunst zu überzeugen und die anderen kleineren philosophischen und religiösen Schriften, Heidelberg 1950, Seite 160 ff.) 155

1 Dieses Fragment befindet sich nicht in dem Manuskript der Pensées und auch nicht in der Kopie, es ist einer Sammlung von Gedanken Pascals entnommen, die unter den Papieren Dr. Vallents aufbewahrt worden sind. 157

1 Ludwig XIV. bestieg bekanntlich 1643, als er fünf Jahre alt war, den Thron. Ein Kind war König. 159

1 denn dann würde man sich niemals empören, aber wahrscheinlich würde man sich nicht unterwerfen. Man würde immer die wahren suchen. 160

1 Das Fragment ist in sich fragmentarisch, offenbar wollte Pascal sagen, daß das Spielen der Flöte nur deshalb ein Übel ist, weil sich der Mensch bei den Klängen der Musik seinen Leidenschaften überläßt. Vielleicht, daß dabei eine Erinnerung an Platons Bemerkungen gegen die Musik eine Rolle spielte. 162

1 Offenbar sollte hier folgen: ich bin gebildet, also muß man mir gehorchen. 163

1 (Sintemal) die Kreatur unterworfen ist der Eitelkeit ... frei werden wird (von dem Dienst des vergänglichen Wesens). Röm. VIII, 20–21. 165

1 Pascal hat im Jahre 1640 die erste wahrhaft brauchbare, wenn auch noch nicht vollkommene, Rechenmaschine konstruiert. Die Maschine erregte großes Aufsehen bei den Gelehrten seiner Zeit. Man konnte mit ihr alle Rechnungsarten, Addition, Subtraktion, Multiplikation und Division, ausführen. Bereits in der Anmerkung 2 zu S. 132 wies ich darauf hin, daß Pascal technische Erfahrungen bei dem Bau dieser Rechenmaschine gesammelt habe, und ich erwähnte, daß der Begriff der Maschine und des Automaten mit dem der Gewohnheit in Verbindung gebracht werden solle. Auch das nachfolgende Fragment handelt offenbar von dem entscheidenden Unterschied zwischen einer maschinellen Einrichtung und den vom Willen geleiteten Tieren. 166

1 Ich behalte die Wortwahl »Führer« für maître, 167
Herr, Gebieter, bei, obgleich der aktuelle Anlaß,
der mich damals dies Wort wählen ließ, nicht
mehr besteht.
1 In einigen – Gilberte Périer sagt: einer – schlaf- 168
losen Nächten des Jahres 1658, als ihn Zahn-
schmerzen über die Maßen quälten – ich erwähnte
schon früher, daß Pascal von seinem 20. Jahr an
ständig an Schmerzen gewöhnt war und daß er
sie durch den Stachelgürtel noch steigerte – fand
Pascal die Theorie der Zykloide. Das ist eine
Kurve, die ein Nagel in der Felge eines Rades
beschreibt, wenn das Rad auf einer ebenen Fläche
rollt. Pascal überwand durch die Konzentration
auf dieses mathematische Problem die Schmerzen.
Ich möchte den hier geäußerten Gedanken mit
den Erfahrungen dieser Nächte in Verbindung
bringen.
1 Die Ebbe und Flut. – *2* Fast immer gefällt der 169
Wechsel den Großen. – *3* Hin und wieder.
1 Nach stoischer Lehre ist die Tugend ein Abso- 170
lutum und läßt keine Grade zu. Wer überhaupt
am Laster teilhat, ist lasterhaft, wie ein Mensch
gestürzt ist, gleichgültig, ob er von geringerer
oder größerer Höhe stürzte. – *2* Begnüge dich mit
dir selber und mit dem Gut, das aus dir entsteht.
(Seneca.)
1 Siehe Anm. 2 zu S. 149. – *2* Nichts ist so unge- 171
reimt, daß es nicht irgendein Philosoph gelehrt
hätte (Cicero). – *3* Festgelegten Meinungen verpflichtet sind sie gezwungen zu verteidigen, was
sie nicht billigen. – *4* Wir leiden unter den Übertreibungen der Literatur wie unter den Übertreibungen aller anderen Dinge. – *5* Was jedem am
natürlichsten ist, erscheint jedem das Beste. –
6 Diese Maße hat die Natur gegeben. – *7* Um gut
und vernünftig zu sein, ist nicht viel Wissen nötig. – *8* Wenn etwas mal nicht schändlich ist, so ist
es doch deshalb noch nicht schändlich, weil es von
der Menge gelobt wird. – *9* So ist meine Gewohnheit, handle du so, wie du handeln mußt. – *10* Es
ist selten, daß man sich selbst genug achtet. – *11* Soviel Götter regen sich um das Leben eines einzelnen auf! – *12* Nichts ist schandbarer als vor der
Prüfung zu entscheiden. – *13* Ich fürchte mich

nicht wie sie, einzugestehen, daß ich nichts weiß. - 171
14 Am besten täten sie, nicht anzufangen.
1 Er kann die Wahrheit nicht finden, wenn ihr sie 172
nicht verjagt. - *2 O lächerlicher Held!* - *3 »Man«* ist
Descartes. *»Conatus recedendi«, »Lebensgeister«*
sind Begriffe Descartes'. Von den Lebensgeistern
heißt es bei Descartes: Über die Leidenschaften
der Seele I, 10: »*Diese feinen Blutteilchen bilden
nun die Lebensgeister... Denn was ich hier Geister nenne, sind bloß Körper, die nur die Eigentümlichkeit haben, daß sie sehr klein sind und
sich wie die Teile der Flamme einer Fackel sehr
schnell bewegen.*«
1 Lesart Tourneur. - *2* Ergänzung von Faugère. 173
1 Gemeint ist der Mensch und die Wissenschaft 174
von ihm.
1 Arkesilaos lebte im 3. Jahrhundert v. Chr. Er 175
führte den Skeptizismus in die Akademie ein und
wurde so Begründer der sogenannten neuen Akademie. Nach Léon Brunschvicg hat Pascal seine
Ansicht über Arkesilaos, die so nicht zutrifft,
wahrscheinlich bei Augustinus gefunden.
1 Wenn alles sich bewegt, bewegt sich nichts. - 177
2 Lesart Tourneur.
1 Das Reisen als Beispiel eines unglücklichen Zu- 178
standes ist für uns ungewohnt. Abgesehen von der
Umständlichkeit des damaligen Reisens war es für
den immer von Schmerzen gepeinigten Pascal besonders beschwerlich. In einem Brief vom Jahre
1660 schrieb Pascal hierüber an Fermat: »*Ich bin
so schwach, daß ich ohne Stock nicht gehen kann
und mich auch nicht auf dem Pferd zu halten
vermag. Ja, ich kann nicht länger als drei bis vier
Stunden im Wagen reisen; so brauchte ich von
Paris bis hierher (Bienassis bei Clermont) 22 Tage.*«
1 Es handelt sich offenbar um eine Überlegung 179
der Skeptiker im Streit mit den Dogmatikern, wo
der Skeptiker sich bei der Vernunft beschwert.
1 Lesart Tourneur. Der Satz selbst bezieht sich 180
auf Pascals Aussage, daß man die ersten Sätze,
wie: es gibt Zeit, Raum, Zahlen usw., nicht definieren könne, s. Frgt. 282 . . . . und »*Die Kunst
zu überzeugen*«, S. 64 ff.
1 In der Logik von Port-Royal wird der Unter- 181
schied zwischen den Philosophen der Akademie

Anmerkungen zu Seite 181-190   475

und Skeptikern, wie folgt definiert: »Die Philo- 181
*sophen der Akademie haben sich damit begnügt,
die Gewißheit zu leugnen, sie ließen die Wahrscheinlichkeit zu. Die andern, das sind die Skeptiker, haben sogar diese Wahrscheinlichkeit geleugnet und behauptet, daß alles gleicherweise
dunkel und ungewiß sei.« Unter Dogmatikern
oder Dogmatisten versteht Pascal alle Nicht-Skeptiker, ohne im einzelnen eine bestimmte philosophische Schule zu meinen.*
1 Ich bin ein (elender) Mann, der (die Rute sei- 182
nes Grimmes) sehen muß. Klagelieder III, 1.
1 Wunsch nach Wahrheit und Gerechtigkeit. 183
1 Des Barreaux, Dichter und Freigeist, einer der 185
*geistreichsten und glänzendsten Lebemänner im
Paris der 1. Hälfte des 17. Jahrhunderts.*
1 Fachausdruck, der wahrscheinlich den Instinkt 186
*der Wachhunde bezeichnete. - 2 Eine Anzahl der
Niederschriften Pascals trägt die Bezeichnung
A. P. R. Sie sind für Port-Royal geschrieben,
wahrscheinlich Ausführungen im Anschluß an Gespräche. Der Plan der Apologie ist gleichfalls mit
den führenden Theologen von Port-Royal beraten worden.*
1 Lesart Tourneur. 188
1 Ich schreibe diese Zeilen, und man liest sie nur, 189
*weil man mehr Befriedigung darin findet als ... -
2 Lasterhafte und Tugendhafte, Toren, Weise;
denn ... - 3 der Unfähigkeit, glücklich zu sein. -
4 kommt aber die Gelegenheit, wo wir es gegenwärtig erwarten, und die so ähnlich jener anderen
ist, die nicht erfüllte, was sie bringen sollte,*
1 »erfüllen«. Ich benutze das Wort »erfüllen«, 190
*remplir, in dem Sinn, den ich ihm in der logischen
Einführung meiner Arbeit: »Der Mensch in der
Mitte« gegeben habe. Wir erfüllen gewissermaßen
durch das Sinnlich-Faßbare einen leeren Rahmen,
der aber immer vorher durch ein anderes erfüllt
gewesen ist. Das, was neu an den Ort tritt, wird
durch die Vergangenheit früherer Erfüllungen gefärbt. So erfüllt man, wenn Gott für den Menschen verfinstert ist, den alsdann leeren Raum
durch das Faßbare, und so hat man ihn durch die
Götzenbilder oder auch die Gestalt der Fürsten
oder durch das Naturgesetz oder durch das »sich*

entbergende Sein« erfüllen können. Diese Möglich- 190
keit ist tief in der menschlichen Seele begründet,
sie ist durch keine Entwicklung auszuschalten.
Denn Entwicklung geschieht nicht in der Natur
des Menschen, sondern nur in der Umwelt. - 2 Aufruhr, Friede, Reichtum, Armut, Wissenschaft, Unwissenheit, Trägheit, Arbeit, Achtung, Mißachtung. - 3 alles, wo sie ihr Glück suchen, ist zugleich gegen die Grundsätze der Vernunft, denn es ist deutlich - 4 andere folgen einem dieser drei Gründe ihrer Verderbnis oder zweien zugleich oder allen dreien zusammen.
1 Lesart Tourneur. 192
1 Ich bin der einzige, der dich diese Dinge und 194
was dein wahres Gut ist, lehren kann, und ich
lehre es die, die mich hören. Die Bücher, die ich
in die Hände der Menschen gelegt habe, legen
sie völlig klar, aber ich habe nicht gewollt, daß
dieses Wissen so zutage läge. Ich lehre die Menschen, was sie glücklich machen kann. Weshalb
weigert ihr euch, mich anzuhören? Suchet keine
Befriedigung auf Erden, erhoffet nichts von den
Menschen. Euer Gut ist nur in Gott, und die
höchste Glückseligkeit ist, Gott zu kennen und
sich ihm für immer in der Ewigkeit zu vereinen.
Eure Pflicht ist, ihn von ganzem Herzen zu lieben.
Er hat euch geschaffen...
1 die einen haben dich Gott von Natur gleichge- 195
macht, die anderen dich von Natur den Tieren
gesellt. - 2 Ich verlange von euch keinen blinden Glauben.
1 Lesart fraglich, ich folge Tourneur, dem sich 196
auch Lafuma angeschlossen hat.
1 Lesart Tourneur. 197
1 Was ihr nicht kennt und sucht, verkündigt euch 199
diese Religion. Frei nach Apostelgeschichte
XVII, 23. - 2 die Natur kann uns falsch gegeben haben, und da man, abgesehen vom Glauben, nicht zu sagen vermag, ob man durch einen Zufall geschaffen ist, und was diese Grundlagen, abgesehen vom Glauben, sind, ist man keineswegs sicher - 3 *Die Annahme, von einem täuschenden Dämon geschaffen zu sein, kommt in der ersten Meditation Descartes vor.* - 4 Grundlagen, principes. Gemeint ist die Sicherheit und Unsicherheit der

Anmerkungen zu Seite 199-203

Grundlagen, d. h. der ersten Sätze, von denen aus logische Ableitung möglich wird. Das Grundlagenproblem der Philosophie ist das philosophische Problem schlechthin. Descartes hat dies Problem durch die Einführung der Evidenz und der Forderung, daß die beurteilte Vorstellung clare et distincte perzipiert würde, zu lösen versucht. Kants Frage, wie synthetische Urteile a priori möglich sind, und seine Antwort hierauf, handelt gleichfalls von ihm. »Principes« sind also nicht die Denkgesetze; an ihnen zweifelt Pascal nicht, sein Zweifel handelt von den Prämissen, davon, daß sich auch hier beim Abstieg von Prämisse zu Prämisse der Weg in die Unendlichkeiten verliert. Wir haben hierin heute keine größere Sicherheit als zur Zeit Pascals.

1 auf den unsere Träume gepfropft sind, wie unser Schlaf scheint... - *2* dieser Fluß der Zeit, des Lebens, die unterschiedlichen Körper, die wir fühlen,... - *3* Lesart Chevalier, die Tourneur bestätigt.

1 denn die Neutralität, die der Ausweg der Gebildeten ist, ist das gewichtigste Dogma der Verschwörung der Skeptiker.

1 Sicher übersteigt das Dogmatiker und Skeptiker und jegliche menschliche Philosophie. Der Mensch übersteigt den Menschen. Also gebe man den Skeptikern zu, was sie so laut verkündet haben, daß die Wahrheit über unser Fassungsvermögen und über unseren Horizont geht, daß sie nicht auf Erden bleibt, daß sie im Himmel beheimatet ist, daß sie im Herzen Gottes wohnt und daß man sie nur in dem Maße kennen kann, wie es ihm gefällt, sie zu enthüllen. Lernen wir also von der ungeschaffenen und von der fleischgewordenen Wahrheit unsere wahre Natur.. Man kann nicht Skeptiker sein, ohne die Natur zu vergewaltigen, man kann nicht Dogmatiker sein, ohne auf die Natur zu verzichten. *(Dieser letzte Satz gehört, Tourneur zufolge, zu dem gültigen Text.)* - *2* Ist es nicht klar wie der Tag, daß die Seinslage des Menschen zweifach ist? Sicherlich... *3* wenn wir einfach unglücklich wären

1 begreifen wir also, daß der Mensch den Men-

schen unendlich übersteigt, daß er sich selbst ohne 203
die Hilfe des Glaubens unbegreifbar bleibt. Denn
wer sieht nicht ein, daß er ohne die Kenntnis dieser doppelten Seinslage der Natur in einer undurchdringlichen Unwissenheit über seine wahre
Natur bleibt. - *2* ist uns nicht nur unbegreifbar -
3 so daß dies viel leichter zu begreifen ist, als die
Seinslage des Menschen ohne dies Wissen (und so,
daß sich der Mensch nur durch ein unbegreifbares
Mysterium begreifen kann, daß er sich selbst ein
Wunder ist, ein unbegreifbareres Wunder als das
unbegreifbare Mysterium, durch das er allein seine
Natur begreifen kann).
1 erstens, daß der Mensch zuhöchst in der Natur 204
steht, daß alles für ihn und er für Gott geschaffen ist. - *2 Und meine Lust ist bei den Menschenkindern, Sprüche Salomo VIII, 31.* - *3 Ich will meinen Geist auf deinen Samen gießen. Jes. XL, 3.* - *4 Ihr seid Götter. Psalm LXXXII, 6.* - *5 Alles Fleisch ist Heu. Jes. XL, 6.* - *6 Der Mensch ist dem dummen Vieh ähnlich gemacht worden und ihm ähnlich geworden. Psalm XLIX, 13–14.* - *7 Ich sprach in meinem Herzen von den Menschenkindern. Pred. Sal. III, 18.* - *8* Lesart Tourneur. -
9 Wir können in der Klarheit dieser himmlischen
Einsichten in Sicherheit weitergehen und nachdem... - *10* Was konnten sie anders tun, als
einen dieser Irrwege zu verfolgen... was in
dieser Unfähigkeit die ganze Wahrheit zu sehen,
wenn sie die Würde unserer Seinsnatur kannten,
so kannten sie nicht die Verderbnis, oder wenn
sie ihre Verletzung erkannten, so kannten sie
nicht die Auszeichnung, und da sie so dem einen
oder dem andern dieser Wege folgten, die sie
die Natur als unverletzt oder als unheilbar sehen
ließen, so verloren sie sich entweder im Hochmut oder in der Verzweiflung, so daß je wie sie
sie bedachten, was sie als Wahrheit schauten,
Wahrheit mit Irrheit vermengt war und sie die
Tugend verfehlten.
1 sie ist es also allein, die die Wahrheit gibt und 205
die reine Tugend, die demütigt, ohne niederzuschlagen, und die erhebt, ohne uns aufzublähen,
und die uns also allein unterrichten und bessern
kann.

Anmerkungen zu Seite 206-223

1 nur Finsternis oder Lüge.   206
1 (Denn die göttliche Torheit ist) weiser, denn 208
die Menschen sind (1. Kor. I, 25).
1 Niemand ist vor seinem Tode glücklich. Ovid. 210
1 Vgl. Pascals Vorträge über den Stand der 211
großen Herrn (»Die Kunst zu überzeugen«,
S. 160 f., und auch Frgt. 314).
1 böses Gebilde. - *2* Das »Sie« bezieht sich auf 212
die honnêtes hommes und auf Mitons Definition
der Rechtschaffenheit als eine beherrschte Eigenliebe,
wie man im übrigen als Gesetz der Wohlanständigkeit
lehrte, daß man nicht »Ich«, sondern
nur »man« sagen solle, wovon im folgenden
Frgt. die Rede ist. - *3* Lesart Tourneur.
1 Damit sind die drei Teile der Konkupiszenz 213
bezeichnet, die im ersten Brief Joh. II, 16, wie
folgt, unterschieden werden: Fleischeslust, Augenlust
und hoffärtiges Wesen. Es sei auch daran erinnert,
daß der Begriff Libido eine neuartige »Erfüllung«
in der Psychoanalyse gefunden hat, wo
er Methode einer Therapie und so zur Entschuldigung
und Entschuldung dient.
1 Dies Fragment ist Lafuma zufolge nur die Über- 214
setzung eines Kommentars des heiligen Augustinus
zu Psalm CXXXVI. - *2* Lesart Tourneur.
1 Wer sich rühmt, der rühme sich des Herrn. 215
1. Kor. XXXI. - *2* Das heißt die Stelle Gottes einnehmen.
1 Lesart Tourneur. - *2* Weg, Wahrheit.   216
1 Dies Fragment sollte man zugleich mit der 218
Frage bedenken, ob es wahrscheinlich ist, daß sein
Verfasser die Abhandlung über die Leidenschaften
der Liebe geschrieben hat, und vor allem
wenn deutlich ist, daß diese umstrittene Abhandlung
in die letzten Lebensjahre Pascals gehört,
daß sie notwendig später ist als die »Kunst zu
überzeugen«. (Vgl. meine Ausführungen in »Die
Kunst zu überzeugen«, S. 139 f.). - *2* Es handelt sich
hier nicht um Eigenliebe, sondern um den Eigenwillen,
der das Ich zum Mittelpunkt macht. Dieser
Eigenwille ist Gegensatz des göttlichen Willens.
1 Wer (aber) dem Herrn anhanget, der ist ein 223
Geist mit ihm. 1 Kor. VI, 17.
2 Man hat diesen Satz, Boutroux z. B., als Beispiel
für die Mystik Pascals aufgefaßt, also den

480 Anmerkungen zu Seite 223-231

Schluß des Fragments, wo es heißt: *comme les* 223
trois personnes als Ausdruck der mystischen Einheit. Das meint aber Pascal nicht. Sehr häufig benutzt er das Wort *comme* im Sinne von: zum Beispiel oder auch wie hier im Sinne von: vergleichbar. Wohl entspricht das eine dem andern, aber nur im Sinne der Analogie, der Wiederkehr des Gleichen innerhalb der geschiedenen Ordnungen. - 3 Gemeint ist Matth. XXII, 37–40, »Du sollst lieben Gott, deinen Herrn, von ganzem Herzen, von ganzer Seele und von ganzem Gemüte« und »Du sollst deinen Nächsten lieben als dich selbst«.
1 unsere hat es getan, die Klöster der Mönche, 225 die große Zahl der Bußübungen.
1 Und gehe nicht ins Gericht (mit deinem 226 *Knechte). Psalm CXLIII, 2.* - 2 Wir leiden unter der Heftigkeit, die bewirkt...
1 und mein größter Wunsch ist, daß es entflamme. 227
1 Aber du laß [der Begierde] nicht ihren Willen. 228 *1. Mos. IV, 7.*
1 Der erste Absatz dieses bruchstückhaften Frag- 229 mentes, dessen Anfang fortgeschnitten ist, hatte bisher jeder Entzifferung getrotzt. Tourneur gelang es, das Fragment des ersten Satzes in der Handschrift zu entziffern, doch ist es kaum möglich, seinen Sinn genau zu treffen, da er offenbar Teil einer längeren Ausführung ist, die sich wahrscheinlich mit dem Verfallen in die Sünde des heiligen Petrus beschäftigte, der den Herrn verleugnete. - 2 Lesart Tourneur. - 3 Diese Notiz hat Pascal, wie Tourneur mitteilt, lange Zeit auf einem gefalteten Blatt Papier ähnlich wie das Memorial (s. S. 248) bei sich getragen.
1 Identität in der Zahl. - 2 Auf wen sich diese 231 Polemik im besonderen bezieht, ist nicht völlig aufgeklärt. Inhaltlich aber wendet sie sich zweifellos gegen Descartes, und zwar, wie M. Couture nachgewiesen hat, gegen Ausführungen Descartes in Briefen an P. Mesland. Dort heißt es in einem Brief vom 9. 2. 1645: »Das Wort Körper ist zweideutig, denn wenn wir allgemein von einem Körper sprechen, so verstehen wir darunter einen bestimmten Teil des Stoffes, so daß,

Anmerkungen zu Seite 231-232

wenn man ein Teilchen in ihm änderte, der Körper nicht mehr absolut der gleiche oder idem numero wäre. Betrachten wir aber den Körper des Menschen, so verstehen wir darunter nicht einen vom Stoff bestimmten Teil..., sondern wir erfassen das Ganze, Stoff und Seele des Menschen, zugleich. So daß wir, welcher Stoff immer es sei, welche Menge oder Gestalt er haben könne, vorausgesetzt, daß der Stoff mit der gleichen Seele vereint ist, den Körper immer für den Körper desselben Menschen nehmen.« Und später: »Wir können sagen, daß die Loire der immer gleiche Fluß ist, der sie vor 10 Jahren war, obgleich es nicht mehr das gleiche Wasser und obgleich · es vielleicht auch keinen Teil der gleichen Erde gibt, die das Wasser einfaßt.« (Oeuvres de Descartes, Ed. Adam t. IV, p. 167). - 3 Lesart Tourneur. Der Unterschied in der Lesart, der den Sinn nicht unbeträchtlich und nicht zuletzt in theologischer Hinsicht ändert, ist nur ein accent aigu, den die bisherigen Herausgeber übersehen haben. - 4 Offizium am Karsamstag. - 5 Offizium am Karfreitag. - 6 Hymne, Vexilla regis. - 7 Ich bin nicht würdig. Luk. VII, 6. - 8 Wer (ihn) unwürdig esset. 1. Kor. XL, 29. - 9 Würdig, zu nehmen. Off. Joh. IV, 11. - 10 Offizium der Jungfrau Maria. In den von Pascal angeführten Stellen handelt es sich jeweils um verschiedene Bedeutung der Worte »Verdienst« und »würdig«.

1 Die Handschrift dieses Fragments ist überaus schwer zu entziffern. Tourneur bemerkt, daß Pascal, als er diese Zeilen niederschrieb, sicher sehr krank gewesen ist, und daß seine Hand ihm fast den Gebrauch der Feder verweigerte. Daraus erklärt es sich, daß die Textgestaltung von Ausgabe zu Ausgabe geändert worden ist. Auch die Ausgabe von Lafuma weist gegenüber der von Tourneur eine Anzahl Änderungen auf, von denen leider nur eine in einer Anmerkung begründet wird. Trotzdem habe ich mich entschlossen, den Text, den Lafuma druckte, zu wählen, doch möchte ich erwähnen, daß man bisher an Stelle von: Die Armen an Gnade, Beweise der Gnade gelesen hatte. Auch in der vorliegenden Gestalt bleiben genug Dunkelheiten. Inhaltlich gehört das Frag-

ment offenbar zu der Diskussion über die Abgren- 232
zung der nahen und der wirksamen Gnade, also
in den Umkreis der Lettres Provinciales. - 2 Bittet,
so wird euch gegeben. Matth. VII, 7.
1 Da glaubten viele an ihn. Da sprach Jesus: So 233
ihr bleiben werdet (an meiner Rede), so seid ihr
meine rechten Jünger.... und die Wahrheit wird
euch frei machen. Da antworteten sie ihm: Wir
sind Abrahams Samen, sind nie keinmal jemandes Knecht gewesen. Joh. VIII, 30–33.
1 Anhänger der Lehre des Pelagius, der um 234
400 n. Chr. lebte und die Ansicht vertrat, daß die
Natur des Menschen zu sündenloser Vollkommenheit fähig sei. Port-Royal warf den Jesuiten vor,
daß sie dem Pelagianismus, dessen Verurteilung
Augustinus erwirkt hatte, huldigten.
1 die uns unfähig des Bösen macht. 235
1 Lukas XII, 47. - 2 Wer fromm ist, der sei fer- 236
nerhin fromm. Off. Joh. XXII, 11. - 3 Die beiden
Unendlichen in der Natur sind das unendlich
Große und das unendlich Kleine, wie sie in
Frgt. 72 dargestellt werden. Die beiden Unendlichen in der Moral sind durch Jesus Christus
und Adam zu verbildlichen. - 4 um uns zu erniedrigen und aufzurichten. - 5 Zermalmtes Herz.
- 6 bezieht sich auf eine Szene im »Horace« von
Corneille.
1 Böse Geschwätze verderben gute Sitten. 1. Kor. 237
XIV, 33.
1 nur hassenswert oder unglücklich. - 2 Was sie 238
durch Forschen erkannten, büßten sie durch den
Dünkel ein.
1 Jesus Christus ist unsere ganze Tugend und 239
unsere ganze Glückseligkeit.
1 und es gibt keinen andern. - 2 Denn dieweil (die 240
Welt) durch die Weisheit (Gott in seiner Weisheit)
nicht erkannte, gefiel es Gott wohl durch törichte Predigt selig zu machen (die, so daran
glauben). 1. Kor. I, 21.
1 D. h. die, die Gott durch Jesus Christus kann- 241
ten. - 2 Worin einer der Beste ist, wenn er sich
selbst dies, daß er der Beste ist, zuschreibt, wird
er der Schlechteste. (Bernhard von Clairvaux, In
cantica sermones LXXXIV.) - 3 Ich liebe alle
Menschen wie meine Brüder, weil er sie alle er-

Anmerkungen zu Seite 241-248

löst hat. - 4 Wert eher der Streiche als der Küsse, 241
habe ich keine Furcht, denn ich habe die Liebe
(vgl. Luk. XII, 48).
1 Und betrübte sich selbst. Johannes XI, 23, 33. 242
1 »Laßt uns gehen.« Matth. XXVI, 46. - 2 »Ging 243
er hinaus.« Joh. XVIII, 2.
1 Lesart Tourneur. 245
1 Wie einer, der von Schlamm unrein war. - 246
2 Lesart Tourneur. - 3 Und werdet sein wie Gott,
und wissen, was gut und böse ist. 1. Mos. III, 5.
- 4 Rühre mich nicht an. Joh. XX, 17.
1 Als Anhang zum VII. Kapitel und im Anschluß 248
an das Mysterium Jesu gebe ich abweichend von
der Ausgabe Léon Brunschvicgs das sogenannte
Memorial Pascals. Mit ihm hat es folgende Bewandtnis:
Nach Pascals Tode fand ein Diener des Hauses
eingenäht in die Kleider des Verstorbenen ein von
Pascal eigenhändig beschriebenes Pergament und
in diesem Pergament ein gefaltetes Blatt »Papier«,
das gleichfalls von Pascal eigenhändig geschrieben war. Hiervon ist das Papier erhalten geblieben, nämlich die Aufzeichnung, die Pascal unmittelbar nach der Erfahrung, die ihm so wichtig
war, angefertigt hatte, und eine Kopie der Reinschrift Pascals. Zwischen beiden gibt es eine Anzahl Unterschiede in der Textgestaltung. Ich folgte
hier dem Originalmanuskript, wie es z. B. auch
Jacques Chevalier getan hat, und ich fügte die
Varianten als Anmerkungen hinzu, und das in
Übereinstimmung mit der Regel, die ich auch
sonst in dieser Ausgabe beachtet habe.
Das Schriftstück selbst sollte - und daran kann
kein Zweifel sein - Pascal an eine Stunde erinnern, die für ihn von höchster, ja entscheidender
Wichtigkeit gewesen ist. An diesem »Memorial«
haben ebensoviele Ärgernis genommen, wie es für
viele andere ein Dokument tiefsten Trostes und
wahrhafter Verheißung sein wird. Je nach dem,
was die Menschen finden wollten, das sahen sie in
diesem Dokument. Man fand in ihm einen Beweis für die geistige Störung, die von diesem
Datum ab zum Ausbruch gekommen wäre, und
alle Termini, die Mediziner für solche Krankheit
zur Verfügung haben, wurden zur Deutung an-

gewandt, wodurch sie nur die Trostlosigkeit ihres 248
Wissens unter Beweis stellten. *Es bleibt eine der
erstaunlichsten Tatsachen, daß, obgleich es wenige
Menschen gibt, die im vollsten Ernst religiöse
Wirklichkeit leugnen – denn die meisten Menschen treten auch als Leugner nur in die Vorhalle
der Leugnung ein, wo sie sich ihre Religion und
ein Bild von Gott selbst machen, so daß sich Gott
nach ihnen und sie sich nicht nach ihm zu richten
haben –, es doch sozusagen »guter« Ton der Gebildeten geworden ist, alles außerordentliche Erfahren innerhalb der Religion als krank zu kennzeichnen. Und das mit Recht, denn sonst hätte
man zugeben müssen, daß das Fundament, auf
dem die rationale, empirische Wissenschaft vom
Menschen aufgebaut ist, nur eine Wolkenbank ist,
die ein Windstoß forttreiben kann. Jede logische
und rationale Abfolge ist an Prämissen, an erste
Sätze gebunden, und in ihnen ist bereits alles, was
wir enthüllen können, wie im Saatkorn die künftige Pflanze, eingeschlossen. Alle unsere ersten und
unbestreitbaren Sätze sind endliche Größen, endlich wie ein kleinstes Stück der Linie oder des
Raumes und eben deshalb von dem wahrhaft
ersten, dem wirklichen Anfang, wie Pascal sagte,
unendlich entfernt. In dem Memorial berichtet nun
Pascal von der Erfahrung im Raume religiöser
Wirklichkeit, von dem Offenbarwerden der Gewißheit, die aber nicht das Denken, sondern das
Herz angeht, das seine eignen Gründe hat. Das
ist die Gewißheit, die »certitude« Pascals und
eine andere als die certitude, die Descartes in den
ersten Sätzen seiner Abhandlung über die Methode formulierte und die, obgleich sie nicht neu
war, das abendländische Denken bis heute maßgebend prägt.*
*Die »certitude« Pascals gehört einer andern Ordnung an als die logisch gegliederten Gedanken; er
redet in dieser Niederschrift eine andere Sprache
als die, die wir gewohnt sind. Erfahrung und Aussage können nicht mit der Logik des Verstandes
allein verstanden werden, die Gewißheit Pascals
ist eine Grundlage im genauen Sinne des Wortes,
sie ist ein Grund, den wir als Zuschauer und Betrachter nicht erloten können, denn unsere ra-*

Anmerkungen zu Seite 248

tionalen Maßstäbe sind nicht für diesen Raum geeicht. Doch wem sich der Raum dieses Geheimnisses öffnete, der wird denen, die draußen blieben, unverständlich sein. Das also, meine ich, haben wir hier zu lernen, und deshalb rückte ich dieses Schriftstück, das nur bedingt zu den Pensées gehört, in die Mitte des Buches. Die Wahrheit, auf die es ankommt, kann nicht gesprochen werden. Wenn wir ihr, wie hier, im Wort begegnen, so ist dies Wort nicht für uns gesprochen, sondern Erinnerung für den, der sie erfuhr. Für uns ist es Bericht, Erzählung, wenn wir wollen, von einem Erlebnis, einem Glück oder einer Gefahr der Seele; aber nie ist das Wort diese Gefahr und das Glück selbst, denn das ist wie jedes Liebeserlebnis einmalig und persönlich und dem Nüchternen oftmals Anlaß zu mitleidiger Skepsis. Das Leben aber ist wirklicher als die Worte, die von dem Erfahren berichten, und wirklicher als jede Deutung, die wir uns von ihm zurechtmachen. Das Leben, das der einzelne lebt, in aller Fragwürdigkeit und allem Zweifel, das ist es, worauf es ankommt, und hier versagen die Ärzte, die nur die Gesundheit und Krankheit des Körpers kennen, die uns nur von außen sehen und keinen Zugang zu der Ordnung haben, die die eigentliche Ordnung des Menschen und seiner Seele ist. Das Gewaltigste, was Menschen erfahren können, ist: wenn ihnen die Gnade wird, die Ordnung der Gnade zu erfahren, und dieses ist Blaise Pascal am 23. November 1654 zuteil geworden. Zu verstehen ist hier nichts, zu deuten ist hier nichts, und was den Verstand angeht, so sei ihm mit Pascal geantwortet: zu Boden mit dem Dünkelhaften. -
2 Nach Tourneur war das Wort »Feu«, Feuer, ein in Port-Royal geläufiger Ausdruck, um einen Aufschwung der Liebe zu Gott zu bezeichnen. -
3 In der Handschrift zeigt diese Zeile keinerlei Interpunktion, also weder ein Komma noch den Doppelpunkt, die ich einfügte und den man auch in den französischen Ausgaben nicht findet. Diese entscheidende Zeile selbst wurde von Pascal in der Abschrift geändert. Dort lautet diese Zeile: Gewißheit, Freude. Gewißheit, Empfinden, Schau, Freude. - 4 (Ich fahre auf zu meinem Vater und

Anmerkungen zu Seite 248-271

zu eurem Vater) zu meinem Gott und zu eurem 248
Gott. Joh. XX, 17. - 5 Joh. XVII, 25. - 6 Mich,
die lebendige Quelle, verlassen sie, Jer. II, 13.

1 Die den Schluß bildenden 5 Zeilen nach usw. be- 249
finden sich nur in der Abschrift. - 2 Ich ... vergesse deiner Worte nicht. Psalm CXIX, 16.

1 Gemeint sind Adam und Jesus Christus, Größe 250
und Nichtigkeit des Menschen, erste und gefallene Natur. - 2 D. h. wenn sie die Größe annahmen, so übersahen sie die Nichtigkeit, und
die Größe des Menschen läßt sich nur aus der
Nichtigkeit erschließen.

1 sich unschuldig glaubten. 256

1 Wahrhaft Jünger, wahrhaft Israelit, wahrhaft 257
Freie, wahrhaft Speise.

1 Lesart Tourneur. 258

1 Versiegele das Gesetz meinen Auserwählten. 261
Jes. VIII, 16. - 2 Lesart Tourneur. - 3 Vgl. Frgt.
618 und 706.

1 Bezieht sich auf ein Augustinuszitat in Mon- 262
taignes Essay über Raymond Sabonde.

1 Wenn die Evangelisten sich widersprochen ha- 263
ben. - 2 Lesart Tourneur.

1 Lesart Tourneur. - 2 Lesart Lafuma. 264

1 Siehe Anmerkung 2 zu S. 131. 265

1 Damit das Kreuz nicht zunichte werde. 1. Kor. 266
I, 17.

1 Gemeint sind die Mohammedaner bzw. die Chri- 267
sten. - 2 1658 erschien von dem Jesuitenpater
Martiny eine Geschichte Chinas, die die erste chinesische Dynastie 600 Jahre vor der Zerstörung
des Babylonischen Turmes ansetzte. Aber schon
zehn Jahre früher war Pascal dem Argument der
chinesischen Geschichte begegnet, nämlich als er
gegen Jacques Forton, der sich als Mönch Saint-
Ange genannt, wegen der Irrlehren, durch die
Saint-Ange die Köpfe verwirrte, in Rouen vorging; das war kurz nach der sogenannten ersten
Bekehrung Pascals.

1 Bezieht sich auf einen Bericht im 3. Buch des 268
Essay von Montaigne. - 2 Lesart Tourneur. Gemeint ist Mohammed.

1 Gemeint ist die jüdische Religion. - 2 Frgt. 603 271
ist, wie Léon Brunschvicg nachgewiesen hat, nur

Anmerkungen zu Seite 271-295   487

eine Zusammenfassung von Frgt. 737, die nicht 271
von Pascal, sondern von Port-Royal stammt.
1 Gemeint sind die Leidenschaften, wie sie in 272
Frgt. 575 beschrieben werden.
1 Zerreißet eure Herzen (und nicht eure Kleider). 274
1 Keine guten Gebote. - 2 Sprach der Herr. - 276
*3 Und ich will aufrichten meinen Bund zwischen
mir und dir..., daß es ein ewiger Bund sei, also
daß ich dein Gott sei... Und so halte nun meinen
Bund.*
1 Herr, ich warte auf dein Heil. 1. Mos. XLIX, 18 277
1 Lesart Tourneur. 280
1 Lesart Tourneur. 281
1 Ein Irrtum, der sich aus der Quelle Pascals, 283
Grotius, herleitet.
1 Konjektur Tourneur, das Manuskript nennt 285
Joseph an Stelle von Jakob, der aber offenbar gemeint ist.
1 Dieses Fragment stammt wahrscheinlich nicht 286
*von Pascal, sondern von Nicole, jedenfalls ist es
von seiner Hand geschrieben.*
1 Hinweis auf 4. Mos. XI. 29: Wollte Gott, daß 288
all das Volk des Herrn weissagte.
1 Kein anderer wiederholt in der alten jüdischen 289
*Überlieferung, daß die Bücher verloren waren und
von Esra wiederhergestellt worden sind, außer
Esra IV.*
1 Den lateinischen Text hat Pascal aus dem Grie- 290
chischen des Eusebius übersetzt, dessen letzte Zeilen hier oben zitiert sind.
1 Das Buch Pugio fidei, auf das sich Pascal hier 291
*bezieht, ist von dem spanischen Dominikaner Raimund Martini gegen 1275 verfaßt worden; es
sollte die Irrlehren der Juden aufdecken und wurde
dadurch zu einer wichtigen Quelle der nachchristlichen jüdischen Literatur. Joseph de Voisin gab
es 1651 neu heraus. - 2 Wollt ihr mir gehorchen.
Jes. I, 19. - 3 Denn welchen Tages. 1. Mos II, 17.*
1 Auf daß ihr aber wisset, daß des Menschen 295
*Sohn Macht hat, zu vergeben die Sünden auf Erden (sprach er zu dem Gichtbrüchigen): Ich sage
dir, stehe auf! Mark. II, 10. - 2 Pascal spricht
ausdrücklich von dem »fetten Land«. Die Kraßheit des Ausdruckes wurde in der Ausgabe von
Port-Royal gemildert. Das gleiche gilt von dem*

Wort »fleischlich«. Jede Milderung verfälscht das 295
Gemeinte; das Fleisch ist eine Ordnung wie der
Geist; das fette Land gehört zur Ordnung des
Fleisches. Über die Ordnungen vergleiche 793.
1 Apokalyptiker sind in der Sprache von Port- 297
Royal jene, die auf den Prophezeiungen der Apo-
kalypse gründen, die sie mit Phantasie auslegen -
und die gibt es heute wie damals.
1 Hinweis auf den Text der Verkündigung. Luk. 298
I, 26.
1 Matth. XXIV, 36: Jenen Tag und die Stunde 299
weiß niemand. - *2* Adam, welcher ist ein Bild
des Zukünftigen. Röm. V, 14.
1 Das Wort, das ich in fast allen Fällen mit ‚Liebe 301
zu Gott' oder ‚Gottesliebe' übertrage, ist im Französischen »Charité«. Das Wort bezeichnet zugleich
die christliche Liebesforderung, die Liebe zum
Nächsten. Bei Pascal aber liegt der Ton auf der
unmittelbaren, ausdrücklich einseitig gerichteten
Liebe zu Gott, deren Gegensatz die Eigenliebe und
deren Gegenpol der Haß auf das Ich ist.
1 Psalm LXXVI, 6. - *2* Das Wesen dieser Welt 302
(vergeht). *1.* Kor. VII, 31. - *3* (Ein Land, da) du
Brot genug zu essen hast. *5.* Mos. VIII, 9. —
4 Unser täglich Brot. - *5* Und die Feinde Gottes
werden Staub lecken. Psalm LXXII, 9. - *6* (Und
sollen es) mit bittern Kräutern (essen). *2.* Mos.
II, 8. - *7* Psalm CXLI, 10. - *8* Du Held. Psalm
XLV, 4.
1 Die Klammern weisen auf Worte, die die Heraus- 303
geber einfügten, da die Seite des Manuskriptes
zerrissen und dadurch z. T. unlesbar geworden
ist.
1 Und siehe zu, daß du es machest nach dem 306
Bilde, das du auf dem Berge gesehen. *2. Mos.*
XXV, 40.
1 Siehe Anmerkung *1* zu S. 295.   307
1 Siehe Anmerkung *1* zu S. 257.   310
1 Wahrhaftige Anbeter. Joh. IV, 23. - *2* Siehe, 311
das ist Gottes Lamm, das der Welt Sünde trägt.
Joh. I, 29. - *3* Frgt. 682 enthält Auszüge Pascals
aus der Vulgata, die ihm zu bestimmten Themen,
die jeweils angegeben sind, als Belege dienen
sollten. Ich gebe hier nur die ausgezogenen Stellen
an, ohne im einzelnen die lateinischen Texte und

Anmerkungen zu Seite 311-324

*die Übersetzungen aufzuführen, die jeder bei ge- 311
nauer Beschäftigung nach den Angaben selbst auf-
finden kann. - 4 Ich, der Herr, kann das Herz
ergründen und die Nieren prüfen. - Aber sie
sprechen: Kommt und laßt uns wider Jeremia rat-
schlagen. Denn die Priester können nicht irren
im Gesetze, und die Weisen können nicht fehlen
mit Raten, und die Propheten können nicht unrecht lehren. Jer. XVIII, 18.
1 Des Lammes, das erwürgt ist, vom Anfang 314
der Welt. Off. Joh. XIII, 8. - 2 Lesart Tourneur. -
3 Setze dich zu meiner Rechten.
1 Denn er macht fest die Riegel (deiner Tore), 315
Psalm CXLVII, 13. - 2 Diese Betrachtung bezieht
sich auf den Talmud, Pugio Fidei III. Teil I,
Kap. IX, § 6.
1 Lesart Tourneur.* 316
1 wo er ist, ohne Fähigkeit fortzugehen, ohne 318
*Kameraden, ohne Beistand. - 2 während ich andere
Menschen gleicher Natur um mich sehe. - 3 und
das Erstaunliche ist, daß
1 Dieser Satz bezieht sich auf einen Bericht von* 319
*Plutarch, wonach ein gewisser Thamus zur Zeit
des Tiberius eine Stimme gehört hätte, die ihm
befahl zu verkünden, daß der große Pan tot ist.
Wahrscheinlich entnahm Pascal den Hinweis Charron, wo es heißt: Zur Zeit des Augustus und des
Kommens Jesu Christi sind die Orakel verstummt.
Die Aussage gehört demnach, und so ist sie von
Pascal empfunden worden, zu den Prophezeiungen, die den Messias ankündigten. Sie steht folglich, was Heidegger z. B. mißachtet hat, in einem
völlig anderen Zusammenhang als die Aufnahme
dieses Wortes durch Nietzsche, der sie in seinem
berühmten Satz, den er Zarathustra sagen läßt:
Gott ist tot, variierte. - 2 Sie nahmen das Wort
auf ganz williglich und forschen (täglich) in der
Schrift, ob sich's also verhielte. Apostelgeschichte
XVII, 11. - 3 Lese, was gekündet worden ist!
Schaue, was in Erfüllung gegangen ist! Sammle,
was noch zu erfüllen ist!
1 Lesart der Kopie, die Tourneur für möglicher* 321
*hält als die bisher üblichen.
1 Die Fragmente 713, 722, 726 u. a. enthalten* 324
Übersetzungen Pascals aus der Vulgata. Ich habe

in Übereinstimmung der Behandlung der übrigen 324
Bibelzitate die betreffenden Stellen unter Beachtung der Zusammenfassungen und Auslassungen
der Bibelübersetzung Luthers entnommen, da mir
eine Übersetzung der Übertragung Pascals, in
Anbetracht der Aufgabe, die diese Übertragung
in seinem Werk hatte, falsch erschien.
1 Jes. LIX, 9. 331
1 Grotius (Hugo de Groot), holländischer Jurist, 333
dessen Werke innerhalb der europäischen Geistesgeschichte des 17. und 18. Jahrhunderts viel beachtet wurden. Seine Schrift »De veritate religionis
christianae« hat auf Pascal gewirkt. - 2 Josephus
läßt Jaddua einen Zeitgenossen Alexanders des
Großen sein. Die Angabe wird bezweifelt.
1 Wir haben keinen König außer dem Kaiser. 334
Joh. XIX, 15.
1 Pascal hält Skopas offenbar für eine Stadt, 340
während er ein Feldherr des Euergetes war.
1 Lesart zweifelhaft, ich folge der Konjektur von 342
Tourneur.
1 Hinweis auf Hesekiel XVII, 2. 349
1 die ihm alle gehören. 351
1 Hinweis auf Jes. LXV, 2 und Röm. X, 21: Zu 353
dem Volk, das sich nichts sagen läßt und widerspricht. — 2 Aus allen seinen Sünden. Psalm
CXXX, 8.
1 Der Text dieses Fragmentes ist äußerst schwer zu 355
entziffern, so daß nicht unbeträchtliche Differenzen zwischen den einzelnen Ausgaben bestehn.
Ich folge zum Teil Tourneur, zum Teil Lafuma. -
2 Lesart Tourneur.
1 Und wirst tappen im Mittag, V. Mos., XXVIII, 20. 356
- 2 Hinweis auf Jes. XXIX, 11: Oder man gäbe
das Buch dem, der lesen kann, und er spräche: ich
kann nicht lesen.
1 Hinweis auf Hiob XIX, 23–25. - 2 Und wenn 357
du dich bekehrest, so stärke deine Brüder. Luk.
XXII, 32. - 3 Und der Herr wandte sich und sah
Petrus an. Luk. XXII, 61.
1 Verstocke (das Herz). Jes. VI, 10. - 2 Lesart 360
Tourneur. - 3 Der Mensch, der ist, macht dich zu
Gott.
1 Geschrieben steht, ihr seid Götter, Psalm 361
LXXXI, 6. Und die Schrift kann doch nicht ge-

Anmerkungen zu Seite 361-370

brochen werden. - 2 *Die Krankheit ist nicht zum* 361
Tode (Joh. XI, 4) - *und ist zum Tode.* - 3 *Lazarus
schläft* - *da sagte er, Lazarus ist gestorben. Joh.
XI, 11 und 14.*

1 *Das Original trägt den hebräischen Buchstaben* 362
מ, *woraus man gefolgert hat, daß Pascal sich zu
jener Zeit mit der hebräischen Sprache beschäftigt hatte, um das Alte Testament in der Ursprache lesen zu können. Es ist nicht wahrscheinlich, daß er mehr als die Anfangsgründe kennengelernt hat.* - 2 *(Gürte) dein Schwert (an deine
Seite), du Held. Psalm XLV, 4.*

1 *Darum, da er in die Welt kommt. Hebr. X, 5.* 364

1 *Lesart Tourneur.* 365

1 *Lesart Tourneur.* - 2 *Auch will ich ... meinen* 366
Geist ausgießen. Joel III, 2. - 3 *Und vor ihm anbeten alle Geschlechter der Heiden. Psalm
XXII, 28.* - 4 *Es ist ein Geringes, daß usw. Jes.
XLIX, 6.* - 5 *Heische von mir. Psalm III, 8.* -
6 *Alle Könige werden ihn anbeten. Psalm
LXXII, 11.* - 7 *Frevle Zeugen. Psalm XXXV, 11.*
- 8 *Und lasse sich auf die Backe schlagen. Klagelieder Jer. III, 30.* - 9 *Und sie geben mir Galle
zu essen. Psalm LXIX, 22.*

1 *S. 773, Anm. 3.* - 2 *Ein Licht, zu erleuchten die* 367
Heiden. Luk. II, 32. - 3 *So tut er keinen Heiden.
Psalm CXLVII, 20.* - 4 *So tut er allen Völkern.
Es ist ein Geringes, daß usw. Jes. XLIX, 6.* -
5 *Trinket alle daraus. Matth. XXVI, 27.* - 6 *Dieweil alle gesündigt haben. Röm. V, 12.* - 7 *Fürchte
dich nicht, du kleine Herde* - *Mit Furcht und
Zittern (Luk. XII, 32).* - *Was also?* - 8 *Wer mich
aufnimmt, nimmt nicht mich auf, sondern den,
der mich sandte. Matth. X, 40.* - 9 *Hinweis auf
Mark. XIII, 32.* - 10 *Eine Wolke hat das Licht verfinstert.* - 11 *Im allgemeinen, im besonderen.*

1 *(Und es ging zu ihm hinaus) das ganze jüdische* 368
*Land und die von Jerusalem und ließen sich alle
(von ihm) taufen. Mark. I, 5.* - 2 *Hinweis auf
Mark. IV, 12. Auf daß sie sich nicht dermaleinst
bekehren und ihre Sünden ihnen vergeben werden.* - 3 *Mein Freund, warum bist du gekommen?
Matth. XXVI, 50.* - 4 *Vgl. Matth. XXII, 12.* -
5 *Lesart Tourneur.*

1 *Warum toben die Heiden (und die Leute reden* 370

so vergeblich)? Die Könige im Lande (lehnen sich 370
auf)... wider (den Herrn und) seinen Gesalbten.
Psalm II, 1—2. - 2 seine göttliche Natur. - 3 seine
menschliche Natur.
1 Lesart Tourneur. 371
1 Dieses Fragment enthält den Schlüssel zur Phi- 373
losophie Pascals. Pascal hatte in seinen Arbeiten
über das arithmetische Dreieck und dann in seiner
Schrift über die Zykloide, die er unter dem Namen Dettonville Ende 1658 veröffentlichte, Ordnungen nachgewiesen, die nichts miteinander gemeinsam haben; er hatte gezeigt, daß die Punkte
der Linie nichts hinzufügen, weil sie einer andern
Ordnung angehören, und später ausgeführt, daß
analog eine Triangularsumme sich zu einer Pyramidalsumme wie eine Indivisible, nämlich wie ein
unteilbarer Punkt zur Linie verhält, denn sie ist
»einen Grad geringer«, weshalb sie vernachlässigt
werden kann. Das Unteilbare ist zugleich Kennzeichen für den unendlichen Weg bis zu ihm;
so ist der Abstand, der die Linie in der Ordnung
vom Punkt trennt, unendlich. Entsprechend ist der
Abstand zwischen dem Körper und dem Geist und
zwischen dem Geist und der Liebe zu Gott unendlich. Und dann ist auch deutlich, daß diese
Kluft nur durch eine übernatürliche Ursache, durch
die Gnade, überwunden werden kann, denn die
»Natur ahmt sich stets nach«. Ich habe im Nachwort und vor allem in der Abhandlung über Pascals Lehre von den Ordnungen im Anhang zu
meiner Ausgabe der kleineren philosophischen
Schriften und in »Die Philosophie Pascals« versucht, einen Abriß dieser nur oberflächlichem Denken mystisch scheinenden, im Wesen aber rationalen Schau der Welt zu geben, und versucht herauszustellen, daß diese Weltdeutung völlig verschieden von jener ist, die vor allem aus Descartes
herkommt. Ich habe dort gesagt, daß, während die
Weltschau des kausalgenetischen Zusammenhangs
ihre Sprünge immer deutlicher werden läßt, die
Weiterbildung des Pascalschen Ansatzes in neue
und ebenso geheimnisvolle wie klare Gefilde
führt. - 2 Nach Plutarch war Archimedes mit dem
König Hieron von Syrakus verwandt. Hieron war
aber nicht König im Sinne einer Erbmonarchie,

sondern Tyrann der Stadt. Man kann also nicht 373
mit Recht von Archimedes als von einem Fürsten
sprechen.
1 Pascal sagt ausdrücklich: Des esprits. Er postu- 374
liert demnach, daß es eine Seinsordnung gibt,
deren Natur die Geister, der Geist, auch im
Menschen ist. Ich wählte zur Verdeutlichung dieses Gedankens den noch im Mittelalter bekannten Plural Geiste für Geist, da die Form Geister
dem Gedanken nicht mehr angemessen scheint. Die
ungewöhnliche Formulierung soll zugleich die ontologische Bedeutung des Gedankens deutlich
machen.
1 Zur Heiligung und zum Ärgernis. 375
1 Abriß der Geschichte des Kampfes 378
zwischen Jansenisten und Jesuiten.
Während der größte Teil der Fragmente der vorhergehenden Kapitel gegen die Freigeister, die
aufgeklärten Gebildeten der Zeit Pascals, gerichtet waren, gehören viele Fragmente des XIII. und
XIV. Kapitels zu dem Kampf, den Pascal gemeinsam mit den Theologen des Klosters Port-Royal
gegen die Jesuiten führte. Während nun die Gegner, die Pascal als Gesprächspartner der Apologie
gewählt, keineswegs von der Bühne verschwunden
sind – gehört doch heute wie damals die Mehrzahl der Gebildeten zu diesen Lässigen, die sich
in solcher Modetracht wohlfühlen – sind die Gegner des Kampfes, die Pascal schon in den »Lettres
Provinciales« bekämpft hatte, und auch die Fragen, um die es in diesem Kampf ging, zwar nicht
verschwunden, aber ohne gegenwärtige Wirklichkeit. Deshalb fällt es schwer, die Überlegungen
und Ausführungen in ihrem eigentlichen Inhalt zu
verstehen, und deshalb ist es notwendig, daß man
über die geschichtlichen Vorgänge unterrichtet ist.
Wenn ich im folgenden einen kurzen und unvollständigen Abriß dieses Kampfes gebe, so sei
vorausgeschickt, daß jeglicher Kampf, gleichgültig
für wen und gegen wen er geführt wird, aus dem
Recht herausführt, hat doch noch jede Wahrheit
im Kampf Schaden gelitten. Und so ist es fast unmöglich, über den Kampf gerecht zu berichten,
denn es ist schwer, nicht Partei zu ergreifen. Das
gehört zu unserer menschlichen Seinslage, und Pas-

cal nannte es eine Folge der Konkupiszenz. Es gibt 378
hier keine Objektivität und keine objektive Gerechtigkeit, die wir widerfahren lassen könnten. Woraus folgt, daß ich, der ich vom Standpunkt des Pascalschen Werkes aus berichte, notwendig voreingenommen bin und man gut tut, das in Erinnerung zu behalten. Ein anderer wird in anderer Weise voreingenommen sein.
Zur Diskussion stand der Jesuitenorden, den bekanntlich 1534 der heilige Ignatius von Loyola gegründet und zu einem Instrument der Reform und der Verteidigung der Kirche und zu der wichtigsten Truppe, die die Stellung des Papstes in der Christenheit gegen die Schismatiker schützte, gemacht hatte. Dadurch hatte der Orden neben der geistlichen zugleich eine politische Aufgabe, die um so wichtiger erschien, als die erfolgreichen Revolutionen innerhalb der christlichen Kirche, die zur Loslösung großer Teile von Deutschland, der nordischen Länder und Englands von Rom geführt hatten, Anlaß sein konnten, daß auch andere Fürsten dieses Beispiel einer Machtvergrößerung nachahmen würden. Denn Macht- oder Geldgewinn haben noch immer die Stimme des Gewissens am leichtesten zum Schweigen gebracht. So mißtraute man zeitweise Richelieu und glaubte, daß er sich zum Patriarchen einer französischen Kirche machen wolle.
Der Jesuitenorden aber war in Frankreich nicht gern gesehen. Sein wichtigster Gegner war lange Zeit hindurch die Sorbonne, die die Hochburg der scholastischen Theologie gewesen war und die von den Jesuiten gesagt hatte, daß sie mehr zur Zerstörung als zur Festigung der Kirche dienten. Trotzdem hatten die Jesuiten durch zähe Arbeit ihre Stellung in Frankreich verbessert, und sie verdankten dies vor allem, wie Racine sagt, zwei Vorteilen: sie hatten die besseren Schriftsteller, die fähigeren Gelehrten, und sie hatten ausgezeichnete Schulen eingerichtet, in denen die Jugend von ihnen erzogen wurde; ist doch z. B. Descartes Schüler der Jesuiten. Es bestand also auf seiten der Jesuiten eine politische Aufgabe, ein selbstloser, überpersönlicher Zweck, den sie hartnäckig verfolgten, und ihm ordneten sie, wie im-

mer, wenn Idee, das überpersönliche Prinzip, mit 378
Macht vereint auftritt — und das ist die schlimmste Ehe auf Erden, da sie ungezügelten, scheinbar
sachlich berechtigten Egoismus zeugt — alles andere unter. Alle Vorgänge, die zu dem Kampf
zwischen der Gruppe der Theologen, die man
später Jansenisten nannte, und den Jesuiten führten, kann ich hier nicht berichten. Der Kampf trat
in sein entscheidendes Stadium, als das Buch des
Jansenius über Augustinus erschienen war. Jansenius war als Bischof von Ypern 1638 gestorben;
er war befreundet gewesen mit Jean Duvergier
de Hauranne, dem unter dem Namen seines Klosters bekannten Abt von Saint-Cyran, der der eigentliche Begründer der religiösen Bewegung ist,
die man dann nach Port-Royal oder nach Jansenius benannt hat. Zwei Jahre nach dem Tod des
Jansenius erschien sein Buch über Augustinus, das
ausführlich die Gnadenlehre des Augustinus behandelte und natürlich auch von dem Kampf des
Augustinus gegen Pelagius sprach. Dieser Lehre
kamen nach Ansicht der Anhänger Saint-Cyrans
die Morallehren der Jesuiten, vor allem der der
Molinisten, nahe, während die Jesuiten bei Jansenius und den Anhängern Saint-Cyrans versteckten Kalvinismus witterten. Deshalb griffen sie das
Buch des Jansenius an. Antoine Arnauld (1612
bis 1694), der aus einer angesehenen Pariser Anwaltsfamilie stammte und dessen Schwestern Äbtissinnen im Kloster Port-Royal waren — und die
Geschichte der Reform dieser Klöster ist von dem
Namen der älteren Schwester Arnaulds, der Mère
Angélique, nicht zu trennen — verteidigte das Buch
des Jansenius. Da das Kloster Port-Royal den
Theologen, die Arnauld nahestanden, als Ort
geistlicher Übung diente, wurde es mit in den
Kampf gezogen. Die Jesuiten wollten in PortRoyal ihren bis dahin gefährlichsten Gegner Arnauld treffen, und es ist auch möglich, daß sie,
wie Racine bemerkt, wünschten, daß die von
Port-Royal eingerichteten Schulen, die die Jugend
ihrem Einfluß entzogen, aufgehoben würden. Die
Nonnen in Port-Royal waren im Grunde an diesem Kampf unbeteiligt. Nur erwähnt sei, daß

schließlich der Kampf mit einer Niederlage des 378 *Klosters Port-Royal endete.*

Die weitere Geschichte des Jansenschen Buches und die Kämpfe, die darum entstanden, sind verwickelt und die Methoden des Kampfes nur schwer verständlich zu machen oder nur dadurch, daß wir uns daran erinnern, daß alle, die in diesem Kampf eine Rolle spielten, Menschen waren, die ihre Leidenschaft mit der Wahrheit, für die sie leidenschaftlich eintraten, verwechselten. Ein Jesuit Cornet stellte fünf Lehrsätze auf, die von der Gnadenlehre des Jansenius ausgingen, die aber nicht von Jansenius geschrieben waren, und legte sie der Sorbonne zur Begutachtung vor. Die Sorbonne bemerkte die Intrige, sie lehnte »die Beurteilung von Sätzen, die keinen Verfasser« hätten, ab. Die Partei der Jesuiten gab sich nicht zufrieden. Sie brachte die Sätze nach Rom und erreichte, trotzdem die Partei Arnaulds, die man dann später im Kampf Jansenisten taufte, Gegenmaßnahmen versuchte, daß sie verurteilt wurden. Damit hatte man sozusagen ein Urteil gegen Jansenius und seine Verteidiger. Von da ab ging der Kampf äußerlich darum, daß anerkannt werden sollte, daß diese Sätze sich wirklich in dem verurteilten Buch befänden, denn gegen die Verurteilung der Sätze an sich, die ja »keinen Verfasser hatten«, wurde kaum ein Einspruch von irgendeiner Seite erhoben. Der Kampf um diese Spitzfindigkeit fand statt, als in Frankreich der Bürgerkrieg der Fronde herrschte. Mazarin, Kanzler und Nachfolger Richelieus, war durch diese Kämpfe mehr beschäftigt, als im Interesse des religiösen Friedens gewesen wäre. Und so kam es nach vielem Hin und Her zu einer Entscheidung, die der Erzbischof von Embrun in dem von Mazarin berufenen Bischofskollegium durchsetzte, wonach die Prüfungen der Bischöfe ergeben hätten, daß sie zwar die betreffenden Sätze bei Jansenius nicht gefunden, daß man aber in Anbetracht seiner ganzen Lehre nicht daran zweifeln könnte, daß sie darin wären, und daß es im übrigen zwei unbestreitbare Beweise gäbe, nämlich die Bulle des Papstes, die die Sätze dem Jansenius zuschrieb, und die Briefe, die die Bischöfe

Anmerkungen zu Seite 378-381

von Frankreich an den Papst geschrieben und aus 378
denen hervorging, daß sich die fünf Sätze tatsächlich bei Jansenius fänden. Das sind die fünf Lehrsätze, von denen Pascal mitunter spricht, das ist die Kabale, das ist die Verleumdung, darauf bezieht sich das Dokument, das die Geistlichen unterschreiben sollten und das zu unterschreiben sich einige weigerten, und dem andererseits die Sorbonne — und das war ein entscheidender Triumph der Jesuiten — zustimmte.
In diese Kampflage griff Pascal mit den »Lettres Provinciales« ein, die vielleicht die genialste Streitschrift der Weltliteratur sind. In den Umkreis dieser »Lettres Provinciales« gehört offenbar eine Anzahl der Fragmente, die in den nachfolgenden Kapiteln vereint sind. Man kann nicht sagen, ob sie in der Apologie Verwendung gefunden hätten, da es möglich ist, daß Pascal neben der eigentlichen Apologie, neben seiner Schrift gegen die Verächter der christlichen Religion, ein anderes Buch gegen die Theologie der Molinisten, gegen die, wie er sie nannte, schlechten Christen schreiben wollte, jedenfalls erwähnt Florian Périer, daß Pascal Werke über die christliche Religion geplant hätte. Niemand wird das entscheiden können. Nur eines sei hier noch abschließend erwähnt, daß aus dem Kampf zwischen Port-Royal und den Jesuiten, so unverständlich er uns auch scheinen mag, der französischen Geistigkeit und Religiosität eine großer Vorteil erwuchs. Politisch unterlag Port-Royal, doch die Prägung des französischen Geistes durch die Jahrhunderte und die nie abreißende Folge bedeutender christlicher Denker und Schriftsteller ist ohne diesen Kampf zwischen Jansenisten und Jesuiten nicht zu verstehen.

1 Wir wissen, daß du bist ein Lehrer von Gott 379
kommen, denn niemand kann die Zeichen tun, die du tust, es sei denn Gott mit ihm. Joh. III, 2.
1 Hätte ich nicht die Werke getan..., so hätten 380
sie keine Sünde. Joh. XV, 24. - *2* Lesart Tourneur.
1 Unter den Ärzten, die Pascal bis zu seinem 381
Tode behandelten, befindet sich auch einer namens Gouénault, dessen Mittel für alle Krankheiten ein mit Antimon versetzter Wein war, mit dem er,

wie einer seiner Gegner behauptete, die Men- 381
schen in großem Umfang tötete. Von diesem
Arzt, dessen Mittel man auch den Tod Pascals zugeschrieben hat (so Jovy), berichtet man das
zynische Wort, daß sein Mittel nicht so schlecht
sei, wie man sage, denn wenn es für die, die es
nehmen, nicht gut sei, so wäre es doch gut für
die Erben.
1 und selbst der Religion. 382
1 Wunder-Götze. - 2 Vatable, der in der ersten 384
Hälfte des 16. Jahrhunderts lebte und Professor
des Hebräischen war, hatte Notizen zu einer
Übersetzung des Alten Testamentes hinterlassen,
auf die Robert Etienne, der zur Zeit Pascals an
einer neuen lateinischen Übersetzung der Bibel
arbeitete, zurückgriff. - 3 Ein jeglich Reich, so es
(mit ihm selbst) uneins wird (das wird Wüste).
Matth. XII, 25. - 4 Hinweis auf Luk. XI, 20: So
ich aber durch Gottes Finger die Teufel austreibe,
so kommt ja das Reich Gottes zu euch.
1 Hinweis auf die Kontroverse des Augustinus 385
gegen die Donatisten, die Anhänger des Donatus
in Afrika. - 2 Und ob er wohl solche Zeichen vor
ihnen tat, glaubten sie doch nicht an ihn; auf daß
erfüllet würde der Spruch des Propheten Jesaja.
Joh. XII, 37–38. - 3 Hat geblendet. - 4 Solches
sagte Jesaja, da er seine Herrlichkeit sah, und
redete von ihm. Joh. XII, 41. - 5 Sintemalen die
Juden Zeichen fordern und die Griechen nach
Weisheit fragen; wir aber (predigen) den gekreuzigten Christ. 1. Kor. I, 22. Aber (fährt Pascal fort) voller Zeichen, voller Weisheit, ihr jedoch (an die Jesuiten gerichtet) wollt einen
Christus, der nicht gekreuzigt wurde, und eine
Religion ohne Wunder und Weisheit.
1 Aber ihr glaubet nicht, denn ihr seid meine 386
Schafe nicht. Joh. X, 26.
1 Lesart Tourneur. 387
1 Siehe Anmerkung 1 zu S. 378. 388
1 Lesart Tourneur. - 2 Nicht weil ihr Zeichen ge- 389
sehen habt, sondern weil ihr seid satt worden. -
3 Der Mensch ist nicht von Gott, dieweil er den
Sabbat nicht hält. Die andern: Wie kann ein sün-
diger Mensch solche Zeichen tun? Joh. IX, 16.
1 Was sagst du (von ihm)? Er aber sprach, er 390

Anmerkungen zu Seite 390-392   499

ist ein Prophet. Joh. IX, 17. - 2 Wäre dieser
nicht von Gott, er könnte nichts tun. Joh. IX, 33.
1 Denn es ist niemand, der eine Tat tue in meinem
Namen, und möge bald übel von mir reden.
Mark. IX, 39.
1 Die Überlegungen über die Wunder - und diese
sind für Pascal eine Art empirischen Beweises des
Übernatürlichen, wie die Leidenschaft, mit der
er hier spricht, an die Argumente erinnert, die
ihm zur Widerlegung der Lehre vom horror
vacui dienten - sind in der Hauptsache veranlaßt
durch die wunderbare Heilung der Nichte Pascals,
Margot Périer, durch den heiligen Dorn. Da zum
Verständnis der vom Wunder handelnden Fragmente, die übrigens für die Apologie bestimmt
waren, die Kenntnis dieser Geschichte notwendig
ist, möchte ich sie nach dem Bericht erzählen, den
Jean Racine in seiner Geschichte des Klosters
Port-Royal von der wunderbaren Heilung gibt,
war doch Jean Racine, Frankreichs größter Dramatiker, sein Leben lang Port-Royal und den
Jansenisten verbunden. Es heißt bei Racine: »In
Port-Royal befand sich eine junge Pensionärin von
10 oder 11 Jahren, namens Périer, die eine Nichte
Blaise Pascals war. Sie litt seit dreieinhalb Jahren
an einer eitrigen Fistel der Tränendrüse im linken
Auge. Diese bösartige (wahrscheinlich tuberkulöse)
Erkrankung äußerte sich äußerlich durch eine Geschwulst, nach innen hatte sie bereits das Nasenbein angegriffen und den Gaumen durchfressen.
Jede Berührung der kranken Seite war überaus
schmerzhaft, und auf Veranlassung der Ärzte hatte
man die kleine Périer von den übrigen gleichaltrigen Pensionärinnen getrennt, da die Ausflüsse
einen unerträglichen Geruch verbreiteten. Kein
Mittel, das gegen die Krankheit versucht wurde,
half, so daß die Ärzte eine Operation für notwendig hielten. Das trug sich zu, unmittelbar bevor der Sturm gegen das Kloster Port-Royal ausbrechen sollte. Die Nonnen beteten ohne Unterbrechung, und vor allem flehte die Äbtissin, Marie
des Anges, in der Einsamkeit Tag und Nacht zum
Himmel, da ihr keine Hoffnung und Hilfe mehr
von den Menschen blieb. Damals lebte in Paris ein
Geistlicher, de la Potherie, der unter anderen hei-

ligen Reliquien, die er gesammelt hatte, einen Dorn 392
aus der Dornenkrone des Herrn besitzen wollte.
Mehrere Klöster hatten einen heiligen Eifer gezeigt, diese Reliquie zu sehen. Auch die Nonnen
von Port-Royal baten, von dem gleichen Wunsch
beseelt, darum, und so wurde die Reliquie in ihr
Kloster gebracht, und zwar am 24. März 1656;
das war der Freitag der Fasten, an dem die Kirche
als Introitus die Worte des 86. Psalmes: Fac mecum
signum in bonum etc. singt: Tue ein Zeichen an
mir, daß mir's wohl gehe, daß es sehen, die mich
hassen, und sich schämen müssen, da du mir beistehst, Herr, und tröstest mich.
Nachdem die Nonnen den heiligen Dorn empfangen hatten, stellten sie ihn inmitten des Chores
nahe dem Gitter auf, und die Gemeinde wurde
aufgefordert, sich zu einer Prozession einzufinden,
die nach der Vesper der Reliquie zu Ehren stattfinden sollte. Nachdem die Vesper beendet, sang
man die Hymnen und die Gebete, die der heiligen
Dornenkrone und dem Mysterium der Passion angemessen waren. Als die Reihe an die kleine
Périer kam, sagte zu ihr die Vorsteherin der Pensionäre, die nahe am Gitter stand, um zu sehen,
wie die Kinder vorbeigingen, und die nur in
Schauder, gemischt mit Mitleid, das entstellte Gesicht der Kranken betrachten konnte: »Bitte zu
Gott, meine Tochter, und lasse dein krankes Auge
von dem heiligen Dorn berühren!« Das Mädchen
tat, wie ihr geheißen wurde, und sie hat später
erklärt, daß sie bei den Worten der Vorsteherin
keineswegs ahnte, daß der Dorn sie heilen könnte.
Nach dieser Feier gingen alle Pensionärinnen auf
ihr Zimmer. Margot Périer war noch nicht lange
dort, als sie zu ihrer Begleiterin sagte: »Schwester, ich bin nicht mehr krank, der heilige Dorn
hat mich geheilt.« (Oeuvres complètes de Racine,
Band V, Paris 1933, p. 84 ff.) Die Tatsache dieser
Heilung kann nach allen Berichten, die über sie
vorliegen, nicht bezweifelt werden. Ferner war
die Heilung endgültig, denn Margot Périer lebte
noch lange als Zeugin dieses Wunders und starb
erst hochbetagt.
1 Siehe, ob ich auf bösen Wegen bin. Psalm 393
CXXXIX, 24.

Anmerkungen zu Seite 394-398

1 Die Werke, die ich tue in meines Vaters Namen, die zeugen von mir. Aber ihr glaubet nicht, denn ihr seid von meinen Schafen nicht (als ich euch gesagt habe, denn), meine Schafe hören meine Stimme. Joh. X, 25—27. — *2* (Da sprachen sie zu ihm:) Was tust du denn für ein Zeichen, auf daß wir sehen und glauben dir, Joh. VI, 30. Sie sagen nicht: Welche Lehre lehrst du? - *3* Niemand kann die Zeichen tun, die du tust, es sei denn Gott mit ihm. Joh. III, 2. - *4* Gott, der den Teil, der ihm auserwählt ist, durch offenbare Wunder schützt. - *5* Hinweis auf Luk. XI, 16. Die anderen aber versuchten ihn und begehrten ein Zeichen von ihm vom Himmel. - *6* Die böse (und ehebrecherische Art) suchet ein Zeichen, und es wird ihr kein Zeichen gegeben werden. Matth. XII, 39. - *7* Und er seufzte in seinem Geist, und sagte: Was suchet doch dieses Geschlecht Zeichen? Mark. VIII, 12. - *8* Und er konnte (allda) nicht (eine einzige Tat) tun. Mark. VI, 5. - *9* Wenn ihr nicht Zeichen (und Wunder) sehet, so glaubet ihr nicht. Joh. IV, 48. - *10* Entnommen aus 2. Thess. II, 9f. Des, welches Zukunft geschieht nach der Wirkung des Satans mit allerlei lügenhaftigen Kräften und Zeichen und Wundern und mit allerlei Verführung zur Ungerechtigkeit unter denen, die verloren werden ... Darum wird ihnen Gott kräftige Irrtümer senden, daß sie glauben der Lüge. - *11* Denn der Herr, euer Gott, versucht euch, daß er erfahre, ob ihr ihn lieb habt. 5. Mos. XIII, 3. - *12* Siehe, ich habe es euch zuvor gesagt. Matth. XXIV, 25—26. Sehet selbst.

1 Lesart Tourneur.

1 Lesart der Kopie; im Original steht: Man muß dies Wort verzeihen: »Quod debui«. - *2* Wahrscheinlich Hinweis auf Jes. V, 4: Was sollte man noch mehr tun in meinem Weinberg, das ich nicht habe getan an ihm.

1 Hinweis auf Galater I, 8.

1 Lesart Tourneur. - *2* Ludwig Molina (1535 bis 1600), Morallehrer und Theologe der Jesuiten. Er ist bekannt durch den um seine Lehre entfachten sog. Molinistischen Streit. Seiner Lehre, die von dem Zusammenwirken der Gnade mit dem freien Willen handelte, wodurch der sittliche Akt

398 und so auch die Rechtfertigung bedingt sei, wurde da sie im Widerspruch zu Thomas von Aquin stand, auch von seiten der Jesuiten widersprochen.

399 1 Lesart Tourneur. - 2 Claude de Lingendes, Jesuitenprediger, der in der 1. Hälfte des 17. Jahrhunderts lebte und als Redner berühmt war.

400 1 Wo ist nun dein Gott. Psalm XLII, 4. - 2 Den Frommen geht das Licht auf in der Finsternis. Psalm CXII, 4. - 3 Ist und ist nicht. - 4 Wehe den Schriftgelehrten, die ungerechte Gesetze machen. Jes. X, 1.

401 1 Ich berichtete in der Anmerkung 1 zu S. 392 über die wunderbare Heilung der Margot Périer, der Nichte Pascals, die Pensionärin in Port-Royal war, durch den heiligen Dorn. Es ist natürlich, daß, nachdem diese Nachricht in die Öffentlichkeit gelangt war – und bemerkenswert ist, daß die Nonnen von Port-Royal alles taten, um das Ereignis geheimzuhalten –, viele Leidende und Kranke in das Kloster pilgerten, von dem Wunsch beseelt, durch die Reliquie geheilt zu werden. So geschahen im Anschluß an das erste Wunder weitere. Es ist aber notwendig, zu bemerken, daß die durch das Wunder anfänglich erschütterte Seite der Gegner nicht nachgab und entweder das Faktum selbst bezweifelte oder die Nonnen des Betrugs bezichtigte. Man sagte, die Nonnen hätten der angeblich Geheilten eine Schwester untergeschoben, oder man sagte, die Krankheit sei nicht vollständig geheilt gewesen und das Leiden schwerer zurückgekehrt. Ja, man ging weiter und behauptete, das Wunder sei ein Zeichen der Ketzerei dieser Nonnen. Die Tatsachen sind schwer verständlich, wenn man sich nicht daran erinnert, daß es hier wie so häufig nicht eigentlich um Wahrheit, sondern um Einfluß und Macht ging.

402 1 Hätte ich nicht die Werke getan (unter ihnen), die kein anderer getan hat. Joh. XV, 24. - 2 Lesart Tourneur.

404 1 Lesart Tourneur. - 2 Das Frgt. 854 ist, wie Léon Brunschvicg festgestellt hat, nicht von Pascal, sondern von Colbert, dem Bischof von Montpellier. - 3 Gemeint ist Pascals Familie.

406 1 Man kann nicht eine davon leugnen, ohne eine offensichtliche Häresie zu lehren, und alle Häre-

Anmerkungen zu Seite 406-416

sien stammen nur aus der Unkenntnis oder dem 406
Ausschluß einer dieser Wahrheiten und der Bindung an die entgegengesetzte Wahrheit. Die Quelle aller Häresien ist das Nichtbeachten der Übereinstimmung zweier gegensätzlicher Wahrheiten und der Glaube, daß sie unvereinbar sind.
1 Luther.

1 Lesart Tourneur. 2 Die Punkte bedeuten unlesbare Worte der Handschrift, vor denen auch Tourneur versagte. - 3 Lesart Tourneur. 407

1 Pascal erinnert hier an die Vorgänge, die zum Ausbruch des Bürgerkrieges, der »Fronde«, führten. Die Unruhen begannen bekanntlich mit einem Konflikt zwischen dem Parlament und Mazarin bzw. der Königin Mutter. (Vgl. Anm. 1 zu S. 150.) 410

1 Ihr aber nicht also. Luk. XXII. 26. - 2 Zwei oder drei, nach Paulus 1. Kor. XIV, 27. - 3 In einem, ebd., 25. 411

1 Höchstes Recht, höchstes Unrecht, Terenz. - 2 Der Schluß des zwölften Briefes, auf den sich Pascal hier bezieht, lautet: Ein befremdender und langer Krieg ist es, wenn die Gewalt die Wahrheit zu unterdrücken sucht. Alle Anstrengungen der Gewalt können die Wahrheit nicht schwächen; sie dienen nur dazu, sie im Ansehen zu erhöhen. Aller Glanz der Wahrheit vermag nicht, die Gewalt aufzuhalten; er macht sie nur wilder. Kämpft die Macht mit der Macht, dann siegt die größere über die geringere, setzt man Rede gegen Rede, dann wird die wahrere und überzeugendere die, die voller Eitelkeit und Lüge ist, aufheben und vernichten: die Gewalt und die Wahrheit aber vermögen nichts über einander. Doch man hüte sich, daraus zu schließen, daß sie ebenbürtig seien. Denn diesen mächtigen Unterschied gibt es hier: die Bahn der Gewalt ist durch das göttliche Gesetz beschränkt, das ihre Wirkung zum Ruhm der Wahrheit, die sie angreift, dienen läßt; während die Wahrheit ewig besteht und endlich über ihre Feinde siegt, da sie ewig und mächtig ist wie Gott selbst. 412

1 Weide meine Schafe, nicht deine. Joh. XXI, 17. - 2 Lesart Tourneur. 413

1 Niemals wird die Kirche reformiert werden. - 2 Lesart Tourneur. 416

504   Anmerkungen zu Seite 417-421

1 Lesart Lafuma.   417
1 Augustinus: De doctrina christiana. - 2 Den 418
*Demütigen gibt er Gnade. Ep. Jak. IV, 6. Heißt
das, daß er ihnen nicht die Demut gegeben hat? -
3 Und die Seinen nahmen ihn nicht auf. Joh.
I, 11 – Waren all die aber, die nicht aufnahmen,
nicht die Seinigen? - 4 Feuillantiner, Reformkongregation der Zisterzienser, benannt nach der
Abtei Fulium (Feuillant bei Toulouse), um 1580
begründet. Die Kongregation bestand nur bis zur
französischen Revolution. - 5 Lesart Tourneur.
1 So sind die Philosophen aller Sekten frei ihren* 419
eignen Einbildungen gefolgt.
1 Kasuisten. Pascal hat, wie bemerkt, gegen die 420
*Moraltheorie der Kasuisten, den Probabilismus,
die »Lettres Provinciales« geschrieben. In diesem
Moralsystem wurde auf die Frage: »Gilt hier das
Gesetz?« die vom Gesetz freisprechende Antwort
erteilt: »Wenn gute Gründe dafür vorhanden
waren, und erst recht, wenn bessere Gründe gegeben sind«. Hierbei bediente sich die Scholastik
der Jesuiten der traditionellen wissenschaftlichen
Methode, eine Aussage durch die Autorität eines
anderen Autors zu bestätigen. Der Fehler dieser
Methode lag darin, daß man zu frei in der Wahl
der gültigen Autoritäten war. Während die Scholastik eine echte wissenschaftliche Methode besaß,
die darin bestand, daß der Weg der logischen Ableitungen an das Wort einiger Autoren, vor allem
des »Philosophen« und der Kirchenväter, und später auch an das der anerkannten Lehrer der Kirche
gebunden blieb, wodurch die Ausführungen der
Scholastiker in der Beengung auf das eine und
wahre Ziel ausgerichtet waren und in der Beschränkung doch alles gesagt werden konnte, zerbrach die Scholastik der Jesuiten eben diese Fesseln, die man den Stilbindungen jeder großen
Kunst vergleichen kann. Es wird bei jeder Wandlung der Methode, die, wie es scheint, von Zeit
zu Zeit notwendig wird, immer die geben, die
auf der Seite des Neuen fechten, und die, die
im Kampf gegen das Neue den Anschein der Tradition wahren und im Grunde ihren Adel vernichten.*
1 Im siebenten Brief der »Lettres Provinciales« 421

wird eine ähnliche Auslegung des Duells durch 421
den Jesuiten Diana bzw. Hurtado de Mendoza
glossiert. - 2 Besiege mit Gutem das Böse.
1 Montalte war, wie erwähnt, der Deckname 422
Pascals, unter dem er die »Lettres Provinciales«
veröffentlicht hat. - 2 Unter den Morallehrern der
Jesuiten, die Pascal in den »Lettres Provinciales«
dem allgemeinen Spott ausgeliefert hat, befand
sich vor allen Antoine Escobar. Die Wirkung
dieses Angriffs wird am besten dadurch illustriert, daß das von Pascal geprägte Wort escobartin in die französische Sprache als Synonym
der Scheinheiligkeit eingegangen ist.
1 (Sondern nach ihren eigenen Lüsten) werden 423
sie ihnen selbst Lehrer aufladen. 2. Ep. Tim.
IV, 3.
1 Ihr seid Götter. Psalm LXXXII, 6. - 2 Dein 424
Gericht, o Herr Jesus, rufe ich an. - 3 Lesart
Tourneur. - 4 Die Aufzeichnungen Pascals, die
Brunschvicg in der 13. und 14 Abteilung seiner
Penséesausgabe vereinigt hat, enthalten, wenn man
von den Aufzeichnungen zum Thema des Wunders
vom heiligen Dorn absieht, die wahrscheinlich in
einem Brief der Apologie verarbeitet worden wären, kaum mehr Notizen zur Apologie, sondern in
der Hauptsache Notizen zu jenen Schriften, die Pascal im Kampf zwischen Port-Royal, d. h. den
Jansenisten und den Jesuiten veröffentlicht hat
bzw. zu schreiben plante. D. h. es handelt sich
hierbei um Notizen, die zum Teil in den »Lettres
Provinciales«, z. T. in dem »Factum pour les curés
de Paris« und den hierzu gehörigen Schriften bzw.
den »Ecrits sur la Grace« verarbeitet worden sind
oder hierzu dienen sollten. Sie haben also ganz gegewiß nichts mehr mit jenem Werk zu tun, dessen
Bruchstücke und Aufzeichnungen die Pensées bilden, nichts oder nur das, daß sie Aufzeichnungen
Pascals sind und Zeugen des gleichen leidenschaftlichen Geistes. Für jeden Herausgeber bilden
diese Aufzeichnungen, die nun einmal mit in dem
gleichen Manuskript enthalten sind, eine Schwierigkeit. Man kann sie fortlassen, wie es etwa
Strowski weitgehend getan hat, dem dann aber
einige der hier stehenden Sätze so wichtig waren,
daß er sie willkürlich zu den Sätzen gesellte, die

seiner Meinung nach allein zu den Pensées gehören, was beweist, daß das Prinzip solcher Ordnung fragwürdig ist; und was hier von Strowski zu sagen ist, gilt auch, wenn auch weniger eindeutig, von Chevalier, der auch in diesen hier den Schluß bildenden Fragmenten einige entdeckte, die er seiner Penséeausgabe einzufügen für Wert befunden hat. In seiner Taschenausgabe hat Brunschvicg die Fragmente von 925 bis zum Schluß fortgelassen und auch die vorhergehenden Fragmente, z. B. 921, oft weitgehend gekürzt. Ich schwankte, ob ich ihm jetzt, wie bei der 1. Auflage meiner Penséeübertragung, darin folgen sollte; doch erschien mir dies trotz allem, was dafür sprach, eine Bevormundung des Lesers, die ich um so weniger glaubte verantworten zu können, als ich mich erinnerte, daß immer wieder einzelne der Sätze in die Penséeausgaben, wie ich erwähnte, aufgenommen worden sind, und als ich selbst nur ungern auf das Fragment 949 z. B. verzichten mochte, das ich damals, als ich die Pensées zuerst übersetzte und herausgab, als wichtig empfunden hatte, da es eine gewisse aktuelle Bedeutung besaß, die ihm vielleicht heute nicht mehr in eben dem Maße zukommt und doch vielleicht eines Tages wieder zukommen kann. Kurz und gut, jede Auswahl und jedes Fortlassen zeigte seine Fragwürdigkeit, und also blieb ich bei dem Entschluß, alles zu geben, damit jeder selbst beurteilen könne, was für ihn wichtig und was für ihn unwichtig ist. Doch in einem wich ich trotzdem von diesem Entscheid ab, ich beschränkte mich in den Fällen, wo Pascal nur Auszüge aus andern Schriften gemacht hatte, auf eine kurze Anmerkung über den Inhalt dieser Fragmente; diese Aufzeichnungen, die nicht von Pascal stammen, wohl aber von seiner Hand geschrieben sind, zu übersetzen, bestand kein Anlaß.
Ich verzichtete ferner bei den folgenden Fragmenten auf eingehendere Anmerkungen. Ein Kommentar, der alle Fragen, die hier auftauchen können, klären würde, müßte mehr Raum einnehmen als zu verantworten war. Denn die meisten Personen und Fragestellungen jenes unerquicklichen Streites sind heute mehr oder weni-

Anmerkungen zu Seite 424-433

ger, jedenfalls mit Recht, vergessen und es lohnt 424
nicht, diesen Beweis menschlicher Unzulänglichkeiten von dem Staub zu befreien, der ihn bedeckt.
1 Namen von Jesuiten, die gegen Port-Royal 425
geschrieben haben. - *2* »Elidere« verweist auf den
15. Brief der »Lettres Provinciales«. - *3* Das ist
die große Blindheit des Herzens. - *4* Das ist die
noch größere Blindheit des Herzens. - *5* Dieser
Abgrund der Sünde schließt dann den Menschen
ein. - *6* Lesart Tourneur. - *7* In dem Kampf
zwischen Port-Royal und den Jesuiten erwies sich
als besonders lästig für die Anhänger von Port-
Royal und so auch für Pascal, daß es bei den
Jesuiten Brauch war, über die strittigen Fragen
nur Bücher der Mitglieder ihrer Gesellschaft zu
lesen, und so bezogen sie sich gegenseitig einer
auf den anderen, da es geschrieben stand, daß die
fünf Lehrsätze bei Jansenius stünden, wiederholten sie diese Behauptung und waren nicht zu widerlegen.
1 Wie sie verdient hatten, Weisheit Sal. XIX, 4. - 427
2 Lesart Tourneur. - *3* Du lügst aufs schamloseste. -
4 Eines weisen Mannes Rat wird gelobt (aber die
Tückischen werden zuschanden). Spr. Sal. XII, 8. -
5 Hinweis auf Jer. IX, 5. Sie fleißigen sich darauf,
wie einer den anderen betrüge, und ist ihnen
leid, daß sie es nicht ärger machen können.
1 Lesart Tourneur. - *2* Gemeint ist die Verstän- 429
digung zwischen den Jesuiten und den Dominikanern über die Gnadenlehre, in der man sich
über die Benutzung der Worte, aber nicht über die
Sache verständigt hatte.
1 De Saci hatte eine Streitschrift gegen die Je- 431
suiten unter dem Titel »Enluminures du fameux
almanach des Jésuites« herausgegeben, wodurch
Pascal gehindert wurde, den Almanach zum Thema
eines Angriffs zu machen. - *2* Lesart Tourneur.
1 Hinweise auf Stellen bei Molina und Lessius 432
und weiter unten bei Bauny, die von Pascal als
Beispiele der falschen Morallehren gebrandmarkt
worden sind.
1 Hinweis auf das Buch: Imago primi saeculi 433
societatis Jesu. - *2* Frgt. 928 enthält in der Hauptsache Zitate aus Schriften des Jesuiten Diana mit

Anmerkungen zu Seite 433-445

einigen Einwürfen Pascals in der Art der »Lettres 433
Provinciales«. - 3 Gemeint ist häretisch.
1 Lesart Tourneur. 434
1 Lesart Tourneur. 435
1 Lesart Tourneur. - 2 Lesart Lafuma. 436
1 Betrifft eine der Morallehren, über die Pascal 437
spottete.
1 Was der Krieg gefestigt hat, möge ein fauler 440
Friede nicht wegraffen. - 2 Hinweis auf 2. Sam.
XIV, 17: mein Herr, der König, ist wie ein Engel
Gottes, daß er Gutes und Böses hören kann.
1 Lesart Tourneur. 441
1 Lesart Tourneur. - 2 Eine Gruppe der Geist- 443
lichen war, mit durch die »Lettres Provinciales«
bestimmt, zu Gegnern der Molinisten geworden.
Pascal hat an der Denkschrift dieser Geistlichen,
den Écrits des curés de Paris, mitgearbeitet. -
3 Offenbar Hinweise auf Bullen der Päpste vom
Jahr 1294 bzw. 1302. - 4 Frgt. 951 enthält den
Text der Bulle Cum ex apostolatus officio Pauls IV.
vom Jahre 1658.
1 Lesart Tourneur. 444
1 Lesart Tourneur. - 2 Vergleiche Frgt. 571. - 445
3 Gemeint ist der Kampf zwischen Venedig und
den Türken, die seit 1645 Kandia belagerten. -
4 Die Frgte. 956 und 957 enthalten in der Hauptsache kurze, oft nur aus wenigen Worten bestehende Auszüge aus Schriften der Kasuisten,
Molinisten und Jesuiten. Frgt. 958 enthält kurze
Notizen Pascals zu Zitaten, die wahrscheinlich
Arnauld für Pascal ausgeschrieben hatte.

LEBEN UND LEHRE PASCALS

—

Es gibt wenig Erscheinungen in der Geschichte des menschlichen Geistes, die Blaise Pascal vergleichbar sind, und kaum eine, die sich so wenig besitzen und überwinden läßt. Niemand war leidenschaftlicher im Denken als er, kaum einer beherrschte das Instrument der Sprache besser als Pascal, und kaum von einem, der in der Webstube der Gedanken gewirkt, können wir sagen, daß er so wie Pascal vom Konkreten bestimmt gewesen wäre und sich nie in die dünne Luft blasser Abstraktionen verloren hätte. Die Wirkung Pascals reißt seit seinem Tode nicht ab, und doch ist sie nicht eindeutig aufzuweisen, denn wir haben von ihm kein Buch, das seine Lehre systematisch vortrüge; was Pascal hinterließ, ist ohne Ausnahme Bruchstück und Torso. Trotzdem nannte Fortunat Strowski die »Lettres Provinciales« das vollkommenste Werk französischer Sprache, und unwidersprochen weiß man, daß die Sammlung von Entwürfen und Notizen zu einer Apologie des Christentums und zu andern uns bekannten oder unbekannten Plänen, die man nach seinem Tode gesammelt und unter dem Titel »Pensées« herausgegeben hat, zu den bedeutendsten Werken der Weltliteratur gehört, meinte doch etwa Victor Giraud, daß in ihm der französische Geist seinen vollkom-

mensten Ausdruck gefunden habe. Wie dem auch sei, außer Frage steht, daß es unmöglich ist, sich teilnahmslos und in objektiver Haltung diesem Werk zu nähern; mag es uns bannen oder zum Widerspruch reizen, man muß mit ihm ringen wie mit dem eines Heutigen, wenn man es überwinden will. Pascal wußte den Menschen zu treffen, wo er empfindlich ist; er suchte den Menschen in seiner wirklichen Lage, nicht als animalisches, biologisches oder soziales Wesen, sondern in der Spannung zwischen Größe und Elend, in der Verlorenheit des Zweifels und mit dem unstillbaren Wunsch nach Glück, er sah die Nichtigkeit und zugleich die Größe des Geistes: Beide lehrten ihn, daß die Vernunft nicht ausreicht, um den Menschen zu verstehen — »der Mensch übersteigt unendlich den Menschen« —, daß aber die Vernunft ausreicht, um zu erkennen, daß wir mit ihren Mitteln allein das Geheimnis des Menschen weder enthüllen noch begreifen können: »Nichts ist der Vernunft so angemessen wie dieses Nichtanerkennen der Vernunft« (Frgt. 272).

*

Doch bevor von der Lehre gesprochen werden kann, seien zunächst die Daten seines Lebens angegeben. Geboren wurde Blaise Pascal am 19. Juni 1623 zu Clermont in der Auvergne, einer Landschaft im Herzen Frankreichs, die ihren Namen von den alten Arvernern hat, die sich einst unter Vercingetorix lange gegen Cäsar verteidigten und sich später zäh gegen Goten, Burgunder und Franken wehrten. Dieser bergigen Landschaft, von deren Frauen man sagte, daß sie weniger anmutig, aber um so bessere Mütter wären, entstammten die Vorfahren Pascals, sowohl die seines Vaters

Etienne als die seiner Mutter Antoinette Bégon. Beide Familien waren, vom Bürgertum herkommend, geadelt worden, sie gehörten zum Beamtenadel, den, wie üblich, der Schwertadel nicht für voll nahm. Der Vater Pascals war als Vizepräsident am »Cour des Aides« in der Finanzverwaltung der Provinz tätig. Diese Stellung verkaufte er, als er 1631 nach Paris zog, um sich — kurz nach der Geburt der jüngsten Tochter Jacqueline, 1626, war Antoinette Pascal, Blaises Mutter, gestorben — ganz der Erziehung seiner Kinder, der älteren Tochter Gilberte, des Sohnes und Jacquelines widmen zu können. Wahrscheinlich war das nicht der einzige Grund. Wir dürfen annehmen, daß Clermont, daß die Enge der Provinz seinem Geiste nicht genügte; er wird den Umgang mit Menschen gesucht haben, mit denen er über die Probleme der Wissenschaften, die ihn beschäftigten, sprechen konnte. In der Geschichte der Mathematik begegnen wir seinem Namen neben dem seines Sohnes, wie auch die Freundschaften des Vaters dem Sohne später von Nutzen waren, der hierdurch früh in eine Front eingegliedert wurde und von den Problemen erfuhr, die damals die Gelehrten beschäftigten. So weiß man, daß es ein Freund Etienne Pascals war, Petit, der in Rouen das berühmte Experiment Torricellis zum ersten Male in Frankreich gemeinsam mit den Pascals ausführte.

Überaus reich an Problemen war der Tag, in den Pascal geboren wurde. Das Weltbild und vor allem die Methode der Scholastik erwiesen sich als unfähig, die Aufgaben, die der Wissenschaft gestellt waren, zu lösen; alle Sicherheiten, die man zu haben glaubte, wurden schwankend. Eine neue Mathematik, die analytische Geometrie, entwik-

kelte sich, die der neuen Physik — Galilei lebte noch — dienen wollte; man war auf dem Weg, die Infinitesimalrechnung zu erfinden, was erst auf Grund der Arbeiten Pascals Leibniz und, wohl unabhängig von ihnen, Newton gelungen ist. Da die Fundamente des Weltbildes, das in seiner bewunderungswürdigen hierarchischen Ordnung den Zeitabschnitt, den wir Mittelalter zu nennen pflegen, überspannt hatte, brüchig geworden waren, nahm mit dem neuen Wissen auch der Zweifel an der Wahrheit der christlichen Religion zu. Die späte griechische Philosophie, die Stoa, vermittelt durch Seneca und Epiktet, färbte das moralische Verhalten der geistig gebildeten Menschen; der Deismus, zu dem die abstrakte Philosophie nur zu gern gelangt, meldete sich an. Zwar leugnete man noch nicht die Lehren der Religion, und wenn man es tat, war es lebensgefährlich, aber die Lebenshaltung des »Honnête homme«, wie sie Montaigne zuerst gelehrt und vor allem gelebt hat, war mehr aus der Stoa als aus dem Christentum bedingt; man begann, die Religionen zu vergleichen, man stellte die verschiedenen Glaubenslehren fast wie gleichberechtigt dar, und wenn man zum Schluß für das Christentum stimmte und vorgab, daß man es verteidigen wollte, wie Charron etwa, so wirkte das doch auflösend, wie es jede geschichtliche Vergleichung notwendig tut. Derart voll von Fragen jeder Art waren Frankreich und Paris zu jener Zeit; es bildeten sich Gruppen und Richtungen, und es bildete sich in diesen Zirkeln, den Gesprächen und Briefen zwischen den Mitgliedern, die Form heraus, die später die der wissenschaftlichen Verständigung und Unterhaltung des Abendlandes werden sollte: die der Akademien der Wissenschaften, und so war Etienne

Nachwort

Pascal zum Beispiel eines der ersten Mitglieder der »Académie Mersenne«, wie man den Kreis um Mersenne, der mit Descartes eng befreundet war, zum Unterschied von andern und ähnlichen Zirkeln nannte. Ich möchte auch nicht unerwähnt lassen, daß das entscheidende Buch der neueren Philosophie, die »Abhandlung über die Methode« von Descartes, in eben diesen Jahren, 1637, erschienen ist.

Aus allem, was wir von ihm wissen, geht hervor, daß Etienne Pascal ein im Sinne seiner Zeit umfassend gebildeter Mensch war, der dabei der Religon verbunden blieb und sicher dem Bemühen seines Freundes Mersenne, die Religion mit der Geometrie zu verbinden, uneingeschränkt zugestimmt hat. Probleme der Geometrie, der Physik und Theologie, aber auch der Philosophie und Literatur waren es, die das Thema der Unterhaltungen bildeten und über die man Briefe und Abhandlungen austauschte, und da es sich dabei weniger um regelrechte Akademiesitzungen als um geselligen Verkehr handelte, dürfen wir annehmen, daß Blaise Pascal als Knabe mitunter, vielleicht mit einem Spielzeug beschäftigt, diesen Unterhaltungen beiwohnte und vielleicht aufmerksamer lauschte, als die Erwachsenen annehmen konnten. So jedenfalls möchte ich es verstehen, daß der zwölfjährige Knabe, den sein Vater allein unterrichtete und dem er angeblich die Kenntnis der Geometrie vorenthalten hatte, um ihn erst die Sprachen zu lehren, eines Tages von seinem Vater überrascht wurde, als er mit Runden und Stangen spielte, wie er Kreis und Linie genannt, und die ersten 32 Sätze Euklids für sich selbst und wie im Spiel erfunden hatte.

Es ist nur natürlich, daß ihm nach diesem erstaun-

lichen Beweis seiner Begabung die Geometrie nicht mehr vorenthalten wurde und daß er schon bald an den Unterhaltungen der Gelehrten im Hause seines Vaters teilnehmen durfte. Schon sehr früh, heißt es, hätte er Experimente über den Klang angestellt, wozu ihn Untersuchungen Mersennes oder auch Desargues veranlaßt haben können, als dessen Schüler er sich in seiner ersten Schrift über die Kegelschnitte bekannt hat. Diese Abhandlung, die unter den Freunden des Hauses Aufsehen erregte, schrieb Pascal, als er 16 Jahre alt war. Ihre Bedeutung ist dadurch bewiesen, daß einer ihrer Sätze als Pascalscher Satz in die Geschichte der Mathematik eingegangen ist. Ich sagte, daß sich Pascal darin als Schüler Desargues' bezeichnet hat, und es ist sicher, daß er ihm zwei entscheidende Einsichten, die ihn in allem leiteten, verdankt. Neu war bei Desargues die Anwendung des Unendlichen; seine Unendlichkeitsbetrachtungen sind völlig verschieden von denen, die wir bei Kepler oder Cavalieri finden, und es ist kein Zweifel, daß Pascal von ihm lernte, daß endliche und unendliche Größen nicht der Größe, sondern der Ordnung nach verschieden sind. Die zweite Einsicht, die Pascal Desargues verdankt, ist die des perspektivischen Zusammenhangs zwischen der Kreislinie, die den Kegel begrenzt, und den Kegelschnitten, wodurch es erst möglich wurde, wie Pascal in seiner Abhandlung andeutet, von Kegelschnitten im allgemeinen zu handeln. Hierin ist als höheres Prinzip das der Analogie eingeschlossen, das heißt eines Zusammenhanges zwischen allen Erscheinungen und einer Wiederholung der Gesetzlichkeit in den verschiedenen Ordnungen, ein Gedanke, der in den »Pensées« wiederkehrt (Frgt. 119). Diesem Gedankenumkreis wer-

den wahrscheinlich auch die Überlegungen angehört haben, die sich für Pascal mit dem mystischen Hexagramm verbanden, Überlegungen, die wir nie mehr enthüllen können, da die Schriften, die Leibniz noch zur Einsicht hatte, und aus dessen Notizen wir den Namen des Hexagrammum mysticum kennen, verlorengegangen sind.

Wenn die Arbeit des sechzehnjährigen Blaise Aufsehen unter den Freunden des Hauses erregte, so war doch das eigentliche Wunderkind nicht Blaise, sondern seine jüngere Schwester Jacqueline, die durch Gedichte brillierte und durch ihr Theaterspiel die Gunst Richelieus gewann. Sie erreichte dadurch, daß sie sich an dem Abend ihres Triumphes für ihren Vater einsetzte – Etienne Pascal hatte mit andern gegen die Kürzung der Renten vom Hôtel de ville protestiert und wurde deshalb verfolgt –, seine Begnadigung und sogar, daß man ihm eine wichtige Stellung in der Finanzverwaltung der Normandie, in Rouen, übertrug. Auch Blaise Pascal wurde damals dem mächtigen Kanzler vorgestellt, und es ist anzunehmen, daß man dabei auf seine Schrift über die Kegelschnitte hingewiesen hat, so daß Richelieu gewünscht haben dürfte, daß der Sohn seinem Vater in Rouen behilflich wäre. Fast acht Jahre lebte Pascal in Rouen; es sind Jahre intensiver wissenschaftlicher Arbeit, Jahre, von denen Michaud sagt, daß ihn Wissenschaft und Ruhm gefangennahmen. Etwa um das Jahr 1640 beginnt er die Arbeiten an der Rechenmaschine, die er bauen wollte, um seinem Vater die mechanische Rechenarbeit zu erleichtern. Immer hat Pascal versucht, seinen Gedanken zu konkretisieren, und hier konstruierte er eine Maschine, die leisten sollte, was bisher dem Verstand allein vorbehalten war. Wenn später Pas-

cal von der Maschine im Menschen spricht, so ist das kein blasser Begriff wie bei Descartes, der die Tiere Automaten oder Maschinen nannte, sondern ein Wissen von Tatsachen, von Möglichkeiten und ihrer Grenze. Pascal kannte das Geheimnis der Maschine, er hat fast ein Jahrzehnt damit verbracht, seine theoretische Einsicht zu verwirklichen; er weiß, was die Maschine leisten und nicht leisten kann, nämlich nie eine Regung des Willens; die gehört einer anderen Ordnung an (Frgt. 340). Mehr als fünfzig Modelle der Rechenmaschine ließ Pascal anfertigen, bis er endlich 1649 das Privileg für seine Erfindung erhielt. Er sagt von ihr, die großes Aufsehen erregte, daß man mit ihr alle üblichen Rechnungsarten ohne Zuhilfenahme von Papier und Schreibzeug ausführen könne, was gewiß für die Praxis noch nicht zutraf, da die Maschine manche Verbesserung erfahren mußte, zunächst durch Leibniz, um jene Vollkommenheit zu erreichen, die heute die elektronischen Rechenmaschinen besitzen.
In Rouen lebte die Familie Pascal ähnlich wie in Paris inmitten eines geistig regsamen Kreises; so gehörte Corneille zu den Freunden des Hauses, und als Jacqueline einst einen Preis für ein Gedicht gewonnen hatte, nahm Corneille für sie den Preis entgegen und dankte in Versen in ihrem Namen. In Rouen wurde Blaise auch mit den Versuchen bekannt, die Torricelli in Italien unternommen hatte, Versuche, aus denen später das Barometer entwickelt wurde und durch die die Lehre, daß die Natur keine Leere dulde, daß die Natur den leeren Raum fürchte, widerlegt worden ist. Die Anhänger der Lehre vom »horror vacui« verteidigten nicht nur einen Satz, sondern die traditionelle Methode der Physik, besser der

Metaphysik, und dadurch, daß empirisch bewiesen wurde, daß sie irrten, wurde die neue Methode der Naturerforschung bestätigt. Man kann sagen, daß sie hier ihren entscheidenden Sieg erfochten hat und daß Pascal dadurch, daß er die Experimente von allem Zufälligen freihielt, dadurch, daß er nie voreingenommen und vor allem auch unvoreingenommen von dem Wunsch, daß es so wäre, wie er wohl ahnte, seine Versuche anstellte, entscheidend zu diesem Sieg beitrug. Pascal wollte durch die reinen, unwiderlegbaren Tatsachen unumstößlich die gegnerische Meinung widerlegen. In seinem ersten Brief an den Jesuitenpater Noël,[1] der, obgleich er der Lehrer und später ein Freund Descartes' war, an der metaphysisch orientierten Methode der Naturdeutung zunächst festhielt, findet sich die entscheidende Aussage, daß die Wahrheit zwei Quellen habe, die Evidenz der Idee und die Evidenz der Tatsachen, und daß sie zwei Wege habe, den der mathematischen Deduktion und das Experiment. In dieser Klarheit ist vor Pascal niemals die Grundlage der neuen Naturwissenschaft ausgesprochen worden. Noch eine andere entscheidende Forderung findet sich bereits hier, nämlich, daß wir bei jeder Definition imstande sein müßten, die Definition durch das Definierte zu ersetzen, damit wir uns nicht durch Worte betrügen. In der durch Mißverständnisse getrübten Auseinandersetzung mit Noël wurde Pascals Abneigung gegen die Metaphysik gestärkt, die Dinge behauptete, ohne sie

---

[1] *Siehe hierzu meine Ausgabe der kleineren Schriften Pascals: Die Kunst zu überzeugen und die anderen kleineren philosophischen und religiösen Schriften. 3. Aufl., Heidelberg 1963.*

durch Betrachtung der Wirklichkeit und Versuche zu stützen. Er dagegen bewies, daß es die Leere gibt, erwies, daß die Höhe der Quecksilbersäule in einer Glasröhre in Beziehung steht zu der über ihr ruhenden Luftsäule, eine Beziehung, die sich im einzelnen messen läßt und die endgültig durch das Experiment am Puy de Dôme, das Pascal von Paris aus durch seinen Schwager Périer ausführen ließ, geklärt wurde. Die metaphysisch begründete Lehre, daß die Natur Furcht vor der Leere habe, war widerlegt, und wir müssen annehmen, daß Pascal seitdem Mißtrauen gegen andere Worte ähnlichen Anspruchs empfunden hat. Denn die Natur ahmt sich stets nach (Frgt. 119); was sie an einem Ort enthüllt, ist aufschlußreich in andern Ordnungen. Niemals ist Pascal einseitig Physiker oder Mathematiker, immer sucht er den höheren Standpunkt, denn, so heißt es später in einer seiner wichtigsten mathematischen Arbeiten, »die Natur, die immer nach Einheit strebt, hat ein bewunderungswürdiges Band zwischen den scheinbar entferntesten Dingen errichtet«. Diese Einheit sucht Pascal immer und immer wieder. So konnte er auch den Weg von der Geometrie und Physik zur Wissenschaft vom Menschen gehen, vermochte er die wirkliche Lage des Menschen zu verstehen, ohne den Menschen aus der Natur erklären zu wollen. In die mathematischen und physikalischen Arbeiten fügt sich so bruchlos die erste Begegnung mit den religiösen Gedanken des Jansenismus. Was ihn hier anzog, wird die Verwandtschaft der Gnaden- und Willenslehre mit seinen empirischen Erfahrungen gewesen sein. Denn auch das metaphysische Wort vom freien Willen ist zunächst leer, wie das Wort von der Leere; sagen wir aber, wie er es hier hörte, der Mensch sei

Sklave der Lust und das Mehr an Lust zöge ihn unweigerlich an, dann ist ein konkretes Verhältnis zwischen dem Trieb des Menschen und den Dingen, die ihn anziehen, gegeben; es stehen zwei in echter Beziehung, und damit ist auch die übernatürliche Ursache, die Gnade, bestimmt, die allein den Menschen hieraus befreien und in die wahre Beziehung zu Gott bringen kann, so daß in der höchsten Forderung nichts außer Gott das Herz des Menschen erfüllt. Gegen Ende des Jahres 1646 erfuhr Pascal durch Ärzte, die seinen Vater behandelten, von dieser Lehre, die seiner Vorstellung von der Wirklichkeit weitgehend zusagen mußte. Man nannte in dem Kreise um Port-Royal[1] diese Zustimmung später seine erste Bekehrung.

Vom Jahre 1647 ab finden wir Pascal in Paris. Es sind die Jahre, in denen er sich, wie es in der Sprache der sittenstrengen Richter von Port-Royal hieß, den Eitelkeiten der Welt gewidmet hat. In diesen Jahren jedenfalls lernte er den Herzog von Roannez, den Chevalier de Méré, dessen Freund Miton und viele andere geistig regsame und gebildete Menschen kennen, und vor allem verdankte er Méré viele und entscheidende Anregungen. Er sah damals die Menschen, wie sie wirklich lebten; die Leichtigkeit, mit der sie das Leben meisterten, beeindruckte ihn; er lernte den Feinsinn kennen und die Möglichkeit, vom Herzen her und ohne Hilfe gradliniger Ableitung richtig zu urteilen; er erfuhr, was diese Menschen fesselte, und er sah,

---

[1] *Das Kloster Port-Royal, — es gibt zwei, die hier in Frage kommen, eins in Paris und eins unweit von Versailles, Port-Royal aux Champs genannt, — war das Herz der religiösen Bewegung, deren Anhänger von den Gegnern Jansenisten genannt wurden. Vgl. die Ausführungen der Anmerkung 1 zu S. 378.*

daß diese weltlichen Menschen keine schlechthin Verruchten und Verkommenen waren, wie sie manchem religiösen Eiferer erschienen, sondern daß ihrer Bildung und Lebensart Schönheit und Haltung eignete. Er lernte, daß man diese Menschen nur überzeugen könne, wenn ihnen, was man sagte, von Herzen gefiele, wenn man sie nicht durch Argumente, sondern durch das Gefühl geleitet zur Zustimmung brächte. Unter diesen Gebildeten und zweiflerischen Menschen sind die Partner Pascals in den Gesprächen oder Briefen, die wahrscheinlich die Apologie gebildet hätten, zu suchen. Die Menschen, zu denen er hier sprechen wollte, waren keine Schemen seiner Phantasie, sondern Menschen von Fleisch und Blut, und das gibt seinem Stil die Unmittelbarkeit der Anrede. Und da die Genesis der Gebildeten unserer Tage in grader Linie in diese Wende der Neuzeit hinabführt, da die geistigen Söhne dieser Lässigen und Feinen bis heute nicht ausstarben, lebt das Buch, das sie überzeugen wollte. Denn jedes Buch lebt so lange wie die Gegner, die es bekämpft. Die »Lettres Provinciales« verstaubten, trotz allen Glanzes der Sprache, weil sie die Gegner zur Besinnung zwangen; nicht so die »Pensées«; das Geschlecht seiner Partner lebt heute noch.

Alle wissenschaftlichen Arbeiten, die Pascal in Rouen begonnen hatte, wurden in Paris fortgesetzt. In dem Jahr, in das der entscheidende Tag seines Lebens, der Tag, von dem das Memorial berichtet, fällt, legt er einer der Pariser Akademien eine Fülle wichtiger mathematischer Arbeiten vor; sie enthalten seine Darlegungen über das arithmetische Dreieck und die Wahrscheinlichkeitsrechnung. Es sind Arbeiten von hoher Bedeutung in der Geschichte der Wissenschaft, da die erste *davon in bestimmten grundsätzlichen Einsichten die Infinitesimalrechnung vorbereitet, aber sie sind von ebenso großer Wichtigkeit für die Schlüsse und Folgerungen, die Pascal von hier aus auf die Wissenschaft vom Menschen gewinnen sollte und die ihren Niederschlag vor allem in dem Fragment 793 der »Pensées« gefunden haben. Im Schlußabsatz der Arbeit »Potestatum Numericarum Summa« findet sich die Aussage: »daß man viele Regeln entdecken würde, wenn man sich auf das Prinzip stützt, daß eine stetige Größe sich nicht vergrößert, wenn man ihr Größen geringerer Ordnung hinzufügt. So fügen zum Beispiel die Punkte nichts zu den Linien, die Linien nichts zu den Flächen und die Flächen nichts zu den Körpern... Also kann man Größen geringerer Ordnung als Null vernachlässigen«. Dieser mathematischen Einsicht von der Beziehung zwischen Größen verschiedener Ordnung müssen wir eine andere hinzufügen, die ihr zunächst zu widersprechen scheint, und die er in seinem unvollendeten Aufsatz über den »Geist der Geometrie« ausdrücklich vertritt, nämlich daß der Raum und so die Linie unendlich teilbar sind, und daß das Endliche nur mit Endlichem und das Unendliche nur mit Unendlichem vergleichbar wäre. Der Abstieg und Aufstieg in einer gegebenen Ordnung ist folglich nach beiden Seiten unendlich, und das sind die beiden Unendlichen, von denen in den »Pensées« so häufig die Rede ist. Diese geometrischen Einsichten, die in der Theorie der Zykloide von ihm angewandt werden, in der er die Infinitesimalrechnung praktisch vorweggenommen, das heißt eigentlich angewandt hat, finden ihre Entsprechung in seiner Lehre von den Ordnungen, der des Fleisches, der des Geistes und der*

der Liebe zu Gott, die nichts miteinander gemein haben, so daß die Größe in der Ordnung des Fleisches nichts zu der Größe in der Ordnung des Geistes usw. hinzufügt. Der Abstand zwischen den Ordnungen ist unendlich, das heißt, er ist durch keine Teilung, keine Summierung zu überbrücken. Denn nur die Unmöglichkeit, das Ende, genauer den stetigen Übergang zu erreichen, entspricht dem Inhalt des Begriffs des Unendlichen. So ist der Abstand zwischen Körper und Geist unendlich, und er versinnbildlicht nur die unendliche Unendlichkeit des Abstandes zwischen dem Geist und der Liebe zu Gott (Frgt. 793). Mathematische Einsichten helfen ihm, die Seinslage des Menschen, Macht und Unmacht des Geistes zu verstehen, sie stehen nicht im Widerspruch zu den Lehren der Religion.

Das Jahr 1654, dem wir diese wichtigen mathematischen Arbeiten verdanken, schließt den Abschnitt seines Lebens, der der Wissenschaft und dem Ruhm gewidmet war. Vieles hatte sich zugetragen, seitdem er in Paris lebte. Sein Vater war gestorben, seine jüngere Schwester Jacqueline, die ihm nicht nur leiblich, sondern auch geistig Schwester war, hatte den Schleier genommen und war als Nonne in das Kloster Port-Royal eingetreten (1652). Diesen Entschluß hatte Pascal, solange der Vater noch lebte, unterstützt; als er ihn nunmehr gutheißen sollte, kostete er ihn Überwindung, wobei auch wirtschaftliche Gründe, die Hergabe des Vermögensanteils Jacquelines, eine Rolle gespielt haben mögen. Denn er lebte damals, wie ich erwähnte, der Welt und ihrem Glanze zugetan, fraglos mitunter am Spieltisch wie die andern, wie vor allem Miton und wohl auch Méré; stammt doch aus diesem Kreis die mathematische Aufgabe, die er in der Wahrscheinlichkeitsrechnung löste, und so sehr, daß Méré, dem man zwar nicht immer glauben kann, behauptet hat, Pascal hätte sie von ihm übernommen. In diese Zeit, angeregt durch die Gespräche, ist auch eine erneute und eingehende Beschäftigung mit Montaigne und Epiktet zu verlegen; die Menschen, mit denen er sprach, waren Skeptiker, und die logische Konsequenz echter skeptischer Haltung mußte seinem Geist zusagen. Denn daß kein Gesetz, kein Brauch in sich selbst, in der Natur wahrhaft begründet ist, daß man in die Unendlichkeit gelangt, wenn man die Gründe sucht, das stimmte zu den Einsichten, die er in der Mathematik gefunden. Es ist auch möglich, daß er damals daran dachte, eine Stellung anzunehmen und sich zu verheiraten – man bringt den Aufsatz »Über die Leidenschaften der Liebe« hiermit in Beziehung. Dieser Aufsatz ist aber nicht von Pascal, er ist ihm zu Unrecht zugeschrieben worden, wie ich in der Vorbemerkung zu dieser Abhandlung, die ich trotzdem in den kleineren Schriften abdruckte, nachzuweisen versuchte und was neuerdings Louis Lafuma meiner Ansicht nach unbezweifelbar gemacht hat. – Wie weit man aber berechtigt ist zu sagen, daß ihn die Eitelkeiten der Welt gefangennahmen, wie Port-Royal behauptete, ist schwer zu entscheiden: nannten doch die Gestrengen dieses Kreises auch schon die Lust an der Wissenschaft Eitelkeit. Nein, Pascal war niemals im genauen Sinne einer von Port-Royal; er hatte recht, diese Behauptung in den »Lettres Provinciales« zurückzuweisen.

Pascal ging seinen eignen Weg, und das ist nicht der Weg einer Partei oder Sekte. Nur kurze Zeit fand er Gefallen am Leben der Welt; schon in einem Brief vom Dezember 1653 berichtet Jacqueline von ihm, daß er »eine große Verachtung der Welt beweist und einen fast unerträglichen Widerwillen gegen alle, die in ihr leben«. Was in dem darauf folgenden Jahr in Pascal vorging, wissen wir nicht; die mathematischen Arbeiten zeugen für die gewaltigen Mächte, die in seiner Seele lebten. Nur eines ist mit Sicherheit zu sagen, daß der Unfall an der Brücke zu Neuilly, dem man seit Voltaire die Konversion Pascals zuzuschreiben pflegt, eine Erfindung späterer Zeit ist, und daß also auch alle Folgerungen, die man so gerne an diese Legende und den Abgrund zu seiner Linken geknüpft hat, keinen Grund in Pascals Leben besitzen. Das Jahr kulminiert in dem 23. November 1654. Jahr der Gnade nennt er es. Und was ihm geschah, das ist niedergeschrieben mit der Genauigkeit, die er gewohnt ist und geübt hat bei seinen Experimenten in der Physik. »Gewißheit, Gewißheit, Freude, Tränen der Freude!« Niemandem sprach er von diesem Tag, nicht einmal seiner Schwester Jacqueline, niemand wußte, daß hier eine Schau und eine Erfahrung den künftigen Weg bestimmt haben. Doch den Bericht dieser Nacht trug er eingenäht in seine Kleider bis zum Tode. Man nennt ihn das Memorial (S. 248).

Von da an hat das Leben Pascals einen neuen Inhalt, eine neue Richtung. Für Monate zieht er in die Einsiedeleien unter den Mauern des Klosters von Port-Royal aux Champs, und er vertraut sich der geistlichen Führung des Beichtigers dieses Klosters, Singlin, an. Das ist die Bekehrung Pascals, die Hinwendung auf das eine Ziel, nur Gott zu lieben, und sie war Inhalt und Hoffnung einer Unzahl von Gebeten seiner Schwester Jacqueline, die ihm zunächst und vor Singlin als geistlicher Führer gedient hatte.

Nachwort

Vorbei ist es mit den Wissenschaften; die Wissenschaft vom Menschen löst sie ab. Was er in der Geometrie und Physik gelernt, das dient ihm, die Ordnung des Menschen zu verstehen; die »Skpesis ist nützlich«, die Religion zu begründen. Seine Leidenschaft macht ihn zum Kämpfer für Port-Royal. Und was für ein Kämpfer ist Blaise Pascal, was für eine Glut lebt in diesem gebrechlichen Körper, in diesem Menschen, der, wie er gesagt hat, seit seinem zwanzigsten Lebensjahr keinen Tag ohne Schmerzen verbrachte, der, fast gelähmt, Krücken benötigte. Gewaltig ist der Atem, der in den Briefen an einen fingierten Freund in der Provinz, den »Lettres Provinciales« oder den »Kleinen Briefen«, wie man sie anfänglich nannte, lebt, und fast unvergleichlich ist der Erfolg dieser, ähnlich späteren Wochenschriften in kurzen Abständen erscheinenden Flugblätter, die trotzdem die Niederlage Port-Royals nicht aufhalten konnten. Denn immer ist Christus machtlos in dieser Welt, und die Gnade, um die wir in unserer Ordnung ringen, ist niemals ein Sieg über die Großen des Fleisches. Alle Macht war auf der Seite der Gegner: »Ihr habt das Gericht, ihr habt den Betrug, ich habe die Wahrheit, sie ist meine Stärke; verlöre ich sie, wäre ich verloren« (Frgt. 921). Auch die »Lettres Provinciales« fanden keinen Abschluß; mitten im Erfolg, mitten im Kampf verstummt der anonyme Verfasser dieser kämpferischsten Briefe.

Etwa um die gleiche Zeit wuchs der Plan einer Apologie des Christentums, die in ihrer äußern Gestalt wahrscheinlich den »Lettres Provinciales« ähnlich sein sollte, ein Bericht in Briefen über Gespräche mit denen, die es zu überzeugen galt. Pascal trug seinen Plan, wie wir aus einem Bericht von Filleau de la Chaise wissen, den maßgeben-

den Parteigängern von Port-Royal vor. Dieser Plan wurde nicht eingehalten während Pascal arbeitete; die Notizen, die die »Pensées« bilden, sprengten den vorgesehenen Rahmen. Die Notizen selbst verdanken wir dem Umstand, daß die Krankheit Pascal immer mehr zu schaffen machte, daß sein Gedächtnis nachließ, in dem er sonst die Sätze, bevor er sie niederschrieb, bis zur letzten Genauigkeit bildete und bewahrte. Da es nachließ, wurde er gezwungen, seine Gedanken niederzuschreiben oder auch jedem, der gerade zur Hand war, so seinem Diener oder seinem Neffen, zu diktieren, um die Fäden wieder aufnehmen zu können, wenn er sie brauchte. So entstand die Handschrift der »Pensées«, ausgeführte Abschnitte neben flüchtigen Gedanken auf abgerissene Zettel geworfen; ja, man sagt, er hätte mitunter, wenn er außer Hause war, die Notiz auf seine Nägel geschrieben. Was verlorenging, wissen wir nicht; was uns erhalten blieb, ist aus eben den Gründen seiner Entstehung der untrügliche Spiegel des Menschen, der Blaise Pascal war.

Es sind, was Lafuma zwar neuerdings nicht wahrhaben will, die letzten Lebensjahre Pascals, in die die Arbeit an der Apologie, an der Verteidigung des Christentums gegen die Gebildeten unter seinen Verächtern, wie wir sie wohl nennen dürfen, fällt. Diese letzten Jahre sind angefüllt von der wachsenden Not der Krankheit und von dem Lärm des Kampfes zwischen Jansenisten und Jesuiten, wovon später berichtet werden wird. Hier dagegen ist zu berichten, daß ihm in diesen Jahren (1658) die Lösung des Problems der Zykloide gelang (das ist eine Kurve, die ein Nagel in der Felge des Rades beschreibt, wenn das Rad auf ebener Fläche rollt). Und schließlich ist die Realisierung eines wirtschaftlichen Planes zu erwähnen, nämlich die Gründung einer Gesellschaft, die das Privileg erhielt, Wagen mit festem Fahrplan, die jeder gegen geringes Entgelt benutzen konnte, und die feste Routen und feste Haltestellen hatten, durch Paris fahren zu lassen. Pascal gründete die erste Omnibusgesellschaft der Welt, und das im Jahr seines Todes!

Dieser wirtschaftliche Plan, seine Realisierung, ist die letzte Pascalsche Tat. Dann wächst die Krankheit; wie eine gewaltige Flamme verzehrt sie alle Größe in der Ordnung des Fleisches, alle Größe in der Ordnung des Geistes: »Allein wird man sterben.« Doch bevor ich von dem Ende rede, will ich versuchen, die tragenden Einsichten, den geheimen Gedanken der »Pensées« darzulegen, denn jeder Autor, sagt Pascal, hat etwas im Sinn, worin alle Gedanken, auch die sich widersprechenden, zusammenstimmen (Frgt. 684).

*

Man hat von Pascal, so Vinet und Sainte-Beuve, und das ist die verbreitetste Ansicht, gesagt, daß er der Metaphysik abhold und ein moralisches Genie gewesen wäre; das ist zutreffend und nicht zutreffend. Man hat in den »Pensées« das Werk eines großen Philosophen gesehen — Brunschvicg zum Beispiel, und auch ich bin der Meinung —, dessen Aussagen und philosophische Einsichten ihn in die Nähe Kants und Hegels rücken; und auch das ist zutreffend und nicht zutreffend. Pascal entzieht sich jeder einseitigen Einordnung und Wertung; sobald wir versuchen, in dem Werk vorzüglich die eine Seite zu sehen, etwa den philosophischen Gehalt der »Pensées« herauslösen wollen, verstoßen wir gegen das geheime Gesetz, das *in dem Buche lebt. Dies Gesetz entstammt dem Zweck, den Pascal verfolgte; ihn muß man bei jeder Beschäftigung mit dem Inhalt der »Pensées« im Auge behalten; und dieser Zweck war, wie er es deutlich und immer wieder sagt, den Menschen, der lässig und unbekümmert um die Wahrheit der Religion lebt, der als Gebildeter und, wofür er sich halten wird, als rechtschaffener Mensch meint, daß er die Religion nicht brauche, aus seiner Lässigkeit aufzuschrecken. Das Buch sollte die, die im Glanz des politischen und gesellschaftlichen Lebens befangen lebten, die den Wissenschaften und der Literatur ergeben waren und sich als Schöngeister wohlfühlten, die die Philosophen des Altertums und Montaigne studierten, kurz alle, die vieles wußten und deshalb von der Religion nicht mehr gefesselt waren und die glaubten, daß sie in ihrem Wissen Gewißheit besäßen, in ihrer Sicherheit erschüttern. Das war die Aufgabe, die sich Pascal gestellt hatte, und jede Zeile, die er schrieb, die glanzvollsten philosophischen Einsichten ebenso wie seine Auslegungen und Übersetzungen der Schrift, alles sollte in »Beziehung zu dem wahren Zweck des Ganzen stehen« (Frgt. 283); heißmachen wollte er den Menschen, die Erde erbeben lassen, auf der die Burgen ihrer Einbildung ruhten. Das ist der Grund, daß die philosophischen Erkenntnisse nie an sich, sondern nur in Beziehung auf die höhere Aufgabe gewertet werden dürfen, daß sie in einer Ebene stehen, die über der liegt, in der die »ernsthaften« Philosophen wohnen, das ist der Grund, daß die wichtigsten und verblüffendsten theoretischen Einsichten nur wie nebenbei gesagt werden, und daß wir uns gegen das Gesetz des Buches versündigen, wenn wir diese Aussagen abgesondert und metho-*

disch behandeln und sie als Lehrmeinungen mit denen anderer Philosophen vergleichen wollen. Daraus könnte man folgern, daß man auf jede philosophische Sinnenthüllung dieses im höchsten Grade philosophischen Buches verzichten müßte; das aber ist nicht der Fall; nur sein eigenes Gesetz und die höhere Ebene, die der größeren Leichtigkeit, muß man beachten. Denn wenn Pascal wirklich versucht haben sollte, der Philosophie zu spotten, was er wahrhaft philosophieren nannte (Frgt. 4), so ist eben auch das Philosophie; man kann diesen Ausdruck des Geistes nicht leugnen, wie Aristoteles sagte, auch seiner nicht spotten, wie es Pascal wollte, ohne zugleich Philosophie zu treiben. Das würde auch Pascal nie bestritten haben, nur eines suchte er zu vermeiden: nämlich den von der Prämisse her in strenger Folgerichtigkeit aufgebauten pedantischen Beweis — Descartes' Methode —; er wollte seine Apologie des Christentums nicht vom Geist der Geometrie, sondern vom Geist des Feinsinns geleitet wissen, und bestimmt wollte er die Einsicht praktisch anwenden, die er in seiner Schrift: »Die Kunst zu überzeugen« dargelegt hatte: daß der Mensch mehr als durch logisch folgerichtige Beweise durch die innerliche Zustimmung, die er dem, was ihm gefällt, nicht verweigern könne, zur Bejahung einer Darlegung gebracht würde. Ein Ziel jenseits der wißbaren Lehre, eine existentielle Entscheidung, ist also der Zweck des Buches; um den Menschen aufzuregen, wollte es ihm die künstlichen Sicherheiten rauben, so daß er von sich aus nachzudenken beginne, damit er seine wahre Lage, Macht und Unmacht seines Geistes, Größe und Elend seiner Existenz sich vergegenwärtige. Denn als-

dann wird er sich, wie Pascal meint, selbst auf den Weg machen, um Gott zu suchen.
Wenn wir den Zweck des Ganzen klar schauen, dann lösen sich ohne weiteres gewisse Widersprüche auf, die jeder bemerkt, dann können wir in dem Werk zwei große Linien unterscheiden — und das gewiß nur äußerlich und nicht im Sinne eines Planes, dem Pascal folgte —, die ich als die skeptische und die konstruktive Seite des Buches voneinander abheben möchte. Zur skeptischen Seite des Buches gehört dann alles, was von der Unmöglichkeit handelt, irgendeine Wahrheit — wohlgemerkt außerhalb des Glaubens; denn die Sicherheit, die der Glauben gibt, ist grundsätzlich ausgenommen — vollständig und gewiß zu besitzen. Hierzu gehört die philosophisch wichtige Aussage, daß wir bei jeder Wahrheit uns entsinnen müßten, daß die gegensätzliche Wahrheit auch wahr wäre, ebenso die verschiedenen Varianten dieser Erkenntnis; und hierzu gehört auch die häufig wiederkehrende Lehre von den beiden Unendlichen. Pascal verteidigt die Lehre, daß die Linie unendlich teilbar ist und daß wir keinen echten Punkt in der Wirklichkeit (Frgt. 72) finden können, nicht deshalb, weil er hierin eine Wahrheit an sich erkannte, denn in der Geometrie sind die Unteilbaren, ist die »Ordnung« der Punkte für ihn wichtig, sondern deshalb, weil er in der Tatsache, daß wir in allen Gebieten in die Unendlichkeiten des unendlich Großen und des unendlich Kleinen gelangen, daß wir von allem nur in »etwas den Anschein von der Mitte der Dinge« haben, einen Ausdruck der Seinslage des Menschen sah. So sehr es wahr ist, daß der »Mensch für das Unendliche geschaffen«, wie es in der Einleitung zum Traktat über die Leere heißt, so sehr es wahr

ist, daß der »Mensch den Menschen unendlich übersteigt« (Frgt. 434), so sehr es wahr ist, daß die »Würde des Menschen im Denken« liegt und daß das Denken ein empirisch faßbares Kennzeichen der Größe des Menschen ist, so deutlich ist auch, daß die beiden Unendlichen, daß die Antinomien, in die wir im Denken unweigerlich verstrickt werden, so daß wir nicht bestimmen können, welche von ihnen Wahrheit ist, Zeichen unserer Unmacht, also kein Zeichen der Größe, sondern der Seinslage, der Niedrigkeit des Menschen sind. Mit wenigen Ausnahmen gehören die philosophischen Lehrmeinungen, so bedeutend sie abgelöst scheinen mögen, zu dem Teil des Buches, der die Aufgabe hatte, den Boden für die wahre Einsicht aufzulockern. Woran aber erkennen wir dann die Lehrmeinungen, die zu der andern Seite des Buches gehören? Es genügt nicht, wenn ich sage, sie seien nur in wenigen Andeutungen, aber in um so gewichtigeren Fragmenten, so in denen, die im Herzen das Organ apriorischer Erkenntnis sehen, und in denen, die von den Ordnungen handeln, zur Darstellung gelangt. Wir müssen eine Richtschnur haben, die uns hilft, die Aussage, die den Boden nimmt, von der, die den Boden gibt, zu unterscheiden, das heißt wir müssen versuchen, den geheimen Gedanken Pascals zu verdeutlichen. Er sagte, man müsse einen geheimen Gedanken haben und danach alles beurteilen, und ausdrücklich: Ich werde auch meinen geheimen Gedanken haben. Dieser geheime Gedanke ist seine Deutung, genauer sein Wissen von der Seinslage des Menschen, der in die gewaltige Spannung zwischen Adam und Jesus Christus gestellt ist, zwischen zwei Gegensätzen lebt, und Analogie dieser Seinslage sind alle Gegensätze, die wir erkennen können. *Folglich ist die eigentliche Aufgabe, die sich Pascal gestellt hatte, nicht die philosophische Lehre, der philosophische Satz, sondern die Beschreibung und Erhärtung der empirischen Gegebenheit, die die Seinslage des Menschen betrifft. Sein geheimes Wissen von ihr leitet ihn in der Apologie, wie sein geheimes Wissen von der Beziehung der Höhe des Quecksilbers in der Glasröhre zum Gewicht der Luft ihn bei seinen Rouener Versuchen geleitet hatte. Die Wissenschaft vom Menschen, wie sie Pascal auffaßt, ist die Wissenschaft von der Seinslage des Menschen; sie ist die Wissenschaft, in der Größe und Elend des Menschen, die Zeichen seiner Herkunft und seines Falles auf allen Gebieten, um die wir uns bemühen, aufgewiesen werden sollen. Aber nicht gradlinig und doktrinär, sondern dadurch, daß er zeigt, daß es unmöglich ist, eine Wahrheit zu besitzen, daß der Wahn. die Einbildung, den Wert aller Dinge bestimmen, daß Beruf und Recht und Brauch nur Gewohnheiten sind, die in der Luft und nicht auf festem Grunde ruhen, daß wir in allem, was wir finden, in das unendlich Große und in das unendlich Kleine absinken. Ich bemerkte, daß auch diese Lehre vom Unendlichen keine Einsicht und Lehrmeinung an sich vorstellt, so wichtig sie auch in seinen geometrischen Untersuchungen für ihn war und so nahe die Ausführung in Frgt. 72 gewissen Ansichten kommt, die vor wenigen Jahrzehnten Niels Bohr in seinem Atommodell wiederholt hat; auch sie hat, obgleich sie den ganzen Enthusiasmus der großen Schau spüren läßt, nur den Zweck, die Sicherheit, die Méré vor allem geäußert haben wird, zu vernichten und den Abgrund zu zeigen, den wir nur aus der Seinslage, aus der Ordnung des Menschen verstehen kön-*

nen. Denn haben wir die Seinslage des Menschen begriffen, dann lösen sich alle Widersprüche auf. Die Lage des Menschen in der Welt der Dinge und die Lage des Menschen zwischen Adam und Jesus Christus ist für Pascal von gleicher Wirklichkeit; sie ist keine Idee, keine Abstraktion, sie ist so konkret zu nehmen wie irgendeine Beziehung, die wir empirisch prüfen können. Und das dürfen wir nie vergessen: die Beziehungen des Menschen und die Spuren seiner Größe und Nichtigkeit sind für Pascal konkrete Wirklichkeit, und da das so ist, besteht zwischen seiner Lehre und den Lehren des philosophischen Idealismus keine Verwandtschaft, obgleich die Pascalsche Aussage von den zwei Wahrheiten, die ich erwähnte, von der Tatsache, daß der Geist aus sich selbst sowohl Thesis wie Antithesis zu setzen vermag, an ähnliche Erkenntnis bei Kant denken läßt, was etwa Brunschvicg betont, oder gar an Hegels Dialektik, was man häufig, so auch bei Strowski, lesen kann. Pascals Zugang zur Welt ist keine Abstraktion — und die sinnliche Vorstellung ist in ihrer Natur von vornherein abstrahierend —, Pascal dagegen geht von dem Menschen als einem wirklichen Wesen aus. Er sagt, daß wir immer einen Fehler machen, daß wir, anstatt die Begriffe aus den Dingen an sich abzuleiten, sie mit unsern Eigenschaften färben und so allen Dingen, über die wir nachdenken, unsere zusammengesetzte Wesenheit aufprägen (Frgt. 72). Wir sind, wie Pascal betont, Körper und Geist, und wie beide vereint sein könnten, ist uns unbegreifbar. Der Mensch ist kein einfaches Wesen, Gegensätze sind in ihm vereint; deshalb weist, wie Pascal sagt, alles auf eine erste Natur, aus der der Mensch gestürzt ist. Aus dieser Seinslage der Herrlichkeit blieb uns nichts als die »Narbe und die völlig leere Spur«, die wir mit allem, was uns umgibt, zu erfüllen trachten. Es blieb dem Menschen ein ohnmächtiger Trieb nach Glück, eine verworrene Erinnerung, die im Grunde seines Herzens lebt, während er in das Elend seiner Blindheit und Verderbnis gesenkt wurde, das seine zweite Natur geworden ist. Jetzt ist der Mensch den Tieren gleich, »gänzlich Tier«, und doch trägt er das Zeichen seiner großen Vergangenheit. Da beides, Größe und Elend, wahr ist — und man beachte dieses Urbild der Gegensätze, die wahr sind —, darf man niemals den Menschen den Tieren oder den Engeln oder Gott angleichen. Immer müssen wir sowohl Größe wie Niedrigkeit des Menschen dem Menschen zeigen, und die Analogie dieses Widerspruchs findet Pascal auf allen Gebieten des Geistes und des Lebens, denn »die Natur ahmt sich stets nach«. Und weil die skeptische Philosophie klar zeigt, daß die Vernunft keine wahrhafte Gewißheit besitzen kann, deshalb, und nicht, weil er Skeptiker ist, nennt sie Pascal wahr (Frgt. 432), aber er fährt fort: denn vor Jesus Christus konnten die Menschen nicht entscheiden, ob sie groß oder gering wären. Die Spur der ersten Natur und die Faßbarkeit der zweiten, diese Dualität, die aber keine Teilung, sondern zwei Wertordnungen, die, in der wir standen, und die, in der wir stehen, betrifft, ist die Ursache, daß wir von allen Dingen mindestens zwei Ansichten haben werden. Wir können das Ganze nicht erfassen, immer nur den Teil. Da wir so immer nur eine Seite sehen und das Gefallen über die Seite entscheidet, die wir für das Ganze halten wollen, irren wir, wenn wir sie hierfür nehmen. Sind dann die zwei Wahrheiten Teilwahrheiten, die sich wie Thesis und Antithesis im Sinne der Hegelschen Dialektik zur Synthesis ergänzen, was Strowski vermutet? Nein, sie ergänzen sich nicht, weder logische (ontologische) noch existentielle Dialektik liegt in der Richtung des Pascalschen Denkens. Weder Hegel noch Kierkegaard ist ihm verwandt. Der höhere Begriff, von dem Pascal zum Ganzen schreitet, ist nicht die Synthese der dialektischen Gegensätze, sondern: die Beziehung des einen zum andern, und zwar nicht eine statische, sondern eine zielende Beziehung. Nicht umsonst ist er Physiker. »Da alle Dinge verursacht und verursachend sind, bedingt und bedingend, mittelbar und unmittelbar, da alle durch ein natürliches, unfaßbares Band verbunden sind, das das Entfernteste und Verschiedenste umschlingt, halte ich es weder für möglich, die Teile zu kennen, ohne daß man das Ganze kenne, noch für möglich, daß man das Ganze kenne, ohne im Einzelnen die Teile zu kennen« (S. 48). Der Begriff der Beziehung, wie er bei Pascal auftritt, gründet in seinen geometrischen und physikalischen Einsichten; die Beziehungen sind funktionale, vektorielle Beziehungen des einen zum andern, aber nicht von allem zu jedem, sondern sie bestehen je und je in verschiedenen, in geschiedenen Ordnungen. Was er in seiner Schrift »Potestatum Numericarum Summa«, die ich oben erwähnte, erkannte, das wendet er auf die Seinslage des Menschen an. Die Beziehungen ergänzen sich nicht, sondern begründen verschiedene Ordnungen, die Welt, in der wir leben, ist hierarchisch geschichtet, denn die Größen in der einen Ordnung fügen nichts zu den Größen in der andern Ordnung hinzu. Somit dürfen wir sagen, der Geist, alles logische und mathematische Erkennen, betrifft eine

Ordnung oder, genauer, eine Wirklichkeit der Beziehung. Denn wenn ich die Pascalsche Einsicht erweitere, philosophisch von ihm aus weiterschreite, so folgt: Jede Wirklichkeit besteht in der funktionalen Beziehung des einen zu einem andern gleicher Ordnung, zum Beispiel der Worte zu den Worten, der Zahl zu den Zahlen, der geometrischen Größen zu den geometrischen Größen, der Begriffe zu ihresgleichen usf.; in jeder dieser Ordnungen kann alles, was in einer anderen Ordnung besteht, als Nichts oder Null vernachlässigt werden; aber zugleich ist jeder der so erschlossenen Umkreise im Sinne Pascals nach beiden Seiten unendlich, was aber nur heißt, daß wir aus ihm nicht heraus und durch keinen stetigen Übergang in die andere Ordnung gelangen können. Die Wirklichkeit, in der wir uns je und je finden oder bewegen, kann definiert werden als Umkreis einer Feld-, einer Wesensbeziehung, und diese Definition erfaßt die Wirklichkeit der physischen Körper in Raum und Zeit und auch im Feld der Raumzeit der neuen Physik, ebenso wie die Wirklichkeit unseres biologischen Daseins oder die aller geistigen Darlegungen und Betrachtungen. Aber man beachte: wenn man sich als Beispiel die Wirklichkeit der Geometrie, der geometrischen Beziehungen vergegenwärtigt, dann ist der Punkt in ihr eine echte Beziehungsgröße, ein Wert, wie die Null in der Beziehung der Zahlen, und es ist offenbar daß die Entsprechung des Punktes in der Beziehung der Massenkörper niemals der Punkt der Geometrie sein kann. Null und Punkt sind danach Analogien, da sie Gleiches in ihren Ordnungen vertreten, und in diesem Sinne »ahmt« sich die Natur nach. Das meinte Pascal in dem Satz, den ich erwähnte, daß sich die Natur stets nachahme, und so liegt in dieser Bemerkung einer der Schlüssel zu dem geheimen Gedanken, den er hatte. Das »Band«, von dem er spricht, ist die Analogie, die Wiederholung, die Entsprechung, und zwar in einer andern Ordnung. Gewiß, was ich von der Wirklichkeit als Ordnung der Beziehung des Wesensgleichen sagte, ist so noch nicht von Pascal ausgesagt, doch ich hoffe, daß diese Deutung es möglich macht, die tiefe Einsicht, die er mit der Lehre vom Herzen mehr andeutet als ausspricht, besser zu verstehen.

Das Herz ist für Pascal der Name für das Wirkungszentrum der Beziehung des Menschen zur Wirklichkeit, für eine dynamische Beziehung, in der wir stehen; es entscheidet, ob wir in der Wirklichkeit der Natur oder in der Wirklichkeit Gottes bezogen leben. Das Herz[1] ist der Name für die Verbindung des Menschen mit dem andern, und zwar nicht für eine intellektuelle, eine geistig begriffene Beziehung, sondern für das wirkliche Angezogenwerden, für eine Beziehung, die so real ist wie die der Erde zur Sonne oder die des Mondes zur Erde. Und da es offenbar ist, daß wir als Menschen in derartige Beziehung gebunden sind, die wir allgemein als Liebesbindung bezeichnen können, ist mit der Bindung des Herzens eine Ordnung erschlossen, die von der der Vernunft und des Geistes verschieden und ihr nur durch die Analogie verbunden ist. »Das Herz hat seine Ordnung, der Geist hat die seine« (Frgt. 283). Das Herz hat seine eigene Logik, und das ist die Logik

---

[1] *Romano Guardini hat in seinem wichtigen Buch: Christliches Bewußtsein, Versuche über Pascal, 3. Auflage, München 1951, die Genealogie der Philosophie des Herzens eingehend dargelegt, so daß ich hier darauf verweisen kann.*

seiner Ordnung, es ist nicht durch Beweise zu überzeugen, sondern es erkennt spontan und stimmt zu. Es liegt nahe, die Fähigkeit, die Pascal dem Herzen verbunden hat, durch Intuition zu übersetzen, und die Zustimmung, die wir dem, was uns gefällt, nicht verweigern können, als Gefühl und Einfühlung zu werten; hat man doch oft genug die religiöse Erfahrung dem Gefühl verbunden. Fraglos, auch die intuitive Einsicht, die dem Geist des Feinsinns eignet (Frgt. 1), gehört zur Ordnung des Herzens, und die letzte Klärung und begriffliche Unterscheidung zwischen intuitivem Erfühlen und der Logik des Herzens ist von Pascal nicht vollzogen worden; dürfen wir doch nicht vergessen, daß wir in den »Pensées« nur zufällige Fragmente besitzen und daß er selbst gesagt hat, daß er zehn Jahre Arbeit und Gesundheit für das geplante Werk nötig hätte. Das aber ist völlig deutlich gesagt, daß im Herzen die Inversion, die Verkehrung vollzogen ist, die den Sturz des Menschen in die Natur vorstellt, die uns der Welt der natürlichen Ordnungen zugewandt hat, daß wir um die Achse des Herzens gewendet worden sind, und eben deshalb, wie die Menschen in Platons Mythus in die Welt schauend, Raum und Zeit und Bewegung in ihr finden. »Unsere Seele ist in den Körper gestoßen, wo sie Zahl, Zeit und räumliche Ausdehnungen vorfindet«, beginnt das große Fragment, das man das Argument der Wette genannt hat, und er fährt fort: »Sie denkt darüber nach und nennt das Natur, Notwendigkeit, und sie kann nichts anderes glauben« (Frgt. 233). Die Wirklichkeit der Zahlen, der Zeit, der räumlichen Ausdehnung gründet in der Beziehung des Körpers, in dem die Seele nunmehr wohnt, zur Umwelt, entstammt dem Leib und seiner Beziehung zu ihm Wesensgleichen, das heißt der Beziehung des Leibes zu den Körpern. So konnte Pascal sagen: Die Grundprinzipien der Erkenntnis — also die Prämissen, die uns als Anfang logischer Abwicklung dienen — »wie: es gibt Raum, Zeit, Bewegung, Zahl, erkennen wir mit dem Herzen, und es wäre sinnlos, vom Herzen Beweise für diese Grundlagen zu fordern. Die Natur hat uns aber nur wenige Erkenntnisse dieser Art geschenkt« (Frgt. 282). Diese ersten Gegebenheiten, die zum Teil Kant später dem synthetischen Urteil a priori der sinnlichen Vorstellung verbinden sollte, entstammen nach Pascal, wie ich es wohl nennen darf, der Synthesis der Existenz, dem Herzen, das der Welt natürlich verbunden ist. Das ist ein entscheidend anderer Ausgangspunkt, der in der Philosophie nicht verfolgt wurde, durch den aber die Gefahr vermieden wird, die konkrete Welt des Daseins zu verlieren und die Wirklichkeit, wie es in der Konsequenz der idealistischen Philosophie liegt, in den Rauch der Maja zu verwandeln. Da das Herz Wirkzentrum der Wirklichkeit ist, ist es in die natürliche Gegebenheit der Welt gebunden; es liebt die Welt der Erscheinungen, es hängt an ihnen, denn es muß notwendig an einem andern hängen, da es notwendig zu einem andern in Beziehung stehen muß. Das Herz erkennt in seiner logischen Unmittelbarkeit, daß es unbezweifelbare Grundprinzipien gibt, und die Vernunft kann alsdann fortschreitend weitere Gesetze zwischen den so erschlossenen Ordnungen, etwa denen der Zahlen oder des Raumes und der Zeit, entdecken. Das gewissermaßen synthetische Urteil des Herzens stiftet die Grundlagen der Vernunft dem Geiste, dessen Art alsdann ist, auf den Stufen des Syllogismus nach beiden Seiten ins Unendliche auf-

und abzusteigen. Was ist nunmehr Kennzeichen der konkreten Beziehung des Herzens? Ich nannte es Wirkzentrum der Welt, der Wirklichkeit, Angriffspunkt der Beziehung zu dem andern, und zwar zunächst zu jedem andern überhaupt. Es hängt an dem andern; folglich dürfen wir die Möglichkeit des Menschen, ein anderes zu lieben, einem andern, Mensch oder Ding, Macht, Geld, Ruhm usf. anzuhängen, durch das Herz bezeichnen. Das Herz ist unfähig, nicht etwas, nicht irgend etwas zu lieben, nicht irgendeinem anzuhangen, und dieser Trieb des Herzens bestimmt den Willen. Die Liebe nun, die sich im Anhängen äußert, ist nach Pascal nichts anderes als der allen Menschen gemeinsame Wunsch nach Glück. Wir sind nur glücklich, wenn das Herz derart gebunden ist, und nach diesem Glück streben alle Menschen. »Alle Menschen ohne Ausnahme streben danach, glücklich zu sein, wie verschieden die Wege auch sind, die sie einschlagen, alle haben dieses Ziel... Zu keiner Handlung ist der Wille zu bewegen, jede zielt auf das Glück« (Frgt. 425). Dieser Wunsch und der Wille, glücklich zu sein, der Wunsch, daß das Herz einem wahrhaft Liebenswerten anhänge, ist, wie Pascal betont, Kennzeichen unserer Natur und unserer Seinslage.[1] Aber sobald wir prüfen, ob das, was wir lieben, wahrhaft liebenswert ist, finden wir, daß keines, kein Besitz, kein Glanz der Erde, nichts, was wir ken-

---

[1] *Man wende hierauf die oben gegebene Definition an. Dann bezeichnet das Herz den »Punkt« der Wirklichkeit, d. h. den Anfang einer Beziehung, wie wir sie analog in der Geometrie durch den Punkt der Geometrie oder in der Arithmetik durch die Null bestimmen können. Es beginnt mit ihm eine im Anfang nur axiomatisch zu fassende Beziehung zu etwas, das von*

nen, der Ahnung, die wir von dem wahrhaft Liebenswerten in uns tragen, genügt; nichts kann das wahre und einzige Gut sein, das wahrhaft die »Verehrung« verdient, die wir für das, was wir lieben, »natürlich empfinden«. Also blieb uns die dunkle Ahnung von dem wahren Gut als Erbe und Erinnerung der ersten Natur; und das ist ähnlich, wie Platon von der Anamnesis gesprochen hat. Sowohl daß wir denken wie daß wir mit allen Fasern unseres Herzens nach Glück verlangen, ist Zeichen unserer großen Herkunft, Spur und Narbe der »Herrlichkeit Adams, die wir nicht mehr verstehen können« und von der Pascal die Weisheit Gottes, wie folgt, künden läßt: »Erwartet weder Wahrheit noch Trost von Menschen. Ich bin es, die euch geschaffen hat und die euch allein lehren kann, wer ihr seid. Jetzt aber seid ihr nicht mehr in der Seinslage, in der ich euch erschuf. Ich schuf den Menschen heilig, unschuldig und vollkommen. Ich erleuchtete ihn und gab ihm Vernunft, ich ließ ihn teilhaben an meiner Herrlichkeit und meinen Wundern. Damals schaute das Auge des Menschen den Glanz Gottes. Damals war er nicht in den Finsternissen, die ihn mit Blindheit geschlagen, noch war er Beute der Sterblichkeit und der Nöte, die ihn quälen. Er aber konnte so viel an Herrlichkeit nicht ertragen, ohne der Anmaßung zu verfallen. Er wollte sich selbst zum Mittelpunkt und von meiner Gnade unabhängig machen. Er

---

dem Axiom aus eindeutig ist. Das Herz in diesem Sinn verhält sich zur Welt oder, besser, die Welt verhält sich zu ihm – um mit Heidegger zu sprechen – »als ihr Nichts«. Es ist in ihm ein Mittelpunkt bestimmt; das ist die Mitte, von der Pascal redet. Aber es kann auch Punkt der Peripherie sein, alsdann steht es in der höheren Ordnung, aus der wir gestoßen sind.

hat sich mir entzogen; und da er sich mir in dem Wunsch, die Glückseligkeit in sich selbst zu finden, anglich, habe ich ihn sich selber überlassen...« (S. 195f.). *Die Inversion des Herzens liegt danach darin, daß sich der Mensch selbst zum Mittelpunkt gemacht hat. Und das heißt, er hat sein Herz mit sich selbst statt mit Gott erfüllt, er liebt sich zuerst, liebt sein Ich und die Triebe des Gelüstens, der Konkupiszenz, die dieser Selbstliebe entstammen. Diese Abkehr des Herzens aus der Beziehung (Wirklichkeit) zu Gott ist die Erbsünde, die wir dann als die Wendung des Herzens in die Wirklichkeit der Welt der Dinge beschreiben dürfen. Es ist aber dem Menschen nicht möglich, sich selbst zu lieben; er kann sich nur selbst in einem andern lieben, das er dann immer zu besitzen wünschen wird. Der Mensch ist nicht fähig, in der Leere seines Ich zu bestehen, er ist unfähig, wahrhaft Mittelpunkt zu sein, wenn er es auch sein möchte; er sagt: mein Hund, mein Platz an der Sonne, womit der angemaßte Besitz aller Dinge der Welt begonnen hat (Frgt. 295), er ist den Sachen und den Geschöpfen durch den Wunsch seines Herzens verfallen, denn an ihnen hängt nun sein vergängliches Glück. Er ist aus der Beziehung zu Gott gestoßen, in die Welt der stofflichen und kreatürlichen Umwelt gesenkt, so daß nicht nur für die Augen, so daß auch für das Herz des Menschen Gott verborgen ist. Das Ich, das uns der Welt zugewandt hat, das wir zunächst und, wie Pascal sagt, natürlich lieben, verbirgt uns Gott. Und so, da wir uns selbst zum Mittelpunkt machen, und da wir allen Dingen, über die wir nachdenken, unsere Natur aufprägen, scheint auch alles, was wir berühren, wie in der Mitte der Welt, ist alles aus der Ordnung der wahren, der einzigen Wirk-*

lichkeit, aus der wir verstoßen sind, verrückt. Von hier aus wird man verstehen, daß die beiden Unendlichen nur ein Beweis unserer Unmacht und nicht unseres Erkenntnisvermögens sind. Die Schatten unserer Blendung äffen uns in allem und jedem, wir sind mit Blindheit geschlagen. Diese Blindheit aber ist nicht natürlich, sie ist die gerechte Strafe für die Überheblichkeit, durch die der Mensch sich zum Mittelpunkt seines Glückes machen wollte. Deshalb ist das Herz in die Dinge der Welt, der Lust, der Triebe verflochten; da aber im Herzen die Wendung stattfand, ist es auch der bevorzugte Träger der Erinnerung und der Ort, in dem die Barmherzigkeit Gottes, die Gnade Wirkung findet. Das Herz ist es, das Gott in der Spontaneität seiner Einsicht erkennt: »Gott spürbar im Herzen, und nicht der Vernunft« (Frgt. 278).

Das Herz ist der Ort, der sowohl durch die Liebe, die Konkupiszenz, der Welt und was es hier zu lieben gibt, eingefügt sein kann; wie es der Ort ist, in dem die Glut der Liebe zu Gott zu entbrennen vermag, es ist der Punkt, der in beiden Ordnungen vorkommt, die auf Grund der Beziehung aller Dinge unterschieden sind. Die Ordnungen Pascals sind Ausdruck dieser (vektoriellen) Beziehungen, deren Analogien in der Mathematik vielfältig vorkommen und auch in den zahlentheoretischen Untersuchungen Pascals, dem arithmetischen Dreieck, eine Rolle spielen. Ordnung als Beziehung der Teile drückt sich in den Dimensionen des Raumes aus, die Pascal des weiteren zur Verdeutlichung seiner Ordnungslehre dienten, die uns zugleich die Natur des Nichts und des Unendlichen, des Abgrundes unter allem und des Himmels über allem deutlich machen können, und das heißt der Nichtigkeit und der Größe des Menschen, der durch seine Natur fähig ist, dem Nichts wie dem Unendlichen zu gehören, nämlich je nachdem, was er liebt.

Nun wird man, hoffe ich, verstehen, was ich mit der Inversion des Herzens meine; sie ist ausgedrückt durch die Bindung des Herzens in die Feldbeziehung, die wir die äußere Welt nennen, und die Konversion des Herzens ist die wahrhafte Umkehrung, wodurch das Ich als Mittelpunkt ausgelöscht und Glied des Körpers, das heißt des mystischen Leibes Jesu, der Ekklesia wird und nichts liebt außer Gott. »Nur Gott ist zu lieben, das Ich ist zu hassen.« Da aber die Verkehrung des Herzens nicht natürlich, sondern Gericht war, kann auch die Konversion, die Umkehr des Herzens nicht natürlich vollbracht werden; sie ist nur von Gott her, der uns im Herzen berühren muß, möglich. Das ist die wirkende Gnade, ohne die wir uns nicht aus der Verflechtung in die Dinge, die unser Gelüsten natürlich anziehen, lösen können.

Der Beziehung in die vergängliche Welt steht die gesollte, aber ohne die Wirkung der Gnade unzugängliche Welt der wahren Gliedschaft des Ich in dem mystischen Leibe Jesu Christi gegenüber. Um die geforderte Beziehung und die darin gemeinte Wirklichkeit ganz deutlich zu machen, verglich sie Pascal mit der Beziehung zwischen dem Glied und dem Körper. Er fordert: »Man stelle sich einen Körper aus denkenden Gliedern vor« (Frgt. 473), und er sagt »damit die Glieder glücklich sind, müssen sie einen Willen haben und ihn dem Körper anpassen« (Frgt. 481). Denn »Glied sein heißt: Leben, Sein und Bewegung nur von dem Geist des Körpers und für den Körper zu haben«, und er schließt: »Man liebt sich, weil man Glied Jesu Christi ist, dessen Glied man ist«, und weiter: »Alles ist eins, und das eine im andern, vergleichbar den drei Personen« (der Dreieinigkeit) (Frgt. 483). Es gibt kein Beispiel, das die Beziehung als dynamische Feldbeziehung und als Ausdruck der Wirklichkeit klarer umschreiben könnte als dieses Bild von der Ordnung des Gliedes zum Körper. Die Ordnung der Beziehung zur Welt und die Ordnung der Gliedschaft im Leibe Jesu Christi sind geschiedene Ordnungen, und ohne die Erlösung durch Jesus Christus, ohne die Gnade führt kein Weg von der einen zur andern. Deshalb ist alle Erkenntnis Gottes und alle vorchristliche Lehre von Gott und unserer Beziehung zu ihm nutzlos, denn die Einfügung in den Leib Jesu Christi ist das Werk der Gnade, wie die Ursache der Einfügung in die Welt der natürlichen Beziehungen die übernatürliche Strafe des rebellischen Menschen war. Die Seinslage des Menschen ist vor der Erscheinung Jesu Christi, vor der Kunft zwischen zwei Bezugspunkte gebunden, die wir in Analogie auffassen dürfen wie die »Schnittpunkte von Graden als Ziel der Anordnung«, wie sie Desargues in seinen Untersuchungen über die Kegelschnitte beschrieb, wobei er über den Fall Betrachtungen anstellte, wenn dieser Punkt in das Unendliche rückt, wie es offenbar für die Seinslage des Menschen gültig ist. Das ist der Fall Adams, die Entziehung Gottes. Nunmehr aber, da Gott in Jesus Christus als Mensch erschienen ist, ist er im Endlichen sichtbar geworden, so daß wir ihn lieben können in der Ordnung Adams, dessen Sünde er ebenso wie unsere auf sich nahm. »Auf zwei Punkten beruht die christliche Religion, auf Adam und Jesus Christus.« Wir können die Sünde Adams und die Fortzeugung dieser Sünde auf uns nicht verstehen, aber wir vermögen zu begreifen, daß wir durch das böse Gelüsten, die Konkupiszenz, von unserm wahren Ziel abgedrängt sind; das vermögen wir durch die Vernunft zu erkennen, das erkannte auch Miton (Frgt. 448), *aber den Grund begreifen wir nicht, denn »ohne Jesus Christus wissen wir weder, was unser Leben, noch was unser Tod, noch was Gott, noch was wir selbst sind«* (Frgt. 548), *und »es ist nicht nur unmöglich, es ist auch nutzlos, Gott ohne Jesus Christus zu kennen«* (Frgt. 549). *Also, unsere Wirklichkeit und die Irrheit der Beziehung unseres Herzens zur Welt ist erst wahrhaft erkennbar, seitdem sich Gott in Jesus Christus inkarnierte; erst seitdem können wir wahrhaft jener Forderung genügen, »nur Gott zu lieben«, Gott, den wir dabei nicht zu lieben vermögen, wie Kant meinte, da er kein Gegenstand der Sinne ist. Lieben wir aber Jesus Christus, dann lieben wir Gott in ihm, und diese Liebe zu ihm schafft in der Welt der stofflichen, fleischlichen Beziehungen die unsichtbare, aber in der Kirche versinnlichte Beziehung der Gliedschaft im Leibe Jesu Christi. Diese Wirklichkeit ist von Pascal so konkret, so schmerzhaft real empfunden worden, daß sie wirklicher für ihn ist als jede andere, die uns bedrängt. »An dich dachte ich in meiner Agonie, jene Tropfen Blut habe ich für dich vergossen.« »Den Nächsten und Vertrautesten muß man sich entreißen, um ihm nachzuleben.« »Meine Schwären muß ich den seinen hinzufügen, mich ihm vereinen, und er wird mich erretten, da er sich selbst errettet hat«* (Frgt. 553). *So also ist der Sinn der Erlösung aufzufassen, die uns verheißen ist: als Glied des Leibes Jesu Christi teilzuhaben*

*an der Erlösung; und deshalb ist das Ich hassenswert, weil es sich gegen die völlige und restlose Eingliederung wehrt und die Schmerzen, die sie bereitet, Gott zuschreibt und nicht der Konkupiszenz, die uns in der Welt halten will (Frgt. 498).
Die Liebe zu Gott, die wahre Wandlung des Herzens, die echte und nur von der Gnade her verständliche Bekehrung, »meine Sache ist die Bekehrung«, begründet eine von allen andern Ordnungen, von jeder andern Beziehung geschiedene Wirklichkeit, und diese Ordnung ist allen Großen des Fleisches und allen Großen des Geistes unsichtbar. Die Analogie der Geometrie führte Pascal, wie ich schon oben erwähnte, zur Erkenntnis der drei Ordnungen, die er von der Bindung des Gelüstens, der »Delektation« aus unterscheidet, und die des Fleisches, die des Geistes, die der Liebe zu Gott nennt. Das sind drei Wirklichkeitsbeziehungen, in die wir ausgerichtet sind oder sein können. In der ersten dieser Ordnungen findet der Mensch sein Glück in der fleischlichen, weltlichen Lust, im Glanz irdischer Größe; in der zweiten findet er sein Glück im Forschen, denn im Geistigen herrscht recht eigentlich das Gelüsten der Neugierde (Frgt. 460); die dritte Ordnung aber ist allen Fleischlichen und Geistigen unsichtbar, sie ist die Ordnung der wahren Wandlung des Herzens, der alleinigen Liebe des Herzens zu Gott; sie ist die Ordnung der Heiligkeit (Frgt. 793). In dieser Lehre von den Ordnungen kulminiert die Einsicht in die Seinslage des Menschen, und hier ist die philosophische Schau weit über jede Theorie hinausgetragen. Alles stimmt zusammen, alle Schwierigkeiten lösen sich von hier aus auf. Unsere Beziehung in die Welt, das, dem wir an-*

hängen, begründet die Ordnung, in der wir leben; die äußere Welt wirkt anziehend auf uns, und deshalb ist uns jeweils, wenn wir der einen Ordnung verfallen, das andere Bereich unsichtbar; der Glanz der Menschen, die im Geiste forschen, ist unsichtbar allen Großen des Fleisches, und ebenso ist die Größe in der Ordnung der Liebe zu Gott unsichtbar allen fleischlichen und geistigen Menschen; in ihr aber wird das Auge des »Herzens« Gott schauen; dann wird kein Schatten, nichts Fremdes zwischen Gott und dem Menschen sein, der als Glied der Einheit des Leibes eingefügt sein wird, in die er gehören soll und aus der er gestoßen wurde.[1]

Ich sagte oben, Pascal wollte Gott nicht philosophisch beweisen; er wollte Gott nicht unentschleiert zeigen, denn das vermögen wir nicht; galt es doch immer und immer wieder, zugleich zu sagen, daß die christliche Religion gerade lehre, daß wir Gott nie entschleiert zu schauen vermöchten, und daß sie lehre, daß nichts in der Welt, weder das geometrische Gesetz, noch die Naturgesetze, noch die Geschichte uns deutlich beweisen, daß es Gott gibt, daß es aber ebensowenig aus der Welt deutlich würde, daß es ihn nicht gibt. Da wir nur seinen Schatten hinter den Dingen ahnen, müssen wir suchen, ob wir ihn nicht doch finden können, und uns erinnern, daß die Vernunft Gott nicht zu finden vermag, daß es das Herz ist, das ihn erkennt. Gott hat sich verborgen. Und so schreibt er an den Herzog von Roannez

[1] Ausführlicher habe ich über Pascals Lehre von den Ordnungen und der Vernunft des Herzens im Anhang der ersten Ausgabe der kleineren philosophischen Schriften Pascals und in meiner Schrift: Der unbekannte Pascal, Regensburg 1962, gesprochen.

und dessen Schwester: Gott war »verborgen und unsichtbar unter dem Schleier der Natur, die ihn verbarg bis zur Fleischwerdung, und als es notwendig wurde, daß er erschien, hat er sich noch mehr verborgen, da er sich mit der Menschlichkeit verhüllte. Solange er unsichtbar war, war er viel sichtbarer als er dann war, als er sich sichtbar gemacht hatte«. Und so wie sich Gott in der Natur, hinter der Natur für uns verbarg, fährt Pascal fort, so hat er sich auch in der Schrift verborgen, so daß die fleischlichen Juden — aber nicht die Christen unter den Juden, die es immer gab — nur die Güter des irdischen Gelüstens darin erkennen konnten, denn es liegt im Vollzug des Gerichts, daß der Mensch mit Blindheit geschlagen ist. Und Pascal fügt dieser Betrachtung den Hinweis auf die Eucharistie hinzu: »auch verborgen im Mysterium der Eucharistie«. Die Blendung, die über uns verhängt ist und die nur von uns abfällt, wenn wir von ganzem Herzen suchen, ist der Schlüssel, um die Welt und um die Schrift zu verstehen. Denn wissen wir von ihr, dann löst sich der Doppelsinn auf, und dann können wir die Träger der Sinnbilder von dem in ihnen Gemeinten unterscheiden. Und sind wir bis dahin gelangt, haben wir eingesehen, daß der Mensch, dieses »Ding des Widerspruchs«, unser Begriffsvermögen ebenso übersteigt, wie es die Herrlichkeit Adams und die Größe Gottes tun, dann haben wir mit der Vernunft eingesehen, daß die Vernunft diese Geheimnisse nicht enträtseln kann, dann erkennen wir, daß nichts der Vernunft so angemessen ist »wie dies Nichtanerkennen der Vernunft«, wie die Erkenntnis des Wissens vom Nichtwissen, wie es auch Cusanus gelehrt hatte.
Die Vernunft und alle Argumente, die Pascal, wo-

her immer, beibringt, ob Philosophie oder Bibelübertragung und -deutung, führen nur bis zu der Stelle, wo wir uns selbst aufmachen müssen, um Gott zu suchen, den mit der Vernunft zu finden unmöglich ist. Zu nichts anderm, ich wiederhole, was ich mehrmals sagte, wollte Pascal den Menschen bringen. Auch das Argument der Wette (Frgt. 233) sollte Gott nicht durch die Wahrscheinlichkeitsrechnung beweisen, wie es oft mißdeutet wird; nur klarmachen sollte es dem Menschen, daß er notwendig auf ein Ungewisses seinen Einsatz gebracht hat und daß er in dieser wichtigsten Entscheidung wenigstens die Sorgfalt üben müsse, die man in allen Dingen des Lebens, die man selbst am Spieltisch völlig natürlich übt. Da aber die Vernunft Gott nicht finden kann, bleibt die Frage zu beantworten, was wir tun können, nachdem wir einsahen, daß wir ihn suchen müssen, wenn wir mit der Vernunft erkannten, daß wir Falschem anhängen, wenn wir bereit sind, auf »Kreuz zu setzen«, und dabei aus solchem Stoff gemacht sind, daß wir »nicht zu glauben vermögen«? Der Glaube ist Beugung des Herzens, inclina cor meum (siehe das in neuer Fassung vorgelegte Frgt. 287); nur wenn uns Gott im Herzen berührt, wenn im Herzen das Wunder der Umkehr – und das hebräische Wort für Reue ist Umkehr – Ereignis wurde, nur dann stehen wir im Glauben; aber wir haben kein Mittel, es zu erzwingen.
Was können wir dann tun? Wohin weist uns Pascal? Er sagt, wir können damit beginnen, die Lust und das Gelüsten auszulöschen, beginnen, den Dünkel des Geistes auszulöschen, beginnen, die Maschine zu beugen, das heißt die Knie zu beugen, Messen lesen zu lassen und alles zu erfüllen, was die Gewohnheit an äußerlichen Formen zum

äußern Träger des Glaubens gemacht hat, kurz, alles zu tun, was die tun, die im Herzen glauben; das ist die Hilfe, die wir von der Vernunft her weisen können. Sonst ist kein Weg. Gott muß das Herz berühren, biegen; aber damit es geschehe, müssen wir den Geist und seinen Dünkel besiegen: »Zu Boden mit dem Dünkelhaften.«
Die Last der Pascalschen Forderung, »nichts als Gott zu lieben«, ist schwer, doch ihre philosophische Folgerichtigkeit unwiderlegbar. Ist doch alles, was unser Herz in die Welt der Zeitlichkeit binden kann, nur wie Schaumkrone auf dem Meer der Ewigkeit, vergänglich und ephemer. Wenn es aber einen Gott gibt — und wer leugnet, mit dem ist nicht zu reden —, dann ist nichts seiner Unfaßbarkeit angemessener als diese unser Vermögen unendlich übersteigende höchste Forderung. Das mache man sich klar und beurteile danach die Versuche der Menschen, über Gott und seine Forderung an uns auf Grund unserer Zeitlichkeit zu urteilen. Der Mensch ist in dem Irrgarten seines Verlangens, seiner Träume von Glanz und Größe befangen, und ohne den großen Trost, in den das Christentum einmündet, ist keine Hoffnung: »Fürchte nichts; du würdest mich nicht suchen, wenn du mich nicht gefunden hättest.« Das Suchen, die Bereitschaft, offen für die Anrede, das Anrühren Gottes zu sein, das ist die eine, die ganze Forderung, und erfüllen wir sie, dann werden wir sehen, wie Pascal zeigen wollte, daß nichts standhält, bis das Herz die eine Wahrheit erkennt, bis es wahrhaft Gott spürt. Dann wird die Blendung von den Augen fallen, dann wird der Mensch in der Schrift und in allem Geschehen der Welt den verborgnen Sinn schauen, den geheimen Gedanken, dann erkennt er die Wahrheit der Verheißung,

und er wird sehen, daß es nur eine Gewißheit auf
Erden gibt — weit unter Pascal liegt hier die Skepsis und unter jedem, der diesen Weg zu gehen vermochte —, die des Glaubens, weil in ihm die Natur, die Seinslage des Menschen eine Sinnenthüllung, ja mehr: eine Wirklichkeit gefunden hat,
der gegenüber jede — wie immer sie lauten möge —
andere Deutung des Menschen vom Wunsch und
aus der falschen Liebe zu uns selbst bestimmt zu
sein scheint.

*

*Chateaubriand hat von den Auslegungen Pascals
gesagt, sie erinnerten ihn an die armseligen Hüt-
ten, die Araber der Wüste unter dem Schutz der
gewaltigen Ruinen von Palmyra gebaut haben.
Sicherlich habe ich auch nur solche Hütte gebaut
und insgesamt wahrscheinlich den metaphysischen
und philosophischen Gehalt zuungunsten der andern, der moralischen Inhalte übertrieben. Wenn
man aber in Pascal nur den großen Psychologen,
den Menschen sehen will, der über die Unzuläng-
lichkeit des Menschen moralische Betrachtungen
anstellte, in der Art La Rochefoucaulds oder La
Bruyères oder gar Nietzsches, so verfehlt man noch
mehr die Eigenart Pascals. Wir werden uns bei
seinem Werk immer entsinnen müssen, »daß die
andere Seite auch wahr ist«. Der Moralist Pascal,
das ist der Mensch, das ist er selbst in seinem Leben; denn zum Schluß ist das Entscheidende, daß
die Lehre hinter dem Leben zurücktritt. Alle Einsicht und Erkenntnis ist nutzlos, wenn wir sie nicht
im Leben zu verwirklichen suchen, und nichts lag
Pascal ferner als solche Diskrepanz zwischen Lehre
und Leben, wie sie der »Moralist« Jean Jacques
Rousseau ertragen konnte. Pascal war der Wirk-*

lichkeit des lebendigen Gottes, des »Gottes Abrahams, Isaaks und Jakobs, des Gottes Jesu Christi, nicht der Philosophen«, im Leben begegnet; sie war ihm in der Glut des Feuers erschienen, sie war keine Idee, kein Begriff, keine Lehrmeinung, sondern Realität in dem ganzen Gewicht des Wortes. Pascal wußte, daß nicht die Lehre, sondern das Erfüllen der Lehre, das Leben, die Darbringung des Lebens die letzte, die entscheidende Forderung bleibt. Das wußte er, und es lag wie schwere Last auf den letzten Jahren, die er lebte, denn immer wurde die Forderung, der Impuls zu lebensmäßiger Erfüllung durch die Leidenschaft seines Denkens, durch die Leidenschaft seiner Anteilnahme am Kampf um die Wahrheit gebrochen. Wahrhaft tragisch ist der Kampf mit dem Stolz, den dieser stolze Denker und Schriftsteller kämpfen mußte. Denn nun wartet die letzte und furchtbarste Fraglichkeit auf ihn, wo die Entscheidung des Geistes mit der Entscheidung des Herzens durch kein Mittel zur Übereinstimmung gebracht werden kann. Ich erwähnte, daß der Papst in dem Streit um die fünf Lehrsätze, die angeblich von Jansenius stammten, aber tatsächlich nicht von Jansenius waren, entschieden hatte, daß sie von Jansenius seien, und daß man die Unterschrift unter das Formular der Verurteilung von allen forderte, die hier Partei ergriffen hatten, von den Geistlichen und auch von einigen Laien. Diese Entscheidung richtete sich gegen Port-Royal, und anfänglich suchte Pascal gemeinsam mit seinen Freunden von Port-Royal nach einem Ausweg. Dieser Ausweg war kasuistisch; man wollte unterscheiden zwischen der Lehre der Sätze, die man nicht verteidigen konnte, und dem Faktum, daß diese Sätze nichts mit Jansenius zu tun hätten. Jacque-

line Pascal hatte in einem stolzen Brief, der ihres Bruders würdig ist, für die Ablehnung der Unterschrift plädiert, sie hatte dann doch nachgegeben und war bald danach gebrochen gestorben (Ende 1661). In ihrem Bruder aber lebt ihr Ruf: Wenn die Bischöfe den Mut von Mädchen haben, dann müssen die Mädchen den Mut von Bischöfen haben; er wendet sich gegen jeglichen Kompromiß, man kann die Wahrheit nicht preisgeben, man muß bereit sein, sie durchzufechten bis zur Exkommunikation, wie einst Athanasius. Unterwerfung ist nicht möglich — aber kann man sich trennen? Einmal schrieb er an den Herzog von Roannez und dessen Schwester, und dieses Bekenntnis ließ ihn nicht los: »Wir wissen, daß alle Tugenden, das Martyrium, die Sittenstrenge und alle guten Werke nutzlos sind außerhalb der Kirche und der Verbindung durch das Haupt der Kirche, das der Papst ist. Niemals würde ich mich dieser Verbindung entziehen, wenigstens bitte ich Gott, mir diese Gnade zuteil werden zu lassen, sonst wäre ich für ewig verloren.« Aber die Wahrheit? Auch sie kann man nicht aufgeben. Doch vielleicht ist es so, wie er es sagte, daß wir uns aus der »Wahrheit einen Götzen machen« (Frgt. 582). Ist nicht die Wirklichkeit der Kirche gewichtiger als die Wahrheit eines Satzes, als eine Wahrheit im Streit der Meinungen, von der man bald und meist nicht mehr verstehen wird, weshalb man sich so leidenschaftlich darum erhitzte?
»Sonst wäre ich für ewig verloren.« Es sind die letzten Monate seines Lebens, die dieser äußere und innere Kampf beschattet, und dann verstummt Pascal. Alle Glut seiner Seele und Leidenschaft wendet er gegen sich selbst, gegen sein Ich, »zu Boden mit dem Dünkelhaften«. Realisieren, ver-

wirklichen muß er die Forderung. Er will nicht, daß man ihn pflegt, ihn, der die Pflege so nötig hätte; er fordert, gleiche und größere Sorgfalt solle man den Armen zukommen lassen; »*Zeit und Arbeit müßte ich den Armen geben, da ich nicht Geld genug für sie habe*«. *Aus allen Bindungen sucht er sich zu lösen,* »*unrecht ist es, daß man sich an mich hängt*« (*Frgt. 471*)*. Keine Lust am Wohlgeschmack der Speise, aber auch keinen Abscheu am Widergeschmack der Medikamente bemerkt er, und immer noch trägt er den Gürtel der Kasteiung, obgleich die Schmerzen ihm so heftig zusetzen, daß er mitunter die Besinnung verliert. In allen kleinen Kirchen von Paris kniet und betet er wie der Schlichteste aller Gläubigen vor den Reliquien.*
Doch fast scheint es, als wäre auf dem Weg des Hasses, sei es auch unser eignes Ich, das wir hassen, kein Zugang zu der höchsten Ordnung, um die Blaise Pascal ringt. Vielleicht führt der Weg nicht über die Vernichtung des Ich, die wir doch nur durch den vom Geist geleiteten Willen vollbringen können, sondern über die Hinwendung des Ich zum Du, zum Nächsten, durch die Erfüllung der Liebe zu Gott, durch die nähere Liebe, die wahre Nächstenliebe, die Franziskus gelebt hat und die Pascal gewiß mit allen Mitteln zu erfüllen gesucht hat?
Vielleicht. Nicht uns steht es zu, zu urteilen, da uns die Not und Gewalt seines Ringens verstummen und schaudern lassen. Tragischer und tröstlicher ist selten das Ende eines Menschen als das Blaise Pascals. Einsam in sich verloren ist sein Kampf. »*Allein wird man sterben.*« *Er spürt, wie die Krankheit wächst, er weiß, daß die Stunde nah ist — die Ärzte erkennen es nicht. Er verlangt zu*

beichten, er bittet um die heilige Kommunion, man weigert sich, seine Bitte zu erfüllen, weil man nicht weiß, was er weiß, nichts weiß von dem Kampf, der hier entschieden wird, nicht weiß, daß es um alles geht, wofür er sein Leben lebte; — und man stelle sich diese Qual, diese Not vor, in der er bittet, wenn man ihn nicht im Haupt der Kirche kommunizieren lasse, so möge man ihn in ihren Gliedern kommunizieren lassen, das heißt, man möge ihn zu den Ärmsten und Elendesten bringen lassen, damit er dort sterbe. Endlich willfahrt man seinem Verlangen, und — so berichtet Gilberte Périer — als er die heilige Wegzehrung und die Letzte Ölung erhalten, dankte er dem Geistlichen, und als dieser ihn mit der heiligen Monstranz gesegnet, sagte er: Daß Gott mich niemals verlassen möge. Das waren seine letzten Worte; vierundzwanzig Stunden später, am 19. August 1662, ohne das Bewußtsein wiedererlangt zu haben, endete das Leben dieses großen Christen, der Blaise Pascal hieß.

VERZEICHNIS
DER MERKSÄTZE UND BEGRIFFE

Die im Verzeichnis angeführten Ziffern bezeichnen die Nummern der Fragmente. Die hinter den Ziffern stehenden Buchstaben A, M, E bedeuten: A = die Stelle steht am Anfang des Fragments, M = in der Mitte und E = am Ende

---

Aberglauben: abergläubisch ist es, seine Hoffnung in die äußern Formen zu verlegen, 249 / die Frömmigkeit ist vom Aberglauben verschieden, 255 / Aberglauben und Konkupiszenz, 262.

Abgrund: der Mensch zwischen den beiden Abgründen des Unendlichen und des Nichts, 72 M / sorglos eilen wir in den Abgrund, 183.

Abhandlungen: die Abhandlungen über die Demut, 377.

Abraham: Abraham nahm nichts für sich, 502 / Steine können Kinder Abrahams sein, 778 / Abraham, Gideon, 822.

Absatz: Absatz des Schuhs, 117.

Adam: wir verstehen nicht die Seinslage der Herrlichkeit Adams, 560 / Adam forma futuri, 656.

Adel: was für ein großer Vorteil ist der Adel, 322.

Ägypter: Bekehrung der Ägypter, 725.

Ärger: den man empfindet, Beschäftigungen, an die man sich gewöhnt hat, aufzugeben, 128.

Äußerliche, das: das Äußerliche muß sich dem Innern vereinen, 250 / äußere Werke, 499.

Akt: im letzten Akt fließt Blut, 210.

Alexander: Beispiel seiner Keuschheit, 103.

Amtspersonen: dies Geheimnis haben unsere Amtspersonen wohl begriffen, 82 E.

Angst: böse Angst, wahre Angst, 262.

Antithesis: die gewaltsam Antithesen machen, 27.

Apokalyptiker: Übertreibungen der Apokalyptiker, 651.

Apostel: Die Annahme betrügerischer Apostel unsinnig, 801 / die Apostel waren entweder betrogen oder Betrüger, 802.

Archimedes: sein Glanz in seiner Ordnung, 793.

Armut: die Armut liebe ich, weil er sie geliebt hat, 550.

558 Verzeichnis der Merksätze und Begriffe

Athanasius, 868.
Atheismus: Zeichen starken Geistes, 225.
Atheisten: die Atheisten, die Gott suchen, beklagen, 190 / dürften nur Dinge sagen, die vollkommen klar sind, 221 / mit welchem Recht sagen sie, daß man nicht auferstehen könne, 222 / Alle ihre Grundsätze sind wahr, 394.
Augustinus: erkannte, daß man sich um Unsicheres bemühen müsse, 234 / hat gesagt, daß die Fähigkeit den Gerechten genommen würde, 513 / erschiene er heute, 869.
Ausnahme: sie machen aus der Ausnahme eine Regel, 904.
Automat: wir sind ebensosehr Automat wie Geist, 252.
Autoren: manche sagen, wenn sie von ihren Werken sprechen, 43 / jeder Autor hat etwas im Sinn, 684.
Autorität: Nicht weil ihr vom Hörensagen wißt, 260.

Babylon: die Flüsse Babylons, 459.
Barmherzigkeit: weil es in Gott Barmherzigkeit gibt, 497 / wenn die Barmherzigkeit Gottes so mächtig ist, 848.
Begabung: maßgebende Begabung, 118.
Begriffsverwirrung: was für eine Begriffsverwirrung, 456.
Beichte: jemand sagte mir, als er von der Beichte kam, 530 / über die Beichte und Absolution ohne Zeichen der Reue, 905.
Beispiele: um etwas zu beweisen, nimmt man Beispiele, 40.
Bekehrung: manche glauben, bekehrt zu sein, wenn sie nur daran denken, sich zu bekehren, 275 / die wahre Bekehrung, 470 / meine Sache ist deine Bekehrung, 553.
Benehmen: das gute Benehmen, 194b–9 / das ist kein gutes Benehmen, 194b–12.
Beredsamkeit: echte Beredsamkeit spottet der Beredsamkeit, 4 / Beredsamkeit, die durch Süße der Worte überzeugt, 15 / Beredsamkeit ist die Kunst, Dinge so zu sagen, 16 / Beredsamkeit ist ein Gemälde des Gedankens, 26.
Berufung: schwacher Trost die Möglichkeit der Berufung, 950.
Beschäftigung: wenn ein Soldat sich über die Mühe beklagt, 130.

Beständigkeit: diese Religion, die in dem Glauben besteht … bestand seit je auf Erden, 613, 616, 617 / sie können nicht Beständigkeit haben, 898.
Bestreiten: Zeichen, daß es nicht gewiß ist, 902.
Bewegung: wenn sich alles gleichmäßig bewegt, bewegt sich nichts, 382.
Beweise: es ist möglich, daß es wahre Beweise gibt, 387.
Bewunderung: sie verdirbt alles, 151.
Bildnis: enthält zugleich Abwesendes und Gegenwärtiges, 668.
Blendung: übernatürliche Blendung, 495.
Blindheit: mit Blindheit geschlagen durch die Schrift, 573 / die Blindheit dieses Volkes dient den Auserwählten, 577 / die Geschichte des Blindgebornen, 851.
Blut: jene Tropfen Blut hab' ich für dich vergossen, 553.
Böse: wenn das Böse in uns die Vernunft auf seiner Seite hat, 407 / das Böse ist bequemer, 408.
Brokat: man will nicht, daß ich einem Mann, der in Brokat gekleidet, Achtung erweise, 315.
Buße: die Buße ist allein von allen Mysterien den Juden deutlich gekündet worden, 661 / Sünder, ohne Buße geläutert, 884 / nicht allein durch die Absolution sind die Sünden im Sakrament der Buße erlassen, 923.

Cäsar: war zu alt, um sich die Welt zu seinem Vergnügen zu unterwerfen, 132.
Charron: die Einteilungen Charrons, 62.
China: Geschichte Chinas, 593 / gegen die Geschichte Chinas, 594.
Christen: es gibt wenig wirkliche Christen, ich behaupte sogar im Glauben, 256 / die wahren Christen gehorchen trotzdem der Torheit, 338 / wie wenig Stolz ist in dem Glauben eines Christen, mit Gott vereint zu sein, 538 / die Hoffnung der Christen, ein unendliches Gut zu besitzen, 540 / niemand ist so glücklich wie ein wahrer Christ, 541 / der Gott der Christen ist ein Gott, der die Seele fühlen läßt, daß er ihr einzigstes Gut ist, 544.
Christentum: das Christentum ist befremdend, 537.
Christliche Religion: die christliche Religion auf einer Religion errichtet, die ihr vorhergeht, 619.
Cicero: Alle falschen Schönheiten, die wir an Cicero tadeln, haben Bewunderer gefunden, 31.
Cléobuline: weil Cléobuline sich im Irrtum über ihre Leidenschaft befindet, 13.

Cleopatra: die Nase der Cleopatra, 162 / Ursache und Wirkungen der Liebe, 163.
Cromwell: war im Zuge, das ganze Christentum zugrunde zu richten, 176.
Cyrus: Weissagung des Cyrus, 713 M.

Dachdecker: ganz natürlich ist der Mensch Dachdecker, 138.
Daniel: die siebenzig Wochen Daniels, 723.
Dauer: bedenke ich die kurze Dauer meines Lebens, 205.
David: Schwur, daß David immer Nachfolger haben würde, 717 / die ewige Herrschaft des Stammes David, 718.
Desargues: 114.
Descartes: gegen die schreiben, die die Wissenschaft zu sehr ergründen, 76 / Das kann ich Descartes nicht verzeihen, 77 / Descartes überflüssig und unschlüssig, 78 / man muß allgemein sagen, 79 / Descartes Philosophie ein Roman wie Don Quichote, Anmerkung 4 zu S. 53.
Ding: alle Dinge verursacht und verursachend, 72 M / wir entnehmen die Begriffe nicht den reinen Dingen, 72 E / Die Dinge haben verschiedene Eigenschaften, 112 / wir betrachten die Dinge nicht nur von verschiedenen Seiten, 124 / Es gibt zwei Arten von Menschen, die alle Dinge einander angleichen, 866.
Dogmatiker: wir sind ohnmächtig zu beweisen, was unwiderleglich den Dogmatikern, 395 / ich wende mich der einzigen Feste der Dogmatiker zu, 434 A.
Doppelheit: diese Doppelheit des Menschen, 417.
Dünkel: blind ist man, wenn man nicht weiß, daß man voller Dünkel ist, 450.
Dünkelhaft: so dünkelhaft sind wir, 148 / zu Boden mit dem Dünkelhaften, 581.
Dunkelheit: wohin ich auch schaue, ich finde ringsum Dunkelheit, 229 / erkennt also die Wahrheit der Religion selbst in der Dunkelheit der Religion, 565 / Gäbe es keinerlei Dunkelheit, würde der Mensch seine Verderbtheit nicht empfinden, 586.

Ehrerbietung: Ehrerbietung ist, macht es euch unbequem, 317.
Eifer: ich sage das nicht mit dem Eifer geistlicher Frömmelei, 194 M / die für ihr Gesetz und ihren Tempel

eifernden Juden, 701 / der Glaubenseifer der Juden für ihr Gesetz, 702 / der Teufel trübte den Glaubenseifer der Juden, 704 / Eifer ohne Kenntnis, Kenntnis ohne Eifer, 868 E.

Eigenliebe: Art der Eigenliebe, nur sich zu lieben, 100 / blind, wer die Eigenliebe an sich nicht haßt, 492.

Eigenwille: der Eigenwille wird sich niemals zufrieden geben, 472.

Einbildung [siehe auch Wahn]: es ist eine Nichtigkeit, die unsere Einbildung zu einem Gebirge macht, 84 / oft halten die Menschen ihre Einbildung für ihr Herz, 275.

Einwürfe: alle Einwürfe richten sich gegen sie selbst, 201.

Eitelkeit: derart ist die Eitelkeit im Herzen des Menschen verankert, 150 / Neugierde ist nichts als Eitelkeit, 152 / es ist erstaunlich, daß die Eitelkeit der Welt so wenig bekannt ist, 161 / wer die Eitelkeit der Welt nicht sieht, ist selbst eitel, 164.

Elend: das einzige, was uns in unserm Elend tröstet, 171 / was für ein Anlaß zur Freude, nur Elend ohne Hilfe zu erwarten, 194 b–4 / elend ist nur, wer sich als elend kennt, 397 / dieses Elend selbst beweist seine Größe, 398 / trotz der Schau unseres ganzen Elends, 411 / das Elend zeugt die Verzweiflung, 526 / wenn ich sehe, wie blind und elend die Menschen sind, 693.

Engel: er ist weder Engel noch Tier, sondern Mensch, 140 / Wer den Engel will, macht das Tier, 358.

Entgegnen: wenn man mit Erfolg entgegnen will, 9.

Entgleiten: furchtbar zu spüren, wie alles entgleitet, was man besitzt, 212.

Entscheidung: [urteilsmäßige] ist, was zum Gefühl gehört, 4.

Entschuldigung: es gibt nichts Minderes als ihre Entschuldigung, 58.

Entwicklung: Alles, was sich durch Entwicklung vervollkommnet, geht auch durch Entwicklung zugrunde, 88.

Epaminondas: vereinigte die größte Tapferkeit mit der größten Herzensgüte, 353.

Epiktet: die Art, in der Epiktet schreibt, 18 / Epiktet fragt noch deutlicher, 80 / Als Epiktet den Weg völlig klar gesehen, 466.

562 Verzeichnis der Merksätze und Begriffe

Erbe: wird ein Erbe, der die Besitztitel seines Hauses findet, 217.
Erbsünde: siehe Sünde.
Erde: nichts gibt es auf Erden, das nicht das Elend des Menschen zeigt, 562.
Erlöser: jeden Tag meines Lebens preise ich meinen Erlöser, 550 / daß ein Erlöser kommen sollte, 736 / so hebe ich meine Arme auf zu meinem Erlöser, 737.
Erlösung: die Sinnbilder, die von der Erlösung aller Menschen handeln, 781.
Erniedrigung: weder eine Erniedrigung, die uns unfähig macht, 529.
Erwählten: die Erwählten werden ihre Tugenden nicht kennen, 515 / alles dient den Erwählten zum Guten, 575.
Esra: gegen die Fabel von Esra, 632 / Wenn man die Fabel von Esra glaubt, 634.
Eucharistie: ich hasse diese Dummheiten, nicht an die Eucharistie zu glauben, 224.
Evangelien: die offenbare Nichtübereinstimmung der Evangelien, 755 / der Stil des Evangeliums bewunderungswürdig, 798 / wer lehrte die Evangelisten, 800.
Ewigkeit: diese Ewigkeit hat indessen Bestand, 195 / nichts würde mir zu teuer für die Ewigkeit sein, 229.

Fegefeuer: die größte Qual des Fegefeuers ist die Ungewißheit, 518.
Feig: nichts ist feiger als Gott gegenüber den Heldischen zu spielen, 194 E.
Feinsinn: Geist des Feinsinns, 1; 2 / der Feinsinn gehört zum Entscheiden, 4.
Ferngläser: wie viel Sterne haben uns die Ferngläser entdecken lassen, 266.
Fieber: das Fieber schwankt zwischen Frost und Hitze, 354.
Fliegen: die Macht der Fliegen, 367.
Flüsse: die Flüsse sind wandernde Wege, 17.
Folgerichtigkeit: Geist der, 2.
Freude: Tränen der Freude, Memorial.
Freund: ich habe keine Freunde, zu jemandes Vorteil, 154 / ein wirklicher Freund nützlich, 155 / Diesen Menschen fehlt es an Herz, 196.
Friede: in den Staaten dient er zur Erhaltung des Besitzes, in der Kirche zur Erhaltung der Wahrheit, 949.

Verzeichnis der Merksätze und Begriffe 563

Frömmigkeit: ist vom Aberglauben verschieden, 255 / es macht Schmerzen, wenn man sich zur Frömmigkeit wendet, 498 / außer so vielen Beweisen der Frömmigkeit, 860.

Fundament: in das Kapitel über die Fundamente muß aufgenommen werden, was in dem über die Sinnbilder die Ursache der Sinnbilder betrifft, 570 / die beiden Fundamente, 805.

Fürst: von einem König ausgesagt, 42 / ein Fürst kann im Gerede von ganz Europa sein, 100 E.

Gastfreunde: drei Gastfreunde, 177.
Gebet: weshalb hat Gott das Gebet gestiftet, 513.
Geck: ein Geck zu sein, ist nicht nur eitel, 316.
Gedächtnis: für jede geistige Tätigkeit notwendig, 369.
Gedanken: als ob die gleichen Gedanken in verschiedener Anordnung nicht einen andern Satzkörper bildeten, 22 / ein einzelner Gedanke beschäftigt uns, 145 / man muß einen geheimen Gedanken haben, 336 / der Zufall schenkt die Gedanken, 370 / ohne Anordnung werde ich meine Gedanken hier niederschreiben, 373.
Gefallen: Gefallendes und Wirkliches sind nötig, 25.
Gefängnis: ein Mensch in einem Gefängnis, 200; 218.
Gefühl: die gewohnt sind, gefühlsmäßig zu urteilen, 3 / wie man sich den Geist verdirbt, verdirbt man sich auch das Gefühl, 6 / das Gedächtnis, die Freude sind Gefühle, 95 / unsere ganze Fähigkeit, zu urteilen, löst sich rückführend im Gefühl auf, 274.
Gegensätze: Vereinigung in jeder guten Charakterzeichnung, 684 / Zeit, in der man beide Gegensätze bekennen muß, 865.
Gegenwart: niemals halten wir uns an die Gegenwart, 172.
Geist: Vom Geist der Geometrie und dem Geist des Feinsinns, 1 / Dem Geist ist der Glaube natürlich, 81 / die großen Leistungen des Geistes, 351 / der Geist des obersten Richters der Welt, 366 / Von der Ordnung des Geistes, 460; 793.
Geistigkeit: die höchste Geistigkeit ist als Torheit angeklagt, 378.
Genie: der Aufruhr seines Genies, 59.
Geometrie: der Geist der Geometrie, 1; 2 / die Geometrie gehört zur Vernunft, 4.

564   Verzeichnis der Merksätze und Begriffe

Gerechte, der: handelt bei dem geringsten Anlaß aus dem Glauben, 504.

Gerechtigkeit: die Gerechtigkeit Gottes muß über alle Maßen groß sein wie seine Barmherzigkeit, 233 A / Hunger nach der Gerechtigkeit, 264 / spaßhafte Gerechtigkeit, die ein Fluß begrenzt, 294 / Lange lebte ich in dem Glauben, daß es eine Gerechtigkeit gäbe, 375 / hätte man es gekonnt, würde man die Macht in die Hände der Gerechtigkeit gelegt haben, 878.

Gerissene: Die Gerissenen sind Menschen, die die Wahrheit kennen, 583.

Geschichten: wenn man zwei Leute törichte Geschichten erzählen hört, 691.

Gesellschaft: wir sind nur Possenreißer, uns in der Gesellschaft von uns Gleichen zu erholen, 211.

Gesetze: die Landesgesetze nur gültig für die üblichen Vorkommnisse, 299 / es gibt Menschen auf Erden, die, nachdem sie alle Gesetze Gottes verworfen haben, 393 / zwei Gesetze genügen, 484 / das Gesetz hat nicht die Natur aufgehoben, 520 / Das Gesetz verpflichtete zu dem, was es nicht gewährte, 522 / das Gesetz sinnbildlich, 647.

Gespräch: man bildet Geist und Gefühl durch Gespräche, 6 / bei jedem Gespräch und jeder Unterhaltung muß man denen, die gekränkt sind, sagen können, 188.

Gewissen: niemals tut man so vollständig und so ruhig das Böse, als wenn man es mit Gewissen tut, 895.

Gewohnheit: die Gewohnheit ist unsere Natur, 89 / Andere Gewohnheit würde uns andere natürliche Prinzipien geben, 92 / die Gewohnheit eine zweite Natur, 93 / Gewohnheit macht Maurer, Soldaten, Dachdecker, 97 / die Gewohnheit macht unsere Beweise stärker, 252 / Gewohnheit allein macht das ganze Recht, 294 / die Gewohnheit, den König von einer Leibwache umgeben zu sehen, 308.

Glaube: sie erwahrheiten den Glauben, den sie bekämpfen, 194 c / Neid spüre ich auf die, die ich so lässig im Glauben leben sehe, 229 / der Glaube ist verschieden vom Beweis, 248 / der Glaube lehrt wohl, was die Sinne nicht lehren, 265 / Das ist der Glaube: Gott spürbar dem Herzen, 278 / Der Glaube ist von Gott gegeben, 279 / daß der Mensch ohne den Glauben weder das wahre Gut noch die Gerechtigkeit kennen kann, 425 / der ganze Glaube besteht in Jesus

Verzeichnis der Merksätze und Begriffe   565

Christus und in Adam, 523 / mit den Augen des Glaubens die Geschichte zu sehen, 701.

Glauben: es gibt drei Mittel zum Glauben, 245 / Leugnen, Glauben, Zweifeln sind für den Menschen, was das Laufen für das Pferd ist, 260 / verwundert euch nicht, wenn ihr einfache Menschen trefft, die, ohne Überlegungen anzustellen, glauben, 284 / die, die glauben, ohne die Testamente gelesen zu haben, 286 / der Grund, daß sie glauben, ist das Kreuz, 588 / Gründe, weshalb man die Wunder nicht glaubt, 826.

Glieder: Damit beginnen, 474 / wenn die Glieder auf das Wohl des Ganzen ausgerichtet sind, 477 / damit die Glieder glücklich sind, 480 / Glied sein heißt, Leben, Sein, Bewegung nur für den Körper zu haben, 483.

Glücklich: wäre unsere Lage wirklich glücklich, 165 b / trotz dieses Elends will der Mensch glücklich sein, 169 / Alle Menschen streben danach, glücklich zu sein, 425.

Gnade: wenn du mit Gott vereint wirst, so bewirkt das die Gnade, 430 M / die Regungen der Gnade, 507 / immer wird die Gnade in der Welt sein, 521 / Gnade für alle, 925.

Götze: sogar aus der Wahrheit macht man sich einen Götzen, 582.

Gott: Brief, um anzuregen, daß man Gott suche, 184 / Gott, dessen Art es ist, 185 / an denen, die bekümmert sind, weil sie nicht glauben, erkennt man, daß Gott sie nicht erleuchtete, 202 / sie halten es für unmöglich, daß Gott unendlich und ohne Teile sei, 231 / man kann wohl begreifen, daß es einen Gott gibt, ohne zu wissen, was er ist, 233 A / wenn es einen Gott gibt, ist er unendlich unbegreifbar, 233 A / ich bewundere die Kühnheit, mit der diese Leute es unternahmen, von Gott zu sprechen, 242 / Gott beugt das Herz jener, die er liebt, 287 / anstatt sich darüber zu beklagen, daß sich Gott verborgen hätte, 288 / alles hat Gott für sich geschaffen, 314 / hören wir, was die Weisheit Gottes sagt, 430 A / über alle soll Gott herrschen, 460 / nur Gott muß man lieben, 476 / wenn wir an Gott denken, 478 / gibt es einen Gott, so hat man nur ihn zu lieben, 479 / nachdem Gott Himmel und Erde geschaffen, 482 / das Königtum Gottes ist in uns, 485 / es ist aber unmöglich, daß Gott das Ziel sei, 488 / der Gott der Christen ist nicht einfach ein Gott als Urheber der geometrischen Wahrheiten, 556 E / es ist nicht richtig, daß alles Gott enthüllt, 557 / wenn nichts Gott je sichtbar gemacht hätte, 559 / nichts versteht man von den Werken Gottes, wenn man nicht als Grundsatz annimmt, 566 / Gott wollte sowohl blind machen als erleuchten, 576 / Gott und die Apostel, 579 / daß Gott sich verbergen wollte, 585 / da Gott ein ihm heiliges Volk schaffen wollte, 644 / da Gott den Seinen die vergänglichen Güter vorenthalten wollte, 645 / in Gott ist zwischen Rede und Gemeintem kein Unterschied, 654 / wenn das Wort Gottes, das wahr ist, 687 / kennte man sich, würde Gott heilen und verzeihen, 779 / Gott spricht recht von Gott, 799 / so offenbar ist es, daß man nur einen einzigen Gott lieben soll, 837 / ohne die Kirche wollte Gott nicht lösen, 870.

Gottesbeweise: die metaphysischen Gottesbeweise abseits vom Denken der Menschen, 543.

Gournay: Mademoiselle de, 63.

Größe: Größe der Staatseinrichtung, 310 / Das Denken macht die Größe des Menschen, 346 / die Größe des Menschen groß, weil er sich als elend erkennt, 397 / Größe des Menschen, sogar in seiner Konkupiszenz, 402 / die Ursachen der Wirkungen kennzeichnen die Größe, 403 / so offenbar ist die Größe des Menschen, daß er sie selbst aus seinem Elend gewinnt, 409 / Größe und Elend, 416 / dermaßen sind Größe und Elend des Menschen offenbar, 430 A / Größe, Elend, 443.

Gründe: ist man daran gewöhnt, sich schlechter Begründungen zu bedienen, 96 / aus der Entfernung scheinen die Gründe unsern Blick zu beschränken, 263 / die zwei gegensätzlichen Gründe, 567.

Gut: höchstes Gut, was man für das höchste Gut hielt, 73 / Kein Gut ohne die Kenntnis Gottes, 194 M / besteht in der Hoffnung auf ein anderes Leben, 194 M / seitdem der Mensch das wahre Gut verloren hat, 425 M; 426 / ist dort das höchste Gut? 430 A / die Hoffnung der Christen, ein unendliches Gut zu besitzen, 540.

Gut: wollt ihr, daß man gut von euch denke, 44.

Gute, das: Die Vernunft der Worte vom Guten und Bösen, 500.

Häretiker: Die Häretiker am Beginn der Kirche, 569 / Man muß die Häretiker belehren, 891.
Häretisch: es ist häretisch, immer unter omnes »von allen« zu verstehen, 775.
Haß: alle Menschen hassen sich von Natur untereinander, 451 / das Ich ist zu hassen, 455 / nur Gott muß man lieben, sich nur hassen, 476.
Heiden: die heidnische Religion ist ohne Fundament, 601 / Bekehrung der Heiden, 713 M / Berufung der Heiden, 715.
Heil: die. die ihr Heil erhoffen, sind darin glücklich, 239.
Herodes: von den Kindern, die Herodes hatte töten lassen, 179.
Herrn: wer den Willen des Herrn weiß, 531.
Herz: wie hohl und voll Tand ist doch das Herz des Menschen, 143 / oft halten die Menschen ihre Einbildung für ihr Herz, 275 / das Herz hat seine Gründe, die die Vernunft nicht kennt, 277 / Gott spürbar im Herzen, nicht der Vernunft, 278 / Herz, Instinkt, Grundsätze, 281 / wir erkennen die Wahrheit nicht nur durch die Vernunft, sondern auch durch das Herz, 282 / Das Herz spürt, daß es drei Dimensionen im Raum gibt, 282 / das Herz hat seine Ordnung, 283.
Himmel: sagen sie nicht selber, der Himmel und die Vögel bewiesen Gott, 244.
Hinkende, der: weshalb uns ein Hinkender nicht stört, 80.
Hoffnung: die den Vorwand der Hoffnung benutzen und Freude heucheln, 182.
Hohe: und Niedrige haben die gleichen Unfälle, 180.
Herzogtümer: da die Herzogtümer, Königreiche und Verwaltungen wirklich und notwendig sind, 306.
Homer: schrieb einen Roman, 628.
Hund: dieser Hund gehört mir, 295.

Ich: wo also ist dieses Ich, wenn es weder im Körper noch in der Seele liegt, 323 / das Ich ist zu hassen, 455 / ich fühle, daß ich nicht da sein könnte, 469.
Instinkt: Herz, Instinkt, Grundsätze, 281 / Instinkt, Vernunft, 395 / Instinkt und Erfahrung, 396.
Irrheit: Schlammfang der Ungewißheit und der Irrheit, 434 M.
Irrtum: ihr Fehler ist nicht, einem Irrtum zu folgen,

863 / es gibt keine Zeiten der Wahrheit und des Irrtums, 949 E.
Irrtümer: zwei Irrtümer, 1. alles wörtlich nehmen, 648.
Jansenisten: in der Reform der Sitten ähneln die Jansenisten den Ketzern, 887.
Japhet: beginnt die Genealogie, 623.
Jeremias: die Wunder der falschen Propheten, 819.
Jerusalem: vor den Toren des heiligen Jerusalems, 458 / außerhalb Jerusalems war das Opfer nicht gestattet, 728.
Jesuiten: die Verstocktheit der Jesuiten, 854 / die Jesuiten überrumpeln den Papst, 882 / die Jesuiten haben Gott mit der Welt vereinen wollen. 935.
Jesus Christus: und Paulus folgen der Ordnung der Gottesliebe, 283 / in seinem Kauderwelsch ist sie ganz der Leib Jesu Christi, 512 / Jesus Christus ist ein Gott, dem man sich ohne Dünkel nähert, 528 / Nichts anderes hat Jesus Christus die Menschen gelehrt. 545 / ohne Jesus Christus ist der Mensch notwendig im Laster, 546 / nicht nur Gott kennen wir allein durch Jesus Christus, 548 / nicht nur unmöglich ist es, es ist auch nutzlos. Gott ohne Jesus Christus zu kennen, 549 / Das Grab Jesu Christi. 552 / das Mysterium Jesu Christi, 553 / nur seine Wundmale ließ Jesus Christus berühren, 554 / die Genealogie Jesu Christi, 578 / Jesus Christus kam zu der Zeit, die geweissagt war, 670 / Jesus Christus hat ihren Geist aufgeschlossen, 679 / folglich war Jesus Christus der Messias, 720 / Jesus Christus wird ihm zur Rechten sein, 731 / daß Jesus Christus klein am Beginn. und daß er dann groß sein würde. 734 / daß die Juden Jesus Christus verwerfen würden, 735 / Jesus Christus war geweissagt und weissagend, 739 / auf Jesus Christus schauen beide Testamente, 740 / alles geschieht in Hinblick auf Jesus Christus, 742 / was sagen die Propheten von Jesus Christus, 751 / Jesus Christus, Pflichten, 766 / Jesus Christus ist durch Joseph versinnbildlicht, 768 / nachdem so viele vor ihm gekommen waren, kam endlich Jesus Christus, 770 / Jesus Christus kam, um die, die klar sehen, mit Blindheit zu schlagen, 771 / Vernichtung der Juden und Heiden durch Jesus Christus, 773 / Jesus Christus für alle, Moses für ein Volk, 774 / niemals hat Jesus Christus verurteilt, ehe er hörte, 780 /

Verzeichnis der Merksätze und Begriffe 569

Jesus Christus Erlöser aller Menschen, 781 / Jesus Christus kam, um die Menschen zu lehren, daß sie keinen Feind haben außer sich selbst, 783 / Jesus Christus wollte nicht das Zeugnis der Dämonen, 784 / in jeder Person... vergegenwärtige ich mir Jesus Christus, 785 / so bedeutungslos war Jesus Christus, 786 / Jesus Christus wollte nicht ohne die Form des Rechtes getötet werden, 790 / Jesus Christus, der keine Güter besaß, ist in seiner Ordnung der Heiligkeit, 793 / weshalb ist Jesus Christus nicht sichtbarlich erschienen, 794 / Jesus Christus sagt die großen Dinge so schlicht, 797 / niemals hat Jesus Christus die Wahrheit, daß er der Messias wäre, dadurch erhärtet, 808 / lieber folge ich Jesus Christus, 822 / Jesus Christus sagt, daß die Schrift ihn bezeuge, 829 / ein beträchtlicher Unterschied zwischen einem, der Jesus Christus leugnet, 836 / Jesus Christus sprach weder gegen Gott noch gegen Moses, 843 / Jesus Christus hat uns das Ziel gesagt, 897.

Johannes: sollte die Herzen der Väter zu den Kindern bekehren, 776.

Joseph: verbirgt die Schande seines Volkes, 629 / Joseph völlig innerlich in einem völlig äußerlichen Gesetz, 698.

Josephus: hat kaum von Jesus Christus gesprochen, 787.

Jüdische Religion: muß nach der Überlieferung der heiligen Schriften und der des Volkes verschieden beurteilt werden, 601.

Juden: wer die Religion der Juden nach der Oberfläche beurteilt, 607 / die fleischlich gesonnenen Juden, 608 / Beweis, daß die wahren Juden und die wahren Christen nur ein und dieselbe Religion haben, 610 / Vorzüge der Juden, 620 / Altertümlichkeit der Juden, 628 / Treue der Juden, 630 / die Völker der Juden und Ägypter durch die zwei Leute geweissagt, 657 / die fleischlichen Juden verstanden weder die Größe noch die Erniedrigung des Messias, 662 / so sind die Juden den Christen... völlig entsprechend und entgegengesetzt, 663 / in diesem irdischen Glauben war das Volk der Juden alt geworden, 670 / die Juden sind Sklaven der Sünde gewesen, 671 / Die Religion der Juden ist folglich nach der Ähnlichkeit mit der Wahrheit des Messias gebildet, 673 / der Schleier, der diese Bücher der Schrift für die Juden verhüllt, 676 / Gefangenschaft der Juden ohne Heimkehr,

570 Verzeichnis der Merksätze und Begriffe

713 A / Verwerfung der Juden und Bekehrung der Heiden, 713 M / Die Juden Zeugen Gottes, 714 / die, die ihres Glaubens nicht sicher sind, nehmen Anstoß daran, daß die Juden nicht glauben, 745 / die Juden waren an große und glänzende Wunder gewöhnt, 746 / die fleischlichen Juden und die Heiden und auch die Christen sind elend, 747 / wenn das den Juden so klar vorhergesagt worden war, 749 / wären die Juden alle durch Jesus Christus bekehrt worden, 750 / notwendig sind entweder die Juden oder die Christen böse, 759 / die Juden lehnen ihn ab, 760 / die Juden haben ihm, als sie ihn töteten, 761 / was konnten seine Feinde, die Juden, tun, 762 / als die Juden ihn auf die Probe stellten, 763.

Jünger: zwischen den Jüngern und den wahren Jüngern ist ein beträchtlicher Unterschied, 519.

Kampf: nur der Kampf macht uns Lust, 135.
Kanzler: ist würdevoll und prächtig gekleidet, 307.
Kasuisten: sie unterwerfen die Entscheidung der verderbten Vernunft, 907 / die ganze Gesellschaft der Kasuisten, 909.
Ketzer: die Ketzer haben immer die drei Kennzeichen bekämpft, 845 / Ketzer, Hesekiel, 886.
Kinder: die Kinder, die vor der Fratze, die sie sich malten, erschrecken, 88.
Kirche: die Synagoge ist der Kirche voraufgegangen, 699 / die Kirche hatte ebensoviel Mühe, zu beweisen, daß Jesus Christus Mensch war, 764 / dreierlei Feinde hat die Kirche, 840 / die Geschichte der Kirche recht eigentlich die Geschichte der Wahrheit, 858 / schöner Zustand der Kirche, 861 / die Kirche ist immer von gegensätzlichen Irrtümern bekämpft worden, 862 / wenn die erste Kirche im Irrtum gewesen wäre, 867 / wir sind unfähig, die früheren Ereignisse in der Kirche mit denen zu vergleichen, die heute geschehen, 868 / nimmt man die Kirche als Einheit, dann ist der Papst wie das Ganze, 871 / die Kirche unterrichtet, Gott erleuchtet, 881 / die die Kirche lieben, klagen über die Sittenverderbnis, 894 / vergebens hat die Kirche die Worte Anathema, Häretiker eingeführt, 896.
Klarheit: Klarheit ist genug, um die Auserwählten zu erleuchten, 578 / Klarheit, Dunkelheit, 857.
Knecht: der Knecht weiß nur, was der Herr tut, 897.

Verzeichnis der Merksätze und Begriffe 571

Kommen: geweissagt wurde die Zeit des ersten Kommens, 757.
König: die schönste Stellung in der Welt die des Königs, 139 A / der König ist von Leuten umgeben, die ihm Zerstreuung verschaffen, 139 A / wenn er über seine Lage nachdenkt, würde er unglücklich sein, 142 / König und Tyrann, 310 / die Macht der Könige ist auf der Vernunft und auf der Torheit des Volkes begründet, 330.
Königreiche: wie viele wissen nichts von uns, 207.
Konkupiszenz: die Konkupiszenz und die Kraft sind der Ursprung all unserer Handlungen, 334 / wenn man die Unglücklichen beklagt, so spricht das nicht gegen die Konkupiszenz, 452 / man begründete und gewann aus der Konkupiszenz bewunderungswürdige Ordnungen der Politik, 453 / kein anderes Mittel fanden sie, der Konkupiszenz Genüge zu tun, 454 / die drei Arten der Konkupiszenz haben drei Sekten gezeugt, 461 / Die Konkupiszenz ist uns natürlich und zur zweiten Natur geworden, 660 / Gott bediente sich der Konkupiszenz der Juden, 664 / es gibt Menschen, die einsehen, daß es keinen Feind des Menschen gibt als die Konkupiszenz, 692 / sie lassen die Konkupiszenz handeln und hindern die Skrupel, 914.
Kopernikus: ich finde es in Ordnung, daß man nicht die Lehre des Kopernikus ergründet, 218.
Körper: was gibt es Ungereimteres als zu behaupten, unbelebte Körper hätten Leidenschaften, 75 / die Nahrungsaufnahme des Körpers geschieht nach und nach, 356 / man stelle sich einen Körper aus denkenden Gliedern vor, 473 / wenn der Fuß nicht gewußt hätte, daß er Teil eines Körpers ist, 476 / da mein Körper ohne meine Seele nicht der Körper eines Menschen sein würde, 512 / der unendliche Abstand zwischen Körper und Geist, 793.
Krank: wenn man krank ist, hat man keine Leidenschaften, 109.
Krankheit: es gibt einen weiteren Grund des Irrtums, die Krankheiten, 82 E.
Kugel: es ist eine unendliche Kugel, 72 A.
Kunft: das ist Wirkung und Zeichen seiner Kunft, 772.

Lakai: ein Mann, den sieben oder acht Lakaien begleiten, 315 / er hat vier Lakaien, 319.

Verzeichnis der Merksätze und Begriffe

Landgüter: Besäße ich Landgüter, ich hätte nicht mehr an Würde, 348.
Langeweile: nichts ist dem Menschen unerträglicher, 131.
Laster: es gibt Laster, die nur zugleich mit andern, 102.
Leben: wir geben uns nicht mit dem Leben, das wir für uns leben, zufrieden, 147 / alles kann dem Leben vorgezogen werden, 156 / so leben wir nie, sondern hoffen zu leben, 172 / zwischen uns und der Hölle und dem Himmel gibt es nur das Leben, 213 / was für ein glückliches Leben, von dem man sich wie von der Pest befreit, 361.
Lebenslagen: um in allen Lebenslagen zu trösten, 532 / die Lebenslagen, die die Welt als die glücklichsten schätzt, 906.
Lehre: keine Lehre ist dem Menschen angemessener, 524.
Lehrsätze: die fünf Lehrsätze, 831 / die fünf Lehrsätze waren verurteilt, 850.
Leichtgläubigkeit: es ist nicht selten, daß man die Menschen wegen zu großer Leichtgläubigkeit tadeln muß, 254.
Leid: von allem, was es auf Erden gibt, nimmt er nur teil an dem Leidvollen, 767.
Leidenschaft: wenn wir etwas leidenschaftlich tun, vergessen wir unsere Pflicht, 104 / kennt man die wichtigste Leidenschaft eines Menschen, 106 / damit die Leidenschaften nicht schaden, 203.
Leute, seid ihr niemals Leuten begegnet, 333.
Liebe: um die Eitelkeit des Menschen zu kennen, braucht man nur die Ursache und Wirkungen der Liebe zu betrachten, 162 / Ursache und Wirkungen der Liebe, 163.
Liebe zu Gott: Nichts ist der Liebe zu Gott so ähnlich wie die Begierde, 663 / die Liebe zu Gott ist kein sinnbildliches Gebot, 665 / nur wenn man sich aus der Liebe zu Gott entfernt, entfernt man sich von Gott, 668 / der einzige Gegenstand der Schrift ist die Liebe zu Gott, 670.
Lügen: es gibt Menschen, die lügen, um zu lügen, 108.
Luther: außerhalb der Wahrheit, 925 M.

Macht: das ist die Wirkung der Macht, nicht der Gewohnheit, 302 / die Macht ist die Königin der Welt, 303

Malerei: wie eitel ist die Malerei, 134.
Martial: Epigramme Martials, 41.
Maschine: die Abhandlung über die Maschine, 246 / Antworten: die Maschine, 247 / Rechenmaschine, 340.
Mathematik: die Mathematik hält die Anordnung ein, 61.
Meer: das Rote Meer, Sinnbild der Erlösung, 643.
Mehrheit: weshalb unterwirft man sich der Mehrheit, 301 / am besten fährt man mit dem Beschluß der Mehrheit, 878.
Mein, dein, 295.
Meinungsverschiedenheit: verdammten wir, wo wir verschiedener Meinung sind, 892.
Mem: das geschlossene Mem bei Jesaja, 687 / ich behaupte nicht, daß das Mem ein Geheimnis enthielte, 688.
Mensch, der: vielerlei Bedürfnisse hat der Mensch, 36 / der Mensch liebt die Bosheit, 41 / Elend des Menschen ohne Gott, 60 / also bedenke den Mensch, 72 A / Was ist ein Mensch in der Unendlichkeit, 72 A / der Mensch von Hause aus ohne die Gnade voller Irrtum, 83 / wenn alle Menschen wüßten, was die einen über die andern reden, 101 / man meint, man spiele eine gewöhnliche Orgel, wenn man Menschen rührt, 111 / Beschreibung des Menschen, Abhängigkeit, Wunsch nach Unabhängigkeit, 126 / derart unglücklich ist also der Mensch, 139 M / die Menschen beschäftigen sich damit, hinter einem Ball herzujagen, 141 / der Mensch ist offenbar zum Denken geschaffen, 146 / der Mensch ist so entartet, daß in seinem Herzen ein Keim liegt, sich daran zu freuen, 194 b / man stelle sich eine Anzahl Menschen in Ketten vor, 199 / ich kann mir einen Menschen ohne Hände vorstellen, 339 / nur ein Schilfrohr ist der Mensch, 347 / die Natur des Menschen ist nicht so, daß sie immer vorwärts ginge, 354 / der Mensch ist weder Engel noch Tier, 358 / zweierlei unterrichtet den Menschen über seine Natur, 396 / die Natur des Menschen kann man auf zwei Weisen erfassen, 415 / gefährlich, den Menschen zu sehr darauf hinzuweisen, daß er den Tieren gleiche, 418 / ich tadele die, die den Menschen preisen, 421 / der Mensch weiß nicht, welchen Rang er sich zuerkennen soll, 427 / Niedrigkeit des Menschen, 429 / kein anderer erkannte, daß der Mensch das vorzüglichste Geschöpf, 431 / was für ein Hirngespinst ist dann der Mensch,

434 M / der Mensch übersteigt unendlich den Menschen, 434 E / wenn der Mensch nicht für Gott geschaffen wurde, 438 / der Mensch handelt nicht aus der Vernunft, die seine Wesenheit ist, 439 / die wahre Natur des Menschen, sein wahres Heil, 442 / was die größten Geister der Menschen erkennen konnten, 444 / der Mensch ist Gottes nicht würdig, 510 / zwei Arten von Menschen gibt es, 534 / so ist der Mensch; sagt man ihm, er sei ein Tor, 536 / hatte je ein Mensch mehr Ruhm, 792 / immer haben entweder Menschen von dem wahren Gott gesprochen, 807.

Mensch, rechtschaffener [honnête homme]: die umfassend gebildeten Menschen sind weder Dichter, 34 / nur diese umfassende Eigenschaft gefällt mir, 35 / Dichter und nicht honnête homme, 38 / wirklich rechtschaffene und wohlerzogne Menschen zu sein, 68.

Menschen: nun, woran denken die Menschen, 146 / drei Arten von Menschen gibt es, 257 / die Menschen sind gewöhnlich fähig, an das nicht zu denken, an was sie nicht denken wollen, 259 / zwei Arten von Menschen sind wissend, 288 / Alle guten Grundsätze kennen die Menschen, 380.

Menschlichkeit: die Mitte verlassen heißt, die Menschlichkeit verlassen, 378.

Messias: damit man an den Messias glaube, war notwendig, 571 / der Messias sollte nach der Meinung der Juden, 607 / immer hat man an den Messias geglaubt, 616 / seit dem Beginn der Welt ist ohne Unterbrechung der Messias erwartet und verehrt worden, 617 / David weissagt, daß der Messias sein Volk befreien würde, 692 / in der Zeit, da der Messias auf Erden ist, 727 / geweissagt ist, zur Zeit des Messias würde, 729 / daß dieser Messias alle Götzenbilder zerschlagen würde, 730 / zur Zeit des Messias spaltet sich das Volk, 748 / man hielt Herodes für den Messias, 753 / um den Messias für die Gerechten erkennbar zu machen, 758 / die Bekehrung der Heiden war der Gnade des Messias vorbehalten, 769 / der Messias ist erschienen, 772.

Mexiko: die mexikanischen Geschichtsschreiber, 594.

Milbe: in der Winzigkeit ihres Körpers weise ihm eine Milbe die unvergleichlich viel kleineren Teile, 72 A.

Verzeichnis der Merksätze und Begriffe 575

Mitleid: falsches Mitleid, den Frieden auf Kosten der Wahrheit zu erhalten, 930.

Miton: vorwerfen, daß er unbewegt bleibt, 192 / Miton sieht wohl ein, daß die Natur verderbt ist, 448 / das Ich ist zu hassen, Sie, Miton, verbergen es, 455.

Mode: die Mode bestimmt, was uns gefällt, 309.

Mohammed: ohne Autorität, 595 / wer zeugt für Mohammed, 596 / gegen Mohammed, 597 / Mohammed nicht danach beurteilen, was dunkel ist, 598 / Unterschied zwischen Jesus Christus und Mohammed, 599 / jeder Mensch kann tun, was Mohammed getan hat, 600 / die mohammedanische Religion hat als Fundament den Koran und Mohammed, 601.

Mönchskappe: bringt 25 000 Mönche in Harnisch, 955.

Montaigne: die Art, in der Montaigne schreibt, 18 / die Fehler Montaignes sind groß, 63 / nicht bei Montaigne, in mir finde ich alles, 64 / Montaignes Vorzüge sind schwer zu erwerben, 65 / Irrtum ihrer Schwierigkeiten bei Montaigne, 220 / Montaigne bemerkte, daß uns ein Hinkender im Geiste ärgert, 234 / Montaigne hat unrecht, 325 / Montaigne gegen die Wunder, 814.

Moses: weshalb hat Moses den Menschen eine so lange Lebensdauer gegeben, 624 / an Hand eines Wortes Davids oder Moses', 690 / die zwei ältesten Bücher der Welt sind Moses und Hiob, 741 / Moses lehrte als erster die Dreieinigkeit, 752 / Moses hat euch nicht das Brot vom Himmel gegeben, 782.

Mut: ist das Mut, einem Sterbenden gegenüber Gott zu schmähen, 194 b, 15.

Natur: hat jede Wahrheit für sich gesetzt, 21 / die machen der Natur Ehre, die sie lehren, 29 / so genau fügte uns die Natur in die Mitte, 70 / ich fürchte, die Natur selbst ist nur eine erste Gewohnheit, 93 / die Natur des Menschen ist gänzlich Natur, 94 / da die Natur uns in jeder Lage unglücklich macht, 109 / die Natur wandelt sich und ahmt nach, 120 / die Natur beginnt immer wieder das gleiche, 121 / unsere Natur ist Bewegung, 129 / keiner der Verfasser der heiligen Schriften bediente sich der Natur, um Gott zu beweisen, 243 / die Natur wirkt schrittweise, 355 / seitdem die wahre Natur verloren, 426 / ein Zeichen von Schwäche, wenn man Gott aus der Natur beweisen will, 428 / verderbte Natur, 439 /

576 Verzeichnis der Merksätze und Begriffe

die geringste Bewegung wirkt auf die ganze Natur, 505 / die Natur hat Vollkommenheiten, 580 / die Natur ist ein Abbild der Gnade, 675 A.

Natürlich: begegnet man einem natürlichen Stil, 29 / wir schließen auf eine natürliche Notwendigkeit, 91 / was sind unsere natürlichen Prinzipien anderes, 92 / die Väter fürchten, daß die natürliche Liebe der Kinder erlöschen könne, 93.

Neuheit: der Reiz der Neuheit hat gleiche Macht, 82 E.

Niesen: das Niesen beansprucht wie die Arbeit alle Kräfte der Seele, 160.

Ohr: man fragt das Ohr nur, weil es am Herzen fehlt, 30.

Ordnung: gern hätte ich eine Anordnung wie die folgende gewählt, 61 / Anordnung, 187 / Ordnung durch Gespräch, 227 / Anordnung, ich würde mich eher fürchten, mich getäuscht zu haben, 241 / Anordnung, nach dem Brief, 246 / Anordnung, einen Brief zur Ermahnung eines Freundes, 247 / drei Ordnungen aller Dinge gibt es, 460 / das sind drei wesenhaft verschiedene Ordnungen, 793.

Papagei: der Schnabel des Papageis, 344.

Papst: der Papst ist Spitze, 872 / der Papst haßt und fürchtet die Gelehrten, 873 / nicht danach urteilen, was der Papst auf Grund der Aussagen einiger Kirchenväter ist, 874 / die Päpste können über ihr Reich nicht verfügen, 877 / der Papst ist leicht zu überrumpeln, 882.

Patriarchen: daß die Patriarchen so lange lebten, 626.

Paulus: Comminutum cor, 533 / Paulus sagt, daß die Juden die himmlischen Dinge abgebildet hätten, 674 / Paulus auf der Insel Malta, 853.

Perseus: Perseus nannte man unglücklich, 409 / Perseus, König von Makedonien, 410.

Petrus: bittet darum, Malchus schlagen zu dürfen, 744.

Pflanzen: es gibt Pflanzen auf der Erde, wir sehen sie, 266.

Phantasie: die Phantasie wiegt schwer, 86 / die Phantasie ist dem Gefühl ähnlich, 274.

Philosophen: das ist der Grund, daß fast alle Philosophen die Begriffe der Dinge durcheinanderwerfen, 72 E / auf einer Planke wird die Einbildung den größten Philosophen überwältigen, 82 M / Gott von

Verzeichnis der Merksätze und Begriffe 577

Philosophen suchen lassen, 184 / Irrtum der Philosophen, 220 / die Philosophen, die ihre Leidenschaften bezähmten, 349 / gegen die Philosophen, die Gott ohne Jesus Christus lehren, 463 / die Philosophen heiligten die Laster, 503 / die Philosophen forderten kein Empfinden, das beiden Seinslagen angemessen ist, 525 / während sich die Philosophen in die verschiedensten Schulen spalten, 618.
Philosophie: der Philosophie spotten, 4 / keine Stunde Mühe wert, 79.
Pilatus: die falsche Gerechtigkeit des Pilatus, 791.
Platon: um auf das Christentum vorzubereiten, 219 / man stellt sich Platon und Aristoteles nur in der Tracht der bedächtigen Lehrer vor, 331.
Port-Royal: die Kinder von Port-Royal werden gleichgültig dagegen, 151.
Prediger Salomo: zeigt, daß der Mensch ohne Gott in völliger Unwissenheit ist, 389.
Predigt: es gibt Menschen, die hören die Predigt wie die Vesper, 8.
Propheten: prophezeiten durch die Sinnbilder des Mantels, 653 / solange Propheten da waren, 703.
Prophezeiungen: die Prophezeiungen und die Beweise unserer Religion sind nicht solcher Art, 564 / aber in der christlichen finde ich Prophezeiungen, 693 / erfüllte Prophezeiungen, 705 / der überzeugendste Beweis Jesu sind die Prophezeiungen, 706 / es genügte aber nicht, daß es Prophezeiungen gab, 707 / Prophezeiungen, der Zeitpunkt geweissagt, 708 / die weltlichen Prophezeiungen mit denen vom Messias vermengt, 712 / Beweise für ihre Göttlichkeit, 713 M / da die Prophezeiungen verschiedene Kennzeichen angeben, 738 / die Prophezeiungen waren doppeldeutig, 830 / ihr versteht die Prophezeiungen nicht, 888.
Pyrrhus: der Rat, den man Pyrrhus gab, 139 M.

Raum: die grauenvollen Räume, die mich einschließen, 194 M / das ewige Schweigen dieser unendlichen Räume, 206 / am Denken müssen wir uns aufrichten, nicht am Raum, 347 / durch den Raum erfaßt mich das Weltall, 348.
Rechenmaschine: 340.
Recht: das Recht und die Wahrheit sind zwei feinste Spitzen, 82 E / auf das Recht? Er kennt es nicht, 294 / Recht, weil man das Recht nicht finden konnte,

578   Verzeichnis der Merksätze und Begriffe

hat man die Macht gefunden, 297 / das Recht kann bestritten werden, die Macht ist deutlich, 298 / Recht, ist, was gültig ist, 312.

Rechtsprechung: will nicht für den, der Recht spricht, sein, 879.

Rede: andauernde Rede langweilt, 355 / mein Gott, was sind das für törichte Reden, 390.

Redensarten: ich mag diese höflichen Redensarten nicht, 57.

Religion: man muß zunächst zeigen, daß die Religion der Vernunft nicht widerspricht, 187 / daß sie wenigstens die Religion, die sie bekämpfen, kennten, 194 A / man braucht die ganze Nächstenliebe der Religion, die sie verachten, 194 E / selbst die, die dem Ruhm der Religion am entgegengesetztesten zu sein scheinen, 194b–5 / bevor ich die Beweise der christlichen Religion behandeln will, 195 / die andern Religionen sind viel volkstümlicher, 251 / jeder Art Geist ist die Religion angemessen, 285 / die christliche Religion durch ihre Stiftung, 289 / große Worte: die Religion, ich leugne sie, 391 / wenn eine Religion wahr sein soll, 433 / sobald die christliche Religion diesen Grundsatz enthüllt hat, daß die Natur verdorben ist, 441 / keine der andern Religionen hat gefordert, 468 / jede Religion ist falsch, die nicht Gott als Urgrund aller Dinge verehrt, 487 / Kennzeichen der wahren Religion muß sein, 491 / die wahre Religion lehrt uns unsere Pflichten, 493 / die wahre Religion müßte Größe und Elend lehren, 494 / nur die christliche Religion macht den Menschen liebenswert, 542 / die christliche Religion besteht auf zwei Punkten, 556 / ein so gewaltig Ding ist die Religion, 574 / so groß diese Religion in ihren Wundern ist, 587 / unsere Religion ist sowohl weise als Torheit, 588 / daß die christliche Religion nicht die einzige ist, 589 / Falschheit der andern Religionen, 592 / die einzige Religion, die gegen die Natur, 605 / keine Religion außer unserer hat gelehrt, 606 / deshalb lehne ich alle andern Religionen ab, 737 / die drei Kennzeichen der Religion, 844 / alle Religionen und Sekten der Welt richten sich nach der natürlichen Vernunft, 903.

Roannez [Herzog von]: sagte, 277.

Rom: mögen meine Briefe von Rom verdammt sein, 920.

Verzeichnis der Merksätze und Begriffe 579

Ruhm: so süß ist der Ruhm, 158 / Ruhm, Tiere bewundern einander nicht, 401 / die größte Niedrigkeit des Menschen ist, den Ruhm zu suchen, 404 / Wo bleibt nun der Ruhm, 516.

Scaramouche: der nur an eines denkt, 12.
Schauspiel: stellt die Leidenschaften natürlich und zartsinnig dar, 11.
Schiff: auf einem Schiff zu sein macht Lust, 859.
Schilfrohr: das denkt, 347.
Schlüssel: das ist der Schlüssel, den Paulus gibt, 683.
Schönheit: poetische Schönheit, 33.
Schöpfung: ihr seid nicht mehr in der Seinslage, in der ich euch geschaffen habe, 430 A / als die Schöpfung und Sintflut vergangen waren, 621 / als die Schöpfung der Welt in der Zeit immer weiter entschwand, 622.
Schrift, die: hat an Beispielen für alle Lebenslagen vorgesorgt, 532 / die Schrift ist offenbar voll von Dingen, die der Heilige Geist nicht diktierte, 568 / Blendung aus der Schrift, 573 / wenn man die Schrift verstehen will, muß man einen Sinn kennen, in dem alle sich widersprechenden Stellen zusammenstimmen, 684 / gegen die, die die Schrift mißbrauchen, 899 / wer die Schrift deuten will und ihren Sinn nicht der Schrift entnimmt, 900.
Schwäche: die Schwäche des Menschen Ursache vieler Schönheiten, 329 / was mich am meisten erstaunt, ist, daß niemand über die Schwäche seiner Fähigkeiten erstaunt ist, 374 / Schwäche – alle Tätigkeit der Menschen müht sich um Besitz, 436.
Schweigen: das ewige Schweigen macht mich schaudern, 206.
Schweizer: die Schweizer entrüsten sich, wenn man sie adlig nennt, 305.
Seele: Unsterblichkeit der Seele ein Ding, das uns sehr angeht, 194 A / verschiedene Moral, je nachdem die Seele sterblich oder unsterblich ist, 219 / Unsere Seele ist in den Körper gestoßen, 233.
Seinslage: Seinslage des Menschen, 127 / die drei Seinslagen, 194c–5 / das ist die Seinslage des Menschen heute, 430 M / in jeder, und sei es die der Märtyrer, müssen wir Furcht haben, 518 / die Seinslage der Herrlichkeit Adams, 560.
Selbsterkenntnis: man muß sich selbst kennen, 66 / so

580 Verzeichnis der Merksätze und Begriffe

wenig kennen wir uns, daß viele glauben, nahe am Sterben zu sein, 175.
Sicheres: wenn man sich nur um Sicheres bemühen dürfte, 234.
Sinn: ein und der gleiche Sinn wandelt sich mit den Worten, die ihn ausdrücken, 50.
Sinnbilder: gegen die reden, die zu sehr in Sinnbildern machen, 649 / es gibt klare und beweisende Sinnbilder, 650 / besondere Sinnbilder, 652 / Sinnbilder, die Völker der Juden und Ägypter durch die zwei Leute geweissagt, 657 / Sinnbilder für die erkrankte Seele sind die körperlich Kranken, 658 / Wechsel der Sinnbilder wegen unserer Schwäche, 669 / alles, was nicht von der Liebe zu Gott handelt, ist Sinnbild, 670 / ein Sinnbild enthält zugleich Abwesendes und Gegenwärtiges, 677 / um zu erkennen, ob das Gesetz und die Opfer Sinnbilder sind, 678 / alle diese Opfer und Zeremonien waren folglich entweder Sinnbilder oder Torheit, 680.
Sinnbildlich: zum Beweis, daß das Alte Testament nur sinnbildlich ist, 659 / die Ausdrücke Schwert und Schild, 667 / alles nur sinnbildlich gemeint, 685.
Sinne: so sind z. B. die Sinneseindrücke immer wahr, 9 / kein Übermaß ist sinnlich wahrnehmbar, 72 M / wer täuschte hier, die Sinne oder die Lehre, 82 E / die Sinne täuschen die Vernunft durch Trugbilder, 83.
Sittenlehre: die wahre Sittlichkeit spottet der Sittenlehre, 4 / Sittenlehre und Sprache sind umfassende Wissenschaften, 912.
Skeptiker: Skeptiker, Mathematiker, Christ, Anmerkung 2 zu S. 139 / all ihre Grundsätze sind wahr, 394.
Skeptizismus: nichts stärkt den Skeptizismus mehr als daß es Menschen gibt, die keine Skeptiker sind, 374 / hier ist jegliches Ding zum Teil wahr, 385 / das Mittel dagegen ist der Skeptizismus, 390 / der Skeptizismus dient der Religion, 391 / wir haben einen Begriff von der Wahrheit, die völlig unwiderleglich ist, 395 / der Skeptizismus ist wahr, 432 / die Hauptstärke des Skeptizismus, 434.
Sklave: bist du weniger Sklave, 209.
Spanier: wenn man die Frage entscheidet, ob man Krieg führen und so viele Spanier zum Tode verurteilen soll, 296.
Spotten: der Philosophie spotten, das ist wahrhaft philosophieren, 4 / Wer darf spotten? 191.

Sprachen: sind Chiffren, 45.
Staat: der christliche Staat hatte nur Gott zum Herrn, 611 / wenn die Staaten nicht mitunter ihre Gesetze den Notwendigkeiten anpaßten, 614.
Sterben: die Beispiele heldenmütigen Sterbens der Spartaner, 481.
Stoiker: sie schließen, daß man immer könne, was man mitunter kann, 350 / was die Stoiker fordern, ist schwer und vergeblich, 360 / all ihre Grundsätze sind wahr, die der Stoiker, usw., 394 / die Stoiker lehrten, kehr bei dir ein, 465.
Stolz: so selbstverständlich besitzt uns der Stolz inmitten unseres Elends, 153 / Stolz, Gegengewicht alles Elends, 405 / der Stolz wiegt alles Elend auf, 406.
Streit: Abel, Kain, 828.
Stricke: die Stricke, die die einen in Respekt an die anderen binden, 304.
Sünde, Erbsünde: Das Geheimnis, das unser Begreifen am meisten übersteigt, das von der Vererbung der Sünde, 434 E / die Erbsünde ist für die Menschen Torheit, 445 / Über die Erbsünde, in der jüdischen Überlieferung, 446 / kann man sagen, die Menschen hätten die Erbsünde gekannt, 447 / möge Gott uns nicht all unsere Sünden anrechnen, 506 / folgende Wirkungen haben die Sünden der Völker und der Jesuiten, 919.
Symmetrie: besteht in dem, was man mit einem Blick überschaut, 28.
Synagoge: nicht deshalb ging die Synagoge zugrunde, 646 / die Synagoge war Sinnbild, 852.

Tadel: erste Stufe, getadelt werden, 501.
Tag: wenn man acht Tage seines Lebens hingeben soll, 204.
Tanz: dabei muß man daran denken, wohin man die Füße setzt, 139.
Taten: die verborgenen Taten der Tugend, 159.
Teilung, Regel der: Auf Grund der Regel der Teilung müssen sie sich bemühen, 236 / Regel der Teilung, 237.
Testament, Altes und Neues: Beweis beider Testamente auf einmal, 642 / das Alte Testament enthält die Sinnbilder der zukünftigen Freuden, 666 / dabei beweist dies Testament, das die einen blenden soll, 675 /

im Alten Testament, wenn man euch von Gott abwendig macht, 835.
Teufel: würde der Teufel die Lehre begünstigen, 820.
Theologie: die Theologie ist eine Wissenschaft, 115.
Therese, die heilige: etwa die Größe der heiligen Therese, 499 / weil wir die heilige Therese mit der Herrlichkeit gekrönt denken, 868 / die heilige Therese folgte immer ihrem Beichtvater, 917.
Thomas von Aquin: hat die Anordnung nicht eingehalten, 61 / so erklärt Thomas die Stelle bei Jakobus, 338.
Tier: handelte ein Tier mit Überlegung, 342.
Toren: die Menschen sind so notwendig Toren, daß es auf eine andere Art töricht sein würde, kein Tor zu sein, 414.
Tod: der Tod, an den man nicht denkt, ist leichter zu ertragen, 166 / der Tod ist außerhalb der Gefahr zu fürchten, 215 / nur der plötzliche Tod ist zu fürchten, 216.
Töten: weshalb töten Sie mich, 293.
Träumen: träumten wir jede Nacht das Gleiche, 386.
Trost: eine Kleinigkeit tröstet uns, weil eine Kleinigkeit uns betrübt, 136.
Tugend: wessen die Tugend eines Menschen fähig ist, 352 / das Übermaß einer Tugend bewundere ich nicht, 353 / will man die Tugenden bis zum Äußersten, so erweisen sie sich als Laster, 357 / nicht aus eigner Kraft halten wir uns in der Tugend, 359 / die einzige und wahre Tugend ist, sich zu hassen, 485.
Tyrannei: besteht darin, überall auch außerhalb des eignen Bereichs zu herrschen, 332.

Überzeugungen: man überzeugt sich besser durch Gründe, die man selbst gefunden hat, 10 / es gibt zwei Wege, von der Wahrheit unserer Religion zu überzeugen, 561.
Umfassend: da man nicht umfassend sein kann, 37.
Unbegreifbar: unbegreifbar ist, daß Gott ist, 230.
Unbeständigkeit: Ursache der Unbeständigkeit, 110 / Unbeständigkeit und Wunderlichkeit, 113.
Unempfindlich: sind sie so gefestigt, daß sie unempfindlich gegen alles wären, 194b–6 / so unempfindlich sein, um Dinge, die uns angehen, zu verachten, 197.
Unendliche: die beiden Unendlichen, Mitte, 69b; 72 / weil die Menschen über diese Unendlichkeiten nicht

nachgedacht, 72 M / die Unendlichkeiten in den Wissenschaften, 72 E / die unendliche Bewegung, 232 / das Endliche vernichtet sich in Gegenwart des Unendlichen, 233 A / wir wissen, daß es ein Unendliches gibt, aber wir sind unwissend über sein Wesen, 233 A.
Ungekünstelt: wenn eine ungekünstelte Rede eine Leidenschaft schildert, 14.
Ungerechtigkeit: Brief von der Ungerechtigkeit, 291.
Ungläubige: man beginne damit, die Ungläubigen zu beklagen, 189 / die Ungläubigen, die stolz darauf sind, nur der Vernunft zu folgen, 226.
Unglücklich: so unglücklich sind wir, 181 / die Unglücklichen, die uns gezwungen haben, 883.
Unordnung: die, die ohne Ordnung sind, 383.
Unrecht: wo der Eigendünkel dem Unrecht verbunden ist, ist äußerstes Unrecht, 214 / unrecht ist es, daß man an mir hängt, 471 / es ist unrecht, zu wollen, daß uns die andern lieben, 477.
Unterschied: Unterschied zwischen einem Soldaten und Kartäusermönch, 539.
Unterwerfung: man muß sich unterwerfen, wo es notwendig ist, 268.
Ursachen: alle Dinge verursacht und verursachend, 72 E / sie alle haben die Wirkungen bemerkt, aber nicht die Ursachen gesehen, 234 / Ursache der Wirkungen 315; 328; 329; 334—337.
Urteil: Schönheiten im Auslassen, im Urteil, 30 / wie schwierig ist es, eine Sache dem Urteil eines andern zu unterbreiten, 105.
Urteilen: die über ein Werk ohne Richtschnur urteilen, 5 / ich habe niemals über ein und dasselbe gleich geurteilt, 114 / die Anordnungen Gottes sind sorgfältig zu beurteilen, 853.

Verdammten: eine der Verwirrungen der Verdammten, 563.
Verdienst: da die Menschen ungewohnt sind, das Verdienst zu leben, 490.
Verdummen: das wird sie sogar glauben machen und verdummen, 233 E.
Verfolger: ungerechte Verfolger, derer, die Gott sichtbarlich schützt, 852.
Vergleichen: vergleiche dich nie mit andern, sondern mit mir, 555.

Vergnügungen: ich würde gern die Vergnügungen lassen, wenn ich glauben würde, 240.
Verfinsterungen: sie behaupten, die Verfinsterungen kündeten Unglück, 173.
Vernunft: es kann sein, daß dies das Fassungsvermögen der Vernunft übersteigt, 73 / sie kann nicht den Wert der Dinge bestimmen, 82 A / die Vernunft macht die Gefühle natürlich, 95 / die Ungläubigen, die stolz darauf sind, sich von der Vernunft leiten zu lassen, 226 / zwei Übertreibungen, Ausschluß der Vernunft, 253 / die letzte Schlußfolgerung der Vernunft, 267 / Unterwerfung und Anwendung der Vernunft, 269 / nichts ist der Vernunft so angemessen, 272 / unterwirft man alles der Vernunft, 273 / die Vernunft bietet sich an, aber sie ist nach jeder Richtung zu biegen, 274 / Instinkt und Vernunft, 344 / herrischer als irgendein Führer gebietet uns die Vernunft, 345 / Bürgerkrieg im Menschen zwischen Vernunft und Leidenschaften, 412 / die Verderbnis der Vernunft wird offenbar durch die Vielfalt der Sitten, 440.
Verschieden: alles ist eines, alles ist verschieden, 116.
Verschiedenheit: so weitgehend ist die Verschiedenheit, 114.
Versuchung: gefährlich ist es, versucht zu werden, 744 / zwischen Versuchung und Verleitung zum Irrtum ein Unterschied, 821.
Vespasian: sie glauben an die Wunder Vespasians, 816.
Volk: gesunde Volksmeinungen, 313; 316 / das Volk hat sehr gesunde Ansichten, 324 / gefährlich ist es, das Volk zu lehren, 326 / das Volk beurteilt die Dinge richtig, 327 / das Volk ist nicht so töricht, wie man sagt, 328 / denn obgleich die Meinungen des Volkes gesunde Meinungen sind, 335 / das Volk verehrt die Menschen adliger Abstammung, 337 / das Volk folgert das aus sich allein, 833.
Vorbild: es gibt ein bestimmtes Vorbild des Gefallens, 32.
Vorhersagen: Kühnheit ist nötig, um ein bestimmtes Ereignis vorherzusagen, 709 / kann man anderes als Verehrung für einen Menschen empfinden, der klar vorhersagt, 756.
Vorstellung: unsere Vorstellung vergrößert die Gegenwart, 195b.
Vorurteil: Vorurteil, das zum Irrtum verleitet, 98.

Wahn: der Wahn ist der ihn beherrschende Teil im Menschen, 82 A / der Wahn vergrößert das Kleine, 84 / es ist eine Nichtigkeit, die unser Wahn zu einem Gebirge macht, 85.

Wahrheit: nichts zeigt dem Menschen die Wahrheit, 83 / jede Stufe, die das Glück uns erhöht, entfernt uns von der Wahrheit, 100 E / die die Wahrheit nicht lieben, 261 / diesseits der Pyrenäen Wahrheit, 294 A / wir wünschen die Wahrheit, 437 / wären Gesetz und Opfer der Wahrheit, 685 / hier ist nicht die Heimat der Wahrheit, 843 A / heute ist die Wahrheit so verfinstert, 864 / zeigt man die Wahrheit, macht man sie glauben, 893 / die größte aller christlichen Wahrheiten, 945.

Wahrscheinlichkeit [siehe auch Teilung, Regel der]: da die Wahrscheinlichkeit für Gewinn und Verlust gleich groß ist, 233 M.

Wärme: wenn man sagt, die Wärme sei nur die Bewegung einiger Körperchen, 368.

Wasser: die einen verstehen sehr gut die Wirkungen des Wassers, 2 / er wohnt jenseits des Wassers, 292.

Wechsel: fortwährender Wechsel des Für und Wider, 328.

Weisheit: zu den Kindern schickt uns die Weisheit, 271 / hören wir, was die Weisheit Gottes sagt, 430 M.

Weissagen: heißt von Gott reden, 732.

Weissagung: sie meinen, die Weissagungen würden berichtet, 568 / was das Ganze krönt, ist die Weissagung, 694 / die Weissagungen versteht man erst, 698 / hätte ein einzelner Mensch ein Buch mit Weissagungen verfaßt, 710.

Welt: worauf wird der Mensch die Einrichtung der Welt gründen, 294 / Die Welt hat Bestand, damit Barmherzigkeit und Recht geübt werden, 584.

Weltall: die sichtbare Welt nur ein unmerklicher Zug in der weiten Höhlung des Alls, 72 A / wenn ich bedenke, daß das ganze Weltall stumm und der Mensch ohne Einsicht ist, 693.

Wette: ja, aber man muß wetten, 233 M.

Wetter: das Wetter und meine Stimmung haben wenig miteinander zu tun, 107.

Widerspruch: unser Sein verachten, für ein Nichts sterben, 157 / Widerspruch, schlechter Erweis der Wahrheit, 384.

Widersprüche: von Natur ist der Mensch gläubig, ungläubig, 125 / nachdem die Niedrigkeit und die Größe des Menschen gezeigt wurde, 423 / all diese Widersprüche, die mich am meisten von einer Religion zu entfernen schienen, 424 / das Zepter bis zur Zeit des Messias, ohne König, ohne Fürsten, 686 / Herkommen der Widersprüche, 765.

Widerwille: 258.

Wilde: lachen über ein Kind als König, 324.

Wille: dem Willen ist die Liebe natürlich, 81 / der Wille ist einer der wichtigsten Mittler des Glaubens, 99 / hätten Hände und Füße einen eigenen Willen, 475 / also ist der Wille entartet, 477 / mehr über den Willen als über den Geist will Gott herrschen, 581.

Wissenschaften: Eitelkeit der Wissenschaften, 67 / Brief über die Torheit der menschlichen Wissenschaft, 74 / die reinen Wissenschaften dem Menschen nicht angemessen, 144 / die einzige Wissenschaft, die gegen den gesunden Menschenverstand ist, 604.

Wort: ich werde zufrieden sein, wenn man sagt, ich hätte alte Worte benutzt, 22 / verschiedene Folge der Worte gibt verschiedenen Inhalt, 23 / finden sich in einem Aufsatz Wortwiederholungen, 48.

Wortbrüchige: ohne Glauben, ohne Ehre, ohne Wahrheit, 924.

Wunder: genügt es nicht, daß Wunder an einem Ort geschehen, 194b-19 / sie sagen, hätte ich ein Wunder gesehen, 470 / die Wunder scheiden unter der Lehre, 803 / ein Wunder ist eine Wirkung, die die natürliche Kraft der Mittel übersteigt, 804 / Wunder und Wahrheit sind notwendig, 806 / die Verknüpfung der Wunder, 809 / das zweite Wunder kann das erste voraussetzen, 810 / ohne Wunder wäre es keine Sünde gewesen, 811 / wie ich die hasse, die aus den Wundern Zweideutigkeiten machen, 813 / Montaigne gegen die Wunder, 814 / im Widerspruch zu den Wundern kann man nicht glauben, 815 / sie glauben an die Wunder Vespasians, 816 / weshalb man Lügnern glaubt, die behaupten, Wunder gesehen zu haben, 817 / der Grund, daß es so viele falsche Wunder usw. gibt, 818 / gäbe es keine falschen Wunder, 823 / entweder hat Gott die falschen Wunder zuschanden gemacht, 824 / die Wunder dienen nicht dazu, uns zu bekehren, 825 / Fundament der Religion: die Wunder, 826 / niemals ist im Streit um den

Verzeichnis der Merksätze und Begriffe 587

wahren Gott ein Wunder auf seiten des Irrtums, 827 / Wunder sind nicht mehr nötig, 832 / die, die Jesus anhängen, weil er Wunder getan hat, 834 / Jesus Christus hat Wunder getan, 838 / Glaubet doch den Werken, wollt ihr mir nicht glauben, 839 / in Zweifelsfällen entscheiden die Wunder, 841 / die Wunder bezeugen die Lehre, 843 E / man darf die Wahrheit nicht nach den Wundern beurteilen, 846 / est et non est, würde man das für den Glauben ebenso wie für die Wunder annehmen, 849 / so überzeugend sind die Wunder, 850 / aber es heißt nicht, glaubet den Wundern, 852 / die Wunder sind wichtiger, als sie meinen, 852 / Ich nehme an, daß man den Wundern glaubt, 855 / Über das Wunder. Da Gott keine Familie glücklicher gemacht hat, 856 / Gott tut in der alltäglichen Leitung der Kirche keine Wunder, 876.

Würde: die ganze Würde des Menschen liegt im Denken, 365 / in seiner Unschuld bestand die Würde des Menschen darin, 486.

Zeit: die Zeit heilt die Schmerzen, 122.

Zeitalter: die sechs Zeitalter, 655.

Zeremonien: all diese Opfer und Zeremonien waren entweder Sinnbilder oder Torheit, 680.

Zerstreuungen: alle großen Zerstreuungen für das christliche Leben gefährlich, 11 / von den Zerstreuungen, 139 / sollte die königliche Würde nicht an sich bedeutend genug sein, 142 / man belastet die Menschen schon von der Kindheit an, 143 / als die Menschen es erkannten, entschieden sie sich für die Zerstreuung, 166; 167; 168 / wenn der Mensch glücklich wäre, würde er es noch mehr sein, wenn er weniger Zerstreuung hätte, 170 / Zerstreuungen sind die Spitze unseres Elends, 171.

Zeuge: ein Volk, das geschaffen ist, um als Zeuge des Messias zu dienen, 641.

Zeugnis: unser eignes Zeugnis ist nichtig, 941.

Ziel: alle Menschen bedenken nur das Mittel, kaum das Ziel, 98.

Ziffer: die Ziffer hat doppelten Sinn, 677 / die Ziffer hat zweifachen Sinn, 678.

Zu viel: wenn man zu schnell oder zu langsam liest, 69 / zu viel und zu wenig Wein, 71 / zu viel Lärm macht taub, 72 M / zu frei zu sein, ist nicht gut, 379.

Zufall: der Zufall schenkt die Gedanken, 370.
Zustimmung: auf eure Zustimmung zu euch selbst kommt es an, 260.
Zweifler: Die Menschen dieser Art sind Zweifler, Nachschwätzer, 194b-8.

Stéphane Mallarmé
Gedichte

Französisch und Deutsch.
Übersetzt und kommentiert von
Gerhard Goebel unter Mitarbeit von Bettina
Rommel und Frauke Bünde.
444 Seiten, Leinen mit Schutzumschlag.
ISBN 3-7953-0906-9

Diese Ausgabe spiegelt mit ihren 66 Texten, originalgetreu übersetzt, die wichtigsten Etappen des poetischen Werkes von Stéphane Mallarmé wider.

Sie enthält 49 Versgedichte, die Stéphane Mallarmé 1899 erstmals veröffentlichte; 13 Prosagedichte; zwei Abschnitte seines unvollendeten lyrischen Dramas »Hérodiade«; die fragmentarische Erzählung »Igitur« von 1869 und den »Würfelwurf«, »Un coup de dés jamais n' abolira le hasard«.

Der anschließende Kommentar veranschaulicht die Gedichte sowie ihren Bezug zu Mythologie, Religion und Literatur.

LAMBERT SCHNEIDER

Arthur Rimbaud
Sämtliche Dichtungen

Französisch und Deutsch.
Herausgegeben und übertragen von
Walther Küchler.
7. Auflage 1992, 359 Seiten, gebunden mit
Schutzumschlag.
ISBN 3-7953-0080-0

Walther Küchler ist es in seiner Übersetzung gelungen, die Kraft der französischen Sprachbilder festzuhalten. Rimbauds dichterisches Gesamtwerk legt Zeugnis ab von den widersprüchlichsten Seelenzuständen und Anschauungen, von Höhen und Tiefen eines Poeten, der schon mit 19 keiner mehr sein wollte.
Edwin Kuntz hat es so formuliert: »Seine Sprache gibt einem Dreck in den Mund und läßt einen zugleich Wunder sehen; und weist einen mit erlesenen Worten auf Schmutz und Zerfall. Dann aber auch ist das Edelste mit den edelsten Worten, ist Makabres mit den makabersten Worten bedacht. Als Sprachleistung – nicht immer, aber doch oft – ein Gipfel.«

LAMBERT SCHNEIDER